Geografia da fome

Josué de Castro

Geografia da fome

O dilema brasileiro: pão ou aço

apresentação
Milton Santos

prefácio a esta edição
Silvio Almeida

todavia

A Rachel de Queiroz e José Américo de Almeida, romancistas da fome no Brasil.

À memória de Euclides da Cunha e Rodolfo Teófilo, sociólogos da fome no Brasil.

*Le mensonge héroïque est une lâcheté. Il n'y
a qu'un héroïsme au monde: c'est de voir
le monde tel qu'il est, et de l'aimer.**

Romain Rolland

* "A mentira heroica é uma covardia. Só há um heroísmo no mundo: ver o mundo tal qual é e amá-lo assim mesmo." [N. E.]

Nosso alimento é a esperança,
por Silvio Almeida 11

Prefácio do autor à primeira edição 17

Apresentação: Josué de Castro e a geografia da fome,
por Milton Santos 37

Introdução 41
1. Área amazônica 49
2. Área do Nordeste açucareiro 105
3. Área do sertão do Nordeste 171
4. As áreas de subnutrição: Centro e Sul 269
5. Estudo do conjunto brasileiro 285

Notas 317
Referências bibliográficas 349
Glossário 365
Índice remissivo 373

Nosso alimento é a esperança

Silvio Almeida

No momento em que escrevo este texto há, segundo pesquisas realizadas pela Rede Penssan (Rede Brasileira de Pesquisas em Soberania e Segurança Alimentar e Nutricional), 33 milhões de pessoas passando fome no Brasil, além de outros 125 milhões em "insegurança alimentar", ou seja, sem conseguir comer o suficiente para manter a própria saúde.

Por isso, a importância da reedição de *Geografia da fome*, livro escrito por Josué de Castro, e publicado originalmente em 1946, ano marcado pela promulgação da quinta Constituição do Brasil, pelo início do "interregno democrático" e por intensos debates sobre os caminhos que o país poderia trilhar em direção ao desenvolvimento. Passados 76 anos de sua primeira publicação, a obra mantém-se de extrema atualidade e relevância para todos aqueles e aquelas que se interessam pelos rumos da sociedade brasileira.

Geografia da fome não é apenas uma descrição da fome enquanto fenômeno social do seu tempo, mas revela aquilo que Milton Santos, referindo-se a Josué de Castro, chamou de "clarividência". Ao mostrar que *a fome é um fenômeno histórico*, o livro nos apresenta uma análise complexa da organização socioeconômica contemporânea. Nas palavras do próprio autor, ela nos é apresentada como um "flagelo fabricado pelos homens, contra outros homens".

Não é um acaso, tampouco a consequência de determinações biológicas ou geográficas; a fome é o que se sente na dor do corpo como o resultado de conflitos e decisões políticas em determinadas circunstâncias históricas. A complexidade da questão está no fato de que a política não pode ser pensada como algo completamente apartado da natureza ou das contingências — ou, em outros termos, daquilo que Jean-Paul Sartre chamava de *facticidade*.

Assim, se as determinações biológicas e geográficas impõem a todos os seres a necessidade de interagir com a natureza para a reprodução das condições materiais de nossa existência, no caso da espécie humana, a forma com que essa interação ocorre é também uma consequência política. Por entender a fome como "manifestação biológica de um problema social" (na feliz síntese de Ricardo Abramovay), Josué de Castro se utiliza do método geográfico, que consiste em "localizar com precisão, delimitar e correlacionar os fenômenos naturais e culturais que se passam à superfície da terra".

Portanto, não são apenas desastres naturais, guerras ou condições geográficas desfavoráveis que definem quem irá passar fome ou não. São também — e principalmente — fatores políticos, entre os quais se incluem estratégias de produção e distribuição de alimentos, sistemas de preços, divisões espaciais nas cidades e no campo, desigualdade social, políticas salariais, tradições culturais, sistemas de saúde, condições de habitação, meios de difusão ideológica etc. Por isso, o que Josué de Castro ensina, e que pode ser muito incômodo, é que muitas vezes o que se chama de "fartura" (e que na maioria das vezes se refere mais à quantidade do que ao valor nutricional dos alimentos) carrega uma outra face, constituída de miséria e fome. Com efeito, a fome e a insegurança alimentar estão presentes mesmo em países e regiões onde não há guerra ou desastres naturais e nos quais existem terra agriculturável, água potável e indústria avançada.

Uma preocupação constante em Josué de Castro é o tratamento científico do tema da fome. O autor não fala da "fome aguda, ou momentânea, que corresponde ao apetite", mas da "fome crônica, permanente, que ocorre quando a alimentação habitual não propicia ao indivíduo energia (calorias) suficiente para a manutenção do seu organismo e para o exercício de suas atividades cotidianas". É a fome que se manifesta em uma sociedade em que a comida não é apenas alimento, mas, sobretudo, mercadoria. Ora, se a comida é mercadoria, o que mais importa nela é seu valor de troca, e não seu valor nutricional. É uma fome, portanto, que faz parte dos modos de vida e dos meios de existência de milhões de pessoas em todo o mundo. É um fenômeno global, com vínculos estreitos com todas as formas de sociabilidade que se constituem sob o modo de produção capitalista, e cujo entendimento depende da apreensão das suas manifestações regionais e locais.

Assim, uma compreensão universal do tema só pode ser atingida se forem analisadas as razões pelas quais as pessoas passam fome em diferentes partes do mundo. Nessa vereda, é preciso estabelecer de que maneira a fome, entendida como fenômeno vinculado à reprodução das formas sociais do capitalismo, materializa-se nas diferentes "formações histórico--espaciais", utilizando-me aqui do conceito estabelecido por Milton Santos.

No caso específico do Brasil, a monocultura — que gera a deficiência alimentar — e o latifúndio — que produz a fome — são centrais na criação das condições que levam as populações a essa tragédia. Para Josué de Castro, o seu enfrentamento é, antes de tudo, a luta contra o *subdesenvolvimento*.

Mais do que qualquer outro intelectual brasileiro, Josué de Castro compreendeu que o desenvolvimento social e econômico passa por um *projeto alimentar e de nutrição concebido de modo específico para a população brasileira*. Para ele, além de livrar o Brasil da fome, seria preciso "construir" física e intelectualmente os brasileiros que levariam adiante as projeções mais elevadas acerca do país. Se Anísio Teixeira, Paulo Freire e Guerreiro Ramos, cada um a seu modo e com suas diferentes visões, estavam preocupados em como formar esse "sujeito brasileiro", a eles se soma Josué de Castro, no entendimento sobre a necessidade de se pensar simultaneamente as *condições objetivas e as condições subjetivas da superação dos problemas nacionais*. A fome na primeira infância compromete, muitas vezes de forma irreversível, a saúde de um ser humano. Pessoas que não comem estão impedidas de projetar qualquer futuro, pois sua existência fica aprisionada no presente, na pura imediatidade, na dor lancinante da fome. E a fome não espera; com fome não há "esperançar". Por isso, um país que queira ser desenvolvido, que queira projetar o futuro, que queira romper com as amarras do colonialismo, tem nas políticas de combate à fome e nos projetos de produção e de distribuição de alimentos saudáveis a toda a população uma de suas máximas prioridades. Josué nos ensina, afinal, que o desenvolvimento deve ser "engolido", deve ser colocado diariamente dentro de cada um de nós. No fim das contas, a gente se alimenta é de futuro.

Para se libertar das "marcas infamantes da fome" seria preciso que o país se libertasse "da servidão às forças econômicas externas que durante anos procuraram entorpecer o nosso progresso social e da servidão interna à fome e à miséria que entravaram sempre o crescimento de nossa riqueza". Para isso, a reforma agrária é um passo fundamental.

Josué de Castro é um dos pensadores da história do Brasil tanto pela sua capacidade analítica sobre os problemas nacionais e sua relação com o contexto internacional, quanto pela sua preocupação em construir as condições para o surgimento de um Brasil soberano e generoso para com seu próprio povo. Um Brasil insubmisso só é possível se o problema da fome for enfrentado. A fome é um empecilho à libertação de um povo e, desse modo, deve ser prioridade na agenda política de quem quer um país melhor. Como disse Chico Science, em "Da lama ao caos":

Ô Josué, eu nunca vi tamanha desgraça
Quanto mais miséria tem, mais urubu ameaça
[...]
E com o bucho mais cheio comecei a pensar
Que eu me organizando posso desorganizar
Que eu desorganizando posso me organizar
Que eu me organizando posso desorganizar

Que *Geografia da fome* nos ajude nesse processo de organização, a fim de que possamos desorganizar este mundo que nos faz naturalizar a fome, a miséria e a exploração.

Silvio Almeida é doutor em direito
e presidente do Instituto Luiz Gama

Prefácio do autor à primeira edição

I

O assunto deste livro é bastante delicado e perigoso. A tal ponto delicado e perigoso que se constituiu num dos tabus de nossa civilização. É realmente estranho, chocante, mesmo a observação, o fato de que, num mundo como o nosso, caracterizado por tão excessiva capacidade de se escrever e de se publicar, haja até hoje tão pouca coisa escrita acerca do fenômeno da fome, em suas diferentes manifestações. Consultando a bibliografia mundial sobre o assunto, verifica-se a sua extrema exiguidade. Extrema quando a pomos em contraste com a minuciosa abundância de trabalhos sobre temas outros de muito menor significação. Tal pobreza bibliográfica se apresenta ainda mais estranha e mais chocante quando meditamos acerca do conteúdo do tema da fome — de sua transcendental importância e de sua categórica finalidade orgânica.

Já outros estudiosos se tinham espantado diante desse inexplicável vazio bibliográfico: ainda há pouco, Gregorio Marañon, recolhendo material para a elaboração de um trabalho sobre a regulação hormonal da fome,[1] se surpreendeu com o número insignificante de fichas que conseguiu reunir acerca deste problema fundamental. Registrando o fato, o escritor espanhol, interessado no momento noutra ordem de ideias, não se deu ao trabalho de buscar as razões ocultas que determinaram essa quase que abstenção de nossa cultura em abordar o tema da fome. Em examiná-lo mais fundo, não só em seu aspecto estrito de sensação — impulso e instinto que têm servido de força motriz à evolução da humanidade (Espinosa) —, como em seu aspecto mais amplo de calamidade universal. Sob esse último aspecto, se fizermos um estudo comparativo da fome com as outras grandes calamidades que costumam assolar o mundo — a guerra e as pestes ou epidemias —, verificaremos, mais uma vez, que a menos debatida, a menos conhecida em suas causas e efeitos, é exatamente a fome. Para cada mil publicações tratando dos problemas da guerra, pode-se contar com um trabalho acerca da fome. No entanto, os estragos produzidos por esta última calamidade são maiores do que os das guerras e das epidemias juntas, conforme é possível apurar, mesmo contando com as poucas referências existentes sobre o assunto.[2] Havendo, a favor desse triste primado da fome sobre as outras calamidades, o fato universalmente comprovado de que ela constitui a causa mais constante e efetiva das guerras e a fase preparatória do terreno, quase que obrigatória, para a eclosão das grandes epidemias.

Quais são as causas ocultas dessa verdadeira conspiração de silêncio em torno da fome? Será por simples obra do acaso que o tema não tem atraído devidamente o interesse dos espíritos especulativos e criadores dos nossos tempos? Não cremos. O fenômeno é tão marcante e se apresenta com tal regularidade que, longe de traduzir obra do acaso, parece condicionado às mesmas leis gerais que regulam as outras manifestações sociais de nossa cultura. Trata-se de um silêncio premeditado pela própria alma da cultura: foram os interesses e os preconceitos de ordem moral e de ordem política e econômica de nossa chamada civilização ocidental que tornaram a fome um tema proibido ou, pelo menos, pouco aconselhável de ser abordado publicamente. O fundamento moral que deu origem a essa espécie de interdição baseia-se no fato de que o fenômeno da fome, tanto a fome de alimentos, como a fome sexual, é um instinto primário e por isso um tanto chocante para uma cultura racionalista como a nossa, que procura por todos os meios impor o predomínio da razão sobre o dos instintos na conduta humana. Considerando o instinto como o animal e só a razão como o social, a nossa civilização, em sua fase decadente, vem procurando negar sistematicamente o poder criador dos instintos, considerando-os como forças desprezíveis. Aí encontramos uma das imposições da alma coletiva da cultura, que fez do sexo e da fome assuntos tabus — impuros e escabrosos — e por isto indignos de serem tocados. Sobre o problema do sexo, foi mantido um silêncio opressor, até o dia em que um homem de gênio, num gesto inconveniente e providencial, afirmou, diante do fingido espanto da ciência e da moral oficiais, que o instinto sexual é uma força invencível, tão intensa que atinge a consciência e a domina inteiramente. Freud demonstrou com tal genialidade o primado do instinto, que é essencial, sobre o racional, que é acessório, no desempenho do comportamento humano, que não houve remédio senão aceitar-se, mesmo a contragosto, a sua teoria e deixar-se abrir os diques com que se procurava ingenuamente afogar as raízes da própria vida. Desde então foi possível debater-se em altas vozes o problema do sexo.

Quanto à fome, foram necessárias duas terríveis guerras mundiais e uma tremenda revolução social — a Revolução Russa —, nas quais pereceram 17 milhões de criaturas, dos quais 12 milhões de fome, para que a civilização ocidental acordasse do seu cômodo sonho e se apercebesse de que a fome é uma realidade demasiado gritante e extensa para ser tapada com uma peneira aos olhos do mundo.

Ao lado dos preconceitos morais, os interesses econômicos das minorias dominantes também trabalharam para escamotear o fenômeno da fome do panorama espiritual moderno. É que ao imperialismo econômico e ao comércio internacional a serviço deste interessava que a produção, a distribuição e o consumo dos produtos alimentares continuassem a se processar indefinidamente como fenômenos exclusivamente econômicos — dirigidos e estimulados dentro dos seus interesses econômicos —, e não como fatos intimamente ligados aos interesses da saúde pública. E a dura verdade é que as mais das vezes esses interesses eram antagônicos. Veja-se o caso da Índia, por exemplo. Segundo nos conta Réclus,[3] nos últimos trinta anos do século passado morreram de inanição naquele país mais de 20 milhões de habitantes; só no ano de 1877 pereceram de fome cerca de 4 milhões. E, no entanto, de acordo com a sugestiva observação de Richard Temple — "enquanto tantos infelizes morriam de fome, o porto de Calcutá continuava a exportar para o estrangeiro quantidades consideráveis de cereais. Os famintos eram demasiado pobres para comprarem o trigo que lhes salvaria a vida". É lógico que os grandes importadores, negociantes de Londres, Rotterdam e outras grandes praças europeias, que tiravam grandes proventos de suas importações da Índia, faziam o possível para abafar na Europa os rumores longínquos dessa fome longínqua, a qual, se tomada na devida consideração, poderia atrapalhar os seus lucrativos negócios.

Também os governos nazistas que se haviam apoderado do poder em vários países e de cuja política fazia parte obrigatória a propaganda intempestiva de prosperidades inexistentes, não podiam ver com bons olhos quaisquer tentativas que viessem mostrar, às claras, aos outros países, em que extensão a fome participava dos destinos de seus povos. A própria ciência e a técnica ocidentais, envaidecidas por suas brilhantes conquistas materiais, no domínio das forças da natureza, se sentiriam humilhadas, confessando abertamente o seu quase absoluto fracasso em melhorar as condições de vida humana no nosso planeta e, com o seu reticente silêncio sobre o assunto, faziam-se, consciente ou inconscientemente, cúmplices dos interesses políticos que procuravam ocultar a verdadeira situação de enormes massas humanas envolvidas permanentemente no círculo de ferro da fome.

2

Hoje, tendo sido possível realizar com a aquiescência oficial[4] uma série de pesquisas bem orientadas nas mais diferentes regiões da Terra, acerca das condições de nutrição dos povos, e tendo-se evidenciado, dentro de um critério rigorosamente científico, o fato de que cerca de dois terços da humanidade vivem num estado permanente de fome, começa a mudar a atitude do mundo. É claro que, para essa mudança de atitude, muito tem contribuído a pressão de fatos inexoráveis. A consciência universal de que atravessamos uma hora decisiva, na qual só reconhecendo os grandes erros de nossa civilização podemos reencontrar o caminho certo e fazê-la sobreviver à catástrofe. Desses erros, um dos mais graves é, sem nenhuma dúvida, este de termos deixado centenas de milhões de indivíduos morrendo à fome num mundo com capacidade quase infinita de aumento de sua produção, dispondo de recursos técnicos adequados à realização desse aumento. Mundo capaz de produzir alimentos para 5,5 bilhões de homens, segundo os cálculos de East, 8 bilhões, segundo os de Penk, e 11 bilhões, segundo os de Kucszinski; portanto, pelo menos para o dobro da população atual.[5]

A demonstração mais efetiva dessa mudança radical da atitude universal, em face do problema, encontra-se na realização da Conferência de Alimentação de Hot Springs, a primeira das conferências convocadas pelas Nações Unidas para tratar de problemas fundamentais à reconstrução do mundo no Pós-Guerra. Nessa conferência, reunida em 1943, 44 nações, através dos depoimentos de eminentes técnicos no assunto, confessaram, sem constrangimento, quais as condições reais de alimentação dos seus respectivos povos e planejaram as medidas conjuntas a serem levadas a efeito, para que sejam apagadas ou pelo menos clareadas, nos mapas mundiais de demografia qualitativa, essas manchas negras representando núcleos de populações subnutridas e famintas, exteriorizando, em suas características de inferioridade antropológica, em seus alarmantes índices de mortalidade e em seus quadros nosológicos de carências alimentares — beribéri, pelagra, escorbuto, xeroftalmia, raquitismo, osteomalácia, bócios endêmicos, anemias etc. —, a penúria orgânica, a fome global ou específica de um, de vários e, às vezes, de todos os elementos indispensáveis à nutrição humana.

Para que essas medidas projetadas possam atingir o seu objetivo, faz-se, no entanto, necessário intensificar e ampliar, cada vez mais, os estudos sobre a alimentação no mundo inteiro, donde a obrigação, em que se encontram os estudiosos deste problema, de apresentarem os resultados de suas observações pessoais, como contribuições parciais para o levantamento do plano universal de combate à fome, de extermínio à mais aviltante das calamidades, porque traduz sempre um sentimento de culpa, uma prova evidente da incapacidade das organizações culturais vigentes em satisfazer a mais fundamental das necessidades humanas — a necessidade de alimentos.

Um dos grandes obstáculos ao planejamento de soluções adequadas ao problema da alimentação dos povos reside exatamente no pouco conhecimento que se tem do problema em conjunto, como um complexo de manifestações simultaneamente biológicas, econômicas e sociais. A maior parte dos estudos científicos sobre o assunto se limita a um dos seus aspectos parciais, projetando uma visão unilateral do problema. São quase sempre trabalhos de fisiólogos, de químicos ou de economistas, especialistas em geral limitados por contingência profissional ao quadro de suas especializações.

Foi diante dessa situação que resolvemos encarar o problema sob uma nova perspectiva, de um plano mais distante, donde se possa obter uma visão panorâmica de conjunto, visão onde alguns pequenos detalhes certamente se apagarão, mas na qual se destacarão, de maneira compreensiva, as ligações, as influências e as conexões dos múltiplos fatores que interferem nas manifestações do fenômeno. Para tal fim pretendemos lançar mão do método geográfico, no estudo do fenômeno da fome. Único método que, a nosso ver, permite estudar o problema em sua realidade total, sem arrebentar-lhe as raízes que o ligam subterraneamente a inúmeras outras manifestações econômicas e sociais da vida dos povos. Não o método descritivo da antiga geografia, mas o método interpretativo da moderna ciência geográfica, que se corporificou dentro dos pensamentos fecundos de Ritter, Humboldt, Jean Brunhes, Vidal de La Blache, Griffith Taylor e tantos outros.

Não queremos dizer com isto que o nosso trabalho seja estritamente uma monografia geográfica da fome, em seu sentido mais restrito, deixando à margem os aspectos biológicos, médicos e higiênicos do problema; mas, que, encarando esses diferentes aspectos, o faremos, sempre, orientados pelos princípios fundamentais da ciência geográfica, cujo objetivo básico é localizar com precisão, delimitar e correlacionar os fenômenos naturais e culturais que se passam à superfície da terra. É dentro desses princípios geográficos, da localização, da extensão, da causalidade, da correlação e da unidade terrestre que pretendemos encarar o fenômeno da fome. Por outras palavras, procuraremos realizar uma sondagem de natureza ecológica, dentro deste conceito tão fecundo de "Ecologia", ou seja, do estudo das ações e reações dos seres vivos diante das influências do meio. Nenhum fenômeno se presta mais para ponto de referência no estudo ecológico dessas correlações entre os grupos humanos e os quadros regionais que eles ocupam do que o fenômeno da alimentação — o estudo dos recursos naturais que o meio fornece para subsistência das populações locais e o estudo dos processos através dos quais essas populações se organizam para satisfazer as suas necessidades fundamentais em alimentos. Já Vidal de La Blache havia afirmado há muito tempo que "entre as forças que ligam o homem a um determinado meio, uma das mais tenazes é a que transparece quando se realiza o estudo dos recursos alimentares regionais".[6]

Neste nosso ensaio de natureza ecológica tentaremos, pois, analisar os hábitos alimentares dos diferentes grupos humanos, ligados a determinadas áreas geográficas, procurando, de um lado, descobrir as causas naturais e as causas sociais que condicionaram o seu tipo de alimentação, com suas falhas e defeitos característicos, e, de outro lado, procurando verificar até onde esses defeitos influenciam a estrutura econômico-social dos diferentes grupos estudados. Assim fazendo, acreditamos poder trazer alguma luz explicativa a inúmeros fenômenos de natureza social até hoje mal compreendidos por não terem sido levados na devida conta os seus fundamentos biológicos.[7]

3

Acreditamos que já é tempo de precisar bem o nosso conceito de fome — conceito demasiado extenso e, portanto, suscetível de grandes confusões. Não constitui objeto deste ensaio o estudo da fome individual, seja em seu mecanismo fisiológico, já hoje bem conhecido graças aos magistrais trabalhos de Schiff, Lucciani, Turró, Cannon e outros fisiólogos, seja em seu aspecto subjetivo de sensação interna, aspecto este que tem servido de material psicológico para as magníficas criações dos chamados romancistas da fome. Escritores corajosos que resolveram violar o tabu e nos legaram páginas geniais e heroicas, como as de um Knut Hamsun, no seu magistral romance *Fome* — verdadeiro relatório minucioso e exato das diferentes, contraditórias e confusas sensações que a fome produzia no espírito do autor; como as de um Panait Istrati, vagando esfomeado nas luminosas planícies da Romênia; como as de um Felekhov e um Alexandre Neverov, narrando com dramática intensidade a fome negra da Rússia em convulsão social; como as de um George Fink, sofrendo fome nos subúrbios cinzentos e sórdidos de Berlim; e como as de um John Steinbeck, contando, em *Vinhas da ira*, a epopeia de fome da "família Joad", através das mais ricas regiões do país mais rico do mundo — os Estados Unidos da América.

Não é esse tipo excepcional de fome, simples traço melodramático no emaranhado desenho da fome universal, que interessa ao nosso estudo. O nosso objetivo é analisar o fenômeno da fome coletiva — da fome atingindo endêmica ou epidemicamente as grandes massas humanas. Não só a fome total, a verdadeira inanição que os povos de língua inglesa chamam de *starvation*, fenômeno, em geral, limitado a áreas de extrema miséria e a contingências excepcionais, como o fenômeno muito mais frequente e mais grave, em suas consequências numéricas, da fome parcial, da chamada fome oculta, na qual, pela falta permanente de determinados elementos nutritivos, em seus regimes habituais, grupos inteiros de populações se deixam morrer lentamente de fome, apesar de comerem todos os dias. É principalmente o estudo dessas coletivas fomes parciais, dessas fomes específicas, em sua infinita variedade, que constitui o objetivo nuclear do nosso trabalho.

Com a sua publicação visamos contribuir com uma parcela infinitesimal para a construção do plano de ressurgimento de nossa civilização, através da revalorização fisiológica do homem. Poderá, à primeira vista, parecer uma desmedida pretensão que o autor de um estudo de categoria tão modesta como este lhe atribua qualquer interferência — por mínima que seja — nos destinos universais da humanidade. Encontramos, porém, uma explicação e uma justificativa para essa nossa atitude, na afirmativa recente do filósofo inglês Bertrand Russell de que "nunca houve momento histórico no qual o concurso do pensamento e da consciência individuais fosse tão necessário e importante para o mundo como em nossos dias". E mais ainda "que todo homem, qualquer homem comum, poderá contribuir para a melhoria do mundo".[8] É com essa mesma crença na obra de cooperação de cada um, de coparticipação ativa na busca de um mundo melhor, que escrevemos este livro abordando o tema da fome em sua expressão universal, mostrando com que intensidade e em que extensão o fenômeno se manifesta nas diferentes coletividades humanas.

4

De fato, o conhecimento exato da situação alimentar dos povos, dos recursos de que poderão dispor para satisfazer suas necessidades de nutrição, é absolutamente indispensável para que se leve a bom termo a revolução social que se processa com incrível velocidade nos dias em que vivemos. Revolução que, segundo se vislumbra pelas transformações já processadas, está criando universalmente um novo sistema de vida política, que poderemos chamar, como sugere Julian Huxley,[9] a era do homem social, em contraposição a essa outra era que terminou com a Segunda Guerra Mundial, a era do homem econômico. O que caracteriza fundamentalmente essa nova era é uma focalização muito mais intensiva do homem biológico como entidade concreta e a prioridade concedida aos problemas humanos sobre os problemas de categoria estritamente econômica. Realmente, enquanto até a última guerra a nossa civilização ocidental, em seu exagero de economismo, quase esquecera o homem e seus problemas, preocupando-se morbidamente em conquistar pela técnica todas as forças naturais, pondo todo o seu interesse nos problemas de exploração econômica e de produção de riqueza, o que se vê hoje por toda a parte é o sacrifício obrigatório dos interesses econômicos aos interesses sociais. É a tentativa cada vez mais promissora de pôr o dinheiro a serviço do homem, e não o homem escravo do dinheiro. De dirigir a produção de forma a satisfazer as necessidades dos grupos humanos, e não deixar o homem matando-se estupidamente para satisfazer os insaciáveis lucros da produção. Aparecendo na aurora dessa nova era social, onde a trágica noite do fascismo ainda projeta as suas sombras, este livro pretende ser um documentário científico dessa tragédia biológica, na qual inúmeros grupos humanos morreram e continuam morrendo de fome, ao finalizar-se essa tenebrosa era do homem econômico.

Para que se compreenda bem e se possa perdoar o uso que faz o autor, em certas passagens do seu livro, de tintas um tanto negras, é bom que o leitor se lembre de que esta obra, documentário de uma era de calamidades, foi pensada e está sendo escrita sob a influência psicológica da pesada atmosfera que o mundo vem respirando nos últimos dez anos. Atmosfera abafada pela fumaceira das bombas e dos canhões, pela pressão das censuras políticas, pelos gritos de terror e de revolta dos povos oprimidos e pelos gemidos dos vencidos e aniquilados pela fome. Atmosfera que o sociólogo Sorokin pinta com as seguintes palavras:

Vivemos e agimos numa era de grandes calamidades. A guerra, a revolução, a fome e a peste cavalgam novamente em nosso planeta. Novamente elas cobram seu mortífero tributo da humanidade sofredora. Novamente elas influenciam cada momento da nossa existência: nossa mentalidade e nossa conduta, nossa vida social e nossos processos culturais.[10]

Devemos confessar honestamente que não nos foi possível fugir na elaboração do nosso trabalho de tão dominadora influência.

5

Várias foram as razões que nos levaram a planejar a realização desta obra em diferentes volumes. A primeira delas é a desmedida extensão do seu campo de observação, abrangendo todos os continentes, investigando as condições de vida nos mais variados recantos da superfície da terra. Por mais impressionista que seja o retrato que tentamos pintar de cada uma das regiões estudadas, não é possível sintetizar os seus traços característicos além de certos limites. Toda tentativa de concentrar tão abundante e variado material num só volume seria um fracasso por despojar a realidade de toda a sua riqueza, de conteúdo vital, anulando desta forma os propósitos do estudo projetado. A segunda razão se fundamenta na evidência de que um estudo desta envergadura, mesmo quando as condições são as mais favoráveis à sua execução, leva vários anos para ser completado, e a paciente espera para publicar todo o trabalho em conjunto tornaria um tanto antiquadas certas indicações bibliográficas e certos aspectos de atualidade do problema em suas manifestações regionais.

Evidencia-se, assim, a vantagem em dividir didaticamente o trabalho em vários volumes, realizando a sua publicação imediata à proporção que sejam ultimadas as análises das várias áreas geográficas incluídas e encadeadas dentro do plano geral da obra completa. Foi este o partido que tomamos, o de projetar a obra em cinco volumes a serem publicados separada e sucessivamente.

O primeiro deles que hoje aparece estuda as diferentes áreas de fome no Brasil, as manifestações de subnutrição neste país e a sua influência como fator biológico na formação e evolução dos nossos grupos humanos. Estudando o fenômeno da fome no nosso meio, daremos um balanço geral das influências de categoria biológica que têm interferido e passado na modelagem de nossa cultura e de nossa civilização.

Buscando essa valorização dos fatores de categoria biológica, não quer dizer que desprezemos a importância dos fatores de natureza cultural, fatores da categoria do latifundismo agrário--feudal que tanto deformou o desenvolvimento da sociedade brasileira. Isso é inegável. O que tentaremos mostrar é que, mesmo quando se trata da pressão modeladora de forças econômicas ou culturais, elas se fazem sentir sobre o homem e sobre o grupo humano, em última análise, através de um mecanismo biológico: é através da deficiência alimentar que a monocultura impõe, é através da fome que o latifúndio gera, e assim por diante. Não defenderemos, pois, nenhuma primazia na interpretação da evolução social brasileira. Nem o primado do biológico sobre o cultural, nem o do cultural sobre o biológico. O que pretendemos é pôr ao alcance da análise sociológica certos elementos do mecanismo biológico de ajustamento do homem brasileiro aos quadros naturais e culturais do país.[11]

Não temos a pretensão de investigar a fundo, numa sondagem definitiva, a influência de todos os fatores dessa categoria: raça, clima, meio biótico etc. que constituem a base orgânica da estrutura social dos nossos grupos humanos, mas, estudando os recursos e os hábitos alimentares de várias regiões, teremos forçosamente que levar em consideração todos esses fatores ecológicos que participam ativamente na interação do elemento humano e dos quadros geográficos brasileiros.

Caracterizando o tipo de alimentação e os variados tipos de fome que tem sofrido a nossa gente, estamos certos de que faremos refletir nessas características biológicas, com maior exatidão do que através do estudo de quaisquer outras manifestações de natureza ecológica, o grau de adaptação e ajustamento dos diferentes grupos regionais de nossas populações às variadas zonas geográficas do país. E são exatamente as expressões dessas variadas formas de adaptação que dão relevo à fisionomia cultural de uma nação. É por isso que julgamos ser este primeiro volume, até certo ponto, uma tentativa de interpretação biológica de certos aspectos da formação e da evolução histórico-sociais brasileiras.

Num segundo volume, estudaremos as manifestações de fome nas outras áreas do continente americano, tanto da América Espanhola, onde o fenômeno apresenta aspectos locais ainda mais alarmantes do que no Brasil, como da América Inglesa, com suas zonas de fome bem definidas e caracterizadas o Sul dos Estados Unidos, Porto Rico, Trinidad, Barbados etc.

Os grupos humanos da África, culturalmente tão dessemelhantes, povos sedentários do vale do Nilo, nômades do deserto saariano, agricultores do oásis, negritos das florestas equatoriais, caçadores e pastores bosquímanos — quase todos precariamente alimentados e acossados pela fome —, constituirão material do estudo do terceiro volume.

No quarto volume, abordaremos o estudo da fome no Oriente: nas terras asiáticas com seus quadros de extrema miséria e de fome endêmica, já bem estudados dentro desse mesmo critério ecológico por investigadores como um Radha Kamal Mukerjee, que escreveu, em 1926, a primeira obra publicada no mundo sob o título de *Sociologia regional*, ou de um Walter Mallory, autor dessa magistral monografia da fome no Oriente, intitulada *China Land of Famine*, e nas distantes ilhas da Oceania onde a alimentação dos seus primitivos habitantes, que fora das mais equilibradas, é hoje, em consequência dos contatos e das influências culturais dos povos do Ocidente, das mais degradadas e inferiorizadas do mundo.

Guardamos para o fim, para o quinto volume, o estudo da epidemia de fome que vem atravessando a Europa durante os últimos anos, a qual, longe de terminar com o fim da guerra, parece recrudescer em certas zonas, constituindo uma das mais sérias ameaças à paz, tão inquietante quanto o segredo da bomba atômica.

Deixamos propositadamente este estudo para o último volume, a fim de aguardar que seja possível uma visão menos confusa do problema e uma interpretação mais serena dos fatores que continuam mantendo o fenômeno da fome nesse continente. Qualquer tentativa atual de análise à distância de tão complexa situação, sob a ação dessa tremenda carga emocional que ainda perdura na atmosfera europeia, envolveria um grande risco de que fosse deformada a realidade dos fatos. Deformação bem possível pela paixão política, pela insuficiência de documentação rigorosamente científica, pela impossibilidade de seleção dos informes e pelo exagero de tragédia e de dramaticidade que envolve emocionalmente o fenômeno biológico e social. Desse último volume fará também parte uma análise crítica do problema numa tentativa de fixação dos limites em que o fenômeno da fome interfere na conduta humana, com as conclusões objetivas a que sejamos levados através dessa sondagem de categoria universal do problema.

6

Acreditamos dever ainda ao leitor, principalmente ao leitor estrangeiro, uma explicação e uma última advertência. A explicação visa esclarecer as razões que levaram o autor a dedicar todo um volume dessa obra ao estudo de um só país, o Brasil, quando projeta concentrar em alguns dos outros volumes o estudo de continentes inteiros. Não foram razões de ordem sentimental, nem de supervalorização patriótica que nos ditaram essa conduta: foram razões de ordem didática.

O Brasil constituiu o nosso campo de observação e de experimentação diretas do problema. De comprovação viva de inúmeros aspectos doutrinários da questão e de ensaio e verificação de muitas hipóteses que formulamos sobre aspectos particulares nesse setor científico.

O seu vasto território, com suas diferentes categorias de climas tropicais, desde o equatorial superúmido da Amazônia, até o tropical seco e semiárido do sertão do Nordeste e o subtropical e com seus variados tipos de organização econômica, apresenta condições excepcionais para uma larga investigação do problema da alimentação tropical. Nenhum país do mundo se prestaria, tanto quanto o nosso, para funcionar como um verdadeiro laboratório de pesquisa social deste problema.

Os resultados das observações e investigações que aqui procedemos durante quinze anos, e que são apresentados neste volume, poderão permitir, pela aplicação do método comparativo, generalizações até certo ponto válidas para inúmeras outras regiões tropicais do mundo.

Acentuar, pois, certos detalhes do caso brasileiro, nesse estudo da geografia da fome, significa procurar ilustrar, com exemplos concretos, o estudo do fenômeno em diferentes áreas geográficas que apresentem condições naturais ou culturais mais ou menos semelhantes às deste país. Ademais, desenvolvendo neste primeiro volume certos aspectos doutrinários da questão para a sua melhor compreensão por parte dos não iniciados na matéria, poderemos nos poupar de voltar ao assunto nos volumes seguintes, os quais, aliviados no seu conteúdo de digressões doutrinárias, apresentarão em forma mais densa traços e fatos objetivos que caracterizem áreas geográficas de maior extensão.

Há, no entanto, um perigo em publicar separadamente esse estudo das áreas de fome no Brasil destacado das outras áreas de fome do continente. Perigo de que por desconhecimento ou por má-fé possa alguém julgar serem as condições de vida no nosso país, na hora atual, mais graves e mais difíceis do que no resto da América. Afirmativa que está longe de ser verdadeira. Na maioria dos países da América Latina, conforme pudemos verificar em visitas locais e através de documentos estatísticos e informes científicos obtidos, as condições de vida são ou idênticas ou ainda mais precárias do que as do Brasil.[12]

Ao publicarmos o segundo volume desta obra, apresentando as manchas de fome da América Espanhola, o assunto ficará claramente exposto e afastado o perigo das interpretações errôneas. Até lá, será conveniente não se tirar conclusões de qualquer paralelo entre a situação do Brasil e a de outros países da América, senão tomando por base de comparação trabalhos que apresentem um retrato fiel da realidade social desses países, destacando os seus traços mais significativos com o mesmo realismo isento de preconceitos com que estudamos a situação alimentar no Brasil.[13]

7

Antes de terminar este prefácio, queremos agradecer a todos aqueles que prestaram na realização deste projeto sua valiosa cooperação, sem a qual dificilmente seria possível ao autor se aventurar a empreendê-lo. Abrange este agradecimento toda espécie de ajuda e colaboração, desde os serviços prestados por um Tom Spies, quando atendendo a nosso pedido envia--nos com toda presteza uma série de interessantes subsídios sobre a situação alimentar no Sul dos Estados Unidos, até a espontânea colaboração dum simples sertanejo de São João do Cariri, que nos manda amostras de mel de abelha e de farinha de macambira para verificação do seu valor nutritivo.

Considerando, no entanto, que foram inúmeras essas colaborações, limitaremos as referências nominais no momento àquelas que ajudaram a elaboração deste volume sobre o Brasil. Sobre as outras, sobre o envio de valiosos materiais, informes e conselhos referentes ao problema em outras regiões do mundo, nos reservaremos para apresentar nossos agradecimentos com o aparecimento dos volumes que cuidem diretamente do estudo dessas áreas.

Fica aqui consignada a nossa gratidão a todos os nossos colaboradores no extinto Serviço Técnico de Alimentação Nacional e no atual Instituto de Nutrição da Universidade do Brasil, em cujos laboratórios foram realizadas algumas das pesquisas referidas neste trabalho. Desses colaboradores destacamos os nomes de Sálvio de Azevedo e Pedro Borges, pela coleta de dados estatísticos que levaram a efeito com o fim de fornecer ao autor uma documentação mais objetiva de certos aspectos do problema; de Ítalo Mattoso, Emília Pechnik, Isnard Teixeira e José Maria Chaves, pelas análises que realizaram acerca do valor nutritivo de vários alimentos brasileiros e a cujos resultados nos reportamos neste ensaio; de Clementino Fraga Filho, pela constante colaboração no esclarecer certos aspectos médicos e higiênicos das carências alimentares em nosso país, e de Firmina Santana, pelas tábuas de composição de alimentos que organizou e que nos foram de grande ajuda neste trabalho.

Ao nosso prezado amigo, o ilustre antropólogo baiano Thales de Azevedo, e ao eminente nutrólogo Orlando Parahym, pelos valiosos informes que nos prestaram, respectivamente acerca das condições alimentares no Recôncavo Baiano e nos sertões de Pernambuco.

Ao professor Jorge Zarur, pela prestimosidade com que ajudou a seleção e a inclusão neste volume do material ilustrativo retirado dos arquivos do Conselho Nacional de Geografia. Ao higienista Oswaldo Costa, nosso colaborador de há muito, pelas sugestões e dados fornecidos sobre aspectos epidemiológicos do Brasil.

Ao nosso estimado colega dr. Cláudio Araújo Lima, por nos ter confiado os originais inéditos de um estudo da autoria de seu saudoso pai, o médico e sociólogo Araújo Lima, acerca da alimentação na Amazônia — trabalho apresentado ao Congresso Médico Amazônico, reunido em 1939, em Belém.

A Luiz da Câmara Cascudo, pelas sugestões que dele recebemos em saborosas conversas ou através de cartas mandadas do Nordeste, tratando principalmente de um projeto que os acasos da vida não nos permitiram realizar, o de escrevermos em colaboração uma história da cozinha brasileira. A Edson Carneiro, sério estudioso dos problemas dos negros no Brasil, pela amabilidade que teve de nos emprestar os originais do seu livro ainda inédito sobre os Palmares, pondo ao nosso alcance informações de primeira ordem sobre a agricultura dos negros fugidos dos engenhos do Nordeste e acantonados nos quilombos. A João Alberto Lins de Barros, conhecedor profundo dos problemas rurais do Brasil, através da experiência viva e direta de suas realidades singulares, pelos reparos que sugeriu a certos trechos deste livro e pelos relatos que nos fez de observações pessoais de inestimável valia. Ao amigo Queiroz Lima, pelo interesse quase que diário no desenvolvimento deste trabalho, trazendo sempre estímulos e sugestões. Ao eminente sociólogo norte-americano Lynn Smith, não só por ter permitido a inclusão, neste livro, de um sugestivo mapa de sua autoria sobre a evolução demográfica do Brasil, como por conselhos valiosos e oportunos reparos que fez na leitura de alguns capítulos.

Ainda um nome deve ser mencionado com gratidão entre os dos que estimularam o autor na realização deste ensaio: o do meu amigo J. Barboza Mello, pelos constantes apelos que nos fez para que terminássemos quanto antes este estudo, a seu ver não inteiramente destituído de significação social, neste momento que atravessa nosso país, buscando atingir sua maioridade política.

Somos também profundamente gratos à magnífica contribuição que nos trouxe o nosso ilustre colega professor Tomaz Coelho, catedrático de geologia na Faculdade Nacional de Filosofia, dando-se ao trabalho de organizar e traçar um mapa de tipos de solo no Brasil, especialmente para ilustrar este livro, servindo para demonstrar de maneira mais viva a íntima correlação existente entre solos regionais, tipos de alimentação e organizações sociais dos diferentes grupos humanos. A José Honório Rodrigues, por sua amável cooperação, facilitando enormemente as nossas consultas bibliográficas na Biblioteca Nacional. A João Carlos Vital, por ter permitido a inclusão neste livro de um mapa da incidência da tuberculose no país, organizado sob sua orientação pelo Instituto de Serviços Sociais do Brasil. Agradecimentos idênticos merecem o dr. Gallotti, diretor do Departamento Nacional de Obras Contra as Secas, por ter permitido a reprodução de mapas e de fotografias deste departamento na ilustração de nosso trabalho. Somos gratos ao pintor E. Bianco pela sugestiva capa que desenhou para vestir com arte este volume. A Percy Lau e M. Medina somos gratos pelo interesse que puseram em ilustrar de maneira inteligente este livro, com desenhos e mapas que muito recomendam os seus méritos pessoais de desenhista e cartógrafo.

À nossa então secretária, Diva Maria Guerra, e à srta. Jacqueline Hermann, pelo trabalho que tiveram em datilografar e rever cópias deste estudo. Sinceros agradecimentos são também devidos a João Farias da Silva pelo carinho com que se aplicou ao árduo trabalho de revisão das provas tipográficas e de organização dos índices deste nosso ensaio em sua primeira edição.

Deve ser associado a este livro o nome de minha esposa, Glauce de Castro, que entre todos os nossos colaboradores foi o que mais se esforçou e mais ajudou na sua elaboração.

Julho 1946

Apresentação

Josué de Castro e a geografia da fome

Milton Santos

Josué de Castro foi um grande pioneiro dentro de sua disciplina de eleição, a geografia humana. Mas foi também alguém que inovou na análise de fenômenos sociais então pouco ou nada estudados, como por exemplo o consumo. Dentro da geografia, sua posição era a de um autêntico possibilista. Examinando a questão da fome no Nordeste brasileiro, que em sua juventude dizimava periodicamente grandes contingentes populacionais no sertão, ele mostrou que a vertente naturalista, segundo a qual esse fato se devia às contingências do clima, era uma explicação equivocada. Dizia-se, então, que a fome no Nordeste interior tinha como raiz a aridez climática. Assim, a culpa do desastre era da Natureza, isto é, de ninguém, e não da sociedade. Tomando a questão pela sua raiz, Josué de Castro mostrou que havia carências alimentares tanto no Nordeste seco quanto na chuvosa Zona da Mata. Mas no Nordeste semiárido, formado pelos sertões, as deficiências nutricionais eram episódicas, ligadas sem dúvida a um déficit periódico na provisão de alimentos, situação que apenas aparentemente era ligada ao clima, já que a baixa do consumo de comida em certas ocasiões devia-se sobretudo à pobreza generalizada da população, incapacitada de fazer transportar produtos alimentares ao seu lugar de residência e até mesmo de fugir para outras áreas, pois lhe faltavam vias e meios de transporte e, mais simplesmente, dinheiro para comprar provisões de boca. Por isso, considerou adequado qualificar essa contingência como de fome epidêmica. Já no Nordeste úmido a fome seria ainda mais grave porque era praticamente permanente; chovia de modo regular, as terras eram consideradas de boa qualidade, mas as populações pobres eram anêmicas e as causas dessa penúria não eram estudadas, nem consideradas. A subalimentação era tida como algo natural. Por isso Josué de Castro a adjetiva como fome endêmica. O uso monopolista da terra pela cana-de-açúcar constituía um impedimento a outras utilizações; portanto, a situação resultante para a população pobre era permanente.

Vê-se que, num caso como no outro, a explicação principal não é, pois, encontrada nas condições naturais, mas nos sistemas econômicos e sociais. Era, todavia, mais cômodo continuar divulgando a explicação equivocada, em lugar de condenar uma organização social inadequada.

Esse grande achado de Josué de Castro esteve na raiz de seus desenvolvimentos posteriores, como por exemplo sua obra *A geopolítica da fome*, cenário e inspiração para um grande debate mundial sobre as injustiças internacionais. Além desse drama sofrido por milhões de pessoas nos continentes mais pobres, a denúncia do geógrafo brasileiro passa a ganhar um lugar de realce na discussão das políticas das nações imperialistas e na produção de uma geopolítica em escala mundial.

Josué de Castro tornou-se o centro de uma polêmica essencial, separando deterministas e possibilistas, colonialistas e anti-imperialistas. A discussão sobre as raízes do Terceiro Mundo ganhou novos e decisivos argumentos. Esse é um momento histórico crucial, quando o imperialismo é levado a esgotar todos os seus trunfos para alicerçar a conquista do mundo. Mas é, também, felizmente, uma época na qual havia, por outro lado, uma enorme solidariedade internacional graças à qual as teses de Josué de Castro puderam ganhar uma amplitude que lhe trouxe uma merecida reputação e um grande número de seguidores em todos os continentes.

Graças a esse papel seminal, *Geografia da fome* constitui um marco histórico e político do qual devem se orgulhar a geografia e a intelectualidade brasileiras.

Introdução

I

Quando se lê ou se ouve falar em fomes coletivas, em angustiadas massas humanas atacadas de epidemias de fome, definhando e morrendo à falta de um pouco de comida, as primeiras imagens que assaltam a nossa consciência de homens civilizados são imagens típicas do Extremo Oriente. Imagens evocativas das superpovoadas terras asiáticas com seus enxames humanos se agitando numa estéril e perpétua luta contra o ameaçador espectro da fome. Massas pululantes de esquálidos *coolies* chineses. Manchas compactas de ascéticos indianos envolvidos em suas longas túnicas, lembrando uma procissão de múmias. Desesperadas multidões comprimidas nas sinuosas ruelas das cidades orientais, atoladas na lama imunda dos arrozais, asfixiadas de poeira nas estradas da China, estorricadas pelas secas periódicas. Multidões famintas que revelam em seus rostos, em seus gestos e em suas atitudes fatigadas a marca sinistra da fome. Tais são os cenários e os personagens a que nossa imaginação sempre recorreu para dar vida aos dramas da fome coletiva.

Hoje, àquelas clássicas imagens se vêm juntar outras de maior atualidade. Imagens dos campos de concentração e das cidades e dos campos europeus devastados pela tirania nazi durante a última guerra mundial. Imagens de homens, mulheres e crianças perambulando como fantasmas num mundo perdido, com os olhos esbugalhados flutuando fora das órbitas e com os molambos de vestuários balançando grotescamente sobre a armação dos esqueletos saltando à flor da pele.

Para o leigo, para aqueles que têm conhecimento da fome apenas através do noticiário dos jornais, reduzem-se a estas duas grandes regiões geográficas — o Oriente exótico e a Europa devastada — as áreas de distribuição da fome, atuando como calamidade social. Infelizmente esta é uma impressão errada, resultante da observação superficial do fenômeno.

Na realidade, a fome coletiva é um fenômeno social bem mais generalizado. É um fenômeno geograficamente universal, não havendo nenhum continente que escape à sua ação nefasta. Toda a terra dos homens tem sido também até hoje terra da fome. Mesmo nosso continente, chamado o da abundância e simbolizado até hoje nas lendas do Eldorado, sofre intensamente o flagelo da fome. E se os estragos desse flagelo na América não são tão dramáticos como sempre foram no Extremo Oriente, nem tão espetaculares como se apresentaram nos últimos anos na Europa, nem por isso são menos trágicos, visto que, entre nós, esses estragos se fazem sentir mais sorrateiramente, mirrando a nossa riqueza humana numa persistente ação destruidora, geração após geração.

É preciso que se confesse corajosamente que a terra da promissão, para a qual foram atraídos, só no século XIX, 100 milhões de imigrantes europeus, que procuravam fugir às garras da pobreza, também é uma terra onde se passa fome, onde se vive lutando contra a fome, onde milhões de indivíduos continuam morrendo de fome. A pouca gente que habita continentes distantes poderia ocorrer a ideia de que a América, com suas enormes reservas naturais, na maior parte inexploradas, com tanta terra à disposição de tão pouca gente e com uma larga faixa de seu território ocupada pelo povo mais industrioso e ativo do mundo — os americanos do Norte —, não dispõe do mínimo indispensável de alimentos para satisfazer as necessidades de cada um dos seus 350 milhões de habitantes. No entanto, a verdade é que estamos muito longe deste ideal. Os inquéritos sociais e os levantamentos estatísticos levados a efeito em diferentes zonas do continente vieram mostrar que por toda parte as populações americanas continuam expostas às consequências funestas da subnutrição e da fome.

Se até quase aos nossos dias o fenômeno não produziu eco é porque as populações da América não se conheciam. A América vivia como ilustre desconhecida, muito mais preocupada pelas coisas dos outros continentes, principalmente da fascinante Europa, do que pelos seus próprios problemas. Cada país do continente americano vivendo sua vida fechada, isolando-se uns dos outros, econômica e culturalmente; ignorando-se cordialmente uns aos outros como bons vizinhos discretos e presumidos. Que país americano ousaria confessar que suas populações andavam passando fome, quando seus vizinhos bancavam ares de abundância e de riqueza? Nessa atitude de mascarados, os países da América continuaram escondendo suas misérias, enquanto puderam.

Hoje, com a predominância cada vez mais efetiva das ideias universalistas, da política de portas abertas, essas misérias acabaram por transparecer. Por se apresentarem com inegável evidência, nos dados estatísticos das respectivas produções nacionais e nos diferentes índices reveladores das condições de vida das populações.

Uma das mais graves misérias das terras da América é o estado de fome em que vegetam as populações deste continente. E não só das que vivem na parte mais pobre, ainda não suficientemente explorada, na América Latina; mas também na parte mais rica e civilizada, na América Inglesa. Como veremos oportunamente, numa extensa área dos Estados Unidos da América, no seu velho Sul agrário, continua muita gente a morrer de fome, continuam a manifestar-se entre as populações locais graves doenças, causadas unicamente pela falta de uma alimentação adequada. Na parte do continente que corresponde à América Latina, o fenômeno ainda é mais grave. Mais de dois terços da população dessa área passam fome, sendo que em algumas zonas a fome alcança três quartas partes da população. Todas as carências alimentares têm sido encontradas nas diferentes áreas desse continente. Carências proteicas, carências minerais, carências vitamínicas. Cerca de 120 milhões de latino-americanos sofrem de uma ou mais dessas carências alimentares que os inferiorizam e os predispõem a outras muitas doenças intercorrentes.

Tal se apresenta, em traços um tanto duros, mas realistas, o retrato do continente da abundância. Das terras que pareciam, a princípio, o cenário mais impróprio para que nele se representassem os dramas vividos da fome. Mas esse drama existe. Milhões de seres humanos o têm vivido durante séculos, silenciosamente, com uma resignação que aproxima, sob esse aspecto, os povos americanos dos povos do Oriente. Ambos os continentes — a América nova e a Ásia milenar — têm sofrido resignadamente as suas tragédias de fome. Pretendemos realizar o estudo das diferentes áreas de fome do mundo, iniciando-o com o estudo da fome no Brasil, nosso campo de experiência direta.

2

A alimentação do brasileiro tem se revelado, à luz dos inquéritos sociais realizados, com qualidades nutritivas bem precárias, apresentando, nas diferentes regiões do país, padrões dietéticos mais ou menos incompletos e desarmônicos. Numas regiões, os erros e defeitos são mais graves e vive-se num estado de fome crônica; noutras, são mais discretos e tem-se a subnutrição. Procurando investigar as causas fundamentais dessa alimentação em regra tão defeituosa e que tem pesado tão duramente na evolução econômico-social do povo, chega-se à conclusão de que elas são mais produto de fatores socioculturais do que de fatores de natureza geográfica.

De fato, com a extensão territorial de que o país dispõe, e com sua infinita variedade de quadros climatobotânicos, seria possível produzir alimentos suficientes para nutrir racionalmente uma população várias vezes igual ao seu atual efetivo humano; e se nossos recursos alimentares são até certo ponto deficitários e nossos hábitos alimentares defeituosos, é que nossa estrutura econômico-social tem agido sempre num sentido desfavorável ao aproveitamento racional de nossas possibilidades geográficas.

A enorme extensão territorial, com seus diferentes tipos de solo e de clima, com seus múltiplos quadros paisagísticos, nos quais vêm trabalhando, há séculos, grupos humanos de distintas linhagens étnicas e de diferentes tintas culturais, não poderia permitir que se constituísse, em todo o território nacional, um tipo uniforme de alimentação. O país está longe de constituir uma só área geográfica alimentar. As variadas categorias de recursos naturais e a predominância cultural de determinados grupos que entraram na formação de nossa etnia nas diferentes zonas tinham que condicionar forçosamente uma diferenciação regional dos tipos de dieta.

O país abrange pelo menos cinco diferentes áreas alimentares, cada uma delas dispondo de recursos típicos, com sua dieta habitual apoiada em determinados produtos regionais e com seus efetivos humanos refletindo, em muitas de suas características, tanto somáticas como psíquicas, tanto biológicas como culturais, a influência marcante dos seus tipos de dieta. Cinco áreas bem caracterizadas e assim distribuídas: 1) Área da Amazônia; 2) Área da mata do Nordeste; 3) Área do sertão do Nordeste; 4) Área do Centro-Oeste; 5) Área do Extremo Sul.[1] Felizmente, destas cinco nem todas são a rigor áreas de fome, dentro do conceito que serve de roteiro a nosso trabalho.

Consideramos áreas de fome aquelas em que pelo menos a metade da população apresenta nítidas manifestações carenciais no seu estado de nutrição, sejam estas manifestações permanentes (áreas de fome endêmica), sejam transitórias (áreas de epidemia de fome).[2] Não é o grau de especificidade carencial que assinala e marca a área, mas a extensão numérica em que o fenômeno incide na população. As áreas culturais, sob quaisquer aspectos em que sejam encaradas, só poderão ser classificadas à base da verificação dos traços predominantes que lhes dão expressão típica, e não de seus traços excepcionais, por mais gritantes que eles se apresentem em sua categoria de exceção. Para que determinada região possa ser considerada área de fome, dentro do nosso conceito geográfico, é necessário que as deficiências alimentares que aí se manifestam incidam sobre a maioria dos indivíduos que compõem seu efetivo demográfico.

Das cinco diferentes áreas que formam o mosaico alimentar brasileiro, três são nitidamente áreas de fome: a área amazônica, a da mata e a do sertão nordestino. Nelas vivem populações que em grande maioria — quase diria na sua totalidade — exibem permanente ou ciclicamente as marcas inconfundíveis da fome coletiva. Nas outras duas regiões, a do Centro-Oeste e a do Extremo Sul, embora os hábitos alimentares estejam longe de ser perfeitos, não se apresentam, contudo, deficiências alimentares tão pronunciadas, a ponto de arrastarem a maioria da coletividade aos estados de fome. É verdade que também se manifestam nessas áreas os desequilíbrios e as carências alimentares, sejam em suas formas discretas, subclínicas, sejam mesmo em suas exteriorizações completas, mas sempre como quadros de exceção, atingindo grupos reduzidos, representantes de determinadas classes, e não massas inteiras de populações, quase sua totalidade, como ocorre nas três outras áreas alimentares do país. Num rigorismo tecnológico, que se faz necessário, são essas áreas do Centro e do Sul áreas de subnutrição, e não propriamente áreas de fome.

Dentro do plano geral de nossa obra, que visa à análise das áreas de fome do mundo, só cabe, pois, o estudo circunstanciado das três primeiras áreas brasileiras, daquelas em que o fenômeno da fome se manifesta numa categoria de calamidade coletiva.

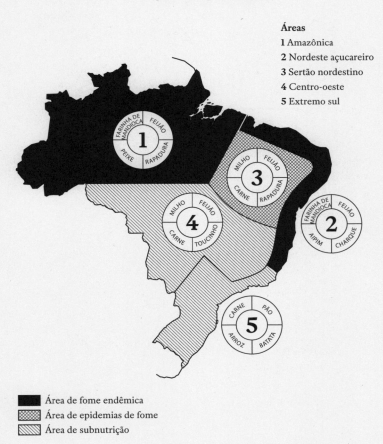

Mapa das áreas alimentares do Brasil
(organizado pelo autor)

Mapa das principais carências existentes nas diferentes áreas alimentares do Brasil
(organizado pelo autor)

Áreas
1. Amazônica
2. Nordeste açucareiro
3. Sertão nordestino
4. Centro-oeste
5. Extremo sul

Carências
- Ácido nicotínico – pelagra
- Cálcio sem manifestações de raquitismo
- Cloreto de sódio
- Ferro – anemias alimentares
- Iodo – bócio cretínico
- Proteicas
- Vitamina A (hemeralopia xeroses, xeroftalmia e queratomalacia)
- Vitamina B1
- Vitamina B2 – arriboflavinose
- Vitamina C – escorbuto
- Vitamina D – raquitismo

Formas
- Frustas
- Típicas casos esporádicos
- Típicas crises epidêmicas
- Típicas endêmicas

I.
Área amazônica

I

A região da Amazônia representa, do ponto de vista ecológico, um tipo unitário de área alimentar muito bem caracterizado, tendo como alimento básico a farinha de mandioca. Os limites geográficos dessa área são bem nítidos. Com as suas terras atravessadas de lado a lado pela linha equatorial, estende-se para o norte até o sistema montanhoso das Guianas e para o sul até alcançar a região semiárida do Nordeste brasileiro, onde seu revestimento florestal se transforma em vegetação de campo aberto do tipo xerófita. Os contrafortes orientais da cadeia dos Andes constituem-lhe os limites a oeste. Suas terras, banhadas pelo gigantesco sistema fluvial do Amazonas e recobertas na quase totalidade por um espesso manto de floresta, abrangem uma extensão territorial de cerca de 5 milhões de quilômetros quadrados. Nessa região florestal vivem disseminados 6 milhões de pessoas.[1] Geograficamente, essa paisagem natural é a mais vasta área de floresta equatorial do mundo. Demograficamente, representa um dos mais extensos desertos do planeta, com uma raleza de população só comparável à dos desertos tropicais da África e da Austrália ou à dos desertos gelados da Groenlândia e de outras terras árticas.

Na alarmante desproporção entre a desmedida extensão das terras amazônicas e a exiguidade de gente reside a primeira tragédia geográfica da região. Região com uma população de tipo homeopático, formada de gotas de gente salpicadas a esmo na imensidade da floresta, numa proporção que atinge em certas zonas a concentração ridícula de um habitante para cada quilômetro quadrado de superfície. Dentro da grandeza impenetrável do meio geográfico, vive esse punhado de gente esmagado pelas forças da natureza, sem que possa reagir contra os obstáculos opressores do meio, por falta de recursos técnicos, só alcançáveis com a formação de núcleos demográficos de bem mais acentuada densidade. Núcleos que pudessem realmente atuar por sua força colonizadora como verdadeiros fatores geográficos, alterando a paisagem natural, modelando e polindo as suas mais duras arestas, amaciando os seus rigores excessivos a serviço das necessidades biológicas e sociais do elemento humano. Sem forças suficientes para dominar o meio ambiente, para utilizar as possibilidades da terra, organizando um sistema de economia produtiva, as populações regionais têm vivido até hoje, no Amazonas, quase que exclusivamente num regime de economia destrutiva. Da simples coleta dos produtos nativos, da caça e da pesca. Da colheita de sementes silvestres, de frutos, de raízes e de cascas de árvores. Do látex, dos óleos e das resinas vegetais.

Desde os primeiros tempos de ocupação do vale amazônico que o reino de Portugal começou a incentivar nessa região da colônia "a colheita da droga" para compensar o seu desapontamento comercial com a colheita da especiaria do Oriente, dificultada em extremo pela concorrência de outros povos também navegadores e traficantes; a coleta de plantas de temperos medicinais e de vícios que abundavam na floresta amazônica. Não é sem razão que um grande conhecedor da história da Amazônia, Artur Ferreira Reis, afirma que, "amparada assim tão carinhosamente a colheita de drogas, o colono fez de sua exploração um dos seus fundamentos de vida no vale. O maior de todos. Quase que o único".[2] E daí em diante nunca a Amazônia conseguiu sair de sua economia de colheita de produtos de floresta, dessa enganosa sedução da riqueza do verde. Riqueza que fez a miséria do Amazonas, como o verde da cana a do Nordeste e como o amarelo do ouro das minas, a do país inteiro. Já nos fins do século XVII, José de Sousa Ferreira clamara contra a falta de agricultores na região, apontando que eram "as drogas do Estado as que lhe dão estimação mas que são a ruína dele".

Apenas em zonas limitadas e utilizando processos rudimentares se estabeleceu uma cultura primitiva de certos produtos de alimentação, como a da mandioca, do milho, do arroz e do feijão. Culturas insignificantes, em pequenas áreas conquistadas à floresta pelo processo das queimadas, de uso pré-colombiano, sendo as sementes lançadas ao solo mal preparado, ainda entulhado de troncos, de galhos e de garranchos meio carbonizados. "Herdamos do índio o sistema vampírico das derrubadas e das queimadas inclementes, sem as quais o lavrador não acredita que o milho possa deitar espigas bem granadas", afirmou Daniel de Carvalho.[3] Somente nos últimos anos, e nas proximidades dos centros mais populosos, como Belém, estão sendo realizados outros trabalhos agrícolas objetivando a horticultura e a avicultura em bases mais ou menos racionais. Um exemplo dessas iniciativas é a Cooperativa de Tomé Açu, cujos associados, na sua quase totalidade de origem nipônica, dedicam-se ao cultivo de plantas hortícolas, além de cobrirem grandes extensões de terras com o plantio de pimenta-do-reino e juta. Na região do baixo Guamá, e no aproveitamento das várzeas que ali se formam, foi instalado, em 1954, um Núcleo Colonial do Instituto Nacional de Imigração e Colonização, cujo objetivo primordial é o abastecimento de Belém em gêneros de primeira necessidade, inclusive produtos hortigranjeiros.

2

Com esses parcos recursos constitui-se o tipo de alimentação do homem da Amazônia. Alimentação pouco trabalhada e pouco atraente, apresentando até hoje em suas características uma predominância manifesta da influência cultural indígena sobre a das outras culturas, a portuguesa e a negra, que também participaram de sua formação.

A participação negra na formação amazônica foi em verdade bem insignificante. Em seu povoamento inicial, o elemento negro era raríssimo e a política de colonização que aí se exerceu durante largo tempo sob a influência do Marquês de Pombal determinou enérgicas medidas para preservar o caldeamento amazônico do sangue africano. Na recente onda povoadora que, a partir dos fins do século passado, se abateu sobre a Amazônia, atraída pelo rush da borracha, também o negro esteve quase ausente, desde que seu elemento predominante fora o sertanejo nordestino, tipo étnico também quase isento de contatos sanguíneos recentes com os povos africanos. Bertino Miranda, em seu estudo *A cidade de Manaus: Sua história e seus motins políticos*, faz referências a decretos régios declarando infames todos aqueles, brancos ou índios, nessa área, que se casassem ou se juntassem com negro ou negra.

Já vimos que o alimento básico da dieta é a farinha de mandioca, produto da mandioca amarga (*Manihot utilissima*), preparada nessa zona por processos especiais que proporcionaram ao produto maior riqueza em polvilho e, portanto, maior valor calórico do que o da farinha produzida em outras áreas mais para o Sul. Tal tipo de farinha, regionalmente chamado de farinha-d'água, constitui um complemento obrigatório de quase tudo que se come na região — e foi por isso que Theodoro Peckolt o chamou de "Pão dos Trópicos".[4] O seu uso mais abundante se fazia sob a forma de farofas, mingaus, beijus e bebidas fermentadas (como o cauim). Tipo de mingau muito característico da região é o chibé, preparado com farinha de mandioca e às vezes adoçado com rapadura, o qual constitui alimento predominante do trabalhador de uma extensa área amazônica, sendo dado tanto aos adultos como às crianças. O seu preparo é de técnica indígena e se assemelha muito ao preparo do atolé de milho, da área do México, mingau feito de milho com que a população indígena do planalto mexicano alimenta as crianças logo que lhes é cortada a amamentação materna. Segundo Araújo Lima,[5] em certa região do baixo Amazonas — região do lago Andirá —, os trabalhadores se alimentam dias seguidos exclusivamente com mingau de mandioca.

Com a massa da mandioca bem amassada preparam uma infinita variedade de pastas, conhecidas pelo nome de *beijus*, variando em sua forma, tamanho, consistência, tempero e gosto, tomando em cada caso um nome diferente de beijuaçu, beijucica, beiju-membeca, beiju-peteca, beiju-toteca e muitos outros, conforme se encontra documentado em trabalho de Nunes Pereira[6] sobre a alimentação amazônica. Também os beijus apresentam em seu preparo fortes analogias com certos métodos culinários indígenas da área do milho da América Central e do México. As *tortillas*, ou bolos de milho, achatadas e torradas ao fogo, não são mais do que tipos de beijus, na qual o milho substitui a pasta de mandioca. Apenas variam as matérias-primas, sendo, no entanto, semelhantes os processos de manipulação.

Se bem que a farinha de mandioca constitua o alimento básico do regime, ela não é consumida pura, num exclusivismo que seria funesto e que tornaria o regime local, por sua deficiência, idêntico ao de certas áreas de fome da China[7] e da Indochina,[8] onde a alimentação consiste quase que exclusivamente em arroz, sem misturas nem variações — terrível monotonia alimentar que rebaixa em extremo o índice de nutrição dessas populações do Oriente. Na Amazônia mistura-se a farinha a outros produtos: sejam da incipiente agricultura regional, sejam produtos silvestres, frutos ou sementes da floresta equatorial, sejam elementos da fauna regional, principalmente da fauna aquática, visto que a terrestre é muito limitada em animais que possam servir como recursos alimentares.

A terra é quase que inteiramente açambarcada pelas plantas, restringindo-se a vida animal sobre o solo às formigas e outros insetos, às cobras e aos macacos e a variadas espécies de pássaros. São, pois, limitadas as possibilidades da caça para abastecimento alimentar. A pesca rende muito mais e contribui para a dieta local com elementos mais ricos e variados. Sejam peixes de água doce, dos quais o Amazonas possui infinita variedade,[9] sendo os mais comuns o piracuí e o peixe-boi, sejam crustáceos ou moluscos, camarões, siris, aviús, caranguejos e ostras. Do que também fazem abundante uso os nativos para sua alimentação é das tartarugas, das quais consomem tanto a carne como os ovos.

A enorme riqueza em quelônios do Amazonas vem infelizmente decrescendo muito pela devastação que a espécie tem sofrido. Conta Bates que a sua abundância era impressionante. Em certas épocas, os bancos de areia das margens do rio ficavam pejados de seus ovos. Cada fêmea põe de cem a 150 deles, e várias delas fazem a postura na mesma cova, acumulando-se assim massas compactas de quatrocentos a quinhentos ovos. A colheita intempestiva dessas posturas e a mortandade dos adultos pegados na *viração* estão acabando com esses úteis representantes da fauna amazônica. Idêntica conduta destrutiva tem sido mantida para com várias espécies de peixes da região. A destruição inconsequente dos filhotes vem diminuindo de maneira alarmante a riqueza piscícola da região amazônica.[10]

São de um grande conhecedor da Amazônia, Raimundo de Morais, as seguintes palavras:

> Por esses documentos militares, fradescos, científicos, literários e civis, verificou-se também quanto a falta de disciplina e de critério na pescaria vem despovoando dos melhores e mais fecundos exemplares a vasta bacia hidrográfica. A tainha, muito diminuída agora, já foi tão numerosa que o governo da metrópole pagava com ela, depois de salgada e empacotada, nos pesqueiros oficiais, a tropa, o clero e o funcionalismo público do Pará.[11]

Nesses produtos da fauna aquática resume-se toda a fonte de que dispõem para abastecimento de proteínas animais desde que a criação doméstica é muito exígua na região.

A floresta é um obstáculo à criação de gado. As árvores frondosas, com as copas cerradas impedindo completamente a penetração da luz, não permitem o crescimento da vegetação rasteira que forma as pastagens. Por outro lado, o clima local, com seu excesso de umidade, predispõe o gado à ação maléfica dos insetos transmissores de doenças que o afetam duramente. Georges Hardy, falando da colonização da floresta equatorial, escreve: "Os homens espalhados nesta região levam uma vida singularmente miserável. Não podem criar gado porque a umidade da floresta anemiza e faz morrer os bois, os carneiros e os cavalos".[12]

A pecuária está praticamente limitada a essas pequenas áreas de campos abertos, uma situada na ilha de Marajó, na foz do rio, outra no alto Amazonas, na região do Rio Branco, além das de Mato Grosso e Goiás. O gado da ilha de Marajó vive nos pantanais, terras inundáveis quase que periodicamente pelas enchentes que dizimam muitas vezes a maior parte dos rebanhos e obrigam os criadores a longas caminhadas com suas boiadas em busca dos campos mais altos ou à imobilização do gado em grandes jiraus — as marombas — que ficam flutuando como verdadeiras arcas de Noé, com bois, carneiros, porcos e galinhas, nos extensos alagados em que a ilha se transforma.

Como reflexo da maneira como é levada a pecuária nesse ponto, basta dizer que o desfrute dos rebanhos é de cerca de 6%, enquanto o peso morto do gado abatido não ultrapassa 140 quilos, ou seja, cem quilos menos do que aquele encontrado como média para o Brasil.

Segundo cálculos dos técnicos da SPVEA, a Amazônia dispõe, hoje, de apenas dois quintos do rebanho ideal capaz de fazer alimentar convenientemente suas populações. Esse rebanho, no entanto, como já se viu, encontra-se estrategicamente concentrado em pontos de difícil acesso para o abastecimento dos maiores centros populacionais da Amazônia, e cerca de metade da população bovina está localizada em Goiás e Mato Grosso.

Apenas recentemente, através do Instituto Agronômico do Norte, foi introduzido em Marajó o búfalo africano, animal rústico e de relativas possibilidades de adaptação econômica nesse meio hostil a raças selecionadas e de alta produção, seja de carne, seja de leite. Ainda assim, e contrariando o esforço de racionalização da pecuária, essa rusticidade do búfalo está sendo explorada no sentido de não lhe ser prestada qualquer espécie de assistência zootécnica, e as adaptações a que o meio o obriga nem sempre são favoráveis aos interesses econômicos e aos fins sociais.

Não seria exagero dizer-se que não existe na Amazônia qualquer *tipo zootécnico* definido de gado, e o exame das aptidões que possuem não fornece indicações de que tais tipos possam estabilizar-se em curto prazo, malgrado os serviços que hoje, com a colaboração da SPVEA, o Instituto de Zootecnia realiza em Marajó, objetivando o melhoramento do gado através de práticas de inseminação artificial e controle de epizootias. O grande obstáculo, no entanto, continuará sendo a precariedade dos pastos e o regime das águas, aliados à forma de exploração extensiva em grandes latifúndios.

A distribuição da população bovina na Amazônia, assim concentrada, como não o é a população humana, cria o sério problema do transporte, que, na região, é um dos obstáculos sérios a serem contornados.

Enquanto a parte amazônica de Goiás dispõe de cinco cabeças de gado bovino por habitante, o estado do Amazonas apenas pode contar em seus limites com um quarto de boi. Se no território do Rio Branco há, estatisticamente, nove bois para cada habitante, no Pará só é possível conseguir-se dois terços por pessoa. E o que acontece é que tais rebanhos estão concentrados em poucas mãos.

Já em Rio Branco a zona é menos úmida, formada de savanas que escapam às inundações. Essas limitações que a natureza impõe à pecuária, a falta de transporte entre zonas de criação e o resto da região amazônica, não facilitam o seu abastecimento nem de carne nem de leite. Estes são produtos que não entram praticamente na alimentação habitual dessa zona. Carne, só seca e salgada. O charque é importado de outras regiões, e isso mesmo em pequenas quantidades. O leite existe apenas em algumas poucas cidades importantes, que contam com abastecimento, embora reduzido e sem controle sanitário. Assim, em Belém, que é a mais importante cidade da Amazônia, o consumo diário de leite era em 1950 de cerca de vinte gramas por pessoa. Trinta vezes menos que o consumo médio dos Estados Unidos da América. Os derivados do leite, tais como a manteiga e o queijo, quase nunca são vistos nessa zona. As dificuldades da criação de galinhas, nesses terrenos alagáveis, fazem também dos ovos alimentos de luxo. De carne fresca resta somente o recurso da caça — carne de anta, de pato bravo, de macaco —, ou a do peixe, cujo consumo está limitado às populações que vivem nas margens dos rios, dos igarapés e das lagoas que as enchentes formam e as chuvas mantêm.

É verdade que aí vivem quase todos os habitantes da Amazônia, pouca gente se aventurando a afastar-se da beira da água, desde que não há, afora os rios, outro meio de penetração na floresta, e ainda porque é na água dos rios que se concentram as maiores riquezas econômicas para sua subsistência. Cerca de 60 mil quilômetros quadrados da Amazônia são constituídos por terras baixas e inundáveis e é nessa área de planície aluvional que se concentram 80% das populações e a maioria dos campos de agricultura. É que só aí a terra é realmente fértil. Se a inundação destrói muitas vezes o duro trabalho agrícola, também traz dissolvida nas águas das cheias o sedimento rico em elementos minerais e orgânicos que ficarão depositados sobre o solo quando as águas baixarem.[13]

As inundações periódicas dos rios, quando vão além de certos limites, as "enchentes grandes", como são chamadas, representam um dos mais graves fatores de desequilíbrio social da região. Há quem compare seus flagelos com os da seca dos sertões nordestinos. Flagelados por falta d'água. Flagelados por excesso d'água. "O Nordeste durante as secas e a Amazônia durante as inundações constituem desgraçadamente modelos incontrastáveis no catálogo das grandes tragédias coletivas."[14]

As populações da Amazônia sempre classificaram os rios da região em dois grupos: os rios negros e os rios brancos.[15] Os negros tendo as águas translúcidas, carregadas apenas dos reflexos profundos das sombras escuras da floresta, e os brancos com as suas águas turvas, barrentas, ricas de materiais de aluvião. São as águas dos rios brancos as que fertilizam o solo equatorial do Amazonas.[16] Solo que, fora dessa faixa inundável, está longe de ser fértil, apesar de sustentar o mais espesso revestimento florestal do mundo. A verdade é que o excesso de chuvas lavando permanentemente esse solo, aliado a outros fatores de intemperismo regional, o empobrece de maneira alarmante, e a agricultura sem a adubação das enchentes esgota as suas reservas numa rapidez assustadora. Esta é uma das razões que sempre obrigaram as populações indígenas a viver nessa região num regime de agricultura seminômade, derrubando a floresta num ponto,[17] semeando um pouco de milho, de arroz e de mandioca, colhendo a seguir o produto e abandonando a roça para abrir outra clareira mais adiante. É que o rendimento de uma segunda plantação já não compensaria o trabalho nem permitiria o abastecimento suficiente do grupo, expondo-o aos perigos da fome aguda.

A farinha de mandioca e um pouco de feijão e de arroz produzidos nessas áreas inundáveis ou importados de outras regiões do país, peixes, crustáceos, carne e ovos de tartaruga e tracajá, além de algum jabuti morto por ocasião das queimadas, compõem a dieta local. A castanha-do-pará, por outro lado, só faz parte da dieta amazônica por ocasião da colheita, empreitada temerária onde o homem se embrenha floresta adentro, durante meses, e onde tudo lhe falta.

É preciso não esquecer que na elaboração dessas comidas entram certos molhos preparados com sucos de ervas locais e de pimentas, das quais as populações nativas fazem um largo consumo. Os indígenas sempre foram grandes comedores de pimenta — não só o consumo da pimenta ralada dando sabor picante aos molhos, às pastas e às carnes, como as pimentas inteiras comidas como fruta, aos punhados. O consumo de verdura e de legumes verdes sempre foi muito baixo nessa região. O complicado cultivo da horta está muito acima da técnica agrícola local, e a possível importação de seus produtos, bem acima dos recursos, tanto econômicos como técnicos, de transporte dessa zona. As frutas também, com exceção do açaí, entram em muito pouca quantidade no regime alimentar habitual. A banana, que é um produto típico da zona equatório-tropical, e é largamente consumida na área da floresta do Congo, contribui em regular proporção para a alimentação amazonense. A riqueza natural em outras frutas é muito escassa, sendo mais lenda que realidade a abundância frutífera da floresta equatorial. O excesso d'água dificulta a concentração do suco das frutas e seu amadurecimento, sendo as frutas locais raras e pouco saborosas. A falta de penetração da luz solar na espessura da floresta torna também o teor vitamínico dessas frutas mais baixo que o de outras regiões geográficas.

Como exceção temos apenas a considerar o caso de certas frutas oleaginosas, de variadas espécies de palmáceas, que concentram espantosa riqueza em betacaroteno, ou seja, em pró-vitaminas A, nos seus óleos. Como exemplo desses óleos vegetais citamos o do buriti, produto da palmácea *Mauritia flexuosa*, que contém cerca de 5 mil unidades de vitamina A para cada centímetro cúbico. Também o óleo de *açaí* é extremamente rico em vitamina A.[18]

Fruto da região que merece também um destaque especial por seu extraordinário valor nutritivo é a castanha-do-pará, produto da *Bertholletia excelsa*, fruto oleaginoso, contendo uma proteína com uma riqueza em ácidos aminados idêntica à da carne; donde o epíteto, que deu Botazzi a esse fruto, de "carne vegetal". Infelizmente, essa proteína completa, a única de origem vegetal até hoje conhecida, encontra-se associada a uma proporção demasiado alta de gordura (68% de gordura e 17% de proteína), o que torna o fruto indigesto, com baixo coeficiente de digestibilidade, portanto de uso pouco aconselhável numa zona de clima quente e úmido como o da Amazônia. Aí a razão pela qual a castanha-do-pará, constituindo uma das riquezas dessa região, não é absolutamente um produto de sustentação regional, mas de simples exportação para as zonas frias e temperadas.[19]

Sem esquecer os caracteres de ordem genética, encontra-se uma explicação para o fato de que nessa região de frutas pobres apresentem-se as palmáceas e a castanheira com tal riqueza nutritiva: por frutificarem essas plantas sob a influência da insolação direta; as palmeiras, vegetando em certas várzeas pantanosas ou dominando as mais ciliares; a castanheira conseguindo, por seu gigantesco porte, furar a cúpula de vegetação da floresta e receber no alto a incidência direta dos raios solares. Deve-se, portanto, aos milagres da fotossíntese a magnífica concentração nutritiva desses frutos de existência excepcional numa região típica equatorial.

A análise biológica e química da dieta amazônica revela um regime alimentar com inúmeras deficiências nutritivas. Tem-se logo a impressão da sua impropriedade na extrema pobreza, ou mesmo ausência, de alguns dos alimentos protetores, da carne, do leite, do queijo, da manteiga, dos ovos, das verduras e das frutas. Tem-se outra imagem da insuficiência na sua exiguidade quantitativa. É uma alimentação parca, escassa, de uma sobriedade impressionante. O que um homem come durante um dia inteiro não daria para uma só refeição dos habitantes de outras áreas climáticas, condicionadoras de hábitos diferentes. No entanto, esse homem parece satisfeito da sorte, conseguindo com um pouco de farinha e de café e com um gole de cachaça matar a gosto a sua fome. Mas a verdade é que se trata de populações de apetite embotado, em estado de anorexia crônica, consequência natural da falta de vitaminas e de determinados aminoácidos no seu regime alimentar.[20] Araújo Lima, em seu magnífico estudo sobre a Amazônia — livro que abriu novos horizontes à geografia humana no Brasil —, fala-nos em "anorexia habitual" e escreve sobre o assunto as seguintes palavras:

A parcimônia alimentar dos nossos caboclos reduz, num paralelo que se impõe, o mérito da sobriedade japonesa; o nipônico come pouco, mas fá-lo regularmente; o nosso caboclo, que é capaz de comer despropositadamente, em geral come pouco e irregularmente, jejuando por dias e semanas.[21]

Não é este o único caso de grupos humanos que acabam por perder a força do seu instinto alimentar, por ter o seu apetite quase que apagado. Para comer qualquer coisa é preciso mesmo que o nativo incite esse apetite esquivo com aperitivos, com pimenta, com estimulantes de toda ordem. Alfredo Ramos Espinosa notou fenômeno idêntico entre as populações subnutridas do México, as quais, para comer alguma coisa, "têm que vencer sua inapetência, cauterizando a boca e o estômago com pimenta para produzir uma secreção reflexa de saliva, que possa simular a provocada pelo bom apetite".[22]

Também o hábito de mascar *betel* de certas populações da Índia, hábito que acarreta uma abundante secreção de saliva e de outros sucos digestivos, tem, entre outras finalidades, essa de estimular o apetite também embotado desses párias do Oriente.[23]

Para bem compreendermos quais os principais defeitos desse tipo de alimentação da Amazônia, precisamos analisá-la de acordo com os modernos conhecimentos de nutrição e de acordo principalmente com as variantes fisiológicas que o clima impõe ao metabolismo nas condições de vida tropical. Variantes que dão ao metabolismo do homem dos trópicos um ritmo especial e alteram inteiramente os limites quantitativos de suas necessidades nos diferentes princípios alimentares.

3

Qualquer tipo de regime alimentar, para ser considerado racional, quaisquer que sejam as substâncias alimentares que entrem em sua formação, deve ser suficiente, completo e harmônico. Deve conter um total de energia correspondente às despesas do organismo, a fim de ser julgado suficiente. Deve encerrar os diferentes elementos de que o organismo necessita para seu crescimento e equilíbrio funcional, para ser completo. Só será harmônico se esses diferentes elementos entrarem em sua composição em determinadas proporções.

Vejamos como se apresenta, dentro dessas exigências fisiológicas, o regime alimentar da área amazônica. A falta de variedade de seus componentes, a sua visível exiguidade dão logo a ideia de que se trata de um regime insuficiente, com um total calórico muito abaixo das necessidades do metabolismo básico e do metabolismo de trabalho. Em cálculos que realizamos há alguns anos sobre o regime das classes pobres da cidade de Belém, encontramos um total energético oscilando entre 1800 e 2 mil calorias diárias. A leitura universal sobre nutrição afirma serem necessárias 3 mil calorias diárias para grupos humanos ocupados em trabalhos de intensidade média. Encarando o problema sob esse aspecto unilateral, conclui-se haver um tremendo déficit calórico, de quase 50% em relação ao total, nessa dieta do homem amazônico. Mas a situação não é assim tão extrema.

É preciso levar em consideração, na análise do problema regional, certas condições geográficas locais: a influência do clima sobre o metabolismo, sobre o ritmo das trocas energéticas e, consequentemente, sobre as necessidades calóricas do homem, habitante dos climas trópico-equatoriais. Enquanto a vida vegetal se acelera sob a ação desses climas, vivendo as plantas uma orgia de vitalidade, a vida animal se retarda, havendo uma diminuição nítida de suas combustões orgânicas. Há cerca de 25 anos que inúmeros fisiologistas vêm demonstrando uma baixa constante do metabolismo basal nos habitantes das regiões tropicais.

Os estudos que realizamos no Brasil nos levaram à conclusão, experimentalmente comprovada, de que essa baixa do metabolismo é consequência direta do clima atuando através da ação conjunta dos fatores temperatura e umidade relativa do ar, e não só da temperatura como até então julgavam os fisiologistas. Com essa verificação podemos explicar o fato de que nos climas quentes e úmidos o metabolismo se apresente muito mais baixo do que nos climas quentes e secos, podendo mesmo em certos climas quentes, porém muito secos — tais como os dos desertos tropicais —, apresentar-se o metabolismo idêntico ou mesmo mais elevado do que nos climas temperados.[24]

O clima amazônico de tipo quente e superúmido, com uma umidade relativa do ar que anda quase sempre pela casa dos 90%, alcançando a todo momento o ponto de saturação do ar em umidade, condiciona forçosamente o organismo humano a uma sensível baixa do seu metabolismo. Quem conhece o mecanismo da formação e da perda de calor nos seres vivos compreende logo que essa diminuição do organismo em suas combustões internas representa um processo de adaptação funcional, um processo prático de evitar a sua destruição por superaquecimento, diante das dificuldades que o meio ambiente opõe às perdas do calor animal. No excesso de temperatura e de umidade reinantes, o organismo não dispõe de outros meios para se desfazer do seu calor interno senão o de diminuir a sua formação, isto é, baixar o seu metabolismo.

Essa baixa do metabolismo na região amazônica é representada por cerca de 20% do total calórico das cifras do standard universal. Sob a ação moderadora do clima, baixam não só as despesas fundamentais, o chamado metabolismo basal, mas também as despesas de trabalho. Tanto o ritmo da vida vegetativa como o ritmo da vida neuromuscular diminuem de intensidade, acomodando-se num torpor funcional compatível com as contingências do meio ambiente. Um total de 2400 calorias é, pois, suficiente para as necessidades fisiológicas de quem é obrigado a viver nesse ritmo ronceiro da vida animal nos trópicos. Ora, essa baixa do metabolismo e, consequentemente, das necessidades energéticas em alimentos representa não só uma adaptação vantajosa na luta contra o rigor climático como também uma salvação contra os perigos da fome de energia a que o organismo ficaria exposto pela falta de uma alimentação suficiente. Esse tipo regional de alimentação, que em sua manifesta insuficiência seria mortal em pouco tempo, conduzindo o organismo à morte num clima frio ou temperado, permite a sobrevivência do indivíduo, embora em condições precárias, nas contingências do clima tropical. Com as 2 mil calorias que cada indivíduo ingere diariamente, consegue cobrir as suas despesas básicas e realizar um pouco de trabalho. É bem verdade que em ritmo um tanto descansado e com produtividade um tanto limitada. Ritmo e produtividade retardados, que representam, no entanto, recursos salvadores para que os nativos não morram de fome logo de uma vez.

Na insuficiência alimentar quantitativa e na forçada adaptação orgânica a essa situação permanente residem as explicações da apregoada preguiça dos povos equatoriais. A preguiça no caso é providencial: é um meio de defesa de que a espécie dispõe para sobreviver, e funciona como o sinal de alarma numa caldeira que diminui a intensidade de suas combustões ou para mesmo automaticamente, quando lhe falta o combustível.

4

Os defeitos qualitativos desse tipo de alimentação são ainda mais graves. Trata-se de uma alimentação incompleta, com deficiências de elementos nutritivos das mais variadas categorias. Deficiências em proteínas, em sais minerais e em vitaminas.

O déficit proteico resulta da quase que ausência absoluta, no regime alimentar dessa gente, das fontes de proteínas animais: carne, leite, queijo e ovos. Proteínas completas capazes de fornecer ao organismo os diferentes ácidos aminados de que ele necessita para a formação de seu próprio protoplasma vivo.[25] Já vimos que dessas fontes de proteínas completas as populações locais apenas dispõem da carne de peixe, e isso mesmo de maneira irregular e em quantidade insuficiente. Há uma grande riqueza de peixes nos rios, nos igarapés, nas lagoas do Amazonas, mas não existe a pesca organizada que aproveite racionalmente tal riqueza natural. Seria necessário não só pescar em quantidade bem maior do que se faz atualmente, como industrializar o produto da pesca sob a forma de peixe seco, salgado ou desidratado para contar com essa alimentação o ano inteiro, e não somente nas ocasiões propícias à pesca, como acontece por enquanto.

É bem verdade que o indígena já utilizava seus métodos de conservação do pescado, tais como o preparo da *mixira*, ou seja, da conserva do peixe em azeite de tartaruga ou de peixe-boi, produto louvado por Couto de Magalhães como alimento notável, e da *piracuí*, de alto valor nutritivo, representada pela farinha de peixe ralado.[26]

Quase que só dispondo de fontes de proteínas vegetais, o regime local é deficiente em certos ácidos aminados. Deficiência que se revela de logo pelo crescimento insuficiente, pela estatura abaixo do normal que apresentam os componentes da população amazônica — estatura das mais baixas do continente sul-americano, segundo as medidas antropológicas levadas a efeito por Steggerda.[27] Muitas outras consequências decorrem desses déficits proteicos, as quais não chegam, contudo, a se exteriorizar tão abertamente como ocorre na Indochina ou mesmo em outras áreas do continente americano — no México ou em Salvador, por exemplo —, zonas onde a carência de proteína é completa. Surgem, nesses casos, os edemas de fome com sua marca típica, os indivíduos inchando nuns lugares e murchando noutros; grotescas figuras, de pernas inchadas como mãos de pilão, arrastando corpos mirrados, lembrando bonecos de pano mal costurados.

Não se observam comumente casos de edemas ou anasarcas de fome na região amazônica. É verdade que o beribéri se apresenta muitas vezes na região acompanhado de edemas em sua forma chamada úmida,[28] e é provável que no mecanismo dos edemas julgados de carência vitamínica haja também a participação da deficiência proteica. A frequência desses casos é pequena, contudo, e está longe de alcançar as cifras impressionantes que observamos no México,[29] principalmente entre as crianças alimentadas apenas com milho. É que a proteína do milho é muito incompleta, faltando-lhe diversos ácidos aminados indispensáveis ao crescimento e ao equilíbrio orgânico. Mas também a mandioca é muito pobre em proteínas, mais pobre mesmo do que o milho, e qualitativamente inferior. O que salva o amazonense é que ele não come farinha pura, como o mexicano se alimenta, dias e dias, exclusivamente de milho. Um pouco de feijão, de arroz ou de batata e vez por outra o seu peixe, ou seu tracajá ou jabuti, sempre o homem da Amazônia obtém para variar o seu regime, diminuindo desta forma a deficiência proteica da farinha.

São também raras as diarreias de fome, que resultam das grandes carências proteicas e que têm sido observadas com frequência nas grandes epidemias de fome, como a da Espanha durante os anos da Guerra Civil,[30] ou como as de certas épocas de seca no Nordeste do Brasil.

5

Ao lado das deficiências proteicas ocorrem certas deficiências em sais minerais de efeitos bem graves para as populações amazônicas. O primeiro fator dessas carências minerais é a pobreza do solo regional nesses elementos, à qual já tivemos ocasião de aludir. As chuvas contínuas, tão frequentes nessa zona, agindo paralelamente à temperatura elevada, estimulam a ação de microrganismos do solo, decompondo com extrema velocidade a matéria orgânica e o humo ali existentes, e finalmente trazendo para as camadas mais profundas grande parte da riqueza mineral existente antes do reflorestamento. Se, por outro lado, nos lembrarmos de que em regiões onde a precipitação, temperatura, umidade, e outros fatores do intemperismo, atuaram incessante e abusivamente sobre as formações geológicas, dando em resultado solos que dentro da classificação zonal podem ser considerados como *lateríticos*, compreenderemos a pouca tendência de suas argilas a manter absorvidos seus elementos minerais, de que tanto necessitam as plantas para cumprir seu ciclo vital. A um observador avisado não passarão despercebidas formações lateríticas denunciando um tipo de solo onde predominam o ferro e o alumínio, em suas formas insolúveis, quando não afloram à superfície, em blocos de hematita compacta ou pequenas concreções ferruginosas típicas. É desse tipo de solo, ácido e espoliado ao extremo em seus elementos minerais mobilizáveis e apresentando, a profundidades variáveis, zonas impermeáveis de floculação de argilas de sesquióxidos de ferro e alumínio, que é formada grande parte da planície amazônica. Apenas algumas faixas já conhecidas, como na região de Santarém, Alenquer e Monte Alegre, no Pará, apresentam constituição, textura e estrutura diferenciadas. São as decantadas "terras pretas" do Tapajós e as "terras roxas" de Alencar e Monte Alegre.

Como explicar que esse solo, com características químicas que estão longe da fertilidade, possa apresentar-se recoberto por uma vegetação tão luxuriante como a da floresta amazônica? Com uma tão espantosa massa vegetal formada de uma infinidade de plantas, todas com as suas exigências específicas de inúmeros elementos minerais? Pelo menos de catorze deles que são hoje considerados como absolutamente indispensáveis à vida de qualquer vegetal superior.[31] É que as condições climáticas, maravilhosamente propícias na região à vida vegetal, por seu excesso constante de temperatura e de umidade, contrabalançam a precariedade das condições desfavoráveis do solo. Em ecologia, o equilíbrio resultante para a vida da planta é sempre produto de um jogo complicado de compensações. De dependências mútuas entre os fatores climáticos, do solo e do meio biótico. O clima equatorial, de um lado acelerando a vida vegetal, intensificando ao extremo o seu crescimento e o seu ciclo vegetativo, e de outro lado condicionando a decomposição rápida da vegetação morta, pela ação desagregadora dos microrganismos, reintegrando os elementos minerais ao solo, acaba por equilibrar a economia nutritiva da região. Equilíbrio que é produto dessa vida furiosamente devastadora da floresta, com plantas nascendo e morrendo ao mesmo tempo, matando-se umas às outras, numa terrível concorrência vital, numa ânsia de se apoderarem de sua herança de sais minerais.

Um estudioso desses problemas do solo explica a desproporção entre a pobreza da terra e a riqueza da vegetação com as seguintes palavras: "Nestas regiões equatoriais o capital do solo é pequeno, mas sua circulação é rápida".[32] Na verdade, é através desse ritmo desadorado que a floresta mantém a sua vida vegetal espantosamente rica à base de um capital de minerais bem limitado.

A espetacular variedade de espécies existentes na floresta equatorial representa, por sua associação, também um fator de economia do solo que se esgotaria muito mais depressa se fosse recoberto por uma ou por umas poucas espécies vegetais.[33]

O que acontece, porém, como resultado dessas condições locais, é que os vegetais nativos ou plantados nesse solo possuem quase sempre um teor mineral mais baixo do que o teor médio das espécies congêneres que vegetam em outros tipos de solos mais ricos, e aí reside o primeiro fator condicionante da pobreza em sais minerais da alimentação regional.

Poderia parecer paradoxal que, existindo no solo tão abundantes quantidades de ferro, não contivessem os alimentos ali produzidos um teor relativamente alto desse mineral. Tal fato, no entanto, se explica facilmente se nos lembrarmos da maneira em que se apresentam aqueles compostos, quase sempre sob forma de óxidos insolúveis principalmente em pH baixos (solos ácidos), dificultando tremendamente a sua assimilação pelas plantas e a síntese de compostos de que o ferro participe.

Quando a este fator — a pobreza mineral dos alimentos — se juntam erros de dietética, como é o caso da região amazônica, aumentam as probabilidades de incidência das carências minerais no homem. Dessas carências, as mais acentuadas nessa zona são as de cálcio, ferro e cloreto de sódio.

O solo é pobre em cálcio. As águas e os alimentos aí produzidos são também pobres em cálcio. As fontes alimentares mais abundantes nesse elemento mineral, tais como o leite e o queijo, quase que não entram nos hábitos alimentares dessa gente. Não há, portanto, por onde escapar ao déficit desse elemento na nutrição do amazonense. A sua alimentação está longe de possuir a taxa de um grama diário de cálcio preconizado pelos nutricionistas como uma boa dose de sustentação.[34] Talvez não alcance mesmo um terço dessa dose.

O que é de admirar, à primeira vista, é que, com tal exiguidade de cálcio em sua alimentação, não sofram de raquitismo endêmico os habitantes dessa área, com crianças de pernas tortas e de "tórax de pombo", de cabeças deformadas com seus ossos amolecidos à falta de cálcio que lhes dê consistência. Nada disso existe na região do Amazonas. O raquitismo típico constitui uma raridade. Se a estatura das populações é, como afirmamos, baixa, e o crescimento relativamente lento, os ossos se apresentam, no entanto, com seu aspecto e estrutura normais. A explicação do fato encontra-se na extraordinária riqueza de insolação regional, que é fonte de vitamina D, em cuja presença se torna difícil o aparecimento do raquitismo. Essa carência é quase que inexistente nas áreas trópico--equatoriais, como vem sendo demonstrado por inúmeros investigadores. Em zonas tropicais de extrema pobreza, da mais avançada miséria alimentar, com manifestações de carências de toda ordem, falta quase sempre o raquitismo. Foi o que observou a dra. Lydia Roberts,[35] em Porto Rico, que é uma das zonas de mais fome do continente americano. Aí se encontram todas as carências minerais e vitamínicas: das anemias alimentares ao beribéri, da pelagra ao escorbuto, da arriboflavinose à xeroftalmia; e, no entanto, não existe raquitismo comprovado. Um grande pediatra, entusiasmado pelos problemas de nutrição de outra área tropical, no México, o dr. Rigoberto Aguillar,[36] encontrou em 10 mil crianças examinadas 5 mil casos de carências das mais variadas naturezas e nem um só caso de raquitismo.

Contra esse ponto de vista da raridade do raquitismo nas regiões equatório-tropicais apresentam-se os estudos do dr. Aguillar Nietto, da Venezuela, cujas observações compendiadas na sua tese *El raquitismo en Venezuela*, 1940, demonstram, conforme palavras do próprio autor, quanto é "falsa a opinião de grande parte dos nossos médicos, de que o raquitismo não existe em nosso meio". Na verdade, em mil crianças observadas encontrou o dr. Aguillar Nietto 91 com manifestações raquíticas. Devemos acrescentar que esses resultados se contrapõem aos de outros pediatras do mesmo país, que estudaram anteriormente o problema, como os drs. Manoel de los Rios e Emílio Uchoa, os quais são partidários da raridade dessa carência em suas formas típicas. Assim, afirmava o dr. De los Rios:

Apesar da multiplicidade de causas debilitantes que atuam em nosso país, especialmente na classe pobre, submetida a más condições de habitação, de alimentação e de vestuário, o raquitismo é aqui relativamente raro. Pouquíssimos casos se têm apresentado nesta clínica, não obstante o número de anos de sua instalação e do crescido número de enfermos que a têm frequentado.[37]

Verifica-se, assim, que o problema na Venezuela se apresenta ainda obscuro e necessita estudos mais detalhados, que mostrem onde se encontra a razão.

Se na Amazônia não há o raquitismo típico, exteriorizando a carência em cálcio, há, no entanto, uma grande incidência de cáries dentárias (principalmente nas áreas urbanas de populações mestiças de índios com brancos, sendo bem menor a incidência nas populações rurais mais puras e de alimentação mais natural e até certo ponto mais variada), assim como outras manifestações pouco estudadas que devem correr por conta do déficit em cálcio.

Por conta do déficit em ferro apresenta-se na região um tipo característico de anemia, que durante muito tempo foi atribuído à ação direta do clima. Os tropicalistas do começo do século chamavam a esse distúrbio hematológico hipoemia intertropical e o consideravam uma fatalidade climática. Uma condição inerente à vida humana em tais climas. Hoje se sabe que essa anemia é apenas uma consequência da fome específica em ferro, necessário para fabricação dos glóbulos vermelhos. Os trópicos não exigem mais ferro nem destroem maior número de glóbulos que os climas de tipo temperado ou frio. A alimentação nas várias áreas tropicais é que não subscreve, em geral, uma taxa de ferro adequada às necessidades normais do organismo. Sem carne, sem ovos, sem certos vegetais, como espinafre, boa fonte do mesmo mineral, a alimentação dessa área está longe de possuir os quinze miligramas de ferro que são exigidos diariamente para formação da hemoglobina que o organismo requer para seus gastos. Além disto, são os trópicos infestados de vermes que espoliam o organismo humano do pouco ferro de que ele dispõe. Vermes que vão sangrá-lo ao nível do intestino, que vão atrapalhar a absorção do ferro ao nível deste órgão e que vão agravar, portanto, por todos os meios, a sua anemia alimentar em ferro.

Como o déficit mineral não se limita à área amazônica, voltaremos a seu estudo na análise de outras áreas, não só para aprofundar o estudo do seu mecanismo, mas para correlacionar esse tipo de carência com um fenômeno de causa bastante discutida: o fenômeno da *geofagia* ou *geomania*, o hábito ou mania de comer terra. Hábito que a nosso ver traduz quase sempre um tipo de fome específica, não sendo mais que a reação do organismo, buscando no barro do solo os elementos minerais de que se sente desfalcado. Principalmente o ferro que existe, sob a forma de hidróxido de ferro, no barro vermelho das terras tropicais,[38] nos casos de moringas e nos pedacinhos de tijolos com que se empanturram a gosto os comedores de terra das várias regiões do mundo. Regiões todas elas de fome crônica em elementos minerais.

A anemia tropical não é, portanto, uma fatalidade climática; não é um produto direto do clima agindo sobre o organismo humano num determinismo inexorável. É, quando muito, um produto de sua ação indireta sobre o meio vivo — o clima agindo sobre a vida vegetal, limitando a produção de plantas que sejam fontes de ferro e sobre a vida animal, restringindo a criação do gado cuja carne seria fonte animal de ferro, e finalmente oferecendo condições propícias ao desenvolvimento dos vermes ou dos hematozoários que trabalham para intensificar a sintomatologia anêmica. Anemia de fundo alimentar, mas intensificada dessa forma pela verminose parasitária ou pelo paludismo crônico.

Sobre essa associação de fatores nutritivos e parasitários, inferiorizando o homem amazônico pela degradação ou espoliação do seu sangue, escreveu Araújo Lima:

> Na Amazônia, a condição habitual do homem aberra da fisiologia e da normalidade. O homem é um enfermo, cujo metabolismo incide naquela síndrome hemática de inaptidão regeneradora: verminótico ou impaludado, seguramente, verminótico e impaludado muitas vezes, no homem amazônico debate-se o organismo na angústia de ser empobrecido pela alimentação e agredido pelas enfermidades espoliadoras, invalidando-se o seu ser na impotência para reagir contra as contingências mesológicas, do meio interior e do meio ambiente.[39]

O déficit em cloreto de sódio é bastante acentuado e resulta tanto de fatores naturais como culturais. O fator natural que entra em jogo neste caso é o próprio clima. Clima equatorial que, acarretando uma transpiração excessiva, espolia o organismo em extremo das suas reservas de cloreto de sódio. Basta lembrar que cada litro de suor contém dois a três gramas de sal e que nos dias quentes e abafados um indivíduo chega a suar oito a dez litros, perdendo, portanto, através da pele, cerca de vinte gramas desse elemento mineral. Para compensar tamanha perda de cloreto de sódio seria necessário ingerir alimentos excessivamente salgados ou contendo em sua composição química altas doses desse princípio nutritivo. E é aí que os fatores culturais se vêm associar aos fatores naturais para agravar a situação, para intensificar as probabilidades de carência em sal. Fatores culturais que atuam através dos hábitos alimentares estratificados nessa região. A alimentação amazônica, na qual ainda hoje predominam intensamente os hábitos e tradições indígenas, é uma alimentação com pouco ou nenhum sal. O tempero que o índio sempre admirou foi a pimenta, não ligando muita importância ao sal, comendo carne ou peixe insosso, mas sempre embebidos num bom molho de pimenta. "O índio em geral se acostuma à falta de sal, mas nunca à de pimenta", diz Nunes Pereira, com a convicção de quem conviveu com várias tribos amazônicas e partilhou muitas vezes de seu menu exótico. O mesmo informa-nos Von Martius:

Muitos índios desconhecem por completo o sal de cozinha. Só as tribos já algum tanto civilizadas do Jauru, em Mato Grosso, onde o sal sai em eflorescências da terra, usam dele há muito tempo... A única especiaria vegetal que os brasis conhecem são as pimentas espanholas.[40]

É este um dos poucos casos em que um grupo primitivo se mostra inábil para defender o organismo contra os perigos de uma carência específica, até certo ponto sanável com os recursos do meio. O que se vê em regra, por toda parte, é o grupo lançar mão instintivamente de recursos singulares para escapar às carências a que a alimentação habitual o expõe.[41] É o caso dos esquimós roendo os ossos das caças e comendo as suas cartilagens para escaparem à fome de cálcio a que o seu regime estritamente carnívoro lhes pode conduzir, ou comendo mesmo as fezes da rena para conseguir produtos vegetais que sirvam de correção ao exclusivismo de sua alimentação carnívora. É o caso dos índios mexicanos comendo pimenta em quantidade impressionante para escapar dessa forma aos perigos do escorbuto, ou seja, da carência de vitamina C. Mesmo os animais são instintivamente atraídos pelos alimentos que contêm as substâncias nutritivas que mais escasseiam no seu regime habitual. São galinhas que picam a cal das paredes para arranjar cálcio suficiente à fabricação das cascas dos ovos. São cachorros atacados de avitaminoses por falta de alimentos frescos e que se fazem herbívoros, dando para comer grama. São gatos de casas ricas que abandonam o regime excessivo e artificial com que os empanturram as suas donas para comerem bichos crus — lagartixas, calangos e insetos —, reequilibrando, com essa selvageria instintiva, a sua nutrição doméstica e defeituosa. São os bois dos campos de Rio Branco, nessa mesma Amazônia, que tanto sofrem da falta de sal e que vão procurar nos barreiros esse elemento, devorando bolões de terra salgada, espécie de sal negro, encontrado em certos pontos da região.

À exceção do homem, todos os outros animais da Amazônia são instintivamente orientados para lutar contra a fome específica de sal e procuram este elemento no solo. "Abrem enormes covas na superfície da terra, escavada a garras, a bicos, a patas, a unhas, a focinhos e abarrotam-se da matéria cristalizada e apetecida."[42] Assim se constituem os barreiros ou lambedouros, onde

> os bichos todos, desde os voláteis aos quadrúpedes, vão comer cantando, grasnando, uivando, fungando, chiando, numa confraternização que reflete a abundância daquele elemento mineral. A ferida aberta no chão pardo-vermelho, granulado de tanto bico e de tanta garra que o revolvem, recorda a unhada do gigante donde se encontrassem aves e pássaros de penas verdes, amarelas, azuis, cinzentas, pretas, a contrastarem com o fulgor malhado da onça, com o glauco-aço do tapir, com o mel tabaco do veado, com o negro dourado do cágado.[43]

Só o índio amazônico, com seu instinto de nutrição embotado, não lança mão de nenhum recurso para escapar à fome de sal. Quase não o come, ou quando o faz é de um tipo obtido com a cinza de certas plantas queimadas, sal que por sua composição química está longe de melhorar a sua deficiência em sódio, porque é muito mais rico em potássio, que tem funções fisiológicas antagônicas às do sódio, como em seguida veremos. Assim procediam os tupinambás, na observação de Hans Staden, temperando suas comidas com as cinzas alcalinoterrosas de certas madeiras. Noutras zonas tropicais observa-se o mesmo fato. Assim, na zona de Ogué do Congo Francês, os pauins usam, em lugar do sal, as cinzas das cascas das palmeiras e da banana torrada, e na região de Bambueolo, no Congo Belga, as cinzas de certas plantas chamadas árvores do sal.[44] O déficit em sódio se traduz por uma baixa permanente deste mineral no sangue e nos humores, baixa que Sundstroem[45] já havia observado nos climas tropicais da Austrália e de que nossos estudos confirmaram a existência em várias regiões do Brasil. Enquanto os livros europeus e norte-americanos falam em taxas médias de 340 a 380 miligramas de sódio por litro de sangue, nos climas tropicais temos encontrado taxas de 260 a 320 miligramas apenas.[46]

Acontece que o organismo, para manter a tensão osmótica de seus humores, havendo falta de sódio, lança mão do potássio, cujas taxas se apresentam sempre altas. Essa baixa de sódio e essa subida vicariante do potássio representam um grave desequilíbrio iônico, sendo uma das causas do esgotamento neuromuscular e da fadiga rápida nos climas tropicais.

Já os clínicos e os patologistas europeus tinham notado que, em casos de uma doença que provoca uma fadiga aniquilante — a insuficiência suprarrenal —, sempre se apresenta um desequilíbrio sódio-potássio nesse mesmo sentido. É por isso que nós afirmamos ocorrer nos trópicos uma espécie de insuficiência suprarrenal climática, pelo menos em sua síndrome humoral, que só pode ser combatida com uma alimentação muito rica em sal. Vemos assim que, se nos casos do déficit em ferro, a ação do clima é remota, fazendo-se sentir indiretamente, no caso do sódio é imediata, é direta. Estes dois exemplos mostram como é complexo o fenômeno da aclimação. Como é ingênuo afirmar-se ou negar-se em bloco, sem maiores discriminações, a ação dos climas sobre o homem, em obediência a escolas sociológicas, limitadas a pontos de vistas unilaterais. Para bem compreender o complicado mecanismo da aclimação, ou seja, do ajustamento biológico dos grupos humanos sob a ação dos variados tipos de clima, tem-se que analisar um mundo de detalhes. Alguns que à primeira vista parecendo insignificantes são, no entanto, capazes de esclarecer definitivamente pontos obscuros quando bem interpretados em seus fundamentos científicos. É o caso dessas variações do metabolismo do sódio e do potássio nos climas tropicais. Estudando o seu mecanismo, chegamos a uma interpretação mais racional da apregoada superioridade biológica das raças pigmentadas sobre as de pele branca nos climas tropicais. Superioridade que se evidenciaria na colonização de regiões desse tipo de clima. Todos sabemos que as populações brancas sempre tiveram grande dificuldade em realizar um trabalho intensivo nas áreas tropicais. A maior parte dos colonos europeus, principalmente os dos países nórdicos, sempre viveu nos trópicos uma vida sedentária, de simples administração burocrática, baseando os seus lucros na exploração do trabalho do nativo, do negro ou do índio, que são capazes de um duro esforço nesses climas excessivos.[47]

Já vimos que um dos fatores dessa fadiga rápida a que o organismo está exposto nas regiões tropicais é a espoliação em sódio pelo suor, cuja secreção se intensifica durante a realização do trabalho.

Qual a razão pela qual o branco se fadiga mais depressa do que o negro ou o índio? Pode haver várias razões explicativas, mas o que não resta dúvida é que um dos fatores dessa diferença fundamental reside no fato de que o índio e, principalmente, o negro perdem muito menor quantidade de cloreto de sódio através da sudação do que o branco. E perdendo menos sódio, as populações nativas se fadigam muito menos com a realização de um mesmo tipo de esforço muscular. Qual o mecanismo que explica essa diferença? Trata-se realmente de uma superioridade biológica? Não. Primeiro, que não existem superioridades ou inferioridades raciais, à luz dos modernos conhecimentos antropológicos e genéticos. O que existe são diferenciações biológicas, condicionadas por diferenças do meio. O que é superioridade nas regiões polares pode constituir uma inferioridade nos trópicos e vice-versa. Segundo, que no caso em apreço não se trata nem mesmo de diferenciações, mas de simples processos técnicos de aclimatação, de diferentes hábitos de vida desses grupos humanos.

Os negros e os índios perdem menor quantidade de sal pela sudação por conservarem a sua pele nua, não recoberta pelo vestuário. Talberg[48] mostrou que o suor produzido por ação do trabalho muscular é muito mais rico em sódio do que o resultante da ação exclusiva do calor ambiente e mostrou também que o suor secretado pela pele vestida é quase duas vezes mais rico em sal do que o da pele nua. É este um argumento decisivo contra o uso do vestuário nos trópicos, afirmou Graham Lusk.[49] Aquelas observações de Talberg nos trazem a explicação de complexos fenômenos ligados à aclimatação e à colonização das regiões tropicais.

O primeiro ponto esclarecido é o da maior resistência do negro ao trabalho nos trópicos. É que o negro sempre trabalhou quase despido. Seja nas plantações de cana das Antilhas, seja nos algodoais norte-americanos, seja na área do açúcar do Nordeste brasileiro, sempre o encontramos com o menos de roupas possível, às vezes com uma simples tanga, evitando desse modo a desmineralização pela sudação excessiva e concentrada em sais minerais. Ainda em 1818, Koster encontrava os negros dos engenhos trabalhando com uma simples tanga, com o torso e as pernas nuas, conforme gravura que incluiu em seu livro *Travels in Brazil*. Alfred Russel Wallace escrevia, em 1853, sobre o vestuário no Pará, o seguinte:

> Os brancos vestem geralmente roupas de linho muito limpas, sem mancha. O traje do negro ou do índio se reduz a calças de algodão branco ou listrado, a que juntam, às vezes, uma camisa da mesma fazenda... Os meninos andam nus até oito ou dez anos.[50]

Esse hábito de manterem as crianças despidas até ficarem já bem grandinhas, tendo sua base na pobreza local, era extremamente favorável à sua saúde, não só facilitando a aclimatação e diminuindo a perda de sal, mas também evitando o raquitismo nessa quadra da vida em que as suas consequências são as mais graves. E por que os brancos não tentaram essa mesma técnica? Primeiro, por ignorarem suas vantagens; segundo, porque seria perigosa a exposição direta de suas peles ao sol. Peles pouco pigmentadas, sem nenhuma defesa, deixando-se, portanto, penetrar facilmente por todos os tipos de raios solares, tanto os benéficos como os nocivos, os ultravioleta e os infravermelhos. Já o negro, com a sua pigmentação acentuada, se sentia bem defendido. Na verdade, mesmo despido de qualquer espécie de vestuário, o negro nunca se expunha diretamente aos perigos da insolação, porque ficava sempre abrigado, protegido à sombra da sua própria pele... Os índios, usando pouco vestuário, levavam também sobre o branco uma grande vantagem. Para defesa contra o excesso de insolação usavam eles o processo da urucuização ou embixamento, que consistia em untar o corpo com uma mistura de corante das sementes de urucu (*Bixa orelana*), com gordura de jacaré, de capivara, de peixe ou com resinas vegetais.[51] Ramón

Pardal demonstrou que esse processo era usado fora do Brasil numa larga área equatório-tropical tanto da América do Sul como do Centro e do Norte, visando, além da defesa contra o sol, outras muitas supostas vantagens. Os únicos colonos europeus que se aclimataram realmente nos trópicos, podendo concorrer nos trabalhos musculares com os nativos, foram os portugueses. E a primeira coisa que fizeram foi desvencilhar-se das roupas, ficando nus da cintura para cima, como os negros dos engenhos com os quais se misturaram. Os colonos de outras raças, franceses, ingleses ou holandeses, querendo não só manter nos trópicos os seus vestuários, mas impor seu uso aos nativos, procediam de maneira a mais errada possível. E com esse lamentável erro não só dificultavam a sua aclimatação nessas terras, mas também provocavam ou apressavam a decadência e, em certos casos, o extermínio dos nativos, atacados de inúmeros males, logo que mantinham suas peles recobertas à maneira europeia.[52] Assim desapareceram grupos inteiros de polinesianos, habitantes das Ilhas Marianas, Taiti, Guam e outras, os quais, antes da chegada dos europeus, se apresentavam fortes e vigorosos, e começaram a definhar logo que os missionários recobriam pudicamente com roupas exóticas seus magníficos corpos nus.

O problema da fome de sódio é, portanto, um problema da mais alta importância na vida tanto econômica como social dos grupos humanos que habitam as regiões equatoriais e tropicais. Através dele se fazem sentir influências decisivas do tipo de alimentação, do vestuário[53] e do regime de trabalho. Problema de raça, de clima e de hábitos culturais.

6

Como faltam a esse regime regional quantidades adequadas de sais minerais, também faltam, as mais das vezes, doses apropriadas de vitaminas. É verdade que se trata raramente de carências totais, de absoluta ausência desses princípios, acarretando o que se chama de avitaminoses típicas. São muito mais frequentes os estados de deficiência parcial, chamados de hipoavitaminoses ou de avitaminoses latentes e frustas. Só em certos períodos e em contingências excepcionais têm surgido na Amazônia os dramas das avitaminoses em caráter epidêmico e alarmante.

Das carências vitamínicas, as mais generalizadas são as dos elementos componentes do complexo B. A ausência de cereais integrais que representem boas fontes dessas vitaminas na alimentação regional dificulta o seu abastecimento adequado. O teor em vitaminas do complexo B na mandioca, que constitui o alimento básico do regime, é muito inferior ao dos cereais, do arroz e do trigo, cujos envoltórios estão impregnados desses elementos. Ademais, no preparo da farinha, as pequenas quantidades existentes são praticamente destruídas. Isso explica que em vários continentes as áreas de mandioca sejam áreas de beribéri — doença causada pela carência de vitamina B1, também chamada tiamina: a área amazônica, na América, a área da bacia do Congo, na África. Na Índia, embora o beribéri se estenda por quase todo o território nacional, a sua zona de maior incidência é a província de Travancore, onde a demasiada pressão demográfica regional conduziu os grupos humanos que aí vivem a cultivar a mandioca, de maior rendimento que o arroz, e a basear sua alimentação na farinha.[54]

Na Amazônia têm sido notadas manifestações de deficiência de vários elementos do complexo B, sendo a mais comum a da vitamina B1. Decorre de sua deficiência uma série de fenômenos gastrointestinais e nervosos: anorexias, palpitações, cãibras, irritabilidade, perda de memória, insônia etc. A anorexia, ou falta de apetite, a que já fizemos alusão, é uma das consequências obrigatórias da carência de vitamina B1. A ausência desse elemento estimulante do apetite, na alimentação habitual, leva a um estado de embotamento dessa sensação interna. Várias das formas de gastroenterites rotuladas, de maneira genérica, de colites tropicais têm sua etiologia ligada à deficiência desse princípio vitamínico. No mecanismo de certas anemias não é estranha a deficiência de tiamina.

Contudo, as manifestações predominantes dessa carência se assentam sobre o sistema nervoso. São as paresias e paralisias que constituem o eixo sintomático dessa doença conhecida no Oriente desde a mais remota antiguidade e denominada beribéri. O beribéri é uma típica doença de carência, e foram mesmo os estudos experimentais visando esclarecer sua etiologia que marcaram o ponto de partida das grandes descobertas no campo da vitaminologia. O beribéri típico, tanto em sua forma hidrópica, acompanhado de edemas e de graves fenômenos circulatórios, como em sua forma seca, predominantemente paralítica, é hoje uma raridade na Amazônia.

Tendo assolado a região com grande intensidade há anos, o mal se extinguiu quase que totalmente com as mudanças de natureza econômico-social que ali se processaram a partir do começo do século XX. Até então, a área amazônica constituía uma das zonas de mais devastadora atuação dessa doença. Nos mapas nosográficos da famosa obra de Young J. Pettlang sobre doenças tropicais, publicada em 1889, figura a Amazônia, juntamente com a Índia, a China e o Japão, como uma das grandes áreas de beribéri no mundo. De fato, durante o chamado ciclo da borracha amazônica, que durou de 1870 a 1910, com essa região brasileira mantendo o monopólio mundial do produto, foi a zona assolada por tremenda epidemia de beribéri. Durante essa fase econômica, na qual a borracha chegou em certo período a representar 28% do valor da exportação total de todo o país,[55] foi atraída para a Amazônia uma corrente de imigrantes. Levas de aventureiros seduzidos pela miragem de enriquecerem da noite para o dia, com a exploração do "ouro branco", do látex valioso que jorrava como sangue das seringueiras feridas em todo o vale amazônico. A floresta virgem cobrou caro a ousadia desses pioneiros que tentavam arrancar a riqueza maldita do seio da selva tropical. E a sua vingança predileta fora exatamente o beribéri.

A maior parte dos desbravadores da borracha que ali chegavam, atraídos pelo rush do produto, foi derrubada pela terrível doença. Chegavam dispostos e cheios de entusiasmo, vindos a maior parte deles das terras secas do Nordeste e deslumbrados com a abundância de água da região. Metiam-se mato adentro pelas estradas dos seringais. Sangravam as seringueiras e recolhiam o seu precioso leite. Defumavam a borracha. Vendiam o produto por preço fabuloso. E quando estavam se sentindo donos do mundo, começavam a sentir o chão fugindo debaixo dos pés, a sentir as pernas moles e bambas, a dormência subindo dos pés até a barriga. Uma cinta apertando-lhes o peito como uma garra. Era o beribéri chegando, tomando-lhes conta do corpo, roendo-lhes os nervos, acabando com a vitalidade do aventureiro nordestino. O nômade que tinha atravessado léguas e léguas a pé, distâncias intermináveis por picadas, rios, igarapés e paranás, vencendo como um bravo todos os obstáculos, tinha que se entregar sem resistência ao golpe terrível do beribéri. Daí em diante ou vinham as inchações, as terríveis hidropisias, ficando os membros com a pele esticada e brilhante, porejando linfa — pernas de cristal —, ou murchava tudo, dessecando-se as massas musculares, fundindo-se a carne por encanto como se estivesse sendo comida com violência pela própria doença.

Não existem estatísticas que nos deem, com precisão, o número de vítimas do terrível mal — o número exato dos que deixaram sua pobre carcaça enterrada nos pantanais amazônicos, nem dos que voltaram incapacitados, carregados em cadeirinhas pelo rio abaixo, até atingirem terras mais brandas, climas mais doces onde curassem o seu beribéri e esquecessem melancolicamente os seus malfadados sonhos de riqueza. Mas, das crônicas da história da borracha, se pode concluir que pelo menos 50% da população flutuante da Amazônia foi atingida por esse tipo de carência alimentar.

Essa epidemia que custou tantas vidas, que foi um dos fatores da falta de consolidação da economia amazônica durante o ciclo do ouro branco, teve origem em fenômenos econômico--sociais bem caracterizados. Como a borracha, a partir da descoberta dos processos de vulcanização, alcançara preços fabulosos nos mercados mundiais, elevando-se cada dia a sua cotação, as populações amazônicas — as nativas e as alienígenas ali chegadas — não cuidaram mais de outra coisa, concentrando toda a sua atividade na colheita do látex precioso. Araújo Lima, num interessante estudo sobre "O problema alimentar na Amazônia", apresentado ao I Congresso Médico Amazônico, em 1939, escreveu:

> Índice de uma manifestação de nomadismo, nos seringais dos altos rios, o homem do interior amazônico não tem o hábito de plantar uma árvore: arma o seu desconfortável *tupiri* e apresenta-se, aguerrido, para assaltar os *paus-de-leite* (seringueiras): provido do rifle, do querosene, da farinha, do sal para alguma caça e de conservas para alimentação. Da verdura, do legume fresco, do leite, da manteiga, da fruta, não se apercebe. Ali falta o pequeno pomar, que deveria dar sombra, alegria e perfume ao lar. No Baixo-Amazonas, também não se percebe a preocupação de cultivar frutos e legumes. O homem amazônico não tem esse hábito, salvo em zonas raras, limitadas e excepcionais.

Com a paralisação da pesca e com os rebanhos abandonados, afogando-se à míngua nas enchentes, com a agricultura parada por falta de braços, enfim, com todas as fontes de riqueza local se desmoronando, a alimentação regional sofreu tremenda crise. Passou a ser constituída quase que exclusivamente de alimentos secos, de conservas importadas de terras distantes. O regime alimentar do seringueiro era composto de carne--seca ou charque, *corned-beef*, feijão empedrado ou bichado, farinha-d'água, arroz sem casca, conservas em latas, doce, chocolate e bebidas alcoólicas, importadas diretamente da Europa. Regime impróprio, carente de alimentos frescos e muito semelhante ao dos antigos barcos veleiros, onde o beribéri grassou à solta, não é de admirar que desse lugar ao surto do mal que deu. Surto que depois de fazer horrores, parecendo indiferente a todos os recursos médicos e higiênicos de que se lançou mão, se extinguiu a partir de determinado momento, sem motivos aparentes que pudessem explicar sua desaparição, principalmente diante das ideias de então, de que se tratava de uma moléstia infectuosa e transmissível.

A partir do momento em que acabou o monopólio da borracha, em que o produto da planta cultivada no Extremo Oriente concorreu e sobrepujou o da planta nativa do Vale Amazônico, com a crise econômica que então surgiu, com os preços da borracha caindo assustadoramente, os negociantes do produto abrindo falência, a economia da região em colapso, o beribéri, como se fosse alimentado por essa própria economia, também começou a declinar. E quando o ciclo da borracha se encerrou, o produto vindo a representar menos de 1% do volume da exportação brasileira, o beribéri desapareceu da região da borracha. É que, sem o excesso de dinheiro para queimar à toa, para comprar bebidas finas e *corned-beef* inglês, o homem da Amazônia teve que voltar a seus antigos misteres da era de antes da borracha. À sua caça, à sua pesca, à sua colheita de raízes e frutos silvestres, à sua agricultura incipiente. Agricultura rudimentar, mas capaz de fornecer alguns produtos frescos: milho, feijão-verde, favas e legumes que, com os produtos da colheita nativa, melhoram muito seu padrão de dieta, anulando a carência e exterminando, deste modo, o beribéri.

Assim se fechou o ciclo da terrível doença, ciclo que tem suas analogias com o do escorbuto no Alasca durante a febre do ouro. O escorbuto fazendo parte da sintomatologia dessa febre do ouro enterrado nas terras geladas do Alasca. O beribéri fora também um dos sintomas da febre do ouro branco — do látex coagulado nas terras do Amazonas. Passada a febre dessa riqueza que tinha desorganizado tão profundamente toda a economia agrária nascente da região, o beribéri também desaparece. É hoje um fato histórico de triste recordação da época de valorização da borracha e de desvalorização do homem da Amazônia. Ou melhor, de desvalorização e degradação do homem brasileiro.

O regime alimentar magro, quase sem gorduras animais, sem leite, sem manteiga e com poucas folhas verdes é, sem nenhuma dúvida, pouco abundante em vitamina A.

É verdade que alguns óleos de peixe constituem fontes apreciáveis desse princípio nutritivo, mas é preciso não esquecer que o peixe é um alimento incerto. Incerto fica, portanto, o abastecimento regional dessa vitamina. Contudo, não é comum se observarem casos de carências completas, com seu cortejo clássico de fenômenos oculares e cutâneos. Com a sua cegueira noturna, com a xeroftalmia e a querotomalácea. Com as conjuntivites e as blefarites, as córneas opacas levando à cegueira incurável. Tais avitaminoses tão comuns em outras áreas de fome, como na Índia, por exemplo, onde vive o maior número de cegos do mundo, que cegaram por falta de vitamina A,[56] como no México, onde o número de crianças com xeroftalmia é enorme, não se apresentam no Amazonas, senão em casos esporádicos. O que é comum nessa área é a hipovitaminose relativa, denunciada pela falta de crescimento, pela visão até certo ponto deficiente e, principalmente, pelas perturbações cutâneas. Pelas manchas escuras da pele, pelo aumento de suas rugosidades que a transformam num couro grosso e áspero com espículos em torno dos folículos pilosos. São grupos humanos com a pele lembrando o couro do jacaré, seu companheiro da fauna amazônica. Foram Frazier e Wu os que primeiro observaram esses fenômenos cutâneos em certas populações da China e deduziram a sua causa nutritiva, mostrando como essa pele grossa e áspera fica fina e macia, transformando-se da noite para o dia, quando seus portadores são alimentados com boas doses de vitamina A.

O consumo habitual dos molhos apimentados, dos sucos de ervas fermentadas e misturadas com pimenta, como o tucupi, o tacacá e o arubê, molhos que constituem o sal e o tempero comum do peixe, da caça e dos bolos de mandioca da Amazônia, afasta essas populações dos perigos das carências completas em vitamina C. Da doença que dela resulta — o feio escorbuto —, que faz apodrecer as gengivas e sangrar as mucosas de suas vítimas, de maneira impressionante. Sob esse aspecto, a área amazônica confirma a regra da quase inexistência do escorbuto epidêmico nos climas equatório-tropicais. É uma doença dos climas temperados ou frios, com invernos gelados crestando toda a vegetação e deixando, durante uma parte mais ou menos longa do ano, as populações sem alimentos frescos, sem verdes em suas paisagens, em seus pratos e em suas cozinhas. Nas áreas tropicais surgem, às vezes, as formas larvadas, principalmente nas crianças, por seu regime monótono e escasso. Os adultos encontram sempre uma maneira de se suprir desse princípio nutritivo com os recursos da natureza, em regra ricos em ácido ascórbico, nas áreas equatório-tropicais.

A vida primitiva nas florestas conduz mesmo à cura do escorbuto avançado, parando a marcha mortífera da doença. Contam os historiadores do século XVI que durante as grandes viagens transatlânticas o escorbuto matava à larga. Camões[57] refere a sua sanha destruidora nas viagens de Vasco da Gama:

E foi, que de doença, crua e feia,
A mais que eu nunca vi, desampararão
Muitos a vida e em terra estranha e alheia
Os ossos para sempre sepultarão.

Quem haverá que sem o ver o creia?
Que tão disformemente ali lhe incharão
As gengivas na boca, que crescia
A carne e juntamente apodrecia.

Apodrecia c'um fétido e bruto
Cheiro que o ar vizinho infecionava.
Não tínhamos ali médico astuto,
Cirurgião sutil menos se achava;

Mas qualquer neste ofício pouco instructo
Pela carne já podre assim cortava
Como se fora morta; e bem convinha
Pois que morto ficava quem a tinha.

Pois bem, conta-se igualmente que vários marinheiros da frota de Colombo, atacados certa vez durante a travessia pelo mal terrível e condenados irremediavelmente à morte, solicitaram ao comandante que os deixassem numa ilha deserta que se mostrava à vista do navio para que aí morressem tranquilamente e não fossem deste modo os seus corpos jogados ao mar e devorados pelos peixes. Tendo o comandante acedido ao pedido, foram aí abandonados à sorte, e enquanto esperavam a morte se foram alimentando de folhas, frutos e brotos silvestres encontrados na ilha. Anos depois, regressando o barco pela mesma rota, viram-se sinais de vida na ilha deserta. Abordada a costa, verificou-se que lá estavam todos os moribundos ali deixados, mas agora em estado de perfeita saúde. A ilha onde se processou o milagre dessa ressurreição era uma terra tropical situada a 12° de latitude norte e que hoje é conhecida pelo nome de Curaçau, deturpação do nome inicial dado pelos portugueses em memória desse episódio, de "Ilha da Curação", ou seja, da cura do terrível mal do escorbuto. Verifica-se, assim, que os climas equatório-tropicais, seja por qualquer ação direta ainda pouco conhecida, seja agindo indiretamente pelos recursos vegetais que fornecem, estão longe de constituir um fator de aparecimento do escorbuto, mas, muito ao contrário, de cura desse mal. Estudando a vitamina C e as suas carências na Venezuela, o dr. Guillermo Tovar Escobar[58] chegou à evidência da extrema rareza da síndrome escorbútica, entre as crianças do país, apesar da sua alimentação inadequada e supostamente pobre em vitamina C. Uma das conclusões do estudo desse especialista é que não é possível determinar a causa exata que impede o aparecimento dos sintomas clínicos do escorbuto nessas crianças.

Já vimos que o raquitismo é também raro na região amazônica. Não quer isto dizer que não apareçam uma vez ou outra alguns casos esporádicos, mas estamos muito longe do raquitismo em massa, com as crianças todas exibindo os seus rosários raquíticos e as suas pernas arqueadas, como ocorre em certas áreas da Inglaterra, fato que levou essa doença a ser conhecida no mundo pelo nome de *doença dos ingleses*. Na floresta equatorial, a insolação relativamente abundante o ano inteiro, embora menos rica em raios ultravioleta do que nas regiões tropicais secas, evita o raquitismo pela produção de vitamina D ao nível da pele, suprindo deste modo a sua deficiência na alimentação habitual. O sol é a grande fonte de vitamina D nos trópicos, sol que é um luxo em certos climas temperados ou frios, como os da Inglaterra, da Dinamarca e da Islândia, onde o raquitismo grassa à solta, como uma carência de sol. Já não é hoje considerada apenas uma expressão leiga esta de se falar em carência de sol, mas de absoluto rigorismo técnico. Esses países sofrem de carência de sol, como outros de carência de cálcio ou de vitamina C. Missenard fala em carência e em imunidade solares, num sentido fisiológico integral.[59]

7

Com esses defeitos mais graves, com suas reservas umas bem, outras mal aproveitadas, a região amazônica fornece subsistência às suas populações ralas e qualitativamente inferiorizadas, com suas deficiências alimentares já apontadas e com suas características antropofisiológicas um tanto precárias.

Por conta da subnutrição, ou seja, da fome específica de numerosos princípios essenciais, correm, em grande parte, os altos coeficientes de mortalidade da região. Principalmente da mortalidade infantil. Em Manaus, capital do Amazonas, essa mortalidade atinge a cifra impressionante de 239 por mil. É verdade que há coeficientes piores na América Latina. Na Bolívia essa mortalidade alcança 267 por mil e nas províncias de Salta e Jujuy no Norte da Argentina atinge a cifra de 335 por mil, ou seja, de uma criança que morre sempre antes do primeiro ano de idade para cada três que nascem. Isso ocorre, no entanto, em áreas de fome ainda mais intensas do que a Amazônia, muito mais pobres em recursos naturais. Compare-se, porém, essas cifras com as da mortalidade infantil média nos Estados Unidos, de 46 por mil, ou com as da Noruega, de 36 por mil, ou com as da Nova Zelândia, de 32 por mil, e a sua expressão de tragédia ressalta violentamente. Também a mortalidade por certas doenças infectuosas, como a tuberculose, tem sido um fator de alta importância na deficiência alimentar. O coeficiente é bastante alto nos pontos em que se encontram populações concentradas, como em Belém, onde atinge a cifra de 250 por 100 mil. Ou seja, cinco vezes mais alta do que a de Nova York. Nas zonas da hinterlândia amazônica a incidência da tuberculose é menor por falta de contágios, mas pelos estudos realizados nos últimos tempos verifica-se que o mal se vai alastrando vertiginosamente, aumentando dia a dia a sua expressão nosográfica em toda a região. Das conclusões de um inquérito realizado pelo dr. Ary Lage sobre a tuberculose na Amazônia destacamos as duas seguintes: "a) a tuberculose está em fase epidêmica na capital paraense; b) realizando o primeiro cadastro tuberculino-torácico por via fluvial, verificamos que a cidade de Belém está disseminando a tuberculose pelas zonas rurais da Amazônia".[60]

No mapa de incidência da tuberculose no país, organizado pelo Instituto de Serviços Sociais do Brasil, verifica-se este fato: não só Belém constitui um dos focos de alta incidência do mal, como esse foco se estende uniformemente por toda a zona rural atravessada pela estrada de ferro de Bragança, tendo a peste branca penetrado e sido disseminada no campo pelo trem de ferro e tendo infestado em massa essas populações nativas sem nenhuma defesa imunológica. Tem havido entre nós inúmeros desses dramas coletivos, de violentas epidemias de tuberculose varrendo populações inteiras da hinterlândia. Observação demonstrativa desse fato nos foi dada pelo dr. Edmundo Blundi, médico da Fundação Brasil-Central, sobre o ocorrido com os índios bororos do núcleo de Meruri, em Mato Grosso. Viviam nessa zona saudavelmente 6 mil bororos, até o dia em que aí apareceu um civilizado atacado de tuberculose. Em pouco tempo, quase toda a tribo fora dizimada por essa infecção.[61]

Todos esses handicaps desfavoráveis ao homem, condicionados pela subnutrição e pela fome, muito têm contribuído para o relativo marasmo demográfico em que permanece a região. Para a estagnação na marcha de suas populações.

O abandono da região que se seguiu à crise da borracha, o centrifugismo pela atração das zonas industrializadas do Sul com maiores horizontes de trabalho, associados aos alarmantes índices de mortalidade, dão-nos a explicação completa desse fenômeno, um tanto chocante, de uma população jovem entrando em decadência demográfica muito antes de ter alcançado a maturidade de seu ciclo evolutivo, abortada em suas potencialidades biológicas por fatores econômico-sociais que lhe amesquinharam e lhe destruíram o élan de vida. Porque a verdade é que se as riquezas da região amazônica não são tão fabulosas como suas lendas, nem o seu clima dos mais acolhedores do mundo, seria no entanto possível vencer tais dificuldades e desenvolver o povoamento da região desde que sua colonização fosse realizada dentro de um plano de aproveitamento racional, e não de intempestiva destruição. Destruição da riqueza vegetal com as seringueiras sangradas até a última gota do seu látex, com os peixes e as tartarugas destruídos sem discernimento, quase até o extermínio das espécies. Sem nenhuma preocupação de melhorar os processos de agricultura primitiva nem de ampliar a sua área de cultivo.

8

Para melhorar as condições alimentares da área amazônica faz-se necessário todo um programa de transformações econômico-sociais na região. As soluções dos aspectos parciais do problema estão todas ligadas à solução geral de um método de colonização adequado à região. Sem alimentação suficiente e correta, a Amazônia será sempre um deserto demográfico. Sem um plano de povoamento racional e de fixação colonizadora do elemento humano à terra nunca se poderá melhorar os recursos da alimentação regional.

O Instituto Nacional de Imigração e Colonização, autarquia criada em 1953 para gerir os destinos da política imigratória e colonizadora do país, iniciou, sob financiamento da Superintendência do Plano de Valorização Econômica da Amazônia, e através de equipes técnicas, os primeiros estudos racionalizados sobre a colonização daquela região, sendo de esperar uma estruturação compatível com a magnitude do problema colonizador da Amazônia. São estudos que visam a escolha de novas glebas para o estabelecimento de núcleos coloniais, a análise da situação dos que já existem, o levantamento das potencialidades geoeconômicas dessas áreas, além de uma análise socioeconômica das comunidades implicadas. Mas até agora os resultados obtidos têm sido bem minguados.

A conquista de qualquer tipo de terra pela colonização é sempre o resultado de uma luta lenta e tenaz entre o homem e os obstáculos do meio geográfico. Entre a força criadora do elemento humano e as resistências dos fatores naturais. Na paisagem virgem, o homem é sempre um intruso que só se pode manter pela força. O geógrafo francês Pierre Déffontaines,[62] tratando da dinâmica da colonização, dos ajustamentos dos grupos humanos aos diferentes quadros naturais, fala-nos sempre em lutas. Em luta do homem contra a montanha. Em luta do homem contra a água. Em luta do homem contra a floresta.

Assim se apresenta o caso da conquista econômica da Amazônia: luta tenaz do homem contra a floresta e contra a água. Contra o excesso de vitalidade da floresta e contra a desordenada abundância da água dos seus rios. Água e floresta que parecem ter feito um pacto de natureza ecológica para se apoderarem de todos os domínios da região. O homem tem que lutar de maneira constante contra essa floresta que superocupou todo o solo descoberto e que oprime e asfixia toda a fauna terrestre, inclusive o homem, sob o peso opressor de suas sombras densas, das densas copas verdes dos seus milhares de espécimes vegetais, do denso bafo de sua transpiração. Luta contra a água dos rios que transbordam com violência, contra a água das chuvas intermináveis, contra o vapor d'água da atmosfera, que dá mofo e que corrompe os víveres. Contra a água estagnada das lagoas, dos igapós e dos igarapés. Contra a correnteza. Contra a pororoca. Enfim, contra todos os exageros e desmandos da água fazendo e desfazendo a terra. Fertilizando-a e despojando-a de seus elementos de vida. Criando ilhas e marés interiores numa geografia de perpétua improvisação, ao sabor de suas violências.

Para vencer a força desadorada da natureza ainda em formação, para abrir algumas brechas nesses cerrados batalhões de árvores inexpugnáveis, seria necessária uma sábia estratégia do elemento humano.[63] Seria preciso, antes de tudo, que ele concentrasse as suas forças. Que se agrupasse em zonas limitadas e desencadeasse nesses pontos estratégicos a luta contra a floresta.[64] Infelizmente isso não se fez. O povoamento amazônico foi conduzido de maneira dispersiva, sem nenhuma tática para a luta a ferir-se e, portanto, previamente condenado ao fracasso. "Numa região em que a natureza se concentrou para resistir, o homem se dispersou para agredi-la", diz Viana Moog com muita acuidade. De fato, o homem amazônico, longe de formar grupos, tentou penetrar na floresta como indivíduo, isolado, num heroísmo individual sem precedente na história das colonizações. Numa louca aventura solitária, vivida no silêncio da floresta.[65]

Deve ser posto em destaque que o ocorrido na Amazônia não foi mais que uma exaltação desse espírito de iniciativa privada que caracterizou toda a colonização portuguesa no Brasil, nesse aspecto semelhante à espanhola no resto da América. Colonização, em sua dinâmica desordenada, tão diferente da de Roma, planejada, dirigida e realizada pelo Estado, em contraste com a aventura da América, que os povos ibéricos levaram a efeito através da "ação dispersa e desconcertada do povo, sempre desprovido da orientação eficaz de suas minorias dirigentes e quase abandonado pelo Estado", atuando de uma maneira "pletórica de individualismo", como destaca Claudio Sanchez Albornoz, em seu estudo *La Edad Media y la empresa de América* (La Plata, 1934). Com esse tipo de colonização, de tão acentuada marca medieval, formou-se a nossa estrutura social com esse caráter ganglionar e dispersivo, de extrema rarefação, de que nos fala Oliveira Viana, esparramando-se o organismo social, ralo e superficial, por extensões que não podiam ser alcançadas pelo organismo político, sem capacidade de irradiação. Ficavam, assim, os colonos sustentados quase que exclusivamente por sua força e iniciativas próprias, com as suas conquistas defendidas muito menos pela ação oficial do que pelo braço e pela espada dos particulares. Se por toda a América ibérica o privatismo campeou, no caso da conquista da Amazônia, por seu excessivo isolamento territorial, ele se extremou até os limites máximos do individualismo. Enquanto na exploração agrária do Nordeste açucareiro e no latifúndio pastoril das zonas de criação a unidade colonizadora fora a família, segregada em seus núcleos territoriais, na Amazônia essa unidade ainda minguou mais, ficando reduzida ao indivíduo. Ao indivíduo perdido na floresta e quase sempre esmagado pela áspera hostilidade do meio.

Atraídos pelo mistério do desconhecido e penetrando pelo largo caminho natural aberto no seio da floresta — o rio Amazonas, seus afluentes e caudatários —, os colonos se foram espalhando pelas margens numa extensão de vários milhares de milhas. Com o advento da valorização da borracha, o fenômeno da dispersão se acentuou ainda mais, penetrando o homem mais longe, avançando pelos afluentes do grande rio até as cabeceiras e se infiltrando pelas estradas dos seringais de mato adentro. Cerca de 90 mil aventureiros assim se espalharam pelo alto sertão do Acre. Sempre dispersos, sempre numa raleza demográfica impressionante. À exceção de Manaus, que concentra uma população urbana apreciável, em todo o alto Amazonas o homem se apresenta como um traço quase apagado, perdido na paisagem natural.

Depois do fracasso da chamada civilização da borracha com o crack da economia local e o êxodo da maior parte das populações adventícias, o panorama do deserto humano se acentuou ainda mais. Hoje, para recomeçar a exploração econômica da região, qualquer programa só poderia ter possibilidades de sucesso se baseado na utilização de massas humanas apreciáveis. Já o general Kundt, que sonhara com a colonização da Amazônia e sua transformação num celeiro para o mundo, através de gigantesco plano de povoamento, salientava não se tratar de uma região a ser confiada ao povoador individual, mas à organização colonizadora sistemática.

O homem perdido na Amazônia é engolido irremediavelmente pela floresta. No entanto, para que se proceda à implantação de densas massas humanas nessa região, fazem-se necessárias várias medidas preliminares. Que se disponham de reservas alimentares para sua subsistência e de recursos higiênicos para defendê-las das endemias locais, principalmente do impaludismo e da verminose. Já não resta dúvida de que é sempre possível conseguir-se o saneamento de zonas desse tipo. Na luta contra os insetos transmissores de febres, o homem dispõe hoje de armas admiráveis, de inseticidas, de repelentes e de medicamentos imunizantes de efeito seguro, e já não é uma utopia pensar na completa higienização de todo o Vale Amazônico.

Preston James[66] insiste no fato de que se as plantações de Belterra e Fordlândia não constituíram um argumento demonstrativo do valor econômico de iniciativas desse gênero, representaram, no entanto, uma demonstração eloquente das possibilidades biológicas de aclimação humana em tais regiões. Realmente, ultrapassado o período da última guerra mundial, e com o advento e o incremento da indústria da borracha sintética, houve o desinteresse dos concessionários de Belterra e Fordlândia, tendo revertido, mediante vultosa indenização, o patrimônio da Companhia Ford ao governo federal. Verificou-se, depois, que houve vários vícios de origem na planificação dos seringais, inclusive a escolha de tipo de solo e o descuido relativo nos processos técnicos de seleção de linhagens e suas respectivas enxertias, para lograr-se um rendimento econômico indiscutível. Passaram, assim, Fordlândia e Belterra à órbita dos empreendimentos deficitários, com os quais o Estado anualmente despende consideráveis somas. A par dos problemas de ordem técnica, e a partir da encampação pelo governo da União, iniciou-se naqueles locais o desenvolvimento doentio de uma mentalidade paternalista defeituosa, onde tudo deve ser resolvido pelo Estado, e a população, principalmente composta de operários agrícolas pagos pelos cofres públicos, burocraticamente, não se organizou em uma verdadeira comunidade rural.

As fórmulas clássicas de associativismo e até mesmo de agricultura regional foram desprezadas, pois a própria farinha de mandioca era trazida de Santarém pela administração. Não havia, como ainda hoje não há, produção significativa de gêneros alimentícios, e a monocultura da borracha, como toda monocultura, é o maior obstáculo anteposto à organização racional de uma comunidade agrícola progressista. Esse fato se reflete inclusive na pequena produção hortícola caseira, pois muito raros são os trabalhadores rurais que têm ou podem dedicar-se àqueles trabalhos, ainda que em Belterra ocorra com frequência a presença de manchas da tão decantada "terra preta" do Tapajós, de qualidades extremamente favoráveis à agricultura, não só pelo seu teor de matéria orgânica como também de nitrogênio e cálcio, elementos de que tanto carecem os solos amazônicos.

O grande mérito, porém, desse empreendimento, se não foi a demonstração da capacidade econômica de Ford, ou mesmo da administração pública, foi o de representar uma corajosa experiência nos trópicos, em escala ampla e com recursos financeiros consideráveis. Antes dessa experiência, já Earl Parker Hanson[67] tinha observado o ótimo estado sanitário dos padres salesianos da zona de S. Gabriel e de Barcelos, assim como o das populações brancas dos criadores da ilha de Marajó. Os padres salesianos escapavam à epidemia de beribéri e mantinham-se hígidos, executando esforços físicos que pareciam impróprios à vida numa zona tropical. Hanson explicava o fato dizendo que esses padres, em sua maioria espanhóis das Astúrias, praticavam o cultivo da horta e do pomar, dispondo o ano inteiro, em sua alimentação, de abundância de frutas, verduras e legumes verdes que lhes tornavam a dieta saudável e a saúde magnífica.

A superioridade dos brancos de Marajó sobre os de outras zonas da Amazônia, também Hanson atribui a seus hábitos de criadores e a sua alimentação mais rica em produtos animais, em leite, queijo e carne. Vejamos diante desse quadro se seria possível obter na região amazônica recursos alimentares para o abastecimento de núcleos demográficos que viessem multiplicar muitas vezes a sua atual população.

O problema está preso a alguns pontos fundamentais, dentre os quais se destacam: produção insuficiente (decorrência natural de uma intrincada gama de fatores negativos), dificuldades na conservação dos alimentos em condições climáticas desfavoráveis, absoluta falta de transportes regulares e baixa capacidade aquisitiva das populações. Todos esses aspectos se ligam uns aos outros de forma indissolúvel, não sendo possível resolver o problema sem atacá-lo em todos esses pontos. O aumento da produção local é um objetivo inteiramente ao alcance da realidade. Com a organização de núcleos coloniais estabelecidos, consoante planos econômicos e técnicos bem elaborados, pela exploração racional da pesca em grande escala, pelo melhoramento das raças existentes na pecuária local, pela introdução de modernos e adaptados métodos agronômicos de uso e conservação do solo, pela introdução da avicultura em bases de exploração doméstica, pelo aproveitamento dos frutos silvestres e industrialização caseira ou rural de frutas e hortaliças cultivadas, os recursos alimentares da Amazônia dariam de sobra tanto para suas atuais populações como para manter boas levas de imigrantes.

O eixo do programa é a utilização racional das terras da região. É verdade que, como já vimos, não se trata de solos muito férteis, mas, tampouco, de solos estéreis. C. F. Marbut,[68] grande especialista no assunto, que fez parte da missão oficial norte-americana de estudos do Vale Amazônico, em 1923 e 1924, afirma que 70% dos solos da Amazônia permitem alguma espécie de cultivo agrícola.

Estudos mais recentes procedidos pelo Instituto Agronômico do Norte e por especialistas em problemas ligados à edafologia parecem vir confirmando, de certa forma, esse conceito. O principal problema técnico da agricultura das zonas equatório-tropicais está na justa medida de aplicação dos métodos específicos, em consonância com as exigências locais. Fracassos estrondosos já foram anotados na África Equatorial, pela utilização de técnicas agrícolas europeias naqueles tipos de solo e sob as condições de clima reinantes. A Estação Experimental de Yangambi, por exemplo, nos dá conta de que após a derrubada da mata, com a erradicação dos tocos, cobertura e plantio de leguminosas, além de outros cuidados comuns à agricultura europeia, o arroz, que no primeiro ano produziu uma média de 2341 quilos, passou para 365 quilos por hectare no terceiro ano de cultura. Ampliando as culturas de milho, feijão, arroz e mandioca, estarão afastadas as crises de alimentos básicos. Pelo maior consumo de feijão, diminui-se a deficiência em ferro. Com o arroz sem ser polido, as deficiências em vitaminas do complexo B, e com o milho do tipo amarelo, o déficit em vitamina A. Déficit esse que também pode ser combatido pelo uso de certos óleos vegetais, como o de buriti ou dendê, enriquecendo as gorduras que fazem parte da alimentação habitual. Cultivando ao lado da mandioca amarga os tipos de mandioca doce e consumindo-os como verduras ou saladas, na forma como o fazem os habitantes do Congo Belga e faziam antigamente os nossos indígenas e negros escravos, serão reforçadas as taxas de vitamina B1 do regime local. O consumo não só da raiz mas também dos brotos das folhas das diferentes variedades de mandioca constituía um hábito salutar que servia para melhorar a riqueza vegetal do regime, aumentando o seu teor em minerais e vitaminas. Era hábito dos grupos primitivos negros e índios, que os portugueses imitaram e até os holandeses, tão pouco plásticos, sempre desconfiados dos costumes da terra, também seguiram com entusiasmo. No livro de Joan Nieuhof, um dos agentes da Companhia das Índias Ocidentais, que viveu no Brasil durante vários anos de ocupação holandesa, no Nordeste, encontra-se a seguinte referência a esses hábitos, infelizmente hoje esquecidos:

> Os negros e os brasileiros trituram as folhas em um pilão e depois de cozê-las adicionam-lhe gordura ou manteiga e delas se servem como nós do espinafre. Os portugueses e

até os holandeses às vezes usam este prato: preparam também uma espécie de salada com essas folhas.[69]

Industrializada a castanha-do-pará e retirado do produto o seu excesso de óleo — muito bom para exportação —, poderia ser obtida uma pasta notavelmente rica em proteínas e, portanto, de uso bem indicado na alimentação (de teor proteico tão baixo) dessa gente. Frutas como a banana, tão tipicamente equatorial, cultivada em maior escala, muito contribuiria para o levantamento do padrão dietético da região. As zonas circunvizinhas aos núcleos urbanos deveriam ser destinadas ao cultivo de verduras e legumes verdes para o abastecimento das cidades, conforme experiência já feita, com relativo sucesso, pelos habitantes das áreas de Cachoeira Esperança e Riberalta, nas cabeceiras do rio Beni no alto Amazonas. E mais recentemente em Tomé-Açu, relativamente perto de Belém, onde vivem imigrantes de nacionalidade japonesa que se dedicam à produção de hortaliças, aves e ovos, além de pimenta-do-reino, juta e outros produtos. Os suíços e bolivianos que ali vivem se abastecem largamente de verduras e legumes plantados nas terras circunvizinhas pelos colonos japoneses, que se dedicam intensivamente a esse tipo de agricultura, obtendo ótimo rendimento de suas plantações.

É claro que, para se processar essa reforma estrutural, seria necessário muito maior número de braços do que dispõe atualmente a agricultura regional. Mas também haveria comida para muito maior número de bocas e se restabeleceria, deste modo, o equilíbrio econômico da região.

Certas culturas só poderiam mesmo desenvolver-se com populações rurais mais densas.[70] É o caso do arroz. O clima amazônico poderia permitir uma alta produção desse cereal, desde que se dispusesse de elemento humano suficientemente habilitado para seu laborioso cultivo. Para construção das bacias rizícolas, dos canais de irrigação, dos diques de proteção, enfim, de todas essas obras hidráulicas que os povos cultivadores de arroz se engenharam em criar para satisfazer as exigências biológicas da planta. Assim trabalhadas, as várzeas amazônicas poderiam produzir arroz numa escala semelhante ao delta do Tonquim na Indochina, que é das áreas rizícolas mais produtivas do mundo. Na realidade, nas várzeas do Guamá, na área experimental do Instituto Agronômico do Norte, já foi conseguido maior rendimento do que o de várias regiões do Sul do país, onde aquele índice raramente é atingido. E não seria necessário dispor da alta densidade demográfica daquele delta do Oriente, com cerca de 380 habitantes por quilômetro quadrado, mas pelo menos com 10% desse número, o que está ainda muito acima da atual densidade amazônica. Além de braços, é indispensável equipamento — máquinas agrícolas adequadas àquela espécie de serviço, inclusive escavadeiras e valetadeiras tipo "Buldozzers" — para permitir o controle do regime de águas ou a drenagem do excedente desta, quando se fizer necessário. Um dos processos atualmente experimentados pelo Serviço Nacional de Pesquisas Agronômicas, através de seu Instituto especializado do Norte, é o da colmatagem de igapós, por meio de uma rede de canais dispostos de tal maneira que a água do rio que vem ter ao igapó, enriquecida em sedimentos, dali se escoa após deixar depositada boa parte daquelas substâncias sedimentáveis. A colmatagem experimental do Maicuru, no entanto, parece processar-se muito lentamente, mas ainda assim é provável que chegue a resultados satisfatórios. Foi com alguns desses recursos técnicos que os colonos franceses conseguiram abrir enormes clareiras em florestas de tipo idêntico, a floresta da Costa do Marfim, e desenvolver nessa área grandes culturas, não só de cacau e de açúcar, mas também de mandioca, milho, batata-doce e outros produtos alimentícios.

No caso da Amazônia, a SPVEA traçou um Plano Quinquenal para recuperação da região através da aplicação racional de recursos técnicos e humanos capazes de mudar a paisagem econômica da região. Infelizmente, os resultados práticos obtidos estão longe de falar em sucesso, notadamente quanto à melhoria dos níveis de vida e de alimentação das populações locais.

Apesar dos investimentos feitos e dos esforços despendidos, continua a Amazônia a ser uma região marginal no conjunto da economia nacional, apresentando níveis de renda proporcionalmente tão baixos em relação aos níveis nacionais quanto no início da execução do Plano, o que só pode se explicar pela falta de capacidade e de idoneidade dos dirigentes desse plano de recuperação regional.

2.
Área do Nordeste açucareiro

I

Poucas regiões do mundo se prestam tão bem para um ensaio de natureza ecológica como a do Nordeste açucareiro, com sua típica paisagem natural, tão profundamente alterada, em seus traços geográficos fundamentais, pela ação do elemento humano. Com seu revestimento vivo quase que completamente arrasado e substituído por um outro inteiramente diferente: região de floresta tropical, transformada pelo homem em região de campos abertos, teve o Nordeste a vida do seu solo, de suas águas, de suas plantas e do seu próprio clima, tudo mudado pela ação desequilibrante e intempestiva do colonizador, quase cego às consequências de seus atos, pela paixão desvairada que dele se apoderou, de plantar sempre mais cana e de produzir sempre mais açúcar.

Quatro séculos de ação tão extremada, a serviço de um só objetivo, deram ao processo de transformação econômico--social do Nordeste o sentido de uma dramática experiência sociológica, servindo às mil maravilhas para demonstração viva de uma infinidade de pontos de vista fundamentais em ecologia. Na paisagem nordestina, a expressão geográfica é tão rica de significação e tão impregnada de história que os seus traços componentes se destacam sempre bem-ordenados, em função do elemento criador de sua vida econômica — a cana-de-açúcar. Da cultura desta planta. Da indústria açucareira e do comércio. É essa zona geográfica, com cor local tão característica e com tão definida unidade econômico-social, que constitui a segunda área alimentar a ser estudada em nosso ensaio. Geograficamente, abrange uma estreita faixa de terrenos de decomposição e de sedimentação, estendendo-se ao longo de todo o litoral do Nordeste brasileiro, do estado da Bahia até o Ceará. Faixa com a largura média de oitenta quilômetros, ora se estreitando entre o mar e os tabuleiros da zona agreste, ora se alargando em várzeas, brejos e colinas ondulantes, sem nunca ultrapassar, no entanto, a largura máxima de trinta quilômetros. Zona de solo rico e profundo e com uma relativa abundância de chuvas, era primitivamente recoberta por um revestimento de floresta do tipo tropical, não tão luxuriante e cerrada como a floresta úmida amazônica, mas por isso mesmo muito mais fácil de se deixar penetrar e conquistar pelo homem.

Quando se estudam as condições de alimentação dessa área, o que logo surpreende o investigador é o contraste marcante entre as aparentes possibilidades geográficas e a extrema exiguidade dos recursos alimentares da região. Que a região amazônica seja uma região de fome justifica-se até certo ponto, pela luta desigual entre o homem desarmado e as forças extremamente agressivas do meio geográfico pobre em recursos alimentares. A fome na Amazônia decorre principalmente da pobreza natural da floresta equatorial em alimentos. Já no Nordeste, o fenômeno é chocante porque não se pode explicá-lo à base de razões naturais. As condições tanto do solo quanto do clima regionais sempre foram as mais propícias ao cultivo certo e rendoso de uma infinidade de produtos alimentares.

O solo da região, em sua maior parte do tipo massapê — terra escura, gorda e pegajosa, que recobre em espessa camada porosa os xistos argilosos e os calcários do Cretáceo —, é de uma magnífica fertilidade. Solo originariamente de qualidades físico-químicas privilegiadas, com uma grande riqueza de humo e de sais minerais. O clima tropical, sem o excesso de água da região amazônica, com um regime de chuvas, de estações bem definidas, também contribui favoravelmente para o cultivo fácil e seguro de cereais, frutas, verduras e leguminosas de uma grande variedade. A própria floresta nativa tinha uma excepcional abundância de árvores frutíferas, e outras, trazidas e transplantadas de continentes distantes, se aclimataram muito bem, inteiramente a gosto do novo quadro ecológico, e aí continuaram produzindo, como em suas áreas naturais. É o caso da fruta-pão, trazida das distantes ilhas da Oceania; do coco, da manga e da jaca, transplantados do Oriente longínquo e integrados na paisagem nordestina, como se fossem plantas nativas, produzindo frutos excepcionalmente valiosos para a alimentação humana.

Tudo brotava com tamanho ímpeto e produzia com tanta exuberância nessas manchas de terra gorda do Nordeste que não se pode acusar de descabido exagero a famosa frase do verboso escritor Pero Vaz de Caminha — de que "a terra é em tal maneira dadivosa que em se querendo aproveitar dar-se-á nela tudo". Infelizmente não se quis... não o quis o colonizador português. De nada valeram as grandes possibilidades naturais que foram malbaratadas e inteiramente desaproveitadas em sua capacidade de fornecer alimentos às populações regionais.

O geógrafo Preston James, analisando a ação do homem como fator geográfico, faz uma afirmação que representa, até certo ponto, grave restrição à inteligência humana. Afirma este cientista que "o homem, em sua ação modificadora do meio ambiente, atua às vezes com inteligência, mas na maioria dos casos de maneira cega, sem nenhuma premeditação, satisfazendo apenas os seus interesses imediatos".[1] Parece à primeira vista ser desse tipo de imediatismo cego a conduta colonizadora dos portugueses no Nordeste.

2

Descobrindo cedo que as terras do Nordeste se prestavam maravilhosamente ao cultivo da cana-de-açúcar, os colonizadores sacrificaram todas as outras possibilidades ao plantio exclusivo da cana. Aos interesses da sua monocultura intempestiva, destruindo quase que inteiramente o revestimento vivo, vegetal e animal da região, subvertendo por completo o equilíbrio ecológico da paisagem e entravando todas as tentativas de cultivo de outras plantas alimentares no lugar, degradando ao máximo, deste modo, os recursos alimentares da região. Mas, se em verdade essa conduta colonizadora acarretou, como veremos mais adiante, graves prejuízos para a estrutura biológica dos grupos humanos que aí se fixaram e se desenvolveram, por outro lado deu estabilidade econômica à nova sociedade em formação e permitiu a sua estruturação num regime agrário bem fixado e enraizado na nova terra.[2]

Aparentemente a cana constitui até um elemento de proteção da terra contra os perigos da erosão. Recobrindo o solo com o revestimento vegetal de sua abundante folhagem e consolidando sua estrutura com suas raízes intrincadas, a cana tem sido mesmo apontada por alguns como uma planta indicada na luta contra a erosão dos solos tropicais.

Indicação pouco feliz porque hoje se sabe que a perda da fertilidade é um fator importante no mecanismo da erosão, e a cana esgota rapidamente a fertilidade dos solos, alterando sua estrutura e diminuindo sua resistência às forças de desagregação.

Contudo, mais destrutiva do que essa ação direta da cana sobre o solo é a sua ação indireta, através do sistema de exploração da terra que a economia açucareira impõe: exploração monocultora e latifundiária.[3]

Deve-se, sem nenhuma dúvida, ao desenvolvimento da cana-de-açúcar, com todos os seus nocivos exageros de planta individualista, com sua hostilidade quase mórbida por outras espécies vegetais, grande parte do trabalho de enraizamento e consolidação da colonização portuguesa nos trópicos, a qual já há cerca de um século vinha ensaiando outros processos menos frutíferos, sem conseguir, no entanto, estabelecer nada de mais firme do que simples feitorias comerciais nas costas da África, da América e do Oriente.

Trazendo a cana-de-açúcar para as terras do Brasil, já o português conhecia bem essa planta, com as suas exigências específicas, desde que havia utilizado as ilhas atlânticas da Madeira e do Cabo Verde como verdadeiras estações experimentais. E conhecia também os segredos do comércio açucareiro, que se apresentava, no momento, o mais promissor do mundo. Com essa experiência da agricultura e do comércio do açúcar, o português sabia que esse produto só poderia constituir uma atividade econômica compensadora se produzido em grande escala, com terra suficiente para o cultivo extensivo da planta, com mão de obra abundante e barata para o trabalho agrário e com dinheiro bastante para o estabelecimento da sua indústria em bases de um verdadeiro monopólio do produto. Por isso organizou ele capitais os mais abundantes dos até então trazidos para essas bandas, impulsionou a vinda dos escravos da costa d'África e se assenhoreou de terra boa e suficiente ao empreendimento ousado.

Lançado na aventura açucareira, o colonizador sabia que se tinha de entregar de corpo e alma à cana-de-açúcar, sob pena de fracassar em sua empresa. E a cana se mostrou mais uma vez, como já se tinha mostrado antes, capaz de dar muito lucro, mas de exigir sempre muita coisa em compensação. De exigir uma escravidão tremendamente dura, não só do homem mas também da terra a seu serviço. Homem e terra que se tiveram de despojar de inúmeras prerrogativas para satisfazer o apetite desadorado da cana. Apetite insaciável de terras bem preparadas e bem drenadas para o crescimento da planta.

Já afirmou alguém, com razão, que a exploração da cana-de-açúcar se processa num regime de autofagia: a cana devorando tudo em torno de si, engolindo terras e mais terras, consumindo o humo do solo, aniquilando as pequenas culturas indefesas e o próprio capital humano, do qual sua cultura tira toda a vida. E é a pura verdade. A história da economia canavieira no Nordeste, como em outras zonas de monocultura da cana, tem sido sempre uma demonstração categórica dessa capacidade que tem a cana de dar muito no princípio para devorar depois quase tudo, autofagicamente. Donde a caracterização inconfundível das diferentes áreas geográficas açucareiras, com seu ciclo econômico do açúcar, com as fases de rápida ascensão, de esplendor transitório e de irremediável decadência. Ciclo este que se processa tanto mais rapidamente quanto menores os recursos de terra disponíveis. Daí a semelhança de aspectos entre áreas geográficas diferentes, como o Haiti, Cuba, Porto Rico, Java e o Nordeste brasileiro.

Numa dessas áreas de monocultura açucareira, por seu caráter de pequena ilha, esse processo de transformação econômico-social se processou com tal rapidez e com tamanha nitidez em suas diferentes fases que pode servir como ilustração viva para caracterização sociológica das áreas açucareiras do mundo: é o caso da pequena ilha de Barbados, nas Antilhas. Ramiro Guerra y Sanchez,[4] em estudo sobre a influência do açúcar no povoamento do mar das Caraíbas, põe em destaque, logo no começo do seu trabalho, o caso de Barbados, com suas 160 milhas quadradas de extensão e seus 195 mil habitantes, como uma espécie de laboratório experimental de sociologia onde a introdução da cana provocou uma série de intempestivas reações econômicas e sociais facilmente identificáveis pelo investigador.

Gilberto Freyre,[5] quando estudou o Nordeste açucareiro, invocou também o paralelo entre Barbados e Pernambuco desde que a economia dessa ilha foi como um broto derivado da nossa, influenciada que foi pelos processos técnicos usados então no Nordeste do Brasil. De fato, referem os historiadores que foram marinheiros ingleses voltando de Pernambuco para a Europa que, de passagem em 1625 por Barbados, verificaram as condições extremamente favoráveis da ilha ao cultivo da cana e aí introduziram o seu plantio. A pobreza da técnica por eles utilizada não permitiu, no entanto, uma produção em base econômica, e foi só a partir de 1655 que os holandeses e portugueses expulsos do Brasil introduziram melhor técnica e deram grande impulso à indústria açucareira de Barbados, segundo nos informa Von Lippman.[6]

Onde se encontra maior riqueza de detalhes sobre a evolução histórica da economia do açúcar nessa ilha é na obra magistral de Vincent T. Harlow,[7] publicada em Oxford, em 1926. Através dos dados e da documentação que Harlow apresenta, verifica-se que a princípio a colônia de Barbados se fizera à base da policultura, divididas as suas terras em pequenas propriedades produtoras de algodão, tabaco, frutas cítricas, gado vacum e suíno e outros produtos de sustentação. Nessa primeira fase de sua história, compreendida entre 1625 e 1645, a população de raça inglesa cresceu bastante, subindo nas seguintes proporções: 1400 habitantes em 1628, 6 mil em 1636 e 37 mil em 1643.

Com o desenvolvimento da cana-de-açúcar, que se processou nos meados do século XVII, a policultura foi sendo asfixiada, as pequenas propriedades agrícolas engolidas pelo latifúndio, as reservas alimentares da ilha ficando cada vez mais difíceis. Essa revolução econômica tão desfavorável deu lugar ao êxodo em massa, para outras terras, dos habitantes de raça branca. Começou então a descida da curva demográfica: em 1667 só havia 20 mil brancos na ilha; em 1788, 16 mil; em 1807, 15 500; e atualmente, cerca de 15 mil. O braço escravo veio substituir o do branco, constituindo a base do trabalho agrário. Assim se desenvolveu essa economia latifundiária e escravocrata, com um esplendor transitório que durou de 1660 a 1685, entrando a seguir em decadência. Já nessa época estava a ilha esgotada. Suas florestas, que a princípio eram tão densas que fora difícil achar espaço para a fundação da colônia,[8] estavam inteiramente devastadas, todas as culturas de sustentação estagnadas, e o açúcar economicamente arruinado por não ser mais possível produzi-lo a preços capazes de aguentar a terrível concorrência internacional. Esta é a história fugaz do açúcar em Barbados, contada por Harlow e confirmada em seus traços mais característicos por outros historiadores idôneos.

Na Jamaica, em Trinidad, em Cuba e noutras Antilhas açucareiras, o processo seguiu as mesmas diretrizes, apenas num ritmo menos acelerado, como se pode verificar através dos estudos de um Law Mathieson,[9] de um Ragatz,[10] de um Cundal,[11] e de outros historiadores da colonização inglesa no mar das Caraíbas. A digressão que fizemos para o processo evolutivo da economia açucareira em outras zonas teve por fim evidenciar que a fraqueza do colono português diante do ímpeto avassalador da cana não foi específica desse colonizador.[12] Nenhum outro colono, nem o inglês de Barbados, nem o francês do Haiti, nem o espanhol de Cuba, pôde escapar à sua esmagadora influência. Ao contrário, deixaram-se dominar até certo ponto ainda mais do que o português. Porque, como teremos ocasião de ver mais adiante, se na luta para adaptar-se ao meio tropical o português cedeu com bastante plasticidade às contingências de certas forças naturais, soube também, por outro lado, escapar tecnicamente a muitas delas, através do uso inteligente de certos fatores de aclimatação que os colonos de outras raças e de outras culturas não souberam manejar com tanta precisão, fracassando por isso em suas tentativas de levar a efeito uma colonização de enraizamento em terras tropicais.

"Enquanto os trabalhadores enfrentam condições de vida e de trabalho que levam as mais das vezes ao fracasso, as classes altas têm mostrado uma calamitosa incapacidade para se adaptarem ao meio tropical, através dos recursos vitais da habitação, vestuário e regime alimentar"; assim fala sobre os colonizadores ingleses nos trópicos um dos mais profundos e bem informados estudiosos dos problemas coloniais, A. Grenfell Price, em "White Settlers in the Trópico".[13] No estudo da fracassada tentativa de colonização holandesa no Nordeste, numa serena interpretação histórica da guerra que aí se travou entre o invasor batavo e os portugueses já senhores da terra, terminada pela derrota e expulsão do holandês, devemos levar em alta conta este importante fator — a inabilidade do colono nórdico para dominar os ásperos rigores do clima tropical, para se ajustar às suas exigências, para tolerar as suas injunções. O fator aclimatação foi decisivo nessas batalhas travadas no Nordeste pela posse das terras do açúcar, funcionando o "General Calor", nessa guerra, com a mesma decantada eficiência com que atuou o "General Inverno" na invasão da Rússia pelos malogrados exércitos de Napoleão e pelas hordas nazistas de Hitler.

Vimos há pouco como, à força das contingências do meio natural e cultural, os ingleses foram expulsos de Barbados, ficando reduzidos a um punhado de administradores, de exploradores do trabalho nativo num tipo de colonização de simples exploração administrativa, enquanto o português do Nordeste brasileiro, ao plantar a cana no solo de massapê, também se plantou definitivamente na região, num tipo de colonização de enraizamento tropical da raça, sem paralelo em nenhuma outra zona do mundo, à exceção talvez, e em escala bem menor, de algumas Antilhas colonizadas pelos espanhóis.

3

O processo de transformação e de desvalorização que a cana realizou no Nordeste começou pela destruição da floresta, abrindo com as queimadas as clareiras para seu cultivo, alargando depois esses claros para a extensão de seus canaviais por terras sem fim. No Nordeste, se até os meados do século XIX o relativo atraso dos processos fabris do açúcar, com sua produção por unidade, limitada por seus mecanismos rotineiros, não levou a extensão das culturas a ocupar inteiramente toda a área da mata, deixando algumas reservas, embora escassas, de terra, a partir de 1870, com o estabelecimento dos chamados "engenhos centrais", precursores das grandes usinas atuais, a absorção das terras pelo latifundiarismo progrediu assustadoramente, acentuando a miséria alimentar nessa zona. Nesses últimos cinquenta anos as condições de alimentação da zona açucareira chegaram ao grau mais acentuado de pobreza, e as medidas tomadas até hoje para remediar a situação quase nada têm conseguido.

Sobre o papel ainda mais absorvente dessa nova etapa da indústria açucareira, assim nos fala Caio Prado Júnior:

> A remodelação dos velhos engenhos se fazia difícil, não só porque na crise em que se debatiam não lhes sobravam recursos suficientes para isto, como porque as áreas que ocupavam eram insuficientes para manter uma unidade fabril do vulto exigido pelas novas necessidades técnicas. Recorreu-se então aos chamados *engenhos centrais*, grandes unidades destinadas a moer a cana de um conjunto de propriedades... A maior parte dos engenhos se instalou com todos os aperfeiçoamentos da época. Apesar disto, não foi grande seu sucesso. Atribuiu-se isto, e provavelmente com razão, à irregularidade do fornecimento da cana. As antiquadas e rotineiras lavouras não mantinham um ritmo de produção

compatível com as necessidades do processo industrial. Isto tanto na quantidade como na qualidade da cana fornecida. Não tardou, portanto, que os engenhos centrais começassem a suprir as falhas do fornecimento com a produção própria... Iniciava-se assim o processo de concentração que liquidaria com o tempo os antigos engenhos.[14]

A destruição da floresta alcançou tal intensidade e se processou em tal extensão que, nessa região chamada da mata do Nordeste, por seu revestimento de árvores quase compacto, restam hoje apenas pequenos retalhos esfarrapados desse primitivo manto florestal. No estado de Pernambuco, onde a devastação alcançou o máximo, a área atualmente recoberta pelas florestas não atinge, conforme avaliação de um estudioso do assunto, o agrônomo Vasconcelos Sobrinho,[15] 10% da superfície total do estado. Resta apenas um resíduo da mata primitiva já sem nenhuma expressão econômica.[16] Com a destruição da floresta contribuiu também a monocultura para o empobrecimento rápido, o esgotamento violento do solo, diminuindo de um lado a renovação do seu húmus formado pela decomposição da matéria orgânica vegetal e, de outro lado, facilitando ao extremo seus processos de lavagens exageradas do solo e sua consequente erosão. Erosão que constitui um perigo tremendo, uma verdadeira ameaça de fome progressiva na região, representando um fenômeno de proporções mais alarmantes do que possam pensar os menos avisados. Alarmantes principalmente por seu caráter de processo irreversível, não dispondo o homem de nenhum recurso para refazer a riqueza do solo que a água arrasta para o mar, nem mesmo lançando mão dos dispendiosos processos de fertilização.

A verdade é que o fertilizante representa para a vida da planta apenas um complemento de sua nutrição. Como não é possível alimentar o ser humano apenas com preparados de vitaminas e sais minerais, que constituem complementos alimentares, também o adubo não pode refazer inteiramente o solo que foi dissolvido e arrastado pelas águas. Pode apenas corrigir algumas deficiências desse solo. Em síntese, para que o fertilizante seja eficiente, é preciso haver solo para ser fertilizado, e a consequência final irremediável da erosão é a extinção de todo solo arável, do *top-soil*, ficando apenas no local a rocha estéril.

Um grande especialista nesses assuntos de solo, Ward Shepard, do Departamento de Agricultura dos Estados Unidos, querendo chamar a atenção dos norte-americanos para essa calamidade, cujos efeitos nocivos ele compara aos da guerra,[17] afirma que só nas zonas agrícolas do seu país é arrastada pela erosão, para os rios e para o mar, a tremenda massa de 3 milhões de toneladas de solo por ano. Dez anos de cultivo intempestivo do continente americano tornaram estéreis 40 milhões de hectares outrora cultivados, uma área correspondente à da França. É esse mesmo especialista, sempre tão preocupado pelos estragos da erosão, que afirma terem sido intensificados de maneira alarmante os seus efeitos no continente americano pela introdução dos tipos de agricultura comercial, desenvolvidos pelos colonos europeus: agricultura do algodão, do fumo e do açúcar. E refere-se às terras do Nordeste do Brasil como das mais sacrificadas e de mais crítica situação em face do fenômeno erosivo. De fato, os pequenos rios que atravessam a região nordestina e que a princípio se haviam mostrado tão dóceis e serviçais, ajudando sobremodo o colono a conquistar a terra, a desenvolver aí a economia agrária da cana, como acentua Gilberto Freyre,[18] logo que sentiram as suas margens desprotegidas de árvores, pelo desflorestamento abusivo, e despidos de vegetação os seus vales, transformaram-se, da noite para o dia, em rios devastadores, rios ladrões de terra, arrancando o solo úmido das planícies e levando, com as águas das enxurradas, os elementos minerais dissolvidos, transformando-se, enfim, num bárbaro fator de empobrecimento do solo.

E não é só no Nordeste que a erosão degrada o solo brasileiro. Também nos cafezais paulistas, considerados como a cultura que tem as maiores possibilidades de empregar boas técnicas agrícolas, a erosão ameaça aniquilar em poucos anos extensas áreas hoje cobertas de café.

Avelar Marques, no seu trabalho *Conservação do solo em cafezal*, assevera mesmo que "os prejuízos causados pela erosão acelerada do solo nos cafezais brasileiros indevidamente protegidos são de tal extensão que afetam diretamente o patrimônio e a segurança da coletividade, refletindo-se nefastamente na estabilidade econômica e social do país".

Outras culturas, como a do algodão, proporcionam, segundo dados da Seção de Conservação do Solo do Instituto Agronômico de Campinas, uma perda anual de solo da ordem de 34 toneladas por hectare cultivado.

Weston Price[19] considera esse tipo de empobrecimento regional dos solos um sério problema para o mundo futuro quando afirma: "O mais sério problema a enfrentar pelas gerações futuras é o irremediável *handicap* da pobreza qualitativa dos alimentos causada pela pobreza de minerais do solo". O antropólogo baseia tal afirmação numa série de estudos e observações que demonstram a íntima correlação entre a composição química dos produtos agrícolas e a riqueza mineral do solo, assim como em estudos antropológicos que revelam a decadência progressiva de inúmeros grupos humanos submetidos a essa também progressiva degradação de seus recursos alimentares.[20]

Dessas observações, a mais expressiva é a que resulta dos importantes achados antropológicos do professor Hooton, da Universidade de Harvard, o qual, estudando esqueletos de um grupo — o dos *Pecos* — que habitou as planícies ocidentais americanas, verificou que através de centenas de anos se foram intensificando as deformações esqueléticas, as artrites e as cáries dentárias nesse grupo, assim como se pronunciando a redução na sua estatura, tudo ligado a um progressivo empobrecimento do solo que o grupo ocupava.

Outra consequência funesta do desflorestamento da região tem sido a intensificação do seu progressivo dessecamento com as terras privadas do importante trabalho de regularização e fixação da umidade do solo que a floresta sempre desempenha. Se o revestimento arbóreo não modifica o regime das chuvas, como afirmam com certo exagero alguns agrologistas, influi, no entanto, de maneira decisiva, na formação das reservas subterrâneas de água. Água que é indispensável ao equilíbrio da vida regional, evitando que a região entre em decadência. Já hoje as terras nordestinas estão a exigir, por toda parte, a irrigação constante, a fim de que a cana continue a produzir em forma compensadora.

Autores como o botânico Alberto Loefgren e o geógrafo francês Dessoliers acreditam na capacidade da floresta em regular o grau de precipitação pluviométrica de uma região. São de Loefgren as seguintes palavras: "É conhecida a grande importância das matas nas condições ecológicas e climatológicas de uma região e na sua qualidade de reguladoras das precipitações".[21] Dessoliers, no livro *Le Refoulement du Sahara*, atribui a aridez progressiva de certas áreas da África à destruição de massas florestais na região. Esses pontos de vista não foram, no entanto, conformados pelos estudos de categoria experimental realizados mais recentemente, levando os modernos geógrafos a considerarem a interferência da floresta sobre as precipitações pluviométricas mais como um fato de superstição popular do que de comprovação científica.[22]

Mas não foi só atuando sobre as condições *edáficas* da região, sobre a riqueza e a qualidade do solo, que o desflorestamento se constitui em fator de degradação do Nordeste, mas também fazendo minguar os recursos da fauna regional, cuja vida estava tão intimamente ligada à própria vida da floresta.[23] Recursos representados pelas caças que aí se encontravam e que eram importantes fontes de abastecimento do índio e mesmo do colono, nos seus primeiros tempos de vida na nova terra. Pero de Magalhães Gandavo[24] afirmou que "uma das coisas que sustenta e abasta muito os moradores desta terra do Brasil é a muita caça que há nestes matos, de muitos gêneros e de diversas maneiras". E falava nos veados e porcos selvagens, coelhos e antas, pacas e tatus. Estes e outros elementos da fauna nordestina foram sendo pouco a pouco dizimados, afugentados pelas coivaras, se escondendo nas nesgas de mata cada vez mais ralas, mais limitadas, até quase se extinguirem de vez.

O que é mais grave é que não foi apenas destruindo o que havia de aproveitável para a alimentação regional — riquezas da fauna, da flora e do próprio solo — que a cana foi prejudicial, mas também, e principalmente, dificultando e hostilizando em extremo a introdução de recursos outros de subsistência, que encontraria nessas terras tropicais condições as mais propícias ao seu desenvolvimento.

A monocultura é uma grave doença da economia agrária, comparada por Guerra y Sanchez à gangrena que ameaça sempre invadir o organismo inteiro, e por Grenfell Price ao câncer, com o desordenado crescimento de suas células se estendendo impunemente por todos os lados.[25]

4

De fato, os primeiros colonos portugueses que aportaram às costas do Nordeste brasileiro traziam consigo a tradição de um bom tipo de regime alimentar. Tipo de alimentação ibérica, caracterizado principalmente por sua riqueza e variedade de vegetais — de frutas, legumes e verduras —, produtos do cultivo intensivo, fino e delicado da horta e do pomar, cultivo introduzido na península pelos invasores árabes e transmitido através de séculos a portugueses e espanhóis.

Com a invasão da Península Ibérica pelos árabes, no começo do século VIII, iniciou-se em terras europeias um novo tipo de agricultura, baseado na policultura rotativa, intensiva e com irrigação. Gordon East, em sua *Historical Geography of Europe*, acentua o fato de que na parte muçulmana da Espanha, país dos ândalos — donde se derivou o nome de Andaluzia —, os invasores se organizaram com "notável habilidade para explorar o potencial agrícola da Espanha meridional... as tamareiras, as laranjeiras, as granadinas, as amendoeiras enchiam os seus jardins". Quando o domínio árabe atingiu o apogeu, nos meados do século X, a agricultura ibérica não tinha rival na Europa. Através da tradução francesa, feita por Dosy em 1873, do texto árabe de um calendário de Córdoba do ano de 961, resumido no livro de Levi-Provençal, *Espagne Muçulmane*, verifica-se a riqueza dos métodos agrícolas e a variedade de culturas que ali se desenvolviam com sucesso. Até a era das grandes descobertas, Portugal e Espanha eram essencialmente agrícolas. Portugal, como uma "monarquia agrária", lavrando a terra pobre com o seu arado.[26]

Infelizmente, esse tipo ibérico de alimentação tão equilibrado e principalmente tão bem adaptado às condições de vida tropical, constituindo, até certo ponto, um verdadeiro fator técnico de aclimatação, não se conseguiu manter no Brasil.

Dentre os fatores técnicos essenciais ao mecanismo da aclimatação, e que são a habitação, o vestuário e a alimentação, o português utilizou com inteligência os dois primeiros, mas quase não deu importância ao último.[27] De fato, em matéria de habitação o português agiu nos trópicos com manifesta superioridade sobre os colonos de outras raças quando transplantou para as terras quentes da América o tipo de casa grande, com largas janelas, varandas e pátios, num arranjo arquitetônico em que transparecem, associadas, influências árabes e romanas. Quando construiu casas frescas que ajudaram na luta contra o calor, com a mesma eficiência das casas mouriscas levantadas nos desertos do Norte da África pelos colonizadores árabes. A sua capacidade de identificar-se com os povos nativos, imitando-lhes certos hábitos, levou também o português a se despojar dos excessos de vestuário no trabalho tropical, facilitando-lhe muito a aclimatação. O trabalho realizado nu da cintura para cima ou com uma simples camisa de algodãozinho, vestida por fora das calças, constituiu um elemento de grande valor na regulação energética sob a ação do novo clima. Tais tipos de habitação e de vestuário contribuíram, pois, largamente, para a conquista dos trópicos e permitiram que se constituísse nessas terras baixas e, portanto, sem o privilégio da altitude que sempre ameniza os rigores do calor, um tipo de colonização de enraizamento, de completa identificação do homem com a terra. Se esses fatores ajudaram na formação da sociedade agrária do Nordeste, o fator alimentar, descuidado e mal utilizado, contribuiu muito para sua desintegração, para a decadência precoce dessa sociedade, com seus senhores amolecidos por um regime com excessos de açucarados, mas deficiente em seus princípios essenciais, e com a massa de escravos e depois de camponeses e de operários definhando a olhos vistos, morrendo de fome quantitativa e qualitativa.

O primeiro obstáculo à transmissão e fixação de hábitos alimentares sadios ao novo grupo humano em formação foi a impossibilidade de encontrar ou de produzir nestas terras quentes dos trópicos o trigo, alimento básico da área alimentar mediterrânea, de clima temperado, e a sua substituição forçada pela mandioca indígena. Assim se procedeu ao primeiro rebaixamento no valor nutritivo do regime alimentar do Reino. A farinha de mandioca, que um político nordestino chamou uma vez demagogicamente de pão dos pobres, é muito inferior, tanto em seu teor proteico, como mineral e vitamínico, à farinha de trigo de que é fabricado o pão dos ricos. Procurando se ajustar às novas contingências naturais, o colonizador não só incentivou de início o cultivo da mandioca e de outras plantas nativas, como o aipim, o amendoim e o ananás, mas procurou introduzir no Nordeste outras plantas que sua experiência de conquistadores de terras tropicais lhe fazia saber propícias ao novo quadro geográfico.

Lê-se no *Tratado da terra do Brasil* escrito por Pero de Magalhães Gandavo por volta de 1570: "Quantos moradores há na terra tinham roças de mantimentos e vendem muita farinha de pau, uns aos outros de que também tiram muito proveito". Isso mostra que, enquanto durou o ciclo de exploração de pau-brasil, se desenvolveu na terra uma cultura de sustentação.

Entre os papéis desempenhados pelo português da Renascença e de decisiva influência na mudança de costumes do mundo moderno, destaca-se o de reformador da estética do paladar. Papel que esse povo desempenhou através da transplantação de plantas alimentares de um continente para outro, da aproximação de cozinhas até então inteiramente desconhecidas e da universalização das especiarias e dos sabores orientais. Sobre essa influência reformadora de Portugal no panorama alimentar do mundo, leia-se o capítulo "Genialidade e mediocridade", do interessante livro de Fidelino de Figueiredo, *Últimas aventuras*.

Assim se fez, de início, uma tentativa de policultura, a qual, ajudada pela colheita das frutas silvestres e pela caça dos animais da terra, dava de sobra para manter um regime sadio dos primeiros colonos da Terra de Santa Cruz. Mas, como ocorreu em Barbados, a policultura iniciada tão promissoramente foi logo estancada pelo furor da monocultura da cana: as roças de mandioca abandonadas aos cuidados primitivos do indígena, sem o amparo e o interesse do colono, as plantações de laranja, de manga, de fruta-pão abandonadas à sua sorte ou apenas limitadas aos pequenos pomares em torno das casas-grandes dos engenhos, para regalo exclusivo da família branca do senhor.

Com esse relativo abandono das roças, a farinha de mandioca foi escasseando cada vez mais, e a tal ponto que no período da ocupação holandesa, nos meados do século XVII, houve verdadeira fome da farinha. Conta Joan Nieuhof:

> Desde a guerra de 1645, o preço da farinha subiu para seis, sete, oito, nove, dez ou onze florins por alqueire, e, como essa situação levaria à ruína os engenhos, o Grande Conselho baixou ordens rigorosas para que cada habitante da zona rural, de acordo com as suas possibilidades, plantasse — sob penalidades severas — cerca de mil covas de mandioca por ano. Assim foi que o preço da farinha caiu a ponto de ser vendida no Recife à razão de quatro *schelingen* por alqueire, e por menos ainda no interior.[28]

Foi essa uma das poucas medidas que os holandeses tomaram de efeito salutar para a alimentação coletiva da região, e na aparência contrária aos interesses da monocultura açucareira. Na aparência apenas. No fundo, do maior interesse, desde que sem alimentos fundamentais para a gente dos engenhos não seria possível manter as atividades açucareiras, e com a farinha em maior abundância continuaria tranquilamente a produção do açúcar para exportação.

Assim se desfaz toda a influência benéfica que a cultura peninsular deveria ter trazido ao tipo de dieta do Nordeste brasileiro.

5

A influência do índio foi bem mais favorável, embora quase que se limitando, como insiste Manoel Quirino,[29] "em nos dar a conhecer a matéria-prima, por assim dizer, de que se serviam no preparo das refeições", sem impor os seus hábitos e os seus processos rudimentares de cozinha, muito distanciados dos hábitos europeus.

Acerca dessa influência, dessa contribuição do indígena na constituição da dieta e da cozinha do brasileiro, escreveu o professor Nelson de Senna, em seu trabalho "A influência do índio em linguagem brasileira" — 1946, as seguintes palavras:

A mesa brasileira recebeu a contribuição alimentar do aipim, da batata-doce, da batatinha, do cará, da carimã, da caratinga, do caruru, do mangarito, da taioba, do jerimum, do mandumbim, da castanha-do-pará, do mel-da-jataí, da mobuca e da uruçu, da pacova, da mandioca, das espigas de milho verde assado, do churrasco, do mingau, da paçoca, da mixira e dos molhos picantes do tacacá e tucupi, com o ardor das pimentas cumari e murupi; o processo da conserva da carne no moquém; as variadas e deliciosas moquecas de pescado; o nutritivo pirão de farinha de mandioca; pipocas de milho, as fritadas de siris, o casquinho de muçuã, os ovos de tracajá, as postas de pirarucu (verdadeiro bacalhau amazônico), os lambaris fritos, as peixadas famosas do tambaqui e do tucunaré, e do piau e do surubim, do jaú e das tainhas, das traíras e dos mandis, das piabas e da piracanjuba, das finíssimas iguarias da garoupa e do bijupirá, todos eles guisados em molhos e caldos apimentados — sem esquecermos ainda: a paçoca de "carne de vento", socada no pilão; a macaxeira ou aipim; os beijus de farinha de mandioca torrada; os grelos da cambuquira e de samambaia; os frutos mais delicados da nossa flora riquíssima (o abacate, o abacaxi, o abio, o abricó, o ananás, as várias anonas, como os araticuns e biribás; aracari, ou acri da Bahia, os variadíssimos araçás; a bacaba, o bacupari e o bacuri; a batinga, o cajá-manga, o cajá-mirim, o caju e o cajuí; o cambucá, o cambuí, o cupuaçu; os cocos, açaí, babaçu, buriti, jeridá, indaiá, licuri, macaúba, da pupunha e do tucum; a guabiroba ou guabiraba, o gravatá e os juás doces, o

124

jenipapo, as goiabas branca, roxa e vermelha; a grumixama, as jabuticabas; a bixirica e a mexerica-de-campo; o mamãozinho — jacacatiá, a mangaba, os diversos maracujás, o murici; a pitanga, as mangas — goiana, de Ubá, e de Itamaracá; a pacova-inajá, a marangaba, o marimari, o mandapuçá e o mucujê; pequi, a pitomba, o sapoti, a sapota, o jatobá; as castanhas de sapucaia e do Pará; o taperebá, o uixi, o umbu, a uvaia, o tarumã, o trapiá etc.

Nem se esqueçam bebidas de nomes indígenas, como a caiçuma, o cauim, a chicha; os licores de cacau, de jenipapo e de pequi; os vinhos de buriti, de caju ou de jabuticaba; a ardente tiquira, a nutritiva tipuca (o leite), o chibé, o mocororó, a garapa de cana-de-açúcar, o delicioso e tonificante guaraná-dos-maués, o mate-chimarrão gelado, os refrescos de cajuada etc. Dos seus processos culinários poucos se fixaram no panorama da cozinha regional, afora o preparo da pamonha, da canjica de milho, do beiju, da farinha de mandioca e da paçoca.

Quando se quer desvalorizar a influência do indígena, a sua contribuição na obtenção de recursos alimentares abundantes, acusa-se esse elemento racial de rebelde ao trabalho agrícola, à disciplina do trabalho nas fazendas, mas não se esclarece que o trabalho que os feitores exigiam dele era o da agricultura comercial, o plantio da cana para fabricação do açúcar. Agricultura pela qual não podia o indígena sentir a menor atração por lhe faltar todo espírito mercantil. Esquivando-se a esse tipo de trabalho, resistindo desta forma à pressão da monocultura, o índio foi mais benéfico do que nocivo ao equilíbrio da região. Fazendo da floresta o seu reduto e defendendo-a com arcos e flechas, o índio moderou a expansão da monocultura e suas funestas consequências.

6

Outra influência favorável — a mais expressiva e valorizadora dos hábitos alimentares dessa região — foi, sem nenhuma dúvida, a do negro. A do escravo negro importado da África, em cuja área natural tinha obtido, pelo cultivo de variadas plantas, um regime alimentar dos mais saudáveis. Regime que permitiu a formação de magníficos exemplares humanos com uma compleição atlética verificável em inúmeros desenhos da época e na impressionante resistência física do negro desafiando os fatores mórbidos que o atacavam durante as viagens mortíferas nos navios negreiros, desafiando os maus-tratos, o trabalho exaustivo no eito dos canaviais, os agentes patogênicos da fauna da nova região — insetos, vermes e protozoários — que se encarniçavam em atacar sem trégua esses gigantes pretos vindos da área do golfo da Guiné.

Num magnífico estudo acerca das condições de alimentação no Congo Belga, Bigwood e Trolli mostram como, antes da colonização europeia, o negro se alimentava bem, à base dos recursos que desenvolvera na região, e como a economia mercantilista do colono europeu foi nociva às condições de vida desse povo. São desses grandes pesquisadores — um deles, Bigwood, verdadeiro pioneiro dos estudos da alimentação nos trópicos — as seguintes palavras:

Tem havido uma tendência progressiva ao despovoamento desde o começo da ocupação europeia. Segundo os autores, a população indígena teria diminuído de 25% a 50%. Atualmente ela se estabiliza. A julgar pelas descrições concordantes feitas pelos primeiros exploradores, a população relativamente densa do Congo Belga era robusta antes da colonização. Era bem nutrida, segundo se pode deduzir pela variedade de suas plantações de subsistência. Os produtos da caça e da pesca também participavam em grande parte da alimentação do indígena. Num relatório apresentado em 1919 pela Comissão de Proteção ao Indígena era atribuído o despovoamento às modificações que a colonização branca impôs nas condições de vida do nativo, pelas exigências do comércio e da indústria. O governador-geral da Colônia, M. E. Lippens, escrevia em 1920: "Antes da chegada dos brancos, os indígenas não cultivavam senão os víveres necessários aos habitantes de sua aldeia, mas desde o desenvolvimento do comércio, as necessidades alimentares se tornaram maiores e mais difíceis de ser satisfeitas com grande número de braços empregados em trabalhos diversos, inclusive para os transportes dos víveres, muitas vezes a grandes distâncias. As necessidades alimentares tornaram-se enormes e a diminuta produção agrícola tornou-se ainda mais escassa. Hoje o Congo vê sua população desaparecer numa rapidez tremenda, e isto porque abandonamos a salada verde pela borracha e pelo marfim".[30]

Como povo de tradição agrícola, de tipo de agricultura de sustentação, o negro reagia contra a monocultura de forma mais produtiva do que o índio. Desobedecendo às ordens do senhor e plantando às escondidas seu roçadinho de mandioca, de batata-doce, de feijão e de milho. Sujando aqui, acolá, o verde monótono dos canaviais com manchas diferentes de outras culturas. Benditas manchas salvadoras da monotonia alimentar da região. Que o negro nunca perdeu esse instinto policultor, esse amor à terra e às plantações, apesar da brutalidade com que fora arrastado de sua terra, com todas as suas raízes culturais violentamente arrancadas, é o que podemos verificar através do estudo da organização econômico-social dos quilombos, dos núcleos de negros fugidos e escondidos no mato. Palmares, o mais significativo dos núcleos de libertação negra da tirania monocultora, se apresenta como uma demonstração decisiva da absoluta integração do negro à natureza regional, aproveitando integralmente seus recursos e desenvolvendo, a favor de suas possibilidades, recursos novos. Na paisagem cultural de Palmares, com os traços naturais da terra tão bem ajustados às necessidades do homem, vamos encontrar um regime de policultura sistemática.[31] Uma das principais atividades dos negros palmarinos era a agricultura, afirma Edson Carneiro[32] depois de consultar extensa documentação sobre a vida na república negra: "Os homens do quilombo lavravam e disciplinavam a terra, beneficiando-se da experiência que traziam como trabalhadores do eito nas fazendas e nos canaviais dos brancos", diz o autor de *República dos Palmares*, e da experiência ainda mais larga deles e dos seus antepassados nas savanas e nas florestas tropicais africanas, acrescentamos nós. Cultivavam milho, batata-doce, feijão, mandioca, bananas (pacovas) e outras plantas alimentares. Também plantavam algodão e cana-de-açúcar.[33] "O número de roças era enorme... num só dia os holandeses incendiaram mais de sessenta casas em roças e em plantações."[34] Tal era a importância da lavoura dos negros de Palmares que a guerra contra os quilombos se desenvolveu estrategicamente baseada na destruição prévia do seu roçado de subsistência. É ainda Edson Carneiro quem nos informa que, em relatório, o ex-governador João de Sousa considerava que o mais sensível mal de que os negros sofriam era a destruição de suas lavouras, propondo o estabelecimento de dois arraiais de tropas para estorvar-lhes a plantação de mantimentos, a maior opressão de que eles padecem.

Infelizmente, a ação restauradora do negro foi limitada, não adquirindo uma consistência e extensão capazes de atuar decisivamente na economia do país, como aconteceu na ilha da Jamaica, onde o negro rebelado contra a ganância dos plantadores contribuiu para melhorar sensivelmente o regime alimentar da ilha.

Conta Law Mathieson[35] que os colonos ingleses latifundiários do açúcar, mesmo depois da abolição da escravatura da Jamaica, tentaram por todos os meios entravar o trabalho dos negros fora das plantações de cana e chegaram ao extremo de fixar descabidos impostos sobre as terras destinadas à produção de alimentos, obrigando, desta forma, os negros libertos a continuarem escravos dos miseráveis salários estabelecidos pelos senhores de engenho. Os negros resistiram; embrenharam-se nas matas, fundaram em pouco tempo cerca de duzentas colônias negras, nas quais se desenvolveu uma variada produção agrícola que perdura até o momento.

A interferência do negro no sentido de melhorar o padrão de nutrição do Nordeste fez-se sentir ainda, mais do que no campo da produção em escala econômica, através da introdução feliz de certas plantas africanas e do uso de certos processos culinários que se mostraram excelentes no aproveitamento dos recursos alimentares da região. É a contribuição da cozinha africana, dos processos culinários desenvolvidos pelas cozinheiras negras do Nordeste, principalmente do recôncavo da Bahia, dando lugar à hoje tão famosa cozinha baiana. Famosa não somente pela excelência dos seus temperos, pelo sabor dos seus quitutes, mas também, como demonstraremos mais adiante, pelos corretivos que as suas criações culinárias encerram, capazes de entravar o aparecimento de várias avitaminoses a que estariam irremediavelmente expostas as populações locais pelo uso dos alimentos preparados exclusivamente à maneira europeia. Essa ação corretiva da cozinha baiana, até pouco tempo elogiada pelos epicuristas, mas ferozmente atacada pelos higienistas sem sólidas bases científicas, será mais bem compreendida um pouco adiante, depois que tenhamos estudado as características bioquímicas da dieta regional.

7

No Brasil, a resistência dos índios abstencionistas e dos negros rebeldes dos quilombos, e mesmo dos colonos brancos e mestiços mais pobres desprovidos de terras, não deu para vencer a força opressiva do latifundiarismo. Para vencer as proibições contra a agricultura de outras utilidades e a criação de quaisquer espécies — proibições estabelecidas em cartas régias[36] e reforçadas ao máximo pela autoridade ilimitada dos senhores de engenho, onipotentes em seu regime de vida escravocrata e patriarcal. Homens com um ciúme de suas terras maior do que de suas mulheres e horrorizados com o perigo de que essas terras se rebaixassem devassamente a produzir qualquer outra coisa que não fosse cana. Qualquer coisa menos nobre, seja de cultura índia ou negra — mandioca, milho, amendoim, feijão.

Assim subjugados pela forte pressão dos fatores de natureza econômica, cederam às influências tanto naturais como culturais, e todo o complexo alimentar da região se fixou em torno da farinha de mandioca, de cultivo fácil e barato, sem grandes exigências nem de solo nem de clima, nem de mão de obra. Complexo de alimentação muito pobre que arrastou o Nordeste à condição de uma das zonas de mais acentuada subalimentação do país. Mais do que isso, zona de fome quase tão grave quanto a da região do Extremo Norte. A princípio, e enquanto a densidade de população se mantinha baixa, procuravam os senhores mais abastados compensar a escassez de suas dietas importando víveres de Portugal. Mas as grandes distâncias a vencer, os transportes lentos e precários da época dificultando em extremo sua conservação e a infestação dos barcos pela peste devastadora dos ratos,[37] tornavam os gêneros de baixo valor nutritivo, chegando ao Brasil a maior parte já mofada ou bichada.

O domínio pelos ratos, dos antigos barcos veleiros, constituiu durante o período colonial um dos mais graves fatores de degradação alimentar das colônias, pela destruição que provocavam os roedores nos víveres importados. Eram avaliados em cerca de 10 mil francos os prejuízos correspondentes aos estragos provocados pelos ratos em cada viagem que um barco realizava entre a Europa e a América.

Além disso, com o crescimento das populações, que se fez rápido, condicionado pela fome de braços para o cultivo da cana, não foi mais possível importar do Reino quantidades suficientes de gêneros alimentícios, e foram os colonos se acostumando à comida rude da terra, com sua dieta rotineira de feijão com farinha.

É preciso não esquecer que nessa zona, como em todas as outras em que se foi diferenciando a economia monocultora da cana na América, a fome de braços sempre imperiosa condicionou rapidamente uma alta concentração demográfica. Ainda nesse sentido, o açúcar veio agravar a situação alimentar, aumentando o número de bocas e amarrando os braços dessa gente ao trabalho exclusivo da cana. Ainda hoje representa o Nordeste açucareiro uma das zonas rurais de mais alta densidade demográfica do país. Nos municípios da área da mata, no estado de Pernambuco, a densidade é de cerca de 137 habitantes por quilômetro quadrado, enquanto a densidade dos municípios do sertão nordestino é de apenas sete habitantes e a densidade média do país, de seis habitantes por quilômetro quadrado. Em toda a América Latina as zonas de mais alta concentração da população são exatamente as zonas açucareiras: Barbados, com seus 624 habitantes (quase todos negros) por quilômetro quadrado, concorrendo nos quadros estatísticos mundiais com os enxames humanos do Oriente; Porto Rico, com 311 habitantes; Haiti, com 175; e Jamaica, com 145 (dados estatísticos de 1950). São todas essas áreas de monocultura da cana, zonas de fome, das mais acentuadas manchas de miséria orgânica de toda a América Latina.

O trigo importado nos primeiros séculos de colonização era de tão má qualidade, chegando ao consumidor em tão mau estado de conservação, que todos acabaram por preferir o pão da terra — a mandioca — ao pão de trigo mofado e rançoso. Até os holandeses, tão presos a seus hábitos europeus, tão impermeáveis aos costumes da terra, se foram habituando ao uso da mandioca, conforme nos deixou relatado Joan Nieuhof:

> A raiz de mandioca é originária do Brasil; daí transplantada para outras regiões americanas e para a África. É com sua farinha que os brasileiros, bem como portugueses, holandeses e negros crioulos, fazem pão, que depois do trigo, é de todos o melhor. *Tanto assim que os nossos soldados preferiram receber em nossos celeiros sua ração em pão de mandioca a recebê-la de trigo.*[38]

É dessa alimentação sempre pobre em vegetais, frutas e verduras, em carne e leite por falta de culturas agrícolas e de criação de extensa zona nordestina que nos vêm falando os periódicos relatos de antigos historiadores e viajantes que por aí viveram ou passaram. São quase todos unânimes — à exceção de uns poucos mais apressados ou mais superficiais, que viam nos banquetes de hospitalidade com que eram recebidos uma expressão de fartura do passado regular da gente da terra — em afirmar que a alimentação da região era muito escassa e muito pouco saudável. Através de escritos como os do padre Fernão Cardim, das cartas do padre Vieira, das impressões de viagens de ingleses e franceses, que por ali passaram, dos estudos com certo ar científico dos doutores da época e de outros documentos, verifica-se a constante precariedade da alimentação regional. Apoiados nas suas afirmativas, as mais das vezes empíricas, mas, mesmo assim, denunciadoras de um estado de coisas bem patente, e em outras mais bem fundamentadas como as de um Inbert, Antônio José de Sousa, José Rodriguez Duarte, Antônio de Sousa Costa e Francisco dos Santos Sousa, pode-se concluir que, desde quase o início da colonização brasileira até hoje, a alimentação do nordestino foi sempre de má qualidade.

O período de ocupação holandesa não alterou fundamentalmente esse panorama. Apenas acentuou alguns dos seus males, provocando uma maior concentração urbana, no Recife, sem zona de abastecimento adequada, e atenuou outros poucos, com medidas como a já apontada, do plantio obrigatório da mandioca, e com o exemplo de uma dieta um pouco mais variada, pelo uso mais frequente das saladas. Mas isso tudo foi transitório como o próprio domínio holandês e não deixou marca definitiva nos hábitos da região. Dos traços que compõem o complexo regional, apenas um, que teve sua origem nesse período, não só se conserva até hoje, mas se difundiu por outras áreas do país e, mesmo, pelo mundo inteiro. Foi o hábito de se misturar o café com leite, criando essa mistura já tão banalizada — a média — que só com dificuldade se pode fixar o seu ponto de origem. Mistura alimentar das mais felizes porque compõe uma bebida do mais alto valor nutritivo e de magníficas propriedades tanto organolépticas como fisiológicas. Segundo se lê em José Honório Rodrigues, foi o próprio Joan Nieuhof que inventou a notável mistura:

A Nieuhof devem os brasileiros um hábito alimentar nacional: a média, isto é, o café com leite. Segundo as pesquisas realizadas por estudiosos da história do café, foi Nieuhof quem inventou a mistura. Modernamente, Padberg Drenkpol e, também, Afonso de E. Taunay registram a crença antiga de que para a tísica nada havia como café com leite.

Nieuhof, inventor da mistura, imitara neste particular os chins, que aos seus tuberculosos ministravam chá com leite. [Introdução de José Honório Rodrigues à edição de 1942 da obra já citada de Joan Nieuhof.]

Depois da ocupação holandesa, continuou a alimentação a ser de má qualidade, mantendo seus mais graves defeitos. O que não se sabia com exatidão era quais os defeitos mais graves e as suas principais consequências.

Procurando esclarecer e precisar cientificamente esses aspectos da questão, levamos a efeito em 1932 um inquérito sobre as condições alimentares do povo na cidade do Recife,[39] que pode ser considerada como a capital do Nordeste açucareiro. O inquérito que abrangeu quinhentas famílias, num total de 2585 pessoas, pelo fato de ser o primeiro levado a efeito no país, veio revelar certos aspectos entrevistos por alguns, mas até então não afirmados de maneira definitiva por ninguém, e foi olhado por muitos com certas reservas e suspeitas. Reservas contra o alarma das cifras apresentadas. Suspeitas de que houvesse exagero nos seus resultados.

Outros inquéritos realizados posteriormente vieram, no entanto, confirmar as nossas conclusões e remover a desconfiança ingênua, em face de nossas afirmações, dos que viviam até então mergulhados no seu ponto de vista lírico — de que não havia em nenhuma parte do Brasil gente morrendo de fome. O inquérito viera demonstrar exatamente o contrário: que, pelo menos naquela região do Nordeste açucareiro, do que mais se morria era de fome. Das consequências da fome crônica em que vivem há séculos as populações regionais.

O primeiro grave defeito, evidenciado por nosso inquérito, no tipo de dieta estudado, foi a sua terrível monotonia, a falta de variedade das substâncias alimentares que entram em sua composição;[40] dieta quase exclusivamente formada de farinha com feijão, charque, café e açúcar. Tudo o mais participando dela apenas incidentalmente ou em quantidades insuficientes. Basta ver que só 19% das famílias recenseadas consumiam leite e apenas 16% faziam uso de frutas, e isso mesmo em quantidades irrisórias. Leite na proporção de 26 gramas diários per capita, e as verduras representadas por um tomate murcho ou algumas folhas tostadas de alface. Essa evidência de que 80% da massa das populações não consumiam praticamente nenhum alimento protetor do grupo do leite, dos ovos, das verduras ou das frutas, marca o primeiro traço negro do perfil nutritivo daquela gente. O segundo desses traços é representado pela insuficiência calórica do regime, que se apresentou com um teor energético médio de 1645 calorias diárias, mais baixo ainda do que o da região amazônica, quando as condições climáticas dessa área do Nordeste condicionam um metabolismo um pouco mais alto do que o metabolismo dos habitantes da floresta equatorial.[41]

Noutro inquérito realizado seis anos depois na mesma zona, Antônio Freire e A. Carolino Gonçalves[42] encontraram um teor calórico diário de 1625 calorias, quase igual, portanto, ao do nosso inquérito.

8

Do ponto de vista qualitativo, o regime local se revelou em nosso inquérito com um excesso proporcional de hidrocarbonados, como quase sempre ocorre nas regiões tropicais do mundo, e com uma deficiência patente em proteínas. O seu teor médio proteico se fixou em 62 gramas diários, na maior parte representado por proteínas incompletas de origem vegetal, proteínas do feijão, do milho e da farinha de mandioca.

A taxa também muito baixa de gordura, correspondendo a cerca de treze gramas diários, constitui um índice bastante expressivo da deficiência desse regime em vitaminas do grupo lipossolúvel. Das cotas de sais minerais se revelaram muito insuficientes as de cálcio e as de ferro, com teores, respectivamente, de quatrocentos e de cinco miligramas, menos da metade das taxas indicadas pelos nutricionistas como racionais. Das vitaminas hidrossolúveis, as deficiências dos elementos do complexo B e da vitamina C são inegáveis, dada a ausência ou exiguidade dos cereais integrais ou das frutas frescas na dieta habitual da maioria da população.

Esse regime alimentar insuficiente e carenciado das populações do Recife exprime, até certo ponto, em sua típica constituição, os hábitos alimentares de toda a região. É verdade que na cidade novos fatores interferem para um maior rebaixamento do padrão da nutrição local.

Deve-se tomar em consideração, ao se caracterizar as falhas do padrão alimentar de uma larga zona do Nordeste açucareiro, o fato de ter-se aí desenvolvido prematuramente um núcleo demográfico de atitudes e interesses predominantemente urbanos, que foi o da cidade do Recife, reagindo contra os interesses agrários regionais. Dizemos desenvolvido prematuramente porque, enquanto no resto do Brasil continuava um violento contraste entre a pujança da vida rural e a mesquinhez urbana, com cidades sujas e desleixadas, nesse Nordeste agrário surgiu, levantada pelas mãos dos holandeses, em pleno século XVII, a cidade do Recife. Esse traço excepcional de nosso panorama cultural é assim comentado por Sérgio Buarque de Holanda:

> População cosmopolita, instável, de caráter predominantemente urbano, esta gente se apinhou no Recife ou na Mauritsstad que crescia na ilha Antônio Pais, estimulando assim de modo prematuro a divisão clássica entre o engenho e a cidade, entre o senhor rural e o mascate, divisão que encheria mais tarde toda a história pernambucana.[43]

Se o surto de urbanização, de predominância das atividades urbanas sobre as rurais, com o rebaixamento, que se processou intensivamente no século passado, das atividades agrícolas, foi motivo de grave degradação de nosso panorama alimentar, no Nordeste açucareiro esse fator se antecipou de dois séculos numa precocidade terrivelmente prejudicial. Recife é uma cidade que sempre atraiu um excesso de população formado de elementos adventícios que fugiram da zona rural acossados por dois grupos de causas de expulsão: as secas periódicas do sertão nordestino e os salários miseráveis das zonas das usinas. Esses elementos tecnicamente mal equipados subsistem as mais das vezes à margem da economia urbana, vegetando num tipo de vida extremamente precário, de recursos os mais limitados.

Dos 700 mil habitantes que o Recife possui, 230 mil vivem em habitações do tipo de mocambos, plantados nos mangues e nos arredores da verdadeira cidade. Sobre essa população marginal escreve Mário Lacerda de Mello:

> Assim, de acordo com informações oficiais, construía-se em nossa capital quase duas vezes mais mocambos do que casas de alvenaria e taipa. E a população das áreas onde se levantam aquelas habitações miseráveis que cercam a cidade sobe a cerca de 165 mil almas. É população superior à de qualquer cidade brasileira, exceto uma meia dúzia: Rio, São Paulo, Recife, Salvador, Porto Alegre e Belém. Se separássemos imaginariamente esta parte da população do Recife em uma "mocambópolis" à parte, teríamos uma cidade tão grande que estaria em sétimo lugar entre as cidades brasileiras. Para rivalizá-la em população, só encontraríamos um centro urbano na Amazônia, um no Nordeste, dois no Brasil oriental e dois no Brasil meridional. No Brasil central, nenhum.

É claro que as condições de vida dessa parte da população, dos habitantes da "mocambópolis"[44] são bem inferiores às dos habitantes das 25 mil vivendas de padrão mais elevado, de alvenaria ou de taipa que completam a paisagem urbana do centro. No nosso inquérito não discriminamos esse aspecto; ao contrário, ele se fundamenta em sua maior parte na zona dos mocambos. Mesmo assim, as condições aí reveladas são apenas acentuadas em certos traços, sem alterá-los substancialmente em sua essência. Tal é o panorama alimentar de toda a zona açucareira, apenas com leves diferenças de coloridos locais.

Num inquérito que realizou o antropólogo baiano Thales de Azevedo[45] na cidade de Salvador, os dados encontrados coincidem em quase todos os pontos com os nossos. Apresentou-se o regime na Bahia também com insuficiência energética, com escassez de alimentos protetores e com uma terrível monotonia dos seus componentes habituais. O regime alimentar em plena zona rural se apresentou, no inquérito levado a efeito por Vasconcellos Torres,[46] com características muito semelhantes aos regimes da área urbana. Na zona açucareira do Recôncavo Baiano encontrou esse pesquisador, em 98% das famílias inquiridas, deficiências calóricas que variavam de 5% a 57% do seu total energético. Os componentes da ração usual eram o feijão, a farinha de mandioca, o charque, o açúcar, a carne de gado e o toucinho. Tais hábitos alimentares do campo se estendem mesmo por certa zona, transbordando da área açucareira e se prolongando por toda a faixa de terra aproveitada pela monocultura do cacau. O fenômeno faz com que, do ponto de vista alimentar, a zona do cacau e a zona do açúcar constituam um só tipo de área de alimentação. Sendo que, conforme observou aquele investigador, a carne entra na ração em quantidade insignificante, apenas para dar gosto à comida. E não poderia ser de outro modo, em vista dos salários extremamente baixos que aquela gente recebe pelo trabalho e com todo o abastecimento de carne se fazendo à custa de gado vindo de outras zonas ou de charque também importado de regiões distantes.

No inquérito que realizamos na capital pernambucana encontramos em 1932 um salário médio diário de 3,60 cruzeiros, o qual, estudado à luz da capacidade aquisitiva do nosso dinheiro naquela época, se revelava como um salário de fome. Pois bem: na zona rural, Gileno Dé Carli, levando a efeito em 1939 um inquérito em oito usinas pernambucanas, encontrava para o trabalhador do campo, que constitui o grosso da população, salários que variavam entre dois e 3,50 cruzeiros. A falta de opção com outras espécies de trabalho obrigava o trabalhador rural a se submeter irremediavelmente à terrível exploração ou a emigrar para as cidades ou para outras zonas econômicas do país. Atualmente esses salários foram sucessivamente majorados por lei, mas em compensação o custo da vida subiu de tal forma que a carne, o leite e os ovos continuam inacessíveis à capacidade aquisitiva do trabalhador rural da zona açucareira.

Há ainda outro fator de ordem econômica a ser tomado em consideração. É a periodicidade com que se trabalha na indústria do açúcar. Durante o período da safra amplia-se o horizonte de trabalho e surge uma prosperidade relativa, mas na entressafra vem o desemprego e se acentua a miséria dessa população, que não tem possibilidade de acumular reservas na fase de produção. Minneman observou o mesmo fato em Cuba, salientando a nítida diferença da dieta e dos hábitos de vida nos dois diferentes períodos — no período de *zafra* e no de *tiempo muerto*.[47] Mais recentemente, a Comissão Nacional de Política Agrária, num inquérito que realizou em 1952 em colaboração com o Instituto Brasileiro de Geografia e Estatística, através de seus agentes em todos os municípios brasileiros, chegou a conclusões idênticas, que confirmam os baixos níveis de alimentação e saúde das populações do Nordeste.

9

Dessa alimentação precária resultam graves consequências para as populações nordestinas: umas específicas, presas em relação de causa e efeito às diferentes carências que a dieta acarreta; outras inespecíficas, refletindo, porém, a miséria orgânica a que o meio social reduziu o homem da bagaceira. As primeiras manifestações diretas da deficiência alimentar são as que resultam de sua insuficiência calórica, de sua pobreza energética. Por sua conta decorre, em grande parte, a reduzida capacidade de trabalho dessa gente que se cansa ao menor esforço, que não é capaz de acompanhar o ritmo muscular do trabalhador das regiões de melhor alimentação do Sul do país. Ou mesmo dos habitantes da zona do sertão. O sertanejo sempre se sentiu superior ao brejeiro, tachando-o de preguiçoso, pela pequena capacidade de trabalho que ele demonstra.

Gilberto Freyre afirmou que os mais bem alimentados na região sempre foram os representantes dos dois extremos econômicos: o senhor de engenho e o escravo; o senhor alimentando bem o escravo para que ele produzisse mais.

Que os escravos não eram "uns bem alimentados", com suas trocas metabólicas bem equilibradas, conclui-se facilmente verificando o número enorme de doenças da nutrição que eles apresentavam. Ruy Coutinho, num estudo muito bem documentado acerca da alimentação dos negros escravos, depois de concordar, de início, com a afirmativa de Gilberto Freyre, de que o escravo tinha sido "o elemento melhor nutrido em nossa sociedade", exibe, logo a seguir, baseado em fontes seguras, uma alarmante sequência de afecções nutritivas e carências assolando sempre as senzalas que torna desconcertante a sua concordância inicial com o sociólogo de *Casa-grande & senzala*.[48]

A rigor, o sociólogo não deveria escrever "os mais bem alimentados", mas os que comiam maiores quantidades de alimentos, o que é bem diferente. São afirmações como esta, destituídas de todo fundamento, ao lado de uma impropriedade vocabular que denuncia o desconhecimento, o mais completo, do autor, dos assuntos de alimentação, que tornam a obra de Gilberto Freyre uma obra destituída de qualquer valor científico. Quando um sociólogo ignora que proteína e albuminoides vêm a ser a mesma coisa e cai na pachecada de escrever que a nutrição da família colonial brasileira é de má qualidade "pela pobreza evidente de proteínas e possível de albuminoides",[49] não se pode mais levar a sério a sua obra científica. Porque a verdade é que essa ignorância lapidar daria para reprovar qualquer aluno secundário que estivesse fazendo seu exame de história natural, de química ou mesmo de economia doméstica.

Quando o senhor fornecia ao negro uma dieta mais abundante de feijão, farinha, milho ou toucinho, não melhorava o seu regime alimentar, senão num único aspecto: no de abastecê-lo de maior potencial energético sem minorar nenhuma das suas deficiências qualitativas, agravando mesmo algumas delas, como demonstraremos oportunamente. Dava-lhe maiores quantidades de combustível, sem nenhum cuidado pelos reparos necessários na máquina de combustão. É certo que essa maior carga de carvão fazia com que a máquina, enquanto não caísse minada pelas avitaminoses, pela tuberculose e por tantos outros males habituais, fosse um bom animal de trabalho, com um rendimento compensador de tantos gastos feitos com feijão, milho e farinha de mandioca. Dando maior quantidade de comida ao negro, o senhor de engenho estava pensando em alimentar a própria cana, em transformar o feijão e a farinha barata em açúcar de muito bom preço, vendido a peso de ouro, num processo muito semelhante ao dos criadores de porcos que, alimentando esses animais com muito milho, vendem depois o milho por bom preço, transformado em carne e ensacado na própria pele do porco.

Com a abolição da escravatura, os negros e os mestiços saídos das senzalas, ficando com a alimentação a cargo dos seus salários miseráveis, começaram por diminuir as quantidades de alimentos de sua dieta, e já não dispunham nem de combustível suficiente para produzir o trabalho que antes realizavam. Diminuíram, então, o seu rendimento para equilibrar o déficit orgânico, sendo essa diminuição tomada pelos patrões mais reacionários como um sinal de preguiça consciente, de premeditada rebeldia do negro liberto contra o regime feudal da economia açucareira. A verdade é que a moleza do *cabra de engenho*, a sua fatigada lentidão, não é um mal de raça, é um mal de fome. É a falta de combustível suficiente e adequado à sua máquina, que não lhe permite trabalhar senão num ritmo ronceiro e pouco produtivo.

10

Outra consequência específica e das mais graves desse tipo de dieta é sua carência permanente de proteínas — a falta de ácidos aminados em quantidades adequadas ao perfeito desenvolvimento e equilíbrio do indivíduo. Não se poderia mesmo esperar a obtenção desses princípios essenciais com fontes proteicas quase que exclusivamente vegetais. Com as proteínas incompletas do feijão e da farinha que entram na composição do regime local.

A primeira manifestação clara de carência proteica é o crescimento lento e precário do homem do brejo nordestino. São as populações dessa zona, na maioria, formadas de indivíduos de estatura abaixo do normal, rapazes de quinze anos parecendo meninos de oito. Num estudo biotipológico bem orientado que realizaram os drs. Álvaro Ferraz e Andrade Júnior,[50] foi verificada a predominância nítida dos tipos brevilíneos naquela área do país. Embora se possa atribuir tal polarização biotipológica a fatores de várias categorias, desde os hereditários, ligando o fato à fixação racial do tipo negroide, de descendentes de negros atarracados, baixos e fortes, escolhidos a dedo na costa d'África para o árduo trabalho dos engenhos, até o da seleção condicionada pelo gênero de vida, não resta dúvida de que a falta de proteínas colabora nessa tendência ao aparecimento de indivíduos de estatura insuficiente,[51] à fixação antropológica desse tipo mirrado na população, chamada impropriamente de raquítica. Quando mais acentuada a carência proteica, surgem as perturbações tróficas, com tendência aos edemas.

Um especialista nordestino, nosso antigo colaborador na Faculdade de Medicina do Recife, Luiz Ignácio de Andrade Lima,[52] investigando os índices de nutrição dos escolares da cidade do Recife, índices baseados principalmente na correlação entre o peso e a altura, verificou o fato, na aparência paradoxal, de que as crianças das classes mais pobres, portanto mais mal alimentadas, apresentavam em média um índice melhor do que as crianças das classes mais abastadas. Indagando mais detidamente as causas do desconcertante fenômeno, chegou o investigador à conclusão de que o fato resulta de as crianças dos grupos mais necessitados apresentarem graves sinais de carências proteicas, revelados biologicamente pelos desequilíbrios de suas taxas de globulina e serina no sangue, carências que acarretam certo edema dos tecidos, aumentando, à custa da água retida, o peso das crianças. Verifica-se, deste modo, que a carência proteica, com sua tendência edemaciante, pode à primeira vista dar a ilusão de que se trata de indivíduos bem nutridos, e não de subalimentados.

Entre as doenças mais comuns dos engenhos no período colonial destacam-se, nas referências dos médicos da época, as chamadas hidropisias, os casos de negros aparentemente sadios que de repente começavam a inchar, a se encher de água, ficando com a pele lisa e esticada, porejando linfa pelas rachaduras. É quase certo que na etiologia de muitos desses casos de hidropisias tenha entrado o fator alimentar com suas acentuadas carências proteicas.

Escapam às carências dessa natureza, pela obtenção de proteínas completas no seu regime, os habitantes das praias que vivem à beira-mar ou à beira dos mangues, nos deltas dos rios e nas lagunas que existem em relativa abundância nessas terras baixas do litoral nordestino. Lançando mão dos recursos da fauna aquática — dos peixes, dos siris, dos caranguejos, das ostras, dos mariscos, dos camarões, dos pitus e dos sururus que infestam águas salgadas ou doces, o homem do litoral dispõe de muito melhor teor de proteína em sua dieta do que o que vive distante das águas, nas terras mais enxutas onde o mar verde dos canaviais inunda toda a paisagem com o seu manto ondulante de vegetação. Vivem os habitantes dessas áreas aluvionais dos mangues ou das lagoas nordestinas numa estrita dependência da fauna da lama, identificados com o ciclo do caranguejo, do marisco ou do sururu. Sobre o "ciclo do caranguejo" já nos ocupamos longamente noutro trabalho de nossa autoria — *Documentário do Nordeste* — e aí mostramos como desse crustáceo depende a vida de milhares de famílias que vivem atoladas nas margens da cidade do Recife. Também o "ciclo do marisco" é uma realidade social nos dias atuais. Até hoje, quem disponha de pachorra para rondar as margens do Capibaribe, nos arredores do Recife, verá nas marés baixas, quando ficam descobertas as coroas de areia e lodo, um verdadeiro exército de gente pobre desenterrando mariscos para sua alimentação. É um verdadeiro formigueiro humano arrancando da lama a sua subsistência. Em Alagoas vivem as populações pobres de extensa área do estado o seu ciclo do sururu.

Em ensaio crítico que escreveu acerca desse livro, quando apareceu em 1946, em sua primeira edição, J. Fernando Carneiro chamou a nossa atenção para a importância do sururu na alimentação de uma extensa área do estado de Alagoas e advogava mesmo a necessidade de se considerar uma subárea alimentar do sururu no estudo da alimentação do Nordeste. Em resposta a essa crítica penetrante e construtiva, escrevemos em 1948 as seguintes palavras em apêndice à segunda edição desse livro:

O estudo mais aprofundado da subárea do sururu, obedecendo à mesma orientação metodológica, só poderá enriquecer, com certas singularidades locais, o panorama alimentar do Nordeste. Meditando um pouco sobre o assunto, chegamos mesmo à conclusão de que merece uma indagação sistemática o problema das possíveis correlações existentes entre a dieta daquelas populações que vivem nas margens das lagoas salgadas, infestadas de sururus (*Mytilus alagoensis*) e o seu biótipo constitucional. Nada conhecemos acerca do valor nutritivo desse molusco que constitui o alimento básico daquelas populações, mas levando em conta as mais recentes análises realizadas em outros países, que demonstraram a extraordinária riqueza alimentícia da fauna aquática, é de presumir que seja ele uma fonte nutritiva de valor inestimável.

A sugestão de J. Fernando Carneiro tomou ainda maior consistência quando há poucos dias procedemos à leitura de um interessante trabalho de Mr. Maurice Fontaine — "Les Océans et les mers, sources de vitamines", publicado em 1946, mas que as dificuldades de comunicação com a Europa não nos permitiram conseguir senão recentemente. Nesse trabalho, demonstra o naturalista francês que, em teores iguais de vitaminas, os alimentos de origem marinha beneficiam muito mais do que os de origem terrestre. Esse trabalho, um outro de Billings e colaboradores sobre o conteúdo em vitaminas de complexo B de certos peixes e os recentes estudos acerca das antivitaminas, nos levaram a pensar numa revisão do problema de abastecimento em vitaminas das populações das praias e das margens das lagoas nordestinas. Posteriormente, por nossa sugestão, nossos colaboradores no Instituto de Nutrição, drs. Rubens de Siqueira, Emília Pechnik e Otílio Guernelli, levaram a efeito um trabalho experimental determinando a composição química do sururu alagoano através do qual se confirmaram as nossas suposições. O sururu representa um alimento de alta riqueza protídica, não só pelo teor de proteína que encerra, como pela ótima qualidade dessa proteína revelada através da análise que foi procedida dos seus ácidos aminados. Representa também esse molusco uma apreciável fonte de ácido nicotínico e de ferro.[53]

Já na zona dos engenhos e usinas escasseiam esses recursos da fauna aquática. É verdade que as terras dos engenhos e das usinas são quase sempre atravessadas pelos rios e riachos, muitos deles com peixes e crustáceos, carapebas, camorins, jundiaís e pitus que os índios utilizavam para suas moquecas. Mas infelizmente também esses recursos alimentares foram devastados pela sanha destrutiva das usinas. As suas caldas, ou seja, os dejetos de suas engrenagens, com os resíduos de fabricação do açúcar despejados nas águas, têm sido uma causa terrível de matança de tudo quanto é peixe, ficando os rios quase que despovoados.[54]

As populações costeiras têm a sua vida tão intimamente ligada à vida do mundo aquático que vivem quase dentro d'água, nos deltas dos rios, nos mangues das marés e nas margens das lagoas. São verdadeiras populações anfíbias, nem da terra nem da água, mas de uma zona de solo instável, formado pela permanente mistura dos dois elementos. Dessas populações fazem parte os famosos jangadeiros do Nordeste, pescadores que passam a maior parte do seu tempo em alto-mar, mantendo nas praias simples tendas de folhas de coqueiro que lembram as dos nômades pastores da Ásia, mostrando, através desse característico geográfico, tratar-se também de um povo nômade, de um tipo muito especial de nomadismo — de nômades marinhos, pastoreadores de peixe. A riqueza proteica de sua alimentação, assim como o maior teor de sais minerais que os alimentos marinhos lhes fornecem, constituem fatores importantes na diferenciação antropológica desse tipo de homem da praia, biometricamente superior ao do homem do brejo. Predominam nas praias os longilíneos altos e magros, porém bem-proporcionados, tendo a estatura elevada e sua longitipia condicionadas em parte pela riqueza de iodo dos alimentos marinhos e do próprio ar da praia, excitando permanentemente a sua tireoide, que é a glândula impulsionadora do crescimento longitudinal dos ossos.

Não foi só através da fauna aquática que o homem da praia pôde melhorar seu regime local, mas também lançando mão de dois produtos vegetais de alto valor nutritivo: do coco e do caju. Dos frutos de suas árvores tipicamente praieiras, adaptadas aos solos arenosos.

O coqueiro (*Cocus nucifera*) foi trazido da Índia e se aclimatou tão bem nas praias nordestinas que a sua silhueta constitui hoje o traço mais típico da paisagem vegetal da região. É uma árvore tão providencial que no Ceilão afirmam ser o indígena proprietário de doze coqueiros um homem independente e haver para os frutos dessas árvores tantos usos quantos são os dias do ano.[55] Na cozinha nordestina, o coco entra numa infinidade de manjares, tendo sido seu uso ampliado grandemente pelo negro,[56] em tal proporção que, segundo alguns estudiosos, o coco deve ser considerado um ingrediente típico da chamada cozinha baiana, mais que o próprio azeite de dendê e a pimenta.[57] Com o coco se prepara feijão de coco, peixe de coco, arroz de coco, vatapá, canjica, pamonha, mungunzá, doce de coco, cocada e uma infinidade de outros pratos e doces característicos dessa cozinha de tão justificada fama universal. Usam-se no preparo desses pratos a polpa, tanto verde como madura, do coco, assim como o seu leite e às vezes o azeite. Com o uso do coco em tal abundância, o nordestino do litoral aumenta a cota de gordura (a polpa do coco encerra 25% de gorduras) e de sais minerais de sua dieta. Não são as proteínas do coco de alto valor biológico, mas consumidas de mistura com as dos peixes e dos camarões da região, tornam-se excelentes. Quanto ao cajueiro (*Anacardium occidentale*), é árvore nativa na região, primitivamente utilizada pelo indígena em sua alimentação habitual. Dos 500 milhões de cajueiros existentes no país, 350 milhões estão localizados no Nordeste.[58] O seu verdadeiro fruto é a castanha, que comida assada é muito saborosa e entra como tempero no preparo do vatapá e de outros quitutes regionais. Possui a castanha um teor de cerca de 20% de proteínas, as quais se revelaram, em testes biológicos realizados por F. A. Moura Campos, de um alto valor nutritivo.[59] Mais do que a castanha, que é exportada hoje em escala regular, faz-se localmente uso do caju, que passa por ser o fruto da árvore, mas é apenas uma excrescência carnosa e aguada oriunda do pedúnculo floral anexo à castanha. O alto valor nutritivo do caju está em sua extraordinária riqueza em ácido ascórbico. É tão alto o teor vitamínico da fruta que se lhe empresta um verdadeiro poder curativo. Muito antes de serem descobertas as vitaminas e conhecidas as suas propriedades, já o caju era apregoado pelos curandeiros como uma fruta milagrosa, curadora de inúmeros males. Fala-se muito no Nordeste nas curas de caju, nos doentes que vão para as praias limpar o sangue com os banhos de mar e o regime de cajus e cajuadas.

Em seu livro publicado em 1908, *Higiene alimentar*, Eduardo de Magalhães faz a apologia do caju:

Fala-se em cura de uvas, cura de mangas, de laranja, de limão, de cerejas e também de figos, maçãs e tâmaras. Bem, serão todas eficazes, não contesto, mormente a primeira, a cura de uvas; nenhuma, porém, competirá com a cura de caju. Indivíduos fracos, magros, eczematosos, reumáticos, enfastiados, diarreicos, sifilíticos, recolhendo-se no verão a uma das belas praias de Sergipe, onde os cajueiros amarelos e vermelhos são uma bela floresta, e atirando-se aos cajus cujo caldo ingerem chupando-os ou em cajuadas, de lá voltam nutridos, nédios, nem parecem os mesmos que para lá foram. Do caju se pode dizer que o próprio abuso é proveitoso.

No uso tão abundante do coco e do caju e de outras frutas da costa baseia-se uma das superioridades da alimentação litorânea sobre a da zona propriamente da mata, ou melhor, da cana. É verdade que nessa também dão os mesmos frutos, o próprio coqueiro se estende pelos vales adentro, indo alcançar e proliferar em pleno sertão,[60] mas as condições econômico-sociais da zona da cana fazem uma pressão muito desfavorável ao seu uso. Enquanto nas terras litorâneas as árvores frutíferas são quase silvestres (o caju nasce espontaneamente, formando matas, e o coco se estende pelas praias com seus frutos e sementes carregados pelas marés e correntes marinhas), na zona dos canaviais essas árvores são concentradas nos pequenos pomares, ao lado das casas-grandes. Pomares ridiculamente insuficientes, quase que decorativos, servindo só para inglês ver, ou quando muito para proveito exclusivo dos senhores ricos, interditados por todos os meios, antigamente, aos escravos das senzalas e hoje aos moradores das redondezas. Pensando bem, essa interdição é hoje quase desnecessária, porque o homem do povo no Nordeste açucareiro já perdeu o gosto e o hábito de comer fruta. Considera a fruta uma gulodice, como considera folha e verdura comida de lagarta. Comida de homem para essa gente é mesmo feijão, carne e farinha.

II

Muito contribuíram para esse desamor — mais do que desamor, desprezo mesmo — do camponês pelas frutas do Nordeste os tabus, as interdições de toda ordem criadas contra as mesmas e hoje enraizadas na alma do povo. Num estudo que realizamos há tempo sobre os tabus alimentares no Brasil,[61] recolhemos no Nordeste grande número dessas superstições alimentares, proibições, restrições ao uso de certos alimentos em determinados períodos, tudo sem nenhum fundamento biológico, puras sobrevivências culturais das interdições dos senhores a seus escravos e moradores.

A verdade é que esses tabus se constituíram como uma espécie de policiamento moral que os proprietários mantinham para defesa dos seus bens.

Não resta dúvida que foram os fundamentos econômicos a mola impulsionadora desses tabus. Veja-se o caso do próprio açúcar. Pernambuco, sendo o primeiro estado produtor, está colocado na lista dos consumidores, per capita, no 14º lugar do país. Por quê? Por que se consome tão pouco açúcar numa zona onde ele existe em tal abundância? É que o senhor de engenho, temeroso de que o apetite um tanto aguçado dos escravos os levasse a comer muito do seu rico açúcar, reservado com tanto zelo para a exportação, apregoou com tal vigor os seus perigos, os supostos malefícios que o açúcar traz — quando comido de manhã, dando *lombriga*, e quando comido a qualquer hora estragando os dentes —, que assustou o pobre negro. Embora a cozinha regional seja abundante em doces e bolos, esse consumo é exclusivo dos abastados, os mais pobres ainda hoje mantendo-se escabreados do açúcar, proibindo os meninos de chuparem balas, de comerem doces para não criar *bicho* na barriga.

Afirmando e fazendo crer aos negros escravos, e depois aos moradores de suas terras, que não se deve misturar nenhuma fruta com álcool, que melancia comida no mato logo depois de colhida dá febre, que manga com leite é veneno, que laranja só deve ser comida de manhãzinha, que fruta pouco madura dá cólica, que cana verde dá corrimento, os senhores e os patrões diminuíam ao extremo as possibilidades de que os pobres se aventurassem a tocar nas suas frutas egoisticamente poupadas para seu exclusivo regalo.

Os tabus assim constituídos e propagados se tornaram verdadeiras barreiras psicológicas contra o uso das frutas — de frutas saudáveis e nutritivas, como a manga, a jaca, o abacaxi, a melancia, o abacate e a laranja —, as quais, longe de serem nocivas, seriam do maior proveito para a saúde daquela gente. Seria um verdadeiro antídoto contra a alimentação monótona e principalmente desequilibrada pelo excesso de feculentos. Esses tabus, além de perturbarem de maneira nociva os hábitos alimentares locais, fizeram com que aquela gente perdesse todo o gosto pela fruta e se desinteressasse por completo do seu cultivo. Muitas culturas vegetais tiveram no mundo as suas áreas modificadas e a sua produção entravada ou mesmo extinta por influência de interdições de natureza religiosa. Assim cita Pierre Déffontaines o caso da vinha, que tinha sua área natural na África do Norte, mas que, diante dos preceitos de abstinência alcoólica do Alcorão, teve sua produção extinta em seguida à expansão do império maometano, através da África, vindo a se desenvolver numa nova área de produção, nas terras temperadas da Europa. Assim desapareceram as famosas vinhas de Cartago e Alexandria e surgiram as de Bordeaux e de Champagne, com suas produções estimuladas pelo cristianismo, que utilizava o vinho em suas oferendas.

Essa falta de frutas acentua sobremodo as consequências do excesso proporcional de hidrocarbonados da dieta. Excesso habitual entre os mais abastados, pelo consumo de maior variedade de comidas, todas elas, porém, fontes quase que exclusivas de açucarados. São o aipim, o cará, o inhame, a batata-doce, o pão doce, os grudes, o mel, os beijus, os bolos, as pamonhas que fazem parte dos cafés, dos lanches, das ceias e das sobremesas das casas ricas e que enchem o organismo de amiláceos. Consequência desse excesso é a grande incidência do diabete em certas famílias de senhores de engenhos, as quais são dizimadas em sucessivas gerações por essa doença do metabolismo. Doença de exagero do uso de um princípio alimentar, rompendo a harmonia do regime. O açúcar em excesso de sua dieta desequilibrando as trocas metabólicas, como a cana desequilibrou de maneira tão nociva o metabolismo econômico da região. É como se a terra se vingasse do homem, fazendo-o sofrer de uma doença semelhante à sua — o organismo todo saturado de açúcar. São também esses ricaços mal alimentados, com seus excessos de massas açucaradas. Bem mais expostos que os pobres, com sua falta de tudo, aos perigos das avitaminoses B, das carências em tiamina, sempre insuficiente para metabolizar toda aquela sobrecarga de hidrocarbonados. Muita prisão de ventre, dispepsia e neurastenia de senhor de engenho tem seu fundo patogênico na avitaminose B frusta, não declarada em quadros patogênicos completos. Sofriam de avitaminose B, mesmo ingerindo boas doses dessa vitamina. Boas em condições normais, porém insuficientes pelo vício alimentar, pelo desmedido excesso de açucarado na sua dieta habitual.

Bigwood e Trolli[62] fizeram observações no Congo Belga que confirmam esse mecanismo etiológico das avitaminoses B, desde as suas formas frustas até o beribéri declarado, pelo excesso proporcional de açúcar nas dietas. Verificaram que os negros da zona equatorial do Congo, vivendo de uma agricultura de mandioca e de banana, embora não disponham, em sua alimentação, do total energético necessário para cobrir as suas despesas calóricas totais, não apresentam sinais nem de avitaminoses nem de carências minerais francas. Quando, porém, esses nativos vêm trabalhar nas grandes empresas industriais, onde a alimentação fornecida é mais abundante, com um teor calórico mais elevado, à custa de maiores cotas de farinha de mandioca, de milho e de arroz, começam logo engordando, mas são atacados em poucos dias pelo beribéri. O mecanismo que conduz ao aparecimento dessa manifestação de avitaminose é bem claro. Em sua vida primitiva o negro se mantém num déficit latente de vitamina B1, mas, como em seu regime alimentar não há excesso de hidrocarbonados a metabolizar, consegue manter-se em equilíbrio instável com sua avitaminose oculta. Logo, porém, que lhe é administrado um aumento de hidrocarbonados, sem haver um acréscimo proporcional de vitaminas, rompe-se definitivamente o equilíbrio, e a avitaminose se torna aparente. É esse um dos aspectos em que a alimentação dos ricos é ainda pior que a dos pobres, em que a alimentação dos senhores e a dos escravos, longe de ser das melhores, tornava-se das mais carenciadas do país por seu excesso de hidrocarbonados em desproporção ao teor vitamínico da ração.

12

Das carências minerais, a mais generalizada e patente é a carência de ferro, manifestando-se sob a forma de anemia alimentar. Anemia que faz dos brejeiros uns tipos pálidos, chamados pejorativamente de *amarelos* pelos habitantes de outras zonas, principalmente pelos sertanejos de sangue mais rico, com melhores cores na cara; e que constitui um verdadeiro característico antropológico dessa gente, com sua pobreza de hemoglobina por falta de ferro e com seu sangue já ralo, espoliado pela verminose e pelo paludismo, que são endêmicos nessa região.

Para se dar uma ideia da frequência desse tipo de anemia, basta referir os resultados da interessante pesquisa levada a efeito na Bahia por Thales de Azevedo e A. Galvão[63] entre os escolares daquela cidade, e na qual foi encontrada uma percentagem de 40% das crianças com anemia declarada. Confirmando a sua origem alimentar estão os resultados dos exames hematológicos realizados após o uso, durante quatro meses, de um complemento alimentar, sob a forma de comprimidos, contendo ferro, cálcio e vitaminas.[64] A proporção de anêmicos havia baixado de 40% para 3,5%, apresentando-se a taxa de hemoglobina em 90% dos casos com um teor de 90% a 100%. Essa situação hematológica observada na capital baiana se apresenta ainda mais acentuada em outras zonas da área açucareira e contribui enormemente para o estado de apatia e depressão física em que vegeta o Jeca Tatu nordestino.

13

Como consequência inevitável dessa fome crônica de ferro e, certamente, de alguns outros elementos minerais, decorre a grande incidência, nessa zona, do fenômeno da *geofagia*, ao qual já nos referimos no estudo da área amazônica. Nos tempos coloniais, os viajantes estrangeiros que passavam pela zona do açúcar se impressionavam muito com aquele mau hábito dos meninos de engenho — de comerem terra — e atribuíam o fato ao contato maléfico dos meninos brancos com os moleques das senzalas que lhes transmitiam o feio vício africano.[65] É verdade que os negros africanos da Costa do Marfim, da Guiné e do Congo sempre foram bons comedores de terra. Mas também é verdade que, antes da chegada dos negros no Nordeste, já o índio tinha o vício da geofagia, atribuído com razão à verminose, por Schiafino. Tanto lá na África como aqui no Brasil, negros e índios se atiravam à terra com apetite, sob a pressão da fome *específica*, da necessidade imperiosa de ingerirem os sais minerais, negados ao seu organismo por dietas incompletas. Quando os molequinhos do Nordeste e os anêmicos senhorzinhos brancos comiam às escondidas seus bolõezinhos de barro, estavam corrigindo instintivamente as deficiências minerais de uma alimentação incompleta, imposta pela monocultura da cana. Estavam eles a merecer, em lugar de reprimendas e castigos, elogios pela presteza com que se medicavam ou, melhor ainda, um bom regime alimentar que os livraria depressa desse "vício" com mais eficiência do que as horríveis máscaras de Flandres que eram afiveladas a suas carinhas magras, como mordaça em boca de cachorro mordedor, ou os intermináveis castigos de dias e dias a fio pendurados dentro de um balaio até que largassem o hábito abominável de comer terra.

Ainda há pouco em certas zonas, como a do Pontal da Barra, em Alagoas,[66] vendiam-se nas bodegas, ao lado do bacalhau e do sabão, tijolinhos de barro de massapê bem cozidos, para regalo dos viciados. São em geral terras ricas em ferro, em cálcio ou em fósforo.[67] Se uns comem o barro assim elaborado, como um verdadeiro produto alimentar, a maioria se contenta em ingeri-lo incorporado naturalmente a certos alimentos da região. Assim, os moradores das lagoas em torno de Maceió, quando comem o seu sururu mal lavado, estão a ingerir grandes quantidades da lama que essa espécie de marisco guarda em seu organismo.

A taxa bem baixa de cálcio que o regime encerra faz prever graves perturbações no metabolismo desse mineral. Mas a verdade é que suas exteriorizações manifestas constituem uma raridade. Não há praticamente o raquitismo na região pelas razões já anteriormente apresentadas. É essa uma das regiões de piores dentes do país e certamente o déficit em cálcio trabalha para essa decadência.

No que diz respeito às manifestações de avitaminoses, não são elas tão abundantes como seria de esperar tomando-se em conta apenas a análise dos elementos que entram na composição da dieta básica.

As avitaminoses A, em suas formas extremas de xeroftalmia e de queratomalácia, cegando grande número de indivíduos como ocorre na Índia,[68] são relativamente raras na zona da mata. Mais raras do que era de supor, pela análise do regime pobre em gorduras, fontes desses princípios essenciais, e mais raras do que antigamente, no tempo da escravidão, quando a queratomalácia assolava entre os pobres negros escravos em proporções muito mais altas.

O notável médico patrício, dr. Manoel da Gama Lobo,[69] fazia, em 1865, uma comunicação à Academia de Medicina sobre uma doença dos olhos que chamava "oftalmia brasileira", comum entre os negros escravos e que não é outra coisa que a xeroftalmia carencial. Já naquele tempo compreendera o ilustre clínico a origem dessa doença, quando afirmou: "A causa desta oftalmia é a falta de nutrição conveniente e suficiente a que estão submetidos os escravos dos fazendeiros... o organismo pobre de princípios vitais não pode fornecer os princípios necessários para nutrição da córnea". É extraordinária a intuição científica de Gama Lobo, nesses recuados tempos em que não se falava, nem mesmo se suspeitava, da existência das vitaminas.

Devemos anotar, também, a notável intuição científica daquele que primeiro registrou tais tipos de oftalmias em terras americanas — Wilhelm Pies. O célebre médico de Maurício de Nassau, mais conhecido pelo nome latinizado de Piso, em sua notável obra *De Medicina Brasilensi*, publicada na Holanda em 1648, faz referência à existência, entre os soldados e a plebe, da hemeralopia e atribui o mal à má alimentação: "os pobres e os soldados comem alimentos corrompidos", afirma o notável médico holandês.[70]

Os negros escravos, com sua alimentação fornecida pelo senhor, alimentação quase que exclusiva de feijão com farinha e angu de milho com toucinho, ficavam muito expostos às avitaminoses A. Libertados, os negros orientaram sua dieta, se não para uma maior abundância, pelo menos mais para as suas predileções, para seu gosto acentuado pelos azeites vegetais, principalmente de dendê, e assim foram escapando da hemeralopia, da xeroftalmia e da queratomalácia, muito mais raras hoje em dia nos engenhos da mata do Nordeste. Já as formas frustas dessa avitaminose, reveladoras de carências parciais, são ainda frequentes, destacando-se as manifestações cutâneas, do tipo hiperceratósico, idêntico aos observados por Frazier e Wu na China. Manifestações que tornam a pele áspera, seca e farinhenta, com escamas em certas zonas, em torno dos bulbos pilosos. As placas hiperceratósicas dos cotovelos das moças das cidades do Nordeste — os calos dos cotovelos —, atribuídos pelo vulgo ao mau hábito de ficarem elas debruçadas o dia todo nos parapeitos das janelas namorando, é, sem dúvida, uma das manifestações habituais de hipoavitaminose A. A alta incidência das doenças do aparelho respiratório nessa zona deve ser também interpretada como uma diminuição da resistência do epitélio defensivo das vias respiratórias por falta dessa vitamina.

Também no que diz respeito à avitaminose B1, não se trata de uma zona de beribéri endêmico. As polinevrites são raras. As deficiências dessa vitamina se manifestam em suas formas frustas por perturbações para o lado dos aparelhos digestivo e circulatório e do sistema nervoso, traduzindo-se pela irritabilidade, a insônia, a anorexia, a constipação crônica e outros sintomas difíceis de serem interpretados e ligados à causa produtora. A falta de vitamina B2 é bem mais sensível. Os casos de arriboflavinose são abundantes, generalizados entre as crianças pobres, tanto rurais como urbanas. As rachaduras dos cantos da boca, as *queiloses* chamadas vulgarmente de *boqueiras*, constituem quase que uma marca de classe, um característico do menino pobre. Pensava-se antigamente que a *boqueira* era uma doença transmissível, generalizada entre os pobres por falta de cuidados higiênicos e pela promiscuidade em que vivem as crianças dos cortiços, das vilas operárias, das zonas dos mocambos. Hoje se sabe que seu fator fundamental é de natureza vitamínica, é a avitaminose B2, sendo sua generalização produto exclusivo da deficiência também generalizada desse componente do complexo B. As congestões da córnea, os olhos injetados e vermelhos, dando um ar de maldade à expressão fisionômica, traço tão comum entre os cabras das bagaceiras dos engenhos e das usinas, é outro sintoma da falta de vitamina B2, identificado através dos estudos de Sebrell e Butler. A lenda do mau gênio desses camaradas de olhos injetados talvez tenha sua razão de ser, pelo menos em parte, nesse fenômeno de natureza nutritiva. As avitaminoses, as deficiências dos componentes do complexo B que sempre se apresentam associadas, quando de um lado chegam a provocar esses fenômenos oculares, acarretam por outro lado uma grande irritabilidade nervosa, tornando seus portadores mais irascíveis e descontrolados, portanto, meio irresponsáveis. A sua valentia traduz muitas vezes paradoxalmente a sua fraqueza nervosa e o estado de miséria de seus nervos desvitaminados e superexcitados.

A deficiência relativa em *ácido nicotínico*, ou seja, no "fator preventivo da pelagra", de Goldberger,[71] faz com que surjam nessa área certas formas frustas e às vezes mesmo típicas da doença. Não é uma área endêmica do mal. Não está, contudo, isenta do seu aparecimento em quadros esporádicos.[72] Vários tipos de dermatites, glossites, estomatites e síndromes diarreicas que ocorrem nessa zona têm em seu complexo etiológico a deficiência em *ácido nicotínico*.

Não são muito frequentes as avitaminoses C, constituindo o escorbuto uma raridade clínica nos hospitais do Nordeste. Esse mal matou muito no primeiro século da colonização e matou quase que exclusivamente negros escravos, trazidos da África nos navios negreiros, que, ou morriam nas longas travessias de dois e três meses de mar, ou já chegavam moribundos, com a carne das gengivas podre e infeta. É que o regime alimentar dos navios era de uma espantosa miséria. Num tempo em que até os viajantes ilustres eram atacados de escorbuto, não admira que esses pobres párias, trazidos aos montões como porcos no bojo imundo dos cargueiros, morressem do terrível mal. Segundo cálculos da época, durante as viagens perdia-se em média um terço dos escravos embarcados.[73] Desse terço, grande parte era dizimada pelo escorbuto. A maior parte talvez. Dos que aqui aportavam, num tal estado que ninguém podia suportar o seu fedor,[74] muitos se refaziam, porque a alimentação dos mercados de negros, embora "ainda deficiente, era muito superior à dos navios".[75]

15

O quadro das avitaminoses mais comuns do Nordeste está longe de ser um quadro de impressionante riqueza nosológica e desaponta mesmo os teorizantes do assunto, informados, um tanto por alto, dos hábitos alimentares da região. Diante da monotonia e da pobreza do regime alimentar, apuradas nos inquéritos, parece um verdadeiro milagre que se não manifestem, além das apontadas, muitas outras formas de carências declaradas, num tétrico cortejo, idêntico ao das regiões de fome do Extremo Oriente.

Uma das explicações que encontramos para o fato é a da influência preventiva desempenhada por alguns condimentos e ingredientes especiais que, entrando na cozinha do Nordeste em proporções algo exageradas, defendem os habitantes dessa zona das avitaminoses endêmicas. Desses ingredientes destacamos principalmente o óleo de dendê e a pimenta, que são obrigatórios nos pratos típicos da chamada cozinha baiana, e que se consomem por toda a Zona da Mata, por toda essa larga área alimentar tão intensamente influenciada pelos costumes africanos. O azeite de dendê, retirado do fruto da palmeira *Elaeis guineensis*, trazida pelos negros da África e bem difundida na região, é uma fonte extremamente rica de provitamina A, contendo em cada centímetro cúbico de óleo entre mil e 3 mil unidades de betacaroteno.

As pimentas das variadas espécies usadas, as nativas de que os índios se empanturravam e as trazidas pelos negros — a malagueta e a da costa ou Ataré, os pimentões —, são todas muito ricas em ácido ascórbico, dos mais ricos vegetais do mundo. Essa cozinha baiana, tão impiedosamente condenada por médicos e cientistas até quase em nossos dias, exatamente por seu excesso de azeite e pimenta,[76] mostra-se assim como uma tábua de salvação contra os perigos das avitaminoses A e C. Com os conhecimentos que hoje possuímos da riqueza vitamínica desses temperos, conclui-se que os abarás, e os acarajés, que as cozinheiras negras preparam afogando bolos de farinha de fubá e de feijão num banho apimentado de óleo de dendê, representam verdadeiros concentrados de vitaminas A e C. O mesmo se pode dizer do vatapá e do caruru, que, apesar do seu peculiar sabor, sem rival no mundo, nem por isso deixaram de sofrer agressões terríveis dos higienistas, defensores do estômago de nossos compatriotas baianos.

Vejamos duas opiniões emitidas neste sentido no começo do século XX:

"É notório, pois, que a Bahia encerra a superioridade, a excelência, a primazia na arte culinária do país, pois que o elemento africano, com a sua condimentação requintada e exóticos adubos, alterou profundamente as iguarias portuguesas, resultando daí um produto todo nacional, saboroso, agradável ao paladar mais exigente, o que excede a justificada fama que precede a cozinha baiana", afirmava Manoel Querino. "De um lado o famoso caruru, com o competente óleo de dendê e mais ingredientes, e do outro, o vatapá, de composição não menos complexa, além das moquecas de peixe, ardentes de pimenta-malagueta, levam a supor que os estômagos baianos são dos mais vigorosos e invulneráveis, se com efeito resistem a tantos assaltos atentatórios do seu bom funcionamento", são palavras de Eduardo de Magalhães.[77]

É bom que se ponha em destaque o fato de que os estudos recentes da nutrição, valorizando mais os aspectos vitamínicos e minerais dos regimes e deixando em segundo plano seu valor energético, vêm reabilitando por toda parte as dietas por grupos humanos mais primitivos, com seus menus instintivamente organizados, à base dos recursos naturais de cada quadro regional.

O que se passa no momento entre nós, com a cozinha baiana tão impregnada de influência africana, passou-se, há pouco tempo, no México, com a sua cozinha indígena. Dois componentes da dieta do mexicano — o *pulque* e o *chile* —, uma bebida fermentada e as pimentas que entram sempre na alimentação do índio, foram até pouco tempo considerados por todos uma calamidade nacional.[78] Pois bem. Através dos estudos recentes de uma série de notáveis pesquisadores mexicanos, como Juan Rocca,[79] Roberto Llamas,[80] José de Lille e Elyseu Ramirez,[81] se chegou à conclusão de que o *pulque* é uma boa fonte de proteína e de elementos do complexo B e que o *chile* abastece o índio de vitamina C, livrando-o, desta forma, do escorbuto. O *pulque* e o *chile* mexicanos funcionam, no que diz respeito aos males que lhes eram atribuídos naquele país e ao desagravo recente que a ciência lhes fez, como o azeite de dendê e a pimenta-da-bahia no nosso país. Mais uma vez se afirma a sabedoria do instinto,[82] como guia admirável da boa alimentação. E mais uma vez se verifica a intolerância da ciência. De certo tipo de ciência, pelo menos...

A importância do instinto não deve ser esquecida na orientação científica a ser dada à alimentação de quaisquer grupos humanos:

> Afastar-se da natureza, isto é, dos hábitos criados pelo clima, o lugar e o gênero de vida dos indivíduos, para seguir conselhos de higiene alimentar, é sempre uma coisa arriscada. Os regimes reconhecidos como defeituosos por seus maus efeitos biológicos podem ser transformados, completados, mas não convém serem substituídos de maneira radical.

Assim se exprimem grandes conhecedores do problema, como são Lucie Radoin e Henri Simonet.[83]

É esta nossa convicção do alto valor nutritivo de certos pratos da cozinha baiana que nos leva a desenvolver intensa atividade por sua industrialização. Pelo preparo em forma de conservas do vatapá, do caruru e de outras iguarias que consumidas em outras áreas do país iriam contribuir para elevar os padrões de nutrição regionais. Mas isso só pode ser feito com um mais vivo e ativo interesse por parte dos governos, infelizmente ocupados quase que exclusivamente com os seus problemas políticos...

16

Se as manifestações clínicas, específicas, da desnutrição do Nordeste não são aparentemente das mais alarmantes, o mesmo não se dá com as suas consequências indiretas, evidenciáveis através de certos índices bioestatísticos da região.

Índices que se apresentam realmente alarmantes. São de um estudioso de nossos problemas alimentares, C. de Seabra Veloso, estas observações:

> Um povo como o nosso, que vive em déficit permanente de carne, peixes, leite, ovos, cereais, frutas e verduras, é um povo fraco, um povo doente, dando uma prole fraca, incapaz e fadada a desaparecer entre a primeira e a segunda infância. O rendimento do seu trabalho é mínimo; a sua média de saúde muito baixa, o que o torna pasto a terríveis moléstias, como a tuberculose, as verminoses, as infecções e por aí afora: a duração de sua vida sempre curta, extinguindo-se entre os quarenta e sessenta anos; e a sua utilidade para a Pátria quase nula, quando não negativa, uma vez que o cidadão, nas circunstâncias acima, torna-se um ônus, um peso morto, susceptível de obstruir e dificultar o curso normal do progresso.[84]

A primeira indicação nítida dessa verdadeira hecatombe demográfica nos é dada através do estudo dos índices de mortalidade infantil, índices que, como afirma Newsholme, "constituem o sinal mais sensível do nível de bem-estar social".[85] Essa mortalidade alcança cifras impressionantes no Nordeste açucareiro. Estudando as estatísticas relativas às diferentes capitais dos estados da União, verifica-se que os três mais altos índices do país se encontram em três cidades do Nordeste: Aracaju — 457, Maceió — 443, e Natal — 352 mortes por mil nascimentos.[86] Índices que só encontram paralelo em umas poucas regiões de extrema miséria de nosso continente, certas áreas da Bolívia e do México, e os territórios de Salta e Jujuy, na República Argentina. É bom que se aluda ao fato comprovado de que o grosso dessas crianças morre de perturbações gastrointestinais, em cuja etiologia participa as mais das vezes o fator dietético tanto através da alimentação imprópria como contaminada.

Outro índice vital de íntima ligação com o tipo de dieta da coletividade e que reflete em expressão numérica o estado de nutrição do grupo é o da mortalidade pela tuberculose. Já Escudero[87] afirmava há anos que a tuberculose é uma doença da nutrição, e os modernos estudos de tisiologia confirmam haver uma correlação bem significativa entre desnutrição e tuberculização.[88] Analisando os índices de mortalidade pela tuberculose no Brasil, verifica-se que as capitais dos estados do Nordeste figuram três vezes entre os seis índices mais altos do país. São estas cidades, todas situadas na região da mata nordestina: Salvador, Fortaleza e Recife, com os índices respectivos de 345, 302 e 359 por 100 mil habitantes. Índices que estão acima da média brasileira de 250 por 100 mil habitantes e incrivelmente acima do índice de Nova York, que é de 47 por 100 mil. Nos mapas sobre a incidência da tuberculose no Brasil, verifica-se que a Zona da Mata nordestina apresenta-se na sua quase totalidade como uma área de incidência forte da peste branca. Incidência que alcança, nas áreas da mata da Paraíba e de Pernambuco, um grau extremo. Já na zona do sertão essa incidência se mostra fraca ou moderada.

A alta mortalidade global e a verificação de que mais de 50% dos óbitos nessa área se verificam antes dos trinta anos de idade vêm completar o quadro sombrio da evolução demográfica do Nordeste. A análise direta da marcha dessas populações nordestinas deixa entrever o tremendo estrago do seu material humano, inaproveitado pelas más condições de higiene locais, principalmente as más condições de nutrição.

Em magistrais estudos demográficos levados a efeito no Laboratório de Estatística sob a direção do professor Giorgio Mortara, ficou demonstrado que, no período de sessenta anos decorridos de 1890 a 1950, o crescimento demográfico do Nordeste foi inferior ao das regiões do Norte, do Centro e do Sul do país, apesar dos seus altos índices de natalidade.[89] É que aí nasce muita gente, mas morre cedo quase tudo e quase sempre de fome. Dessa fome discreta, dissimulada, que destrói surda e continuamente toda a energia vital do nordestino. A verdade é que a maior parte das endemias reinantes no Nordeste que ceifam o grosso de vida de suas populações tem na fome um fator etiológico de alta significação. As chamadas doenças de massa se enxertam sobre os quadros de fome como uma decorrência natural. Não foram outras as conclusões a que chegaram os médicos e cientistas reunidos no I Seminário de Desnutrição e Endemias Rurais do Nordeste, reunido em junho de 1958, na cidade de Garanhuns, no estado de Pernambuco.

Encarando o problema das correlações entre fome e endemias, com toda a objetividade e dentro do quadro da realidade econômico-social do Nordeste, esse Seminário apresentou conclusões que merecem um destaque especial, daí a decisão que tomamos de incluí-las neste nosso ensaio. São as seguintes as conclusões deste conclave no que diz respeito à estrutura econômico-social do Nordeste e o problema das endemias reinantes:

1. A atual situação econômico-social do Nordeste, decorrente de graves erros acumulados durante anos, é a grande responsável pela alimentação deficiente das suas populações, contribuindo para o agravamento das endemias reinantes.

2. Não é possível a erradicação da grande maioria das endemias sem que a estrutura econômico-social e os hábitos alimentares sejam modificados.

3. Os programas assistenciais e de saúde pública, de um modo geral, embora absolutamente imprescindíveis, não

têm resultados duradouros nem objetivos sociais a longo prazo se não forem tomadas medidas paralelas que modifiquem a infraestrutura econômico-social e as condições alimentares das populações.

4. O Nordeste necessita integrar-se na economia nacional e carece de medidas de iniciativa, pública e privada, capazes de promover a elevação dos seus níveis econômicos e a melhoria da distribuição da riqueza.

5. O fenômeno regional das secas, embora grave, não poderá ser invocado, no estado técnico-científico atual, como principal fator do marasmo econômico do Nordeste.

6. É urgente a elevação dos índices de produtividade no Nordeste para que se possa melhorar os níveis de saúde e dominar a incidência das endemias regionais.

7. A subcapitalização e o subemprego são obstáculos à exploração racional das riquezas e potencialidades do Nordeste, representando, com a má distribuição da propriedade agrícola, fatores importantes da produção e desestímulo à economia agrária regional.

8. A monocultura de cana-de-açúcar, na forma em que está estruturada, malgrado as riquezas que gera, contribui intensa e negativamente para o desequilíbrio social e alimentar das populações do Nordeste.

9. Os projetos e obras de emergência só atendem a situações especiais transitórias e de calamidade, sem se traduzirem em resultados permanentes.

10. A indústria e a agricultura no Nordeste não devem ser consideradas atividades antagônicas e necessitam, ambas, de organização técnica e ajuda financeira, para diminuir o custo da produção, criar e desenvolver mercados e permitir o largo emprego dos indivíduos úteis, promovendo assim a fixação do homem nordestino.

Aí está um balanço objetivo do tremendo desgaste que a fome produz no capital humano do Nordeste e algumas sugestões válidas de como seria possível entravar essa ação tão negativa para a expansão econômico-social da região.

Todo o capital humano da região que se povoou de início tão depressa, alcançando uma concentração social bem favorável ao desenvolvimento de um bom horizonte de trabalho, estagnou logo a seguir quando a monocultura da cana-de-açúcar iniciou o seu crescimento canceroso, envenenando toda a riqueza da terra, gangrenando toda a sua economia com as toxinas do seu exagerado mercantilismo.

17

Condições de vida mais ou menos idênticas, com um mesmo tipo de regime alimentar defeituoso e as mesmas calamitosas consequências apresentadas na área do açúcar, vamos encontrar na área do cacau. Na zona da monocultura do cacau, que se estende do Recôncavo para o sul da Bahia até o Espírito Santo. Essa área é representada por uma estreita faixa de terras de solo autóctone, recoberta de floresta tropical, compreendida entre os terrenos baixos de sedimentação do litoral e a montanha, que nessa região se aproxima muito da costa.[90] Essa lingueta de terra de largura idêntica à da faixa açucareira do Nordeste, se bem que um tanto mais afastada da costa, prolonga para o Sul do país a área alimentar da mandioca.

Embora em suas linhas gerais as condições alimentares sejam as mesmas nas duas áreas, o mecanismo que deu origem à sua estruturação apresenta algumas diferenças e merece referência especial. Infelizmente não dispomos de bastante material informativo acerca das condições de vida na região. Inquéritos alimentares, não nos consta que tenha sido realizado algum, nessa zona.

O estudo mais completo de que dispomos, sobre o assunto, é sem dúvida do professor Pierre Monbeig,[91] realizado em visita local levada a efeito em 1935. Através desse notável estudo de geografia regional verifica-se a preferência da cultura do cacau pelos solos de decomposição local, ricos em potássio, produtos em geral de rochas feldspáticas. As manchas dos cacauais se orientam mais pelos tipos de solo do que pelas cotas de chuvas. Embora se trate de uma área só recentemente cultivada, os processos de cultura aí utilizados são dos mais rudimentares. Os mesmos métodos de queimada — do roçar, derrubar e queimar o mato —, a quase inteira indiferença pela seleção de sementes e por outros detalhes de intensificação do rendimento da planta. Com esses métodos vamos deparar--nos com a mesma devastação da floresta, embora em escala menos intensiva do que na zona açucareira, primeiro porque o cacau é uma cultura recente e não teve tempo ainda de alargar seus tentáculos; segundo, que em certas fazendas se usa o processo do *cabrocamento*, no qual as árvores grandes são poupadas para ensombrar a cultura do cacau.[92]

No que diz respeito ao latifundiarismo, o cacau tem a mesma tendência avassalante da cana. Acentua Pierre Monbeig o fato de que tanto os "coronéis", proprietários de cacauais, como as sociedades estrangeiras, suíças e inglesas, que exploram as indústrias do cacau, são todos açambarcadores de terras, possuidores quase sempre de várias plantações disseminadas na floresta. Trata-se de um tipo de agricultura mercantil, com os seus donos preocupados exclusivamente com o máximo de lucro, sem o menor interesse em beneficiar a terra ou melhorar as condições de vida locais, e disso temos um documento insofismável no *absenteísmo* dos "donos do cacau". A verdade é que são eles negociantes, e não agricultores, vivendo sua vida de nababos nas cidades e mesmo na capital da República, à custa das sementes do cacau que continuam funcionando em seus esquemas econômicos como moeda corrente, como no Império Asteca, dos tempos de Montezuma. Monbeig refere como exemplo típico desse *absenteísmo* o caso de um negociante de cacau de Ilhéus, que, possuindo uma fazenda a uma hora de viagem da cidade, passa cinco anos sem visitar as suas terras, de cujas rendas vive regaladamente. Sobre esse aspecto de desamor à plantação, de absoluta indiferença pelo futuro da terra, a monocultura do cacau é ainda mais aviltante do que a do açúcar, em cuja área os senhores de engenho sempre se mostraram bem mais interessados pela vida de seus canaviais, pela marcha do trabalho dos seus engenhos.

Esse regime agrícola monocultor e latifundiário arrasta as populações locais a um nível de vida terrivelmente baixo. Os salários do cacau sempre foram miseráveis e sempre foram pagos, na maior parte, sob a forma de gêneros alimentícios de segunda classe, os preços duas vezes mais altos do que nas cidades dessa zona; o charque, a farinha e o feijão vendidos pelos empreiteiros com escandalosas margens de lucro. Tais salários, associados à quase ausência de recursos alimentares próprios da região, desde que o cacau absorve todo o trabalho agrícola,[93] conduzem fatalmente as populações da zona a um regime deficitário. Regime de feijão, farinha, charque, café e açúcar. Sem leite, sem verdura, sem frutas, sem carne verde. Regime cujas qualidades e defeitos já conhecemos bem e do qual resulta um nível sanitário baixíssimo nessa área.

A miséria física e a miséria moral, estudadas com grande rigor psicológico em três livros de alta significação na literatura brasileira — *Cacau*, *Terras do sem-fim* e *Gabriela, cravo e canela*, de Jorge Amado —, constituem expressões da condição humana nessa zona, culturalmente das mais atrasadas do país, com complexos sociais mais bárbaros, mais primitivos do que os da área amazônica. Os fatores ligados ao enriquecimento súbito de um grupo de patrões, sem base cultural, simples aventureiros trazidos na onda aluvional das migrações, aproveitadores do boom do cacau, na Primeira Guerra Mundial, deram um colorido ainda mais dramático às consequências desse tipo de monocultura.

A área do cacau é, sociologicamente, uma área do açúcar despida daqueles arranjos acomodativos que o patriarcalismo criou no Nordeste, daquele sossego aparente da doce vida dos engenhos, deixando-se arrastar, no ímpeto dos seus desenfreados interesses mercantilistas, aos graves extremos da miséria física e moral. É mais uma zona de fome, alimentada pela fictícia riqueza do cacau.

3.
Área do sertão do Nordeste

I

Com o estudo da Amazônia e do Nordeste açucareiro foram apresentadas duas áreas de fome endêmica no Brasil. Áreas geográficas com populações locais submetidas permanentemente a um regime de subalimentação e de carência, exibindo em várias de suas características a marca dessa dura contingência biológica. Já no estudo dessa nova área — a do sertão nordestino — vamos encontrar um novo tipo de fome, inteiramente diferente. Não mais a fome atuando de maneira permanente, condicionada pelos hábitos de vida cotidiana, mas apresentando-se episodicamente em surtos epidêmicos. Surtos agudos de fome que surgem com as secas, intercaladas ciclicamente com os períodos de relativa abundância que caracterizam a vida do sertanejo nas épocas de normalidade. As epidemias de fome dessas quadras calamitosas não se limitam, no entanto, aos aspectos discretos e toleráveis das fomes parciais, das carências específicas, encontradas nas outras áreas até agora estudadas. São epidemias de fome global quantitativa e qualitativa, alcançando com incrível violência os limites extremos da desnutrição e da inanição aguda e atingindo indistintamente a todos, ricos e pobres, fazendeiros abastados e trabalhadores do eito, homens, mulheres e crianças, todos açoitados de maneira impiedosa pelo terrível flagelo das secas.

A chamada área do sertão do Nordeste se estende desde as proximidades da margem direita do rio Paraíba, no seu extremo norte, até o rio Itapicuru, no seu extremo sul, abrangendo as terras centrais dos estados do Piauí, Ceará, Rio Grande do Norte, Paraíba, Pernambuco, Alagoas, Sergipe e Bahia, numa extensão territorial de cerca de 670 mil quilômetros quadrados, segundo os cálculos dos técnicos da Inspetoria de Obras Contra as Secas.[1] Nessa extensa zona semiárida que constitui a hoje chamada área do polígono das secas vivem cerca de 7 milhões de habitantes, num regime que tem como alimento básico o milho. É essa zona das secas uma área alimentar do milho. Do milho associado a outros produtos regionais, em combinação as mais das vezes felizes, permitindo que, fora das quadras dolorosas das secas, viva essa gente em perfeito equilíbrio alimentar, num estado de nutrição bastante satisfatório, e que nas épocas de calamidade possua energia e vigor suficientes para sobreviver ao flagelo, evitando o despovoamento da região.

Constitui a área do sertão do Nordeste um caso excepcional entre as diversas zonas de alimentação à base do milho, no mundo, todas elas áreas de fome, de graves deficiências alimentares, tais como a da América Central,[2] com suas alarmantes carências de toda categoria, a do Sul dos Estados Unidos da América, com suas populações negras assoladas pela pelagra, as da Itália e da Romênia, grandes focos pelagrosos condicionados pela alimentação maídica. Verifica-se, assim, que, no mundo inteiro, as áreas do milho são áreas de miséria alimentar, à exceção do sertão nordestino. É que, nessa área, a coexistência de certas condições naturais e, principalmente, o gênero de vida local, com seus hábitos tradicionais, criaram na zona um complexo alimentar em que as graves deficiências proteicas e vitamínicas do milho são compensadas por outros componentes habituais da dieta. Dieta que, como teremos ocasião de demonstrar mais adiante, é talvez a mais racional e equilibrada do país, incluindo as zonas isentas de fome.

Se o sertão do Nordeste não estivesse exposto à fatalidade climática das secas, talvez não figurasse entre as áreas de fome do continente americano. Infelizmente, as secas periódicas, desorganizando por completo a economia primária da região, extinguindo as fontes naturais de vida, crestando as pastagens, dizimando o gado e arrasando as lavouras, reduzem o sertão a uma paisagem desértica, com seus habitantes sempre desprovidos de reservas, morrendo à míngua de água e de alimentos. Morrendo de fome aguda ou escapando esfomeados, aos magotes, para outras zonas, fugindo atemorizados à morte que os dizimaria de vez na terra devastada.

2

O característico fundamental dessa extensa área geográfica é o seu clima semiárido. Clima tropical, seco, com chuvas escassas e principalmente irregulares. Com uma temperatura média elevada o ano inteiro, associada a baixos graus de umidade relativa do ar, dos mais baixos do país, tornando o clima saudável, isento de inúmeras doenças tropicais, condicionadas pelo excesso de umidade do solo e do ar. Já Rippley[3] tinha notado há muitos anos que nos trópicos, onde há água em abundância e a vegetação é frondosa, o clima se apresenta mortífero, e onde a água é escassa e a vegetação exígua, o clima é salubre. São as chuvas incertas, com um regime pluviométrico de uma irregularidade espetacular, que tornam o clima nordestino um fator de degradação da vida do homem nessa região.[4] Dessa irregularidade das chuvas resultam desde o empobrecimento progressivo do solo pela erosão até as crises calamitosas de fome na região.

Toda a paisagem natural, desde a topografia, as características do solo, a fisionomia vegetal, a fauna, a economia e a vida social da região, tudo traz marcado, com uma nitidez inconfundível, a influência da falta d'água, da inconstância da água nessa região semidesértica. O solo arenoso, pouco espesso, quase sempre pobre em elementos nutritivos e rico em seixos rolados, é um produto dos extremos climáticos, dos largos períodos de exagerada insolação e dos aguaceiros intempestivos, desagregando as rochas areníticas e acelerando todos os processos de demolição que nelas se realizam. Os terrenos desnudados em certos trechos, quase sem nenhuma carne de solo arável recobrindo o esqueleto das rochas vivas, que irrompem aqui e acolá em brancos serrotes escarpados, são exemplos dessa terrível capacidade agrofágica do clima: capacidade de roer as terras do sertão nordestino deixando expostos os núcleos mais duros do seu esqueleto de granito e de calcário. Também os sulcos marcantes que imprimem à fisionomia geográfica do Nordeste uma expressão de desolador sofrimento, sejam os superficiais como os córregos secos, sejam os profundos que descem pelas rampas das ravinas para a peneplanície, os enormes *boqueirões*, abrindo na terra "largas brechas escancaradas pelas torrentes erosivas",[5] são marcas indeléveis dessa irregularidade climática da região.

Mas não é só desse tipo de solo de decomposição do arenito, descrito por Gilberto Freyre como um solo de terra dura e de areia seca num rangir de raiva permanente, "que parece repelir a bota do europeu e o pé do africano, a pata do boi e o casco do cavalo, a mangueira da Índia e o broto de cana",[6] para mostrar bem o seu contraste com o massapê acomodatício, mole e pegajoso, do Nordeste do açúcar — não é só desse tipo, dizíamos, que é formada toda a capa agrológica da região. Em certos pontos, principalmente nas depressões e nos baixios, surgem manchas bem mais férteis de solos argilosos, mais ou menos vermelhos, ou mesmo de barro escuro, formando os tabuleiros aluvionais e as várzeas de tabuleiros.[7] Nesses pontos, não só a composição, mas as qualidades físico-químicas do solo são bem diferentes, tornando-os umíferos e férteis. São, porém, pequenas manchas limitadas.

3

No solo do sertão, em geral pouco espesso, erodido periodicamente pelas torrentes esporádicas e condicionado por esse clima com suas eventuais descontinuidades de chuvas, desenvolvem-se tipos de vegetação que permitem aos geógrafos a caracterização de três subáreas climatobotânicas: o agreste, a caatinga e o alto sertão.

O agreste constitui uma faixa de transição entre o Nordeste semiárido e espinhento e o outro Nordeste úmido e verdejante dos canaviais. Há sempre na paisagem dessa subárea a presença da água. Rios que não chegam a secar inteiramente no verão, mantendo sempre um magro filete de água ou empoçados a distância. A vegetação se organiza sob a forma de florestas espinhentas — *scrubforests* —, prolongando no solo semiárido do sertão a mata da região úmida. Já a caatinga é o reino das cactáceas. No solo ríspido e seco estouram as coroas-de-frade e os mandacarus eriçados de espinhos. As árvores acocoradas em arbustos e as formações herbáceas completam a paisagem adusta da caatinga. É a zona de maior aridez do Nordeste, com seus rios reduzidos nas épocas secas às faixas de areia, leitos ardentes inteiramente expostos ao sol. No alto sertão, o clima se ameniza levemente, a vegetação, do tipo de savana, se enfeita, em certas zonas, com as fitas verdes dos carnaubais, enlaçando os vales férteis da região. Rareiam um pouco as espécies espinhentas e as secas são menos impiedosas. Verifica-se, assim, que a caatinga é o verdadeiro coração do deserto. Aí se localizam os principais centros de aridez da região. Aí se apresenta a vegetação no máximo de sua agressividade e no máximo de sua convergente adaptação ao rigor climático, à extrema secura ambiente. O agreste e o alto sertão são formas atenuadas da caatinga.[8]

Embora nas características de seu revestimento vivo, e mesmo em certos aspectos de sua geografia econômica, cada uma dessas subáreas apresente traços que lhe dão individualidade e impõem, num estudo de geografia humana, uma análise particularizada, para o nosso objetivo, de um ensaio de geografia alimentar da região, é perfeitamente dispensável a caracterização detalhada de cada uma delas, desde que em todo o regime alimentar mantém a mesma unidade de hábitos e de composição, com pequenas nuances locais, variações de amplitudes semelhantes às de quaisquer outras áreas alimentares de certa extensão. Do ponto de vista alimentar, podemos englobar as três subáreas numa só: a área do milho do sertão nordestino.

A flora de toda a região é do tipo *xerófito*, adaptada aos rigores da secura ambiente: à falta d'água no solo e do vapor d'água na atmosfera. As espécies arbóreas reduzem seu porte, se arbustizam em posturas nanicas para sobreviver. O frondoso cajueiro da praia — *Anacardium occidentale* — na caatinga adusta se inferioriza em arbusto, o cajuí do sertão — *Anacardium humilis* —, em cajueiro anão das chapadas arenosas. As folhas se reduzem ao mínimo para evitar a evaporação, os caules se impermeabilizam, as raízes se espalham em todas as direções para sugar a umidade escassa. Todos os órgãos da planta se apresentam nessa luta incessante contra a falta d'água. As espécies que sobrevivem o fazem, ou à custa de uma economia rigorosa em seus gastos, ou à custa da formação de reservas aquosas nos bulbos, raízes e caules.

Entre as famílias que compõem a flora xerófita destacam-se as cactáceas, tais como as palmatórias, os mandacarus, os xiquexiques e os facheiros. Plantas dum valor inestimável na época das secas, ajudando a gente e o gado a escapar aos seus rigores mortíferos. Ao lado das ríspidas cactáceas, dando cor e característica à flora do sertão, estão as resistentes bromeliáceas — as suas macambiras, croias e croatais, exibindo as lâminas recurvas e afiadas de suas folhas em sabre. Pertencem as cactáceas e as bromeliáceas a uma categoria especial de plantas, chamadas por Saint-Hilaire de *fontes vegetais* e por Bernardin de Saint-Pierre de *mananciais vegetais* do deserto.

Euclides da Cunha, em certos arroubos de imaginação poética, exagera a abundância e prestimosidade dessas plantas, para indignação de outros estudiosos mais comedidos, mais fiéis à realidade científica e menos amantes dos exageros poéticos em suas expressões geográficas. Assim, sobre certas bromeliáceas escreveu Euclides:

> As águas que fogem no volver selvagem das torrentes, ou entre as camadas inclinadas dos xistos, ficam retidas, longo tempo, nas espatas das bromélias, aviventando-as. No pino dos verões, um pé de macambira é para o matuto sequioso um copo de água cristalina e pura.[9]

Sobre o umbuzeiro, anacardiácea que é também uma fonte vegetal, escreve o estilista de *Os sertões*:

> Se não existisse o umbuzeiro, aquele trato do sertão tão estéril que até nele escasseiam os carnaubais, tão providencialmente dispersos nos que o convizinham até do Ceará, estaria despovoado. O umbu é para o infeliz matuto o mesmo que o mauritia para os garaúnos dos lhanos. Alimenta-o e mitiga-lhe a sede.

São certamente um tanto excessivas tais palavras e só podem ser justificadas pelo mecanismo de inconsciente deformação que o espírito provoca diante do aparecimento inesperado de uma solução milagrosa para a angústia da sede. A mentalidade coletiva exagera o fato e ele ganha foros de verdade, transmitindo-se de uns a outros. É o mesmo mecanismo que explica que um geógrafo do valor e da honestidade científica de um

E. F. Gauthier afirme ter sido inteiramente extinto o *Antilope andax*, do Saara argelino, pelo furor com que os nômades, chefes das caravanas, o caçavam, para buscar nas suas entranhas, no seu estômago multisseptado, as reservas abundantes de água com que aplacavam a sede nas largas travessias entre os distantes oásis saarianos. O Ádax, *fonte animal* de água, seria assim no Saara uma salvação providencial semelhante às cactáceas, no Nordeste do Brasil.

José Luiz de Castro, autor de um bom trabalho de sistematização — "Contribuição para o dicionário da flora do Nordeste brasileiro", publicação da IFOCS —, comenta com indignação os exageros euclidianos, que comprometeram até certo ponto o valor científico de muitas das afirmações do grande sociólogo:

> Tão verídicas quanto estas afirmações de Euclides da Cunha só esta outra do mesmo autor: "… nestas quadras cruéis em que as soalheiras se agravam às vezes com os incêndios espontaneamente acesos com as ventanias atritando rijamente os galhos secos destonados…". O único comentário que seria permitido a tais absurdos é ainda Euclides da Cunha que no-lo sugere naquela frase: "… o poeta é soberano no pequeno reino em que o entroniza a sua fantasia", frase em que o geólogo americano J. C. Banner sintetiza a crítica que, como conhecedor do Amazonas, pudera ter feito aos escritos de Euclides sobre o grande estado nacional.

A verdade é que Euclides foi antes de tudo um grande poeta. São de Afrânio Peixoto as seguintes palavras: "Ainda um Euclides, o que está em todos os outros e não isoladamente em nenhum — o poeta — … esse Euclides que sugere a gênese é um poeta miguelangesco transpondo o juízo final em nascimento da terra". Sobre o poeta da obra euclidiana, sobre o poeta que se oculta nas páginas de Os sertões, escreveu outro poeta, Guilherme de Almeida:

> O poeta de Os sertões, o artista da poesia pura, não intencional, não resolvida, não premeditada, mas imposta ao homem por uma insuspeita consciência lírica do universo, por esta imprevista substância poética que há nos seres e nas coisas e que, imperativa, reclama urgente expressão.

E não foi só Euclides — geógrafo e poeta — quem se deixou levar por esse exagero de ver rios correndo e fontes brotando de plantas milagrosas que criam oásis vivos no deserto adusto. Um dos mais fiéis documentadores da natureza brasileira, o padre Fernão Cardim, cujas sóbrias qualidades de escritor fizeram com que as suas descrições de plantas e animais da terra fossem, na opinião abalizada de Rodolfo Garcia, "perfeitas e acabadas como diagnosis de naturalista",[10] também caiu no mesmo pecado. Descrevendo outra árvore que dá água nos sertões nordestinos, assim escreveu Cardim, em Clima e terra do Brasil:

> Esta árvore se dá em campos e sertão da Bahia, em lugares onde não há água; e muito grande e larga nos ramos, tem uns buracos de comprimento de um braço que estão cheios de água que não transborda nem no inverno nem no verão, nem se sabe donde vem esta água, e quer dela bebam muitos quer poucos, sempre está em o mesmo ser, e assim serve não somente de fonte mas ainda de um grande rio caudal, e acontece chegarem cem almas ao pé dela e todos ficam agasalhados, bebem e levam tudo o que querem e nunca falta água; e muito gostosa e clara e grande remedia para os que vão ao sertão quando não acham outra.

Essa árvore a que se refere Cardim seria, segundo opina R. Garcia, em notas à obra do grande cronista, a *Geoffroya spinosa*, conhecida entre os nativos pelo nome de *umari*, que significa árvore que verte água, da qual transuda água em certos períodos do ano capaz de molhar o solo; "mas daí a árvore fonte ou árvore rio que se descreve, vai mais prodígio do que verdade", conclui o anotador da obra de Cardim. Pela descrição feita, temos a impressão de que, descontado o exagero, a árvore a que se refere o padre é o umbuzeiro, do qual nos deixou Von Martius, com todo o seu comedimento de cientista germânico, a seguinte descrição:

> O exemplo do que acabamos de dizer nota-se no umbuzeiro — *Spondias tuberosa* — cujas raízes horizontalmente distendidas, intumescidas perto da superfície da terra, formam tubérculos nodosos e cheios de água desde o tamanho de um punho até ao de uma cabeça de criança. Algumas vezes abrimos estes esquisitos reservatórios a fim de procurar água para os sedentos animais de carga e por vezes encontramos mais de meio litro de líquido em uma só raiz. A água é às vezes clara, às vezes um pouco opalescente, se bem que morna e de gosto resinobalsâmico desagradável, algum tanto amarga, é, entretanto, potável.[11]

Procurando avaliar com precisão a riqueza aquosa das raízes do umbuzeiro, fizemos vir do Nordeste, por gentileza do nosso colega e colaborador Orlando Parahim, algumas raízes da planta, e as análises em nossos laboratórios revelaram um teor médio de água de 95%. Verifica-se assim que, se nos casos dos incêndios espontâneos de galhos secos, Euclides é de um exagero comprometedor, no caso do umbuzeiro dando água a populações inteiras, o exagero é relativo; é apenas a verdade colorida pelo estilo um tanto empolado do autor.

Nas zonas de solo mais espesso e menos árido surgem, ao lado das cactáceas, as leguminosas como as juremas e os angicos, as bignomináceas e as anacardiáceas. Nas depressões úmidas, nas vargens viçosas crescem certas espécies de grande porte, como o juazeiro — *Zizifus juazeiro* — e o umbuzeiro — *Spondias tuberosa* —, que se levantam frondosos e altaneiros no meio da paisagem acachapada da savana adusta. São os correspondentes na caatinga brasileira dos *baobabs* e das acácias da savana africana.[12]

Recobre o solo, nas épocas que se seguem às chuvas, o manto, em certas zonas contínuo e espesso, noutras um tanto ralo e esfarrapado, dos pastos naturais. É a babugem, formada pela associação de várias plantas, principalmente gramíneas, de ciclo vegetativo extremamente rápido, nascendo, crescendo e dando flor e semente num abrir e fechar de olhos. É essa vegetação rasteira que dá ao fenômeno da ressurreição da natureza nordestina após as chuvas um signo de transformação sobrenatural, mudando a cor de toda a paisagem em alguns dias, assustando o viajante que um dia atravessou o deserto e poucos dias depois, voltando pelo mesmo caminho, se embevece em meio à verdura. A babugem é uma vegetação semelhante ao *acheb* saariano. Vegetação das regiões estepárias do Norte da África que Gauthier assim descreve:

O *acheb* não é uma planta determinada, é uma categoria de vegetais que possuem sua tática própria de luta contra a seca. Vegetais que sobrevivem por suas sementes cuja resistência à seca é de duração quase infinita. Quando cai a chuva, o grão de *acheb* a utiliza com energia admirável. Em poucos dias ele germina, lança sua haste, cobre-se de flores e lança suas sementes. Ele sabe que não tem tempo a perder, está organizado para tirar todo partido da dádiva excepcional. Mas sua semente carregada pelo vento e recoberta pela areia, guardada nas anfractuosidades da rocha esperará, se for preciso, dez anos por novas chuvas. São vegetais que sacrificam tudo pela reprodução, são verdadeiros buquês de flores. Este é o pasto que dá pena ver-se deglutido pela garganta imunda dos camelos.[13]

A babugem do Nordeste é uma espécie de *acheb* por conta do qual correm "as mutações de apoteose da paisagem", na linguagem sempre intensamente colorida de Euclides da Cunha. Tais são, em síntese rápida, as características da flora sertaneja na peneplanície cristalina e nos chapadões de pouca altitude. Nas montanhas mais altas, a maior pluviosidade e principalmente a estrutura diferente do solo dão origem a uma vegetação de aspecto mais doce, com tons de verde mais úmido e carregado. Vegetação higrófila, semelhante à das zonas do brejo.[14] Nessas áreas, onde a altitude subverte o quadro climatobotânico da região, alteiam-se em capões outras espécies arbóreas, algumas delas frutíferas, como a mangaba (*Ancornia speciosa*), o araçá (*Psidium araçá*), o cambuí (*Myrcia sphacrocarpa*), espécie de uva silvestre, constituindo verdadeiros oásis de alta significação na vida econômico-social do sertão semideserto. São os oásis de verdura dos flancos das serras do Araripe, de Baturité, da Borborema, algumas delas com plantas europeias bem aclimatadas na zona: uvas, pêssegos e melões produzindo frutas de clima temperado em plena área tropical.

Não exagerando a importância desses pequenos oásis, devemos concluir que a flora do sertão é bastante pobre em espécies que forneçam bons alimentos. Está longe de possuir uma riqueza tão espetacular em frutas como a do outro Nordeste, o Nordeste da mata tropical. Afora o umbuzeiro e o pequizeiro — sobre os quais voltaremos a falar com mais vagar —, as plantas nativas do sertão produzem frutos de segunda classe, nos tempos normais quase não despertam interesse ao apetite do sertanejo. As *quixabas*, os *juás*, os frutos dos cactos, dos xique-xiques, dos cordeiros, quase só são aproveitados nas terríveis épocas de seca, quando se come de tudo, tudo quanto é alimento brabo, sementes venenosas, cascas de árvores e até solado de alpercatas. As próprias palmeiras estão longe de apresentar uma riqueza nutritiva semelhante às da bacia amazônica. A carnaubeira — *Copernicia cerífera* —, que constitui a espécie de palmácea mais abundante no alto sertão, fornece tudo em abundância, menos alimento ao homem. Só nos maus tempos a medula da planta nova, o palmito, é usado como recurso alimentar. É verdade que, conforme refere Euclides da Cunha, "com estrépitos da palmeira oricuri (*Cocus mucronata*), ralados e cozinhados prepara-se nas épocas secas uma espécie de pão, infelizmente de má qualidade, 'pão sinistro', 'o bró', que incha o ventre num enfarte ilusório, empazinando o faminto".[15]

4

Também a fauna do sertão fornece poucos recursos alimentares. Os rios e os próprios açudes, hoje bastante disseminados na região, têm as suas águas bem mais pobres em peixes do que as da zona da mata.[16] É que a evaporação violenta nesse clima abrasador e a irregularidade das chuvas, fazendo variar com certa rapidez e em graus extremos a salinidade das águas, torna-as pouco propícias à vida das espécies aquáticas.[17] Só os rios perenes como o São Francisco mantêm apreciável riqueza piscícola em suas águas. A fauna terrestre está também longe de fornecer grande auxílio alimentar. Se não possui carnívoros de grande porte, que ponham em perigo a vida humana na região, possui, no entanto, alguns animais da rapina, como as raposas, gaviões e caracarás, que disputam ao homem alguns dos recursos mais importantes da fauna comestível dessa zona. Não só da selvagem, mas também da doméstica, das suas criações de galinhas, cabras e ovelhas.

As aves são relativamente numerosas, principalmente os psitacídeos — periquitos, jandaias e papagaios — e certos tipos de pombas, das quais devemos destacar, por seu valor econômico, as aves de arribação, que viajam em enormes bandos em migrações periódicas, fornecendo ao sertanejo, em certas quadras, valioso subsídio alimentar.

A riqueza em aves dessa região de poucos recursos alimentares se explica por essa capacidade migratória de todas elas, capacidade que se desenvolveu como um fenômeno de convergência permitindo a sua adaptação num meio de exiguidade alimentar através da intensiva mobilidade do animal. Esse fenômeno de convergência se manifesta em outras espécies da fauna sertaneja, todas dispondo de uma grande acuidade dos sentidos que lhes permite sobreviver nesse meio em que a luta animal pelo alimento é tão intensa. O biologista italiano Edoardo Zavattari,[18] estudando os mamíferos das zonas áridas e semiáridas do Saara, verificou que das 48 espécies aí existentes, 41 delas apresentavam uma singular hipertrofia da sua caixa timpânica, a qual servia para reforçar a sua audição, para lhes permitir ouvir a grandes distâncias os ruídos dos inimigos ou das presas que lhes podem servir de alimento. Esse singular fenômeno de convergência que se apresenta extremado no deserto do Saara exprime bem essa força condicionadora do meio ambiente à fisiologia dos seres vivos que o habitam.

Importante elemento da fauna para a alimentação do sertanejo e que merece um destaque especial é a abelha, cujo mel substitui muitas vezes o açúcar e a rapadura no tempero dos alimentos. Café com mel de abelha é uma combinação de largo uso nos períodos de seca do Nordeste.

Essa abundância de abelhas numa terra de vegetação tão escassa parece também um tanto absurda e merece a sua explicação. Explicação que se encontra facilmente quando se estuda um aspecto particular da flora xerófila do Nordeste: as suas flores. Essa flora, como a de qualquer outro tipo desértico, tem uma extraordinária riqueza de flores, quase todas brilhantes e indiscretamente vistosas. Essas grandes flores atrativas e exuberantes representam também um processo de adaptação ao clima desértico numa área de vegetação esparsa, funcionando como um elemento de garantia dos processos de fecundação que são realizados pelos insetos. Só as plantas que possuem flores berrantes atraem com suficiente frequência os insetos fecundadores e sobrevivem por esta razão nessa área de forte concorrência vital, daí a sobrevivência dos cactos que exibem, em certa época do ano, nas extremidades dos seus galhos retorcidos, enormes flores intensamente coloridas, lembrando enormes candelabros acesos em torno dos quais zumbem as abelhas e outras espécies de insetos.

Os gatos-do-mato, capivaras, tamanduás, tatus, coelhos do mato, preás e mocós completam, com os micos e as serpentes, a fauna dessa região de fisionomia tão singular.

5

Diante dessas parcas reservas e das condições pouco atrativas da paisagem, que possibilidades viram nessa região os seus primeiros desbravadores? Foi o espírito de aventura, o instinto de liberdade, de que nos fala Capistrano de Abreu, e a ambição do ouro e das pedras preciosas que levaram os primeiros aventureiros a terras tão distantes do litoral. Verificada, porém, a inexistência das minas no sertão nordestino e a pouca serventia das suas terras para uma agricultura de grande rendimento, como se praticava na Zona da Mata, cedo se desviou a atividade do colono sertanejo para a pecuária. Para a criação do gado vindo de Portugal ou do arquipélago do Cabo Verde, o qual se aclimatava muito bem nesse ar seco e saudável e se desenvolvia maravilhosamente nas suas pastagens naturais, formadas de variadas espécies de gramíneas.

Loreto Couto, nos *Desagravos do Brasil*, assim nos informava:

> Treze gêneros se contam de erva que servem de pasto aos animais, por cuja bondade é em Pernambuco tão grande a cota de gado vacum e cavalar, que destes consumindo-se infinitos nos serviços destas Capitanias, saem para fora todos os anos mais de 40 mil, são ligeiros na carreira, dóceis ao ensino e tão fortes no trabalho que saindo de Pernambuco para as Minas Gerais com a carga de seis arrobas andam seiscentas léguas desferrados e chegam sem diminuição nos alentos.

Vê-se, assim, que as condições propícias à criação desenvolveram no Nordeste as fazendas, não só de gado vacum, mas de cavalos e mulas que constituíam o meio de transporte único através da selva inóspita. Entrando por Pernambuco, o gado se espalhou em currais pelo sertão do Nordeste, fazendo-se as entradas pelas estradas naturais dos rios, principalmente através do S. Francisco, a grande artéria viva do ciclo econômico do couro no Nordeste.[19]

O grande mercado de bois em que cedo se constituiu a Zona da Mata, tão necessitada de sua força de tração para os trabalhos dos engenhos e, bem assim, de sua carne apetitosa para alimentação de população cada vez mais densa e mais absorvida no exclusivo trabalho do açúcar, foi um dos motivos impulsionadores da pecuária no alto sertão.

Outro impulso decisivo lhe foi dado a seguir pelo surto de mineração nos estados centrais. Vinham do Nordeste pelos caminhos dos currais os bois que deviam alimentar as populações repentinamente concentradas nos campos de mineração do Sul. Nessas zonas de mineração faltava tudo e importava-se de outras áreas os recursos alimentares de toda ordem. "A não ser o porco, que vive intimamente ligado à cozinha ou à couve que cresce abandonada no quintal atrás da casa, compra-se fora tudo o que é necessário à economia doméstica. A família mineira não vive na fartura. Os comerciantes a exploram vendendo gêneros a preços exorbitantes, e o senhor da lavra, absorvido inteiramente pelas minerações, imaginando que o ouro dá de sobra pra tudo, submete-se às exigências dos mascates" — assim nos informa Miran Latif, em *As Minas Gerais*. Completando esse quadro da falta de recursos alimentares nas zonas mineradoras, escreve Paulo Prado: "Nos primeiros tempos das descobertas um boi chegou a valer cem oitavas de ouro em pó; um alqueire de farinha, quarenta. A situação só melhorou quando chegaram as boiadas de Curitiba e ao rio das Velhas o rebanho dos campos baianos".[20] Tal miséria alimentar, com preços tão exorbitantes dos alimentos na zona de mineração, documenta mais uma vez as graves consequências a que foram arrastadas as coletividades brasileiras pelas diferentes formas de exploração econômica que sucessivamente foram estabelecidas no país, todas elas indiferentes ao amparo e ao desenvolvimento sistemático dos cultivos de subsistência. Como no drama da Califórnia, o pioneiro Suter,[21] possuidor de riquíssimas terras, cobertas de lavoura e de cabeças de gado, se arruinara por completo ao encontrar nos seus domínios riquíssima mina de ouro, também no Brasil o ouro empobrecia o país e "morria-se de inanição ao lado de montes de ouro pelo abandono da cultura e da criação". Com dois mercados — o Nordeste açucareiro e o Sul minerador — a disputarem com avidez o seu produto, o sertão nordestino prosperou à custa dos ótimos preços encontrados para o gado. E não foi só para o gado vacum a que se mostrou tão propício o meio ambiente, mas também, e principalmente, para o gado caprino, mais resistente aos assaltos da seca e muito menos exigente de bons pastos, se acomodando a qualquer vegetação de serrotes e de lajedos, formada de duras gramíneas, ou mesmo à vegetação arbórea e arbustiva, da qual ele come as cascas e os caules ou as folhas. Esta a razão que fez do Nordeste o grande centro de criação de cabras, concentrando-se nos estados de Pernambuco e da Bahia mais de 50% dos rebanhos caprinos de todo o país.[22]

De tal forma as cabras se desenvolveram e se integraram no quadro ecológico da região que vêm contribuindo como um verdadeiro fator geográfico para modificar a fisionomia botânica da mesma. O botânico Loefgren, estudando a devastação das árvores e das matas nas terras do Ceará, atribui papel importante nessa degradação vegetal às cabras soltas na região:

> Um outro fator não desprezível na devastação das matas, ou pelo menos para conservar a vegetação em estado de capoeira, são as cabras. Sabe-se quanto este animal é daninho para a vegetação arborescente e arbustiva e como a criação de cabras soltas no Ceará é, talvez, maior que a do gado, sendo fácil imaginar-se o dano que causa à vegetação alta.[23]

Desfavorável à vegetação foi a criação de cabras, no entanto, muito favorável à alimentação regional, pois tanto a sua carne como o seu leite são consumidos, na quase totalidade, nos mercados locais.

Na contínua expansão dos seus currais, da qual nos legaram preciosa documentação Fernão Cardim e Antonil, não se deixou o sertanejo absorver numa atividade exclusivista que seria extremamente nociva à sua vida econômica: na pura criação. Não encontrando na Zona da Mata, para onde enviara a maior parte dos seus bois, possibilidades de abastecimento adequado e seguro para suas necessidades alimentares, e sendo distantes e difíceis os caminhos noutra direção, ele teve que se dedicar um pouco ao plantio de certos gêneros de sustentação para o seu autoabastecimento. Fez-se, assim, numa saudável atuação colonizadora, vaqueiro e agricultor ao mesmo tempo. Temos uma miniatura expressiva da economia de todo o sertão nordestino no quadro que o agrônomo Trajano Pires da Nóbrega nos pintou da organização econômica de uma área situada às margens do São Francisco, nos municípios de Itaparica e de Floresta, no estado de Pernambuco:

> A exploração da propriedade é feita em geral por meio da agricultura e da pecuária. Na serra de Tacaratu a agricultura é exclusivista; na margem do rio predomina o regime misto, enquanto no centro da caatinga faz-se principalmente a pecuária. Na serra de Tacaratu as chuvas mais bem distribuídas dão à lavoura melhores possibilidades; e a irregularidade destas, além de escassas, no resto da área em apreço, limita estas possibilidades aos raros anos mais chuvosos, salvo na margem do rio em que as culturas em vazante dão sempre alguma colheita.[24]

Vemos assim associadas numa ingente adaptação às possibilidades do meio os dois gêneros de vida, o da agricultura e o da criação.

Não se constituiu o sertanejo num agricultor de produtos de exportação, para fins comerciais, como se praticava nas terras do litoral, mas um plantador de produtos de sustentação para seu próprio consumo. Um semeador, em pequena escala, de milho, feijão, fava, mandioca, batata-doce, abóbora e maxixe, plantados nos vales mais sumosos, nos baixios, nos terrenos de vazante, como culturas de hortas e jardins. Pequenas boladas de verdura que os senhores de engenho do brejo, plantadores de extensíssimos canaviais, sempre olharam com desdém, chamando depreciativamente a esse tipo de policultura do sertanejo de "roça de matuto". Roças de matuto diante das quais o homem do açúcar torcia o nariz de grande senhor agrário, e que, no entanto, vieram a constituir um magnífico elemento de valorização das condições de vida regional, de diversificação do regime alimentar do sertanejo, bem superior em épocas normais ao da área da cana.

O aproveitamento pelo sertanejo dessas manchas de terra de melhores condições edáficas, com maiores reservas de umidade e melhor riqueza humosa, para o seu roçado de subsistência, fez-se de maneira muito semelhante ao aproveitamento do oásis e dos *ueds* secos, dos vales e das estepes do Atlas e das bordas do Saara, por parte das populações sarracenas que aí se estabeleceram quando da expansão do Império Árabe por todo o Norte da África. Tanto nos oásis africanos como nas vazantes nordestinas, vamos encontrar a mesma textura de culturas variadas num aproveitamento intensivo dessas limitadas zonas onde a água excepcionalmente se apresenta. A mesma técnica de horta e de pomar, a mesma finalidade de policultura de sustentação.[25]

Não é por simples curiosidade que chamamos a atenção para a semelhança. É que ela representa, a nosso ver, o resultado de uma influência remota da cultura árabe sobre os costumes dessa região brasileira. Influência que podemos sentir em muitos outros aspectos da vida econômica e social do sertão e que se exerceu através dos peninsulares, dos portugueses formados em contato com a cultura maometana.

No estudo da cozinha do sertanejo nordestino,[26] a mais isenta de influência tanto índia como negra, quase que se podendo chamá-la de colonial pura ou de reinol, vamos ver repontar outras muitas dessas influências árabes, sempre favoráveis, servindo como mecanismo de sábia acomodação do português às contingências biológicas desse quadro de vida caracteristicamente desértico, muito semelhante ao quadro geográfico natural dos árabes, aos seus desertos, às estepes, aos seus oásis floridos. Muitos dos aventureiros que se internaram pelo sertão adentro em sua penetração pastoril foram certamente cristãos-novos — judeus e árabes — trazendo na massa do sangue ou na mentalidade de nômades inquietos muito da experiência viva dos beduínos, dos berberes do deserto saariano, adestrados, de há muito, na luta perene contra a escassez de água e contra a rispidez do meio natural.[27]

6

À base da criação de gado e da agricultura de sustentação e de certos recursos um tanto escassos do meio ambiente — da caça e da pesca —, o sertanejo, usando métodos de preparo e de cozinha apreendidos de outro continente, adaptando, até certo ponto, muitos deles aos novos ingredientes da terra, criou um tipo de alimentação característico. Alimentação sólida, porém bem equilibrada, a qual constitui um bom exemplo de como pode um grupo humano retirar de um meio pobre recursos adequados às necessidades básicas de sua vida.

Vejamos quais as características desse regime de alimentação. Não dispomos de documentação abundante acerca dos hábitos alimentares do sertanejo, principalmente documentação com rigor científico, encarando o problema à luz dos atuais conhecimentos da nutrologia. Os inquéritos alimentares levados a efeito na região são pouco numerosos e quase que se limitam aos de Orlando Parahim,[28] realizados em 1939 no município de Salgueiro no alto sertão de Pernambuco, bem no centro geográfico da grande área assolada pelas secas, ao de José Guimarães Duque,[29] realizado em 1936, entre famílias do posto agrícola de São Gonçalo, e ao de Trajano Pires da Nóbrega,[30] que estudou em 1941 as condições econômico- -sociais dos municípios de Itaparica e Floresta, às margens do

São Francisco. Afora esses inquéritos, tudo de que se dispõe são referências feitas incidentemente em trabalhos que visam a fixação de outros aspectos sertanejos.

O estudo da cozinha, da elaboração culinária no sertão, também não tem atraído a atenção dos comentaristas desde que ela tem sido ofuscada em seus gostos moderados e em seu paladar comedido pelo esplendor tão comentado e tão exaltado da cozinha do litoral. Afora alguns comentários inteligentes deste incansável esquadrinhador do folclore nordestino, Luiz da Câmara Cascudo,[31] existe muito pouca coisa de valor com referência às tradições culinárias e ao estilo de cozinha da região. De resto, a cozinha de todas as zonas do Brasil tem sido pouco estudada. Cleto Seabra Veloso, dos poucos a preocupar-se atualmente por esses problemas, alude, no seu ensaio sobre a "Gastrotécnica na alimentação brasileira", à "atmosfera de desprestígio e de ridículo" criada em torno de problemas de tão profunda significação na vida de um povo. Atmosfera que, longe de estimular, só pode ter abafado o gosto por esses estudos, nos quais se embrenharam, por exceção, um Manoel Quirino, um Nina Rodrigues, um Nunes Pereira e mais uns poucos maníacos de nossos problemas etnográficos.

Baseados nos resultados dos inquéritos mencionados, nas referências encontradas na bibliografia sobre os sertões nordestinos e em observações diretas que fizemos em viagens pelo interior de Pernambuco e da Paraíba, vamos tentar um levantamento do mapa alimentar do sertão, dos hábitos tradicionais da alimentação da gente sertaneja.

Já vimos que o componente fundamental de sua dieta é o milho, alimento muito incompleto, com falhas graves por seu baixo teor proteico, com deficiências dessa sua proteína em ácidos aminados indispensáveis, com sua pobreza relativa de sais minerais e de certas vitaminas. Enfim, alimento tão pobre que nas zonas ricas, onde o homem dispõe de outros recursos nutritivos, é ele abandonado à alimentação do gado. É o caso do *corn-belt* norte-americano, onde a maior produção de milho do mundo é em 90% do seu consumo total utilizada na alimentação animal, reservando-se apenas 10% para a alimentação humana.[32] Em áreas mais pobres, nas quais o milho é usado como fornecedor de proteínas e vitaminas, seja quase puro, com um exclusivismo de consequências funestas como no México,[33] seja misturado com outros alimentos incompletos como em Cuba,[34] associado ao feijão, surgem sempre manifestações carenciais entre as populações assim alimentadas, evidenciando sérias deficiências do seu equilíbrio nutritivo.

No sertão nordestino escapam as populações a essa sorte porque o milho, embora seja o alimento básico, consumido quase que pela totalidade de seus habitantes e em quantidades relativamente altas (204 gramas diários per capita, na cidade de Salgueiro, segundo inquérito de O. Parahim), e mais ainda em plena zona rural, não constitui, no entanto, a fonte obrigatória nem de proteínas, nem de vitaminas, nem de sais minerais do sertanejo. Mas apenas a sua base calórica, o fornecedor do grosso do total energético de sua ração, ficando o fornecimento dos outros princípios alimentares a cargo de outras substâncias.

Usado sob as mais variadas formas, como angu, canjica, cuscuz,[35] o milho é quase sempre consumido juntamente com o leite, numa combinação muito feliz, completando a caseína do leite as deficiências em aminoácidos da zeína do milho.

O cuscuz é um prato típico da cozinha sertaneja, cuja técnica de preparo constitui uma simples variante dos processos árabes de fabricação de seu prato nacional — o *kous-kous*. Apenas, em lugar do grão de trigo, usa-se o de milho pilado, no Nordeste como na Arábia, num pilão especial. Para se ver até que ponto o milho pilado em casa representa um traço definitivamente integrado no complexo cultural da região, basta dizer que o sertanejo, mesmo dispondo das farinhas e xeréns de milho já preparados, não abre mão dos seus métodos tradicionais de preparo caseiro do grão. Conta Orlando Parahim que, tendo um industrial de Salgueiro aberto uma refinaria de milho para preparo de variados tipos de farinha, teve que fechar sua indústria "porque o caatingueiro preferiu sempre fazer o cuscuz com o milho batido no seu pilão em domicílio".[36] Felizmente, na preparação do milho para pilá-lo não usa o nordestino o nocivo processo de acrescentar-lhe cal, como na área do México, destruindo esse meio alcalino a maior parte da riqueza vitamínica que o milho possa conter.

Em experiências que levamos a efeito no Instituto de Nutrição da Universidade do Brasil, acerca do valor nutritivo da mistura de milho com leite, ficou demonstrado de maneira categórica o fato surpreendente de que os ratos alimentados com essa mistura apresentavam um desenvolvimento superior ao dos animais que dispunham de uma dieta cuja fonte de proteína era exclusivamente o leite. Demonstraram, assim, essas experiências, que as proteínas do milho e do leite em conjunto possuem um valor biológico superior ao do próprio leite.[37]

E não é só com milho que se consome leite em abundância no sertão do Nordeste, mas de muitas outras formas. Misturado com café de manhãzinha, ou como coalhada fresca ou escorrida, ou sob a forma de derivados, manteiga ou queijo. Principalmente manteiga fresca e requeijão, tipo de queijo gordo de que os sertanejos fazem largo uso, cru ou assado. Em nenhuma outra zona do país, mesmo no Sul e no Centro-Oeste, onde os rebanhos de gado são bem mais abundantes, o leite constitui um alimento tão constante da dieta, entrando no preparo de tantas combinações alimentares, como no Nordeste pastoril. É que nas zonas de criação do Sul, o leite, produzido em muito maior escala, constitui um produto comercial para o abastecimento das cidades populosas, ligadas às áreas de criação por fáceis meios de transporte.

São de Castro Barreto, nos seus *Estudos brasileiros de população*, as seguintes palavras:

Fomos há algum tempo, numa das nossas excursões de estudo, a uma cidade do estado de Minas, centro pecuário de grande produção de laticínios. Ali pudemos verificar um progresso animador na criação de gado leiteiro, de cavalos, de suínos magníficos. Em contraste com essa riqueza do rebanho e com as cifras de produção do leite, queijo e da banha, encontramos uma população lamentavelmente carenciada e anêmica, parasitada pelo ancilóstomo. Os próprios tratadores, nas estâncias da empresa, eram homens que, fornecendo aos animais rações tecnicamente certas e ricas, apresentavam um nível de nutrição miserável. Viemos a saber que a infância de toda essa região privilegiada não toma leite nem se beneficia de outros laticínios porque toda a produção vem para o Rio de Janeiro; o leite desnatado e o "soro", considerados subprodutos das fábricas de manteiga e queijo, são fornecidos aos porcos, para a engorda.[38]

Já no Nordeste, a quase inexistência de comunicações práticas com as grandes cidades do litoral afastou sempre o leite sertanejo dos mercados urbanos. O leite, a manteiga e o queijo do sertão ficaram sendo até hoje produtos de consumo local, elementos integrantes da dieta do sertanejo. Das suas refeições matinais, de angu e cuscuz com leite; dos seus pratos de fôlego — carne com abóbora e leite — e até de suas sobremesas, como a sua célebre umbuzada, preparada com leite e umbus bem maduros numa combinação de excepcional valor nutritivo, extraordinariamente rica em proteínas e vitaminas, lembrando a associação admirável de leite e tâmaras de que fazem uso os nômades do deserto saariano, os quais se apresentam, por conta de sua dieta, com uma compleição superior a de todos os povos da Europa.[39]

Realizando o seu primeiro inquérito alimentar em Salgueiro durante uma quadra de seca, Orlando Parahim encontrou assim mesmo um consumo médio de leite, per capita, de noventa gramas diários, consumo que se lhe afigurou baixíssimo para o sertão. Apressou-se, então, o investigador em explicar:

> Na quadra invernosa, devido à abundância de pasto para o gado, a produção leiteira aumenta consideravelmente e o preço é apenas de trezentos réis por litro. Nas estiagens demoradas dá-se o caso inverso e o leite atinge o duplo do preço habitual. Escasseia e até desaparece, porque o gado é retirado para sítios mais favoráveis à criação. Atravessamos no momento um destes períodos de seca, e o consumo do precioso alimento se nos afigurou baixíssimo.

Ademais, é bom acentuar, tratava-se de um inquérito de população urbana. Nas fazendas onde há o abastecimento próprio o consumo é sempre mais elevado.

Além do leite, tem o sertanejo uma fonte liberal de proteínas na carne. Carne de boi, carne de carneiro e, principalmente, carne de cabrito, que constitui o grosso do consumo da região. Abatendo o seu gado para alimentar-se, o sertanejo come, no dia da matança, as vísceras e partes mais perecíveis em famosas *buchadas*[40] e *paneladas*, reservando para outros dias a carne dos músculos, fresca ou seca como charque, ou secada ao sol e ao vento. Este último processo de preparação constitui o método mais usual no sertão para conservação da carne: o preparo da carne de sol ou de vento. Da carne secada ao sol no mais primitivo dos processos de desidratação, o qual só dá resultado satisfatório em climas de pouca umidade atmosférica. Processo importado do reino e também aprendido dos habitantes do deserto.[41] Essa carne de sol e o charque são usados de várias maneiras, sendo a mais comum pelos vaqueiros nas suas lidas, sob a forma de paçoca, ou seja, de carne moída, pilada e misturada com a farinha de mandioca torrada e temperada. Constitui esse prato um dos poucos traços da influência nitidamente indígena na cozinha do matuto. Se o índio contribuiu com uma boa dose de sangue para a formação da raça sertaneja, pouco trouxe como contribuição aos hábitos alimentares dessa zona.

Embora a quantidade de carne consumida pelo vaqueiro do Nordeste não seja muito grande, estando longe de alcançar a liberdade e muitas vezes o exagero do uso dos vaqueiros dos pampas — do gaúcho —, o seu consumo é, contudo, generalizado por todas as populações do sertão.

No inquérito de Orlando Parahim ficou verificado que na zona de Salgueiro, 90% das famílias acusavam um consumo de carne de 62 gramas diários per capita, cota que, na verdade, é baixa e que leva Parahim a julgar o consumo de carne no sertão insuficiente. Não concordamos, nesse ponto, com o ilustre pesquisador, lembrando-lhe que os dados que ele apresenta, baseados no movimento do matadouro da cidade, para concluir que a carne também é parcamente consumida pelo sertanejo, são pouco significativos numa zona em que a maior parte da população, sendo mais rural do que urbana, cria e abate o seu próprio gado para abastecer-se de carne. Que o sertanejo foi sempre um comedor de carne, temos provas em inúmeros documentos regionais de diferentes épocas, servindo de bom exemplo a seguinte referência do autor do *Desagravo do Brasil*: "De gado vacum há tanta abundância em Pernambuco que pobres e ricos, brancos e pretos, se sustentam das suas carnes, que são as mais saborosas do país". Esse consumo de carne, numa área onde o milho constitui a alimentação básica, é verdadeiramente excepcional e faz do Nordeste uma zona comparativamente privilegiada. Já os ovos constituem um alimento raro, a criação de galinha sendo até hoje pouco desenvolvida na região.

Além do milho, do leite e da carne, fazem habitualmente parte da alimentação do sertanejo o feijão, a farinha, a batata-doce, o inhame, a rapadura e o café. O feijão, embora em menor proporção do que o milho, é largamente usado em suas diversas variedades — de arrancar, de rama e de corda, principalmente do tipo *macassar*, reforçando o total proteico da ração, embora com proteína incompleta.[42] A batata-doce colabora com o milho no perfazer o total energético, substituindo o pão, de uso muito limitado na região sertaneja.[43]

Constituem falha visível da alimentação do sertanejo a pobreza e irregularidade em que as frutas participam do seu regime habitual. Já vimos como a flora nativa é exígua em frutas, e o sertanejo, sob a ameaça das secas periódicas, não se tem animado a desenvolver a pomicultura. Não que o solo e o clima sejam obstáculos realmente intransponíveis a esse gênero de agricultura. Mas porque o risco de perder o trabalho é maior nesse tipo de plantação, que exige largos anos para a colheita, do que nos tipos de cultura de colheita rápida — do milho, da mandioca e do feijão.

Provando que o meio ecológico permite a fruticultura com rendimentos compensadores estão os resultados obtidos pelas estações agrícolas experimentais da Inspetoria Federal de Obras Contra as Secas. As tentativas de fruticultura realizadas nas terras irrigadas pelos grandes açudes têm surpreendido os próprios técnicos encarregados desse serviço. O agrônomo José Augusto Trindade, que chefiou esse serviço, escrevera em 1937 as seguintes palavras:

A fruticultura está fadada a constituir um dos recursos de exploração mais rendosos das bacias de irrigação, dos açudes. Mas, além de riqueza, ela tem no sertão uma alta finalidade humana. As frutas e as hortaliças em toda parte constituem alimento indispensável à saúde e à eficiência do trabalho humano, mas no sertão tal exigência sobe de grau devido ao clima cálido e à alimentação concentrada, pobre em vitaminas e minerais. O sertanejo é grande apreciador de frutas. As serras encravadas nas caatingas áridas, dispondo de melhores condições de solo e de clima são, com a região dadivosa do litoral, os centros fornecedores de frutas no sertão. Mas em regra as laranjas, as mangas e as bananas que tais zonas mandam às feiras sertanejas são caras e de má qualidade. Do próprio sertão, das terras umedecidas pelos açudes particulares, só se encontram bananas. Estas, sim, são de um delicioso sabor e polpa finíssima. Sua produção, entretanto, é muito reduzida. De sorte que o estímulo da pomicultura nas áreas irrigáveis tem uma finalidade social de alta monta: tornar acessível às populações sertanejas um alimento saboroso e dotado de tantas propriedades higiênicas. Penso, entretanto, que a produção de frutas nas bacias de irrigação não deve apenas visar o abastecimento das feiras sertanejas. Não é desarrazoado prever que as laranjas do sertão, graças à qualidade finíssima que os nossos ensaios entremostram, conquistem os mercados das capitais e das cidades principais do Nordeste. Que dizer, então, do futuro que se esboça à produção de tâmaras nas terras irrigáveis? Capacitada das possibilidades econômicas que a pomicultura encontra nas bacias de irrigação, a Comissão dedicou-lhe muita atenção desde o início de sua atividade. Existem em estudo de adaptação, nos diversos postos agrícolas, 110 variedades frutícolas.[44]

Das 110 variedades, acrescenta o técnico que muitas se têm evidenciado perfeitamente adaptáveis às condições locais, produzindo com proveitoso rendimento, destacando-se as frutas cítricas — a laranja e o grapefruit —, o mamão, o figo, a pinha, a goiaba e, principalmente, a tâmara,[45] que reencontra no clima sertanejo como que seu próprio clima de origem. Essa planta dos oásis africanos que exige, para bem frutificar, viver com os pés dentro da água e a cabeça ao sol ardente, produz com alto rendimento quando plantada nos vales irrigados dos sertões nordestinos. E não só nos terrenos férteis do aluvião, mas também nas terras sáfaras, nos tabuleiros areníticos, desde que não lhe sejam negados água e outros cuidados secundários a seu cultivo.

Infelizmente, esses ensaios de fruticultura estão ainda limitados à escala experimental e até hoje "no sertão do Nordeste somente existe produção permanente de cereais, verduras e frutas junto aos açudes, e sendo essa produção ainda pequena, exclusivamente as populações desses núcleos são beneficiadas", conforme afirma outro técnico da Inspetoria das Secas, José Guimarães Duque.

O sociólogo Antônio Carneiro Leão, viajando pelos sertões da Bahia e Pernambuco, impressionou-se com a pobreza da dieta em verduras e frutas, em contraste com a relativa riqueza de carnes — a que já nos referimos. "As refeições que nos ofereciam, ricas em carne — boi, porco, carneiro, cabrito —, não continham uma só verdura nem um só fruto nacional ou estrangeiro." Não refere o ilustre sociólogo a época da sua viagem através das terras sertanejas, mas pelo quadro alimentar que apresenta devia ser época de seca.[46]

Sem cultivo de plantas frutíferas, resta ao sertanejo o recurso bem limitado das frutas silvestres — do umbu, do pequi, do quibá, da cajarana e da quixaba. A escassez de boas frutas criou, por mecanismo que já explicamos, tremendos tabus contra estes, e assim se constituiu um novo obstáculo ao consumo liberal de frutas por parte do sertanejo. Frutas só de manhã, de tarde dá sezões e maleita. De noite chega a matar. O consumo de verduras é também limitado à abóbora (*Cucurbita maxima*), ao maxixe (*Cucumis anguria*) e às cebolinhas e coentros usados como tempero.

7

Caracterizada em seus principais componentes a alimentação do sertanejo e conhecida a sua relativa abundância em certos alimentos protetores, como o leite e a carne, bem assim a sua pobreza evidente em outros, como as frutas e as verduras, passaremos agora a analisar esse regime como um todo unitário, que abastece o homem do sertão nos princípios nutritivos de que ele necessita para sobreviver "em sua luta incessante contra as hostilidades de uma natureza áspera, sobrepondo-se, com a tenacidade e heroísmo trazidos do berço, aos obstáculos que de contínuo tentam embargar-lhe as iniciativas audazes" (O. Parahim).

A verdade fácil de se aprender é que essa alimentação tão sóbria e tão enxuta, de tão espartana sobriedade, contrastando violentamente, na simplicidade de seus processos culinários, com a rebuscada cozinha do Nordeste açucareiro, sempre tão adocicada ou lambuzada de azeite, representa um traço de alta compreensão do colono português e do mameluco seu descendente, em face das contingências especiais do meio geográfico. Colono que, sempre que a cobiça exagerada não lhe vinha turvar os propósitos de vida, se apresentava com uma aguda capacidade de compreender e de contornar as exigências mais tenazes e as necessidades mais prementes à sua boa adaptação ambiente. Sua sobriedade alimentar, no caso, longe de significar miséria e decadência, traduz uma sábia aplicação de economia biológica.

As características da alimentação sertaneja, um tanto magra e despida de qualquer excesso de tempero, harmonizam-se admiravelmente com os traços naturais da terra também magra dos sertões nordestinos. "Sertão de areia seca rangendo debaixo dos pés. Sertão de paisagens duras doendo nos olhos. Os mandacarus. Os bois e os cavalos angulosos. As sombras como umas almas do outro mundo com medo de sol", na imagem evocativa de Gilberto Freyre.[47] Por outro lado, o seu preparo simples, desnaturalizando ao mínimo os alimentos, criando combinações de admirável primitivismo, como a da abóbora com leite, do queijo com rapadura, da batata-doce com café, representa um traço quase que obrigatório das cozinhas de todos os povos nômades ou seminômades,[48] condenados a reduzir os seus utensílios de cozinha ao pouco que se possa enrolar dentro de uma tenda ou de uma rede ou da matulagem do retirante, do tangedor de gado, do bandoleiro ou do cangaceiro itinerante.

Mas não será que essa alimentação, fazendo-se tão excessivamente sóbria a ponto de constar apenas de três refeições, das quais só uma pesada,[49] não acaba por se tornar insuficiente? Incapaz de subscrever as necessidades energéticas do vaqueiro submetido climática e profissionalmente a certos rigores excessivos? Na verdade, o problema merece ser bem meditado, bem analisado para se chegar a uma conclusão rigorosamente científica. Tanto pela influência do clima semiárido, a que está submetido, como pelo laborioso gênero de vida que exerce, necessita o sertanejo retirar de sua dieta um potencial energético mais alto do que o suficiente para o habitante de qualquer outra área equatório-tropical. A ação do clima nesse particular se faz sentir pelas características estimulantes do ar seco, pela baixa taxa de umidade relativa que condiciona uma perda fácil de calor e, consequentemente, um estímulo às queimas orgânicas que regulam a intensidade do metabolismo.

Os resultados dos trabalhos experimentais que vimos realizando há 25 anos nos permitiram chegar a conclusões, hoje universalmente confirmadas e aceitas, de que o metabolismo basal varia em função de certas características meteorológicas que compõem os *facies* climáticos, principalmente em função da unidade relativa do ar e da temperatura. Assim se explica o fato, também por nós evidenciado, de que nos climas quentes e secos o metabolismo seja sempre mais alto do que nos climas quentes e úmidos. Nesse metabolismo basal mais elevado, nessa maior atividade energética do sertanejo, reside em parte o mistério de sua inquieta atividade, tão diferente da madorra amazonense e do sedentarismo um tanto cansado da gente do açúcar.

O cearense, exemplar típico de nômade brasileiro, sempre cheio de fé e de iniciativa, de energia e de inquietação criadora, é, como o árabe, o saariano, enfim, como todo habitante do deserto tropical, um hipermetabólico, gastador de muita energia. A essa parcela de energia de fundo correspondente às despesas de metabolismo basal[50] faz-se necessário juntar o suficiente às atividades em geral bem árduas do vaqueiro "levando-se em conta sua vida mais agitada fisicamente, obrigado a contínuos exercícios de equitação, pois o cavalo é seu companheiro inseparável, no dorso do qual percorre as dezenas de léguas que distanciam as cidades, vilas e fazendas do sertão".

Para tais despesas energéticas compreende-se logo que as 2400 calorias que calculamos serem suficientes para o homem da Amazônia mostrar-se-ão deficitárias para o sertanejo nordestino. Com um metabolismo de base, conforme as determinações que efetuamos em 1935, cerca de 36,2 calorias, quase igual, portanto, ao dos habitantes dos climas frios e temperados, e com um gasto de trabalho do tipo intensivo, não será exagero calcular-se entre 2600 e 2880 calorias as despesas energéticas diárias do vaqueiro do Nordeste. Cálculo que coincide com o teor médio que o seu regime alimentar encerra (2865 calorias, segundo o inquérito levado a efeito por Orlando Parahim).

O seu regime alimentar, embora na aparência pouco abundante, alcança alto potencial energético, graças às doses liberais em que entram o milho, a batata-doce e a manteiga. É bem verdade que nem sempre obtêm esses ascéticos vaqueiros um tal teor calórico em sua ração e mais raramente ainda dispõem de um excesso de energia alimentar que se possa acumular sob a forma de reserva, de depósito de gordura e de glicogênio que seriam de inestimável valor na época difícil das "vacas magras". É essa mesma parcimônia calórica, sem margens a luxo, que faz do sertanejo um tipo magro e anguloso, de carnes enxutas, sem arredondamentos de tecidos adiposos e sem nenhuma predisposição ao artritismo, à obesidade e ao diabete, doenças essas provocadas, muitas vezes, por excesso alimentar. Não o do atleta de capa de revista, nem de herói de fita de cinema, atraindo os olhares femininos com suas formas apolíneas, mas o do atleta fisiológico, com o seu sistema neuromuscular equilibrado, com bastante força e agilidade e com excepcional resistência, nos momentos oportunos.

Esse tipo constitucional do sertanejo é característico da maioria dos povos pastores, todos de vida frugal e de grande atividade física. Veja-se a descrição que nos faz Bulnes[51] do tipo do pastor árabe: "O árabe é rude como a areia, ensimesmado como o deserto, seco e esbelto como a palmeira, amargo e nobre como seu café, e quase desprovido de gordura por viver submetido a dois fogos: o do sol e o do solo".

Chega-se, assim, à conclusão de que vive o sertanejo à base de um regime que se apresenta quantitativamente suficiente para suas necessidades básicas, sem sobras, sem margem para excesso. Se isso não é o ideal, constitui, contudo, nas contingências especiais do meio, uma circunstância mais favorável do que se fosse esse um regime excessivo em teor energético à custa de hidrocarbonados que não se fizessem acompanhar das vitaminas necessárias à sua perfeita metabolização. A frugalidade se ajusta sabiamente dentro do equilíbrio alimentar, sendo que os excessos são muitas vezes mais prejudiciais do que as próprias deficiências.

8

Qualitativamente, é esse um regime sem falhas muito graves. Já vimos que o teor de proteínas é relativamente alto e subscrito em boa parte por várias espécies de proteínas completas: da carne, do leite e do queijo. O teor proteico liberal associado a boas doses de vitaminas fornecidas ao sertanejo pelo leite e pela manteiga constitui um dos fatores do seu crescimento proporcional, da boa estatura da população e da polarização do biótipo numa tendência acentuada à longitipia, ao aparecimento dos tipos longilíneos, em contraste marcante com a tendência das populações do brejo para os tipos brevilíneos.[52] Não queremos dizer com isso que seja a alimentação o fator único dessa seletiva diferenciação dos longetipos no sertão nordestino. Outros fatores trabalham no mesmo sentido, sobressaindo entre eles os de base hereditária: a influência ancestral dos colonizadores da região, que, na qualidade de desbravadores e pioneiros, devem ter sido, em acentuada maioria, desse tipo constitucional a cujo painel morfológico se associa quase sempre a psicologia do aventureiro. "Foi o longilíneo astênico que colonizou o sertão, e a ele coube a tarefa ingente de dilatar e integrar o território nacional. O brevilíneo parou na zona agrária para trabalhar; o longilíneo aventureiro e idealista varou o sertão", concluem Álvaro Ferraz e Andrade Lima Júnior, em seu bem planejado ensaio sobre a diferenciação do biótipo do Nordeste.

É a alimentação bem servida de proteínas que dá ao sertanejo essa resistência um tanto impressionante para os habitantes de outras zonas do país.[53] Na carne de bode, no leite e no queijo do sertão estão em boa parte as justificativas biológicas que respaldam a hoje famosa frase de Euclides da Cunha, que "o sertanejo é, antes de tudo, um forte". Realmente, só um povo forte pode "exibir esta tenacidade, esta resistência surpreendente às fadigas e às vicissitudes mais exacerbadoras, esta disposição incansável ao trabalho, esta constituição férrea que o torna sobranceiro às intempéries, aos reveses, às endemias, e o leva com frequência a cometimentos titânicos".[54]

O equilíbrio proteico alimentar deve entrar como importante fator na maior resistência que manifesta o sertanejo em face das doenças infectuosas, principalmente em face da tuberculose, que aí se apresenta muito menos destrutiva do que nas zonas da mata e do litoral.

Analisando a proporção em que entram os outros alimentos simples na ração sertaneja, vê-se que não quebram o seu equilíbrio harmônico. Não há exagero de hidrocarbonados, como na zona da mata, com sua alimentação excessiva de feculentos e de açucarados. A dieta sertaneja é dieta de poucas, de raras sobremesas. Não é tão gorda de óleo como a da cozinha baiana, contendo, no entanto, o suficiente de gordura para fornecer as vitaminas lipossolúveis indispensáveis. É uma dieta de poupança, de verdadeira defesa contra as carências relativas em vitaminas B1, sempre latentes.

A pouca abundância de frutas e a quase ausência de verduras na alimentação do sertanejo leva, de início, o estudioso de tais problemas a concluir que devemos estar diante de uma área de grandes carências minerais e vitamínicas. É que os livros afirmam ser esses dois grupos de alimentos protetores as fontes naturais mais abundantes daqueles princípios alimentares. A realidade sertaneja desconcerta, de certo modo, esses pontos de vista doutrinários. O sertanejo, quase sem comer frutas nem verduras, consegue escapar por outros meios aos malefícios das avitaminoses e das carências minerais patentes. Nos tempos normais dificilmente topará o médico, mesmo o especialista arguto, com estados de hemeralopia, de beribéri, de pelagra ou de escorbuto, cuja existência o seu raciocínio puramente teórico faria supor ser frequente. Não. Esses casos só surgem, e então em trágica abundância, nos períodos calamitosos da seca. Nos bons tempos em que a água rega o solo sertanejo, não se apresentam esses quadros de miséria orgânica ligados às carências específicas. Esse estado de coisas não encerra nenhum mistério nem segredo que contrarie os conceitos hoje bem assentados da etiopatogenia das carências alimentares. Para explicar o fenômeno em suas expressões locais, não vemos mesmo nenhuma necessidade de se apelar para hipóteses ousadas, como aquela de O. Parahim, de que seja a riqueza da luz solar do Nordeste capaz de provocar sínteses inéditas de vitaminas, como a da vitamina C, salvando o organismo de sua fome específica. Não vemos necessidade de hipótese dessa categoria, insistimos, porque há outras explicações mais naturais. O que ocorre é que muitos outros alimentos, além das verduras e das frutas conhecidas, são capazes de abastecer o organismo tanto de sais minerais como de vitaminas. E o sertanejo — seja por simples acaso, seja por sabedoria instintiva — consome essas espécies de alimentos em combinações apropriadas. O matuto não apresenta carência cálcica por consumir quantidades liberais de leite e de queijo que são as mais ricas fontes naturais desse princípio mineral. Também as águas sertanejas são, em geral, de alto grau de dureza, águas calcárias que ajudam no abastecimento em cálcio. Escapa às anemias ferroprivas, que assolam os brejeiros, comendo carne fresca e seca, feijão, favas, milho,[55] e, principalmente, a rapadura, que é muito superior ao açúcar por seu conteúdo tanto em ferro como em outros princípios minerais. Apesar de sofrer grande espoliação em cloreto de sódio, pela sudação abundante que o clima condiciona, o sertanejo equilibra o seu metabolismo desse outro mineral com a sua alimentação rica de sal, o qual constitui o tempero por excelência do sertanejo.

A descoberta de boas reservas de sal no Nordeste, constituindo importante fator de incremento da pecuária, permitiu também o desenvolvimento no sertanejo desse gosto acentuado pelos sabores salgados, que venceu e dominou inteiramente o outro gosto, o dos sabores doces. O sertanejo come a batata-doce assada com bastante sal, mas quase nunca a utiliza para fazer doce — o doce de batata de tanta fama e atração ao paladar do pessoal da bagaceira dos engenhos e dos moradores das cidades do litoral nordestino. Esse sabor salgado da alimentação do sertanejo confirma a nossa indicação anterior, da quase nula influência indígena na cozinha regional, dada a pouca inclinação do nativo ao consumo do sal, em contraste patente com a tendência do excesso de sal da cozinha sertaneja.

Quanto ao teor de iodo da água e do solo nordestino que são as mais ricas fontes naturais desse princípio mineral, nada se conhece em base científica; apenas se sabe que, apesar de sua distância do litoral, o sertão do Nordeste não constitui uma área de alta incidência do bócio endêmico, o que faz supor um abastecimento pelo menos suficiente desse metaloide.

O mistério da origem das vitaminas também se dissipa quando se busca com mais detalhe analisar o teor desses vários princípios em certos alimentos de uso habitual no sertão. Assim se vê que a vitamina A existe em relativa abundância em vários componentes da dieta normal do vaqueiro: o leite e a manteiga são suas fontes centrais; o milho amarelo e a batata-doce constituindo elementos subsidiários de abastecimento em betacaroteno. Sendo que o milho verde ainda dispõe de maiores cotas do que o seco, e é bom lembrar que o sertanejo o come dessa forma nas épocas de colheita, seja assado ou cozido ou fazendo parte da matéria-prima de suas pamonhas e canjicas. Também algumas frutas silvestres, como o pequi, constituem fontes abundantes dessa vitamina.[56] De vitaminas do complexo B não há déficit patente no sertão nordestino. O beribéri, forma clínica da carência de vitamina B1, não se apresenta nessa área alimentar nem mesmo nas épocas das agruras da seca, quando as outras avitaminoses surgem em tétrico cortejo. É verdade que registram os cronistas o seu aparecimento excepcional na seca de 1877, nesse ano de negro destaque no calendário das calamidades do sertão. Mas a descrição dada aos casos clínicos é tão imprecisa que é mais provável que se trate de outras carências alimentares.

Rodolfo Teófilo, referindo-se àquele surto de beribéri tão atípico, diz que "os sintomas patognomônicos falhavam completamente".[57] Noutros períodos de secas posteriores não se têm registrado surtos epidêmicos de beribéri. Nos registros minuciosos que fez Amadeu Fialho[58] das carências alimentares agudas ocorridas entre os flagelados de 1933, não encontramos referências a casos de beribéri. A ausência do mal nessa área, mesmo nas épocas de mais dura crise alimentar, reforça nosso ponto de vista já anteriormente manifestado de que, mais do que uma doença de carência propriamente dita, é o beribéri um desequilíbrio nutritivo provocado pela desproporção entre o teor de glicídios e de vitamina B, desequilíbrio que nunca ocorre na vida incerta do nordestino. Já as formas frustas de avitaminose B1 é possível que existam, como existem em quaisquer outras áreas alimentares, mesmo as mais favorecidas do mundo.

Também a pelagra, praga tão ligada às áreas alimentares do milho, que, como já vimos, durante muito tempo se pensou tratar-se de uma intoxicação crônica produzida pelas toxinas desse cereal, constitui doença excepcional no sertão. Aparece quando muito em casos esporádicos, e isto mesmo em proporção bem menos abundante do que na zona da mata, onde a busca bem orientada dos especialistas vem revelando ser bem alta a incidência do mal. É que na zona do brejo se associa à carência alimentar um fator complementar muito importante na etiopatogenia do mal, o alcoolismo crônico, que é de excepcional raridade no sertão, sendo o sertanejo o tipo de maior sobriedade de todo o Brasil.

As arriboflavinoses, caracterizadas por feias boqueiras que assolam os meninos dos engenhos, só surgem no sertão na época das secas, entre os filhos dos retirantes. Tanto essa como as outras formas de carência em vitamina B2 são raridades clínicas entre os sertanejos com sua economia organizada, com seu gado no pasto, e com suas vazantes reverdecendo de plantações. Já na seca a história é outra, e lá chegaremos.

O problema da vitamina C no sertão apresenta também aspecto de extrema curiosidade para o estudioso dessa questão. A quase que ausência de frutas cítricas nessa zona faria logo pensar em ondas pestilentas de escorbuto grassando com furor nessa área geográfica e, no entanto, o mal só se manifesta em escala apreciável nas agruras da seca. Nos tempos normais é tão raro quanto nas zonas de bom consumo de laranja e de limão. É que existem no sertão, nessa estranha e desconhecida dieta do sertanejo, fontes ignoradas de apreciável riqueza em ácido ascórbico. Essa riqueza começa pelo leite que se revelou no sertão às análises de O. Parahim[59] com apreciável teor de vitamina C. Principalmente o leite de cabra que o sertanejo tanto consome e que se mostrou quase duas vezes mais rico nessa vitamina do que o leite de vaca. É claro que o teor em ácido ascórbico varia largamente sob a ação de múltiplos fatores, principalmente do tipo de pastagem de que o gado se alimenta. Nas épocas de chuvas, quando o pasto está verde e é representado pelas várias espécies de gramíneas, o teor vitamínico do leite alcança o seu máximo, porém nas épocas secas, em que o gado se sustenta com cactáceas e bromeliáceas, o teor baixa até quase reduzir-se a zero. É que, enquanto as gramíneas são quase todas forragens muito ricas em vitamina C, as cactáceas e as bromeliáceas apresentam um conteúdo insignificante desse princípio regulador. Enquanto o capim-de-planta, o capim-jaraguá e o capim-alpiste contêm, respectivamente, as doses de 116, 45 e 56 miligramas de ácido ascórbico por cem, o teor da palmatória, do mandacaru e da macambira não vai além de 3,9, 0,35 e 9,25, respectivamente.

Com a chuva não falta, portanto, vitamina C nem para o gado nem para a gente do sertão. E não é só o leite que se mostra bem provido dessa vitamina na área sertaneja. O milho-verde, o feijão-verde e o jerimum ou abóbora, que fazem parte habitualmente do menu do caatingueiro, contêm ácido ascórbico em doses que não estão longe das encontradas nas frutas cítricas. Mesmo alguns frutos silvestres, como o umbu, o cajuí e outros ainda mais desprezados, como o juá e o fruto do quibá,[60] se têm mostrado extraordinariamente ricos nessa vitamina. Diante dessa abundância de vitamina C no meio natural do sertão, muito maior do que se presumia até bem pouco, já não há razão para se admirar que o escorbuto não se manifeste nas épocas de vida normal nessa região. Orlando Parahim procurava explicar o fato aduzindo outras causas presumíveis de tal fenômeno biológico. Julgamos interessante transcrever na íntegra as explicações que esse autor procura dar ao fato, porque algumas delas, embora estejam longe de sua comprovação científica, abrem, no entanto, um mundo de fecundas sugestões aos estudiosos da matéria:

Aqueles que demoram no sertão e estudam atentamente os hábitos de vida, o regime de trabalho e o tipo do homem surpreendem-se em face da raridade do escorbuto, da extraordinária resistência física e pasmosa energia do sertanejo, submetido habitualmente a uma dieta alimentar precária e desequilibrada, vez por outra restringida por estes períodos de fome que são as secas. Para explicar fatos que parecem, pelo menos à primeira vista, paradoxais, ocorre-nos sugerir o seguinte: a) influência favorável da luz solar talvez ativando a síntese da vitamina C no organismo; b) maior conteúdo vitamínico nos alimentos naturais da luz solar intensa; c) presença de quantidades apreciáveis de vitaminas C em alguns alimentos até agora não devidamente estudados (macaxeira, abóbora ou jerimum, milho-verde, feijão-verde, goiabas e muitos frutos silvestres); d) possibilidades de aproveitamento máximo da vitamina desses e de outros alimentos pelo nosso organismo; e) possível adaptação do organismo dos sertanejos a regimes pobres; f) quiçá sejam as necessidades cotidianas de vitamina C menores na realidade do que as apresentadas teoricamente nos livros, uma vez que não há ainda acordo definitivo sobre o assunto, divergindo notavelmente as cifras propostas pelos diferentes autores; g) talvez esteja em causa a influência sinérgica de outros fatores dietéticos ainda não conhecidos; h) possivelmente, o mecanismo metabólico, o aproveitamento e as relações da vitamina C com os demais componentes alimentares são fenômenos mais complexos do que geralmente se admite.

Não há problema de vitamina D para o sertanejo. O céu límpido, quase sempre despido de nuvens, e o ar seco, quase isento de umidade, permitem que o sol despeje como maná divino muita vitamina D no sertão. É que, com poucos obstáculos a vencer na atmosfera, os raios ultravioleta do espectro solar alcançam o solo sertanejo numa proporção tal que a luz do sol nessa zona é capaz de curar o raquitismo experimental com a mesma impressionante rapidez com que o fazem as lâmpadas de quartzo dos laboratórios.

A extraordinária riqueza em raios ultravioleta da luz solar nas regiões áridas e semiáridas é um dos motivos condicionadores da grande salubridade dos seus climas. Tal riqueza é capaz de esterilizar o meio ambiente de inúmeros agentes patogênicos. No Saara, conforme refere E. F. Gauthier, os grandes traumatismos se curam sem antissépticos de nenhuma espécie, com uma facilidade surpreendente. Conta esse autor que o explorador Rohlfs, "tendo sido deixado como morto na região de Saoura, se restabeleceu de suas feridas sem nenhum cuidado médico, com a simples graça de Deus".[61] No Nordeste brasileiro o clima salubre do sertão "atalhou o próprio cólera-morbe em seu surto devastador".[62]

A síntese da vitamina D ao nível da pele garante as necessidades do organismo nesse princípio alimentar. Daí a inexistência do raquitismo típico nessa área.

O que se chama erradamente de raquíticos, de meninos raquíticos no sertão, são tipos enfezados, subnutridos, carenciados de outros muitos elementos nutritivos, e que não se puderam desenvolver normalmente, acossados pelo bombardeio das fomes muito seguidas, naquelas fases em que as secas se amiudam além de certos limites. Não são, na verdade, raquíticos esses "filhos da seca" que aparecem como um signo de fatalidade em inúmeras famílias sertanejas. São esfomeados e carenciados de toda espécie, menos raquíticos, porque, quanto mais escasseiam as outras fontes de alimentos no Nordeste, mais se acende e se intensifica a grande fonte de vitamina D — a luz do sol.

E assim se completa a análise da dieta do sertanejo em tempos normais. Dieta que, sem ser nenhuma maravilha de perfeição e abundância, está, no entanto, muito acima do que era de esperar de um meio aparentemente tão pobre e tão pouco dadivoso. Dieta que pelo menos se mostra eficiente para evitar o aparecimento das carências endêmicas de toda natureza e para dar ao sertanejo essa fibra desadorada de lutador, capaz de enfrentar impávido o tremendo fatalismo climático das secas.

A verdade é que, com chuvas regulares, com as águas transbordando das margens dos seus rios e fecundando as suas terras trabalhadas, o sertanejo vive mesmo uma época de abundância e fartura. Época em geral curta, a deste sertão florido e acolhedor, que a musa sertaneja canta num tom ingênuo:

Quando o inverno é constante
O sertão é terra santa;
Quem vive da agricultura
Tem muito tudo que planta.
A fartura e boa safra,
Todo pobre pinta manta.
Dá milho, feijão,
Tem fruta, tem cana,
Melão e banana
Arroz, algodão.
As melancias dão
Tantas como areia.

Jerimum campeia
Na roça faz lodo
Vive o povo todo
De barriga cheia.
Com vinte dias de chuva
Logo após a vaquejada
Chega a fartura do leite
Manteiga, queijo e coalhada.
No tempo da apartação,
Isto é que é festa falada.

Chega a abundância,
Reina a alegria,
Passa a carestia,
Passa a circunstância.
Com exuberância
A lavoura duplica

E uma vida rica
Passa o sertanejo;

Carne gorda e queijo,
Pamonha e canjica... [63]

O esforço que o sertanejo desenvolve para obter os frutos dessa fartura transitória é titânico e como que o absorve inteiramente, não lhe deixando tempo nem energia para cuidar de outros aspectos fundamentais da vida. [64] Esta é uma das razões da estagnação em que permanece o sertão, apesar do espírito empreendedor do sertanejo. Causa da falta do conforto de suas habitações, da rusticidade do vestuário, do atraso mental em que vivem atolados. É que constitui um trabalho de Hércules, capaz de esgotar as reservas e energias de qualquer povo, este de retirar de um solo semiárido recursos alimentares suficientes e variados para a vida do homem economicamente segregado em tais confins. Se à custa desse constante labor pode o sertanejo manter o equilíbrio da sua economia alimentar à base da produção, que as quadras chuvosas fornecem, toda e qualquer anomalia que surja no regime das precipitações — um simples retardamento no início das chuvas, sua interrupção antecipada ou sua inopinada ausência — vem a desencadear tremenda crise de alimentos na região.

9

Com as secas desorganiza-se completamente a economia regional e instala-se a fome no sertão. Os seus efeitos sempre desastrosos são de amplitude variada, conforme se trate de seca parcial, limitada a pequena área, ou uma grande seca, abrangendo considerável extensão, ou, finalmente, de uma seca excepcional, das que atingem de vez em quando todo o sertão em bloco. Sobre as diferentes categorias de secas a que está exposto o sertão, veja-se o que nos diz Luiz Augusto Vieira:

A crise de produção se manifesta então nestas regiões que, se pequenas em áreas, poderão ser socorridas pelas regiões vizinhas, não atingidas pela anomalia. Estamos diante de uma seca parcial. Quando essa anomalia climática atinge extensões territoriais consideráveis, como aconteceu em 1915 com o estado do Ceará, e em 1877 e 1932 com toda a região semiárida, então se trata de uma seca propriamente dita, com todos os característicos de calamidade pública. Normalmente as crises climáticas, mesmo as mais extensas, ficam adstritas ao período de um ano, mas não é raro que esse desequilíbrio alcance um período maior, dois anos e até três, como aconteceu nas duas maiores crises até hoje registradas: a de 1877 e a de 1932. Nesse caso trata-se de uma seca excepcional, de intensidade extraordinária, de consequências indescritíveis, com o cortejo de misérias e humilhações, do conhecimento de todos os brasileiros. Pelo que acabamos de ver, as crises do Nordeste estão sujeitas a intervalos diferentes: a seca parcial que obedece a um período da ordem de quatro a cinco anos. A seca generalizada, cujo período parece ser de dez ou onze anos, e a seca excepcional, que parece obedecer ao ciclo de cinquenta anos. Esclareçamos, porém, que esses números nada têm de precisos, pois não foi ainda descoberta a lei que rege a frequência das secas. Essas crises têm surgido sempre de forma imprevista, surpreendendo não só os pobres e heroicos habitantes do Nordeste, como também os próprios governantes que nunca souberam aproveitar as épocas de bonança para acumular reservas capazes de enfrentar a iminência de crises futuras.[65]

A trágica história desses cataclismos periódicos, desse calendário de calamidades, tem sido registrada por grandes escritores brasileiros, desde um Euclides da Cunha, condensando em quadros de fulgurante beleza todos os horrores indescritíveis da seca, a um Felipe Guerra, com as tétricas descrições de detalhes macabros acerca dessa heroica epopeia dos nordestinos. Tomás Pompeu, Rodolfo Teófilo, Ildefonso Albano, José Américo de Almeida, Rachel de Queiroz, Alceu de Lellis, Clodomiro Pereira e tantos outros nos apresentaram em páginas de intenso realismo o excruciante espetáculo de fome e de miséria. Não vamos repisar no presente ensaio essas cenas já bem conhecidas de todo o país, projetadas com tal intensidade na consciência de todos que, como diz Gilberto Freyre, "a palavra Nordeste nos evoca sempre o espetáculo das secas. Quase não sugere senão as secas, os sertões de areias secas rangendo debaixo dos pés".[66]

Utilizaremos desses estudos e relatos apenas o essencial para a compreensão de como se instala a fome no sertão nessas épocas calamitosas. Para o estudo de suas principais manifestações e de suas consequências mais marcantes sobre o estado físico e mental dessa gente, sobre sua vida orgânica e sobre sua vida cultural.

Nesses sinistros períodos em que o clima se nega a regar com chuvas benfazejas o solo adusto da caatinga, toda a vida regional se vai exaurindo da superfície da terra.

O despovoamento da região resulta do fato de que não só os animais domésticos, como os que fazem parte da fauna nativa, emigram ou são em sua maior parte dizimados nas épocas de secas prolongadas. Von Spix e Von Martius,[67] atravessando o sertão baiano numa dessas quadras secas, admiraram-se da desolação da paisagem regional, quase isenta de vida: "A fauna parecia ter completamente abandonado este deserto adusto. Só observamos vida e movimentação nas casas de cupim, de forma cônica, tendo às vezes até cinco pés de altura. Aves e mamíferos pareciam ter emigrado para regiões mais ricas de água".

As culturas desaparecem dos roçados com as sementes enterradas na poeira esturricada ou com as plantas tenras dessecadas pela soalheira. O pasto seco se esfarinha e é arrastado pelos ventos de fogo, ficando o gado à míngua de água e de alimento. Recorre o vaqueiro ao recurso das ramas e dos cactos, queimando os espinhos dos mandacarus e dos facheiros e picando os seus gomos a facão para evitar a extinção imediata do rebanho.

As próprias reses esfomeadas procuram arrancar com os cascos e com as bocas sangrando os espinhos dos cactos aquosos que lhes mitiguem por um momento a fome e a sede.[68]

Não dura, porém, muito que o gado se deixe aniquilar pela morrinha, pela inanição e pelas pestes, e comece a entrevar, a cair e a morrer como moscas. Os pátios das fazendas vão ficando coalhados de cadáveres, transformando-se as campinas em pouco tempo em grandes ossários, com as carcaças alvejando na amplitude cinzenta dos chapadões descampados.

Golpeado a fundo pelo cataclismo, com suas fontes de produção estagnadas, o sertanejo quase sempre desprovido de reservas cai imediatamente num regime de subalimentação. Começa por limitar a quantidade de sua ração e a variedade de seus componentes. A sua dieta nessa fase se reduz logo a um pouco de milho, de feijão, de farinha. Mas se a seca persiste, estes poucos gêneros desaparecem do mercado, ficando o sertanejo reduzido aos recursos das "iguarias bárbaras", das "comidas brabas" — raízes, sementes e frutos silvestres de plantas incrivelmente resistentes à dessecação do meio ambiente.

10

Fazem parte desta dieta forçada dos flagelados pela seca inúmeras substâncias bem pouco propícias à alimentação, das quais os habitantes de outras zonas do país nunca ouviram falar que fossem alimentos. Substâncias de sabor estranho, algumas tóxicas, outras irritantes, poucas possuindo qualidades outras além da de enganar por mais algumas horas a fome devoradora, enchendo o saco do estômago com um pouco de celulose.

"Esgotados os recursos naturais de alimentação, tangidos pela fome, estes infelizes se atiram aos últimos recursos vegetais, em geral impróprios à alimentação, ricos apenas de celulose, por vezes mesmo tóxicos, tais como a mucunã, e a macambira, que tantos casos fatais ocasionaram nas secas passadas e que agora mesmo alguns produzem", escreveu Amadeu Fialho no seu *Relatório sobre a seca de 1932*.

Do cardápio extravagante do sertão faminto fazem parte as seguintes iguarias bárbaras: farinha de macambira, de xiquexique, de parreira-brava, de macaúba e de mucunã; palmito de carnaúba nova, chamada de guandu; raízes de umbuzeiro, de pau-pedra, de serrote ou de mocó, maniçoba e maniçobinha; sementes de fava-brava, de manjerioba, de mucunã; beijus de catolé, de gravatá e de macambira mansa.

Quando o sertanejo lança mão desses alimentos exóticos é que o martírio da seca já vai longe e que sua miséria já atingiu os limites de sua resistência orgânica. É a última etapa de sua permanência na terra desolada, antes de se fazer retirante e descer aos magotes, em busca de outras terras menos castigadas pela inclemência do clima.

A musa sertaneja, em sua simplicidade comovedora, canta em versos melancólicos este cardápio das quadras calamitosas, tão diferente do das épocas de fartura:

Xiquexique, mucunã
Raiz de imbu e colé
Feijão-brabo, catolé
Macambira, imbiratã
Do pau-pedra e caimã

A parreira e o murão
Maniçoba e gordião
Comendo isso todo o dia
Incha e causa hidropisia
Foge, povo do sertão! [69]

São ainda incompletos os conhecimentos que possuímos acerca desses alimentos selvagens. Alguns deles foram por nós estudados, com a colaboração dos nossos técnicos, no Instituto de Nutrição, mas estamos ainda longe de uma visão conjunta do valor nutritivo desse cardápio exótico. Contudo, baseados em tais estudos, nas afirmações populares e nos poucos conhecimentos científicos recolhidos de outras fontes, vamos repassar cada um desses alimentos.

Da macambira (*Encholirion spectabile*) utilizam os flagelados o bulbo, o qual cozinhado durante algumas horas é depois exposto ao sol para secar. Seca a macambira cozida, é ela pilada, obtendo-se, desta forma, uma farinha grossa como pó de serra, a qual se revelou, nas análises, excepcionalmente rica em cálcio, mais rica do que o queijo. Com tal produto fabricam-se beijus e mingaus. Das diferentes espécies de gravatás ou croatás retira-se produto idêntico ao das macambiras. A parte alimentar do xiquexique (*Cereus setosus*) é a sua medula, a qual é consumida assada com aipim ou servindo para o fabrico de farinha obtida dos tipos mais enxutos. [70] Todas essas farinhas são bastante pobres em amido, mas parecem inocentes, isentas de propriedades tóxicas. É verdade que, segundo referem as crônicas locais, sempre que se estabelece o seu uso na alimentação humana, surgem diarreias incoercíveis que fazem pensar na toxidez dessas plantas, mas o fenômeno se explica como uma simples manifestação de carência. Quando se chega ao uso das farinhas de pau, já a carência alimentar vai longe e os surtos de diarreia constituem apenas manifestações obrigatórias de uma determinada fase do processo de carência proteica e vitamínica. As farinhas brabas, quando muito, intensificam esse mal pela irritação que produzem com seu excesso de celulose nas mucosas do aparelho digestivo, inflamadas pelas carências do complexo B, que se associam às carências em proteínas. Tanto não se trata de toxidez que se comem dessas farinhas nas quadras de abundância sem que se manifestem as tais enterites diarreicas.

Já a mucunã (*Mucuna urhens*) constitui um recurso chamado de desespero, sendo acusada de tóxica. Essa planta, da família das leguminosas, é uma trepadeira que produz grandes vagens, encerrando de três a cinco sementes extremamente duras e achatadas de cor vermelha ou preta (donde as suas variedades — a mucunã vermelha e a mucunã preta). Nos períodos de fome intensa, o sertanejo faz uso, segundo Rodolfo Teófilo, dos dois tipos:

> Os retirantes, prevenidos sempre contra suas propriedades nocivas, se utilizam dela quando lhes têm faltado todos os meios de subsistência. Usam de ambas as espécies. Da mucunã vermelha alimentam-se não só da fécula contida na semente como ainda de uma matéria amilácea extraída da raiz. Da mucunã preta só se utilizam da raiz, desprezando as sementes que, dizem eles, são bravas.[71]

Para o preparo da farinha usam complicado processo, tendo como finalidade eliminar o suposto veneno que a planta encerra. Retiram o duro invólucro das sementes e com estas cozidas e reduzidas a massa procedem à sua lavagem em nove águas, sendo depois convenientemente espremida antes de ser levada ao fogo para torrar. No preparo da farinha da raiz da mucunã vermelha, lava-se também o produto em muitas águas, que saem mais tóxicas que a manipuera da lavagem da mandioca. Com todos esses cuidados, o produto é ainda considerado pelo povo mais nocivo do que útil, havendo um anexim popular no sertão que diz: "A mucunã suja mata e lavada aleija". Dos seus efeitos nocivos destaca Rodolfo Teófilo o aparecimento da *anasarca*, e nas mulheres, a suspensão das regras por muito tempo.[72] Dada a alta importância econômica da mucunã na vida do sertanejo — sendo suas raízes longas e grossas, uma alta fonte fornecedora de farinha, referindo Rodolfo Teófilo que só num pé, que pela haste ninguém avaliaria o número de raízes, viu retirar quinhentos quilos desta —, resolvemos iniciar por esta planta os estudos de categoria experimental acerca dos alimentos "brabos" do Nordeste.

Analisamos o valor nutritivo da semente da mucunã, do tipo vermelho, que se revelou altamente apreciável, com um teor proteico de 28,50%, de 54,57% de hidrocarbonados e de 2,25% de cinzas minerais. Trata-se, pois, de um alimento vegetal extremamente rico em proteínas, dos mais ricos do mundo, quase idêntico à soja (com 38%) e altamente energético por seu conteúdo de hidrocarbonados. De sua riqueza de sais, destacam-se os teores de cálcio de 104 miligramas por cento e de ferro de cinco miligramas por cento. Contém ainda a semente da mucunã 390 miligramas de vitamina B1 por cento. Cozida a semente, ela adquire uma consistência e sabor agradáveis, permitindo um consumo satisfatório, sendo que os estudos experimentais não revelaram nenhuma toxidez.

Realizamos longos estudos experimentais sobre o valor nutritivo e a suposta toxidez da mucunã, chegando à conclusão de que ela é destituída de toda toxidez, correndo os fenômenos observados tanto no homem como nos animais alimentados com a mesma planta por conta de graves carências, principalmente de certos aminoácidos indispensáveis. Veja-se sobre o assunto os nossos trabalhos "Os alimentos bárbaros dos sertões do Nordeste", em colaboração com Emília

Pechnik, Orlando Parahim, Ítalo Viviani Mattoso e J. M. Chaves[73] e "Novas pesquisas sobre a mucunã", em colaboração com Hélio Luz e Emília Pechnik.[74] As nossas observações provando a ausência de toxidez da mucunã foram confirmadas pelos estudos experimentais do professor Mário Taveira, catedrático de química toxicológica da Faculdade Nacional de Farmácia, e do professor João Cristóvão Cardoso, catedrático de físico-química, da Faculdade Nacional de Filosofia.

Trata-se, pois, de uma leguminosa de alto valor nutritivo e atóxica, que, considerando sua extraordinária resistência aos períodos de seca, deveria ser plantada no sertão como um valioso recurso para combate à fome nos períodos de calamidade.

A goma da carnaubeira é extraída dos palmitos das plantas novas — os guandus — quando ainda não está formado o seu estirpe. Tratando-se a massa do palmito com água, é retirada sua fécula. Essa alimentação, segundo Rodolfo Teófilo, "além de inocente, é muito nutritiva. Não a encontravam, porém, em abundância: além de serem um pouco raros os guandus, era penosa a extração do palmito para braços enfraquecidos e cansados". A raiz — *cuca* — do umbuzeiro é formada de um tecido esponjoso ricamente embebido de água. A riqueza d'água é tamanha que não se pode chamar o produto de comida, mas de verdadeira bebida. Numa amostra de raiz que fizemos vir ao sertão do Nordeste por via aérea, encontramos um teor d'água de 96%, o que faz supor que, colhido de fresco, o teor aquoso da raiz seja ainda mais elevado.

A maniçoba e a maniçobinha são euforbiáceas com raízes bastante ricas em amido, assemelhando-se muito às raízes da mandioca. Por processo especial obtém o sertanejo uma boa produção de féculas dessas raízes. Também das raízes do pau-de-mocó (*Tipoana especiosa*), chamado em certas zonas pau-de-serrote ou pedra, por sua tendência a proliferar nos solos pedregosos, fabricam uma farinha usada em mingaus. A sua fabricação se obtém pela lavagem da cortical da raiz, deixando-se a seguir decantar a goma que se deposita no fundo. Embora a planta queimada produza uma fumaça venenosa, capaz de cegar, a farinha é inócua.

Entretanto, a fumaça que resulta de sua combustão afirmam ser tão venenosa que, posta em contato com os olhos, produz cegueira, a qual é precedida de extrema inflamação das conjuntivas, resultando uma oftalmia purulenta. Nos sertões, para destruir as formigas, dizem, basta folear os formigueiros com pau-de-mocó. Ainda sobre a cegueira produzida pela fumaça dessa planta, diz o dr. Mello Moraes: "A fumaça da madeira desta árvore cega". Almeida Pinto, em seu *Dicionário de botânica*, exprime-se assim: "Asseveram-nos pessoas fidedignas que a fumaça desta madeira cega em pouco tempo, do que já tem havido exemplo". Acreditamos, no entanto, muito exageradas as propriedades nocivas da fumaça do pau-de-mocó. Ouvimos, a respeito, dezenas de emigrantes e acabamos por nos convencer de que é fato que a fumaça daquela madeira ataca seriamente o órgão da visão, mas não a ponto de inutilizá-lo ao contato de uma simples resfrega (Rodolfo Teófilo, *História da seca no Ceará*). Herbert Smith, no livro *Brazil, the Amazon and the Coast*, fazendo certa confusão, afirmou que a farinha do pau-de-mocó, quando comida, cegava. E outro escritor americano, mais recente, Lynn Smith, caiu no mesmo engano quando escreveu, em *Brazil: People and Institutions*, as seguintes palavras:

The roots of a shrub called pao-de-mocó whose poisons [...] for the destruction of ants. [...] But the refugees, desperate from hunger on the long trails of the unfortunate, and not knowing at the noxious properties of the tuber, cooked and ate it. A few hours after the ingestion of so toxic a root they were completely blind.[75]

Esta citação final atribui Lynn Smith a Rodolfo Teófilo. O engano, no entanto, está no fato de que na sua *História da seca no Ceará*, Rodolfo Teófilo diz essas palavras não mais acerca do pau-de-mocó, mas, conforme se pode verificar, sobre "uma outra planta de que se alimentavam os retirantes e que muitas vítimas fez... uma trepadeira que sentimos não nos ter chegado às mãos a fim de poder descrevê-la". Certamente a leitura destes parágrafos em português por um estrangeiro, embora com relativo conhecimento da língua, o conduziu ao engano.

Com as sementes torradas de manjerioba (*Cacia occidentalis*) fazem no sertão uma bebida que substitui o café. É o café de manjerioba. Além dessas plantas enumeradas, há outras de que o sertanejo acossado pela fome lança mão, sem atentar para o seu valor como alimento nem para a sua possível toxidez. Refere Rodolfo Teófilo a existência de uma trepadeira de haste delicada e flores azuis, que insere sua haste num tubérculo de cor vermelha. Este tubérculo, quando comido pelos retirantes desavisados, produz uma cegueira quase que instantânea. Não conseguiu esse estudioso das secas do Nordeste identificar o nome daquela planta, mas conta dos seus terríveis efeitos os seguintes episódios:

Pelas informações que pudemos colher e todas fornecidas pelos desgraçados que dela usaram, a planta é trepadeira de haste muito delicada, flores azuis, inserindo-se a haste num tubérculo de cor vermelha. Os retirantes desesperados de fome nas longas estradas do infortúnio e desconhecendo as propriedades nocivas de tal batata cozinhavam-na e comiam-na. Algumas horas depois da ingestão de fécula tão tóxica, ficavam completamente cegos. Disse-nos um velho que cegara havia dois meses, que não sentiu incômodo algum, nem dor nos olhos nem perturbações no estômago, nada enfim que lhe alterasse a saúde; que, comendo a batata com dois filhos menores, às quatro horas da tarde, pela manhã a nenhum foi concedido ver a luz do dia. Tinham os olhos limpos e perfeitos.

Foi esta referência de Rodolfo Teófilo, em *História da seca no Ceará*, que deu lugar à confusão a que aludimos antes entre essa planta, que quando comida cega, e o pau-de-mocó, confusão a que foi levado Lynn Smith. Com essa insistência sobre este assunto visamos esclarecer o mecanismo do mais que justificável engano do autor do *Brazil: People and Institutions*, obra das mais notáveis, mais bem informadas e de mais sadia metodologia das que se têm escrito sobre o Brasil.

Embora com os conhecimentos incompletos que se têm dos alimentos brabos não seja possível determinar com rigor o valor nutritivo da dieta dos retirantes da seca, não resta nenhuma dúvida de que se trata de um regime extremamente carenciado, não sendo possível ao organismo manter-se por muito tempo com tal alimentação. Ademais, esses recursos silvestres são limitados e, em pouco tempo, com um exército de *raizeiros* à sua cata, rareiam e se esgotam por completo. Baseado em testemunhas locais, conta Ildefonso Albano como na famosa seca de 1915 quase se acabou a macambira em certas regiões do sertão nordestino.[76]

II

Assim, esgotadas as suas esperanças e reservas alimentares de toda ordem, iniciam os sertanejos a retirada, despejados do sertão pelo flagelo implacável. Sem água e sem alimentos, começa o terrível êxodo. Pelas estradas poeirentas e pedregosas ondulam as intermináveis filas dos retirantes "como se fossem uma centopeia humana".[77] Homens, mulheres e crianças, todos esqueléticos, "deformados pelas perturbações tróficas, com a pele enegrecida colada às longas ossaturas, desfibrados e fétidos pelo efeito da autofagia".[78]

Afrânio Peixoto dá-nos impressionante descrição sobre a arrancada dos retirantes, nesses trágicos momentos:

> Queimam-se os espinhos e dá-se ao gado, cujos beiços se enrijecem com as cicatrizes que os acúleos lhes deixaram, sangrentos, doloridos, depois calejados... Vai-se buscar água aos poços ou cacimbas a quatro léguas de distância, em lombo de burro, nos jegues incansáveis. Mas o cacimbão vai mostrando o fundo. Se o gado morre à míngua, não há mais a esperar, a retirada... Uma trouxa do que se pode salvar e levar, e com os outros que passam na estrada, é a mesma amargura, o calvário de mais passos apenas... O homem esgota tudo em torno para nutrir-se: o cardo, o xiquexique, em beijus; a batata da macambira em farinha; a maniçoba como se fora mandioca; as sementes da mucunã torradas, pisadas, lavadas, relavadas em nove águas, em goma; carnaúba em sopa; o umbu é um agrado da providência... O palmito da carnaúba, a palmeira providencial, até ela, último recurso... Que extrair desta parca e até, às vezes, nociva alimentação? Nem alento, nem esperança... Fugir, se não se cai vencido ante esta resolução que tanto custa... Deixar a terra onde se sofre tanto...[79]

São as sombrias caravanas de espectros caminhando centenas de léguas em busca das serras e dos brejos, das terras da promissão. Com os seus alforjes quase vazios, contendo quando muito um punhado de farinha, um pedaço de rapadura; a rede e a filharada miúda grudada às costas, o sertanejo dispara através da vastidão dos tabuleiros e chapadões descampados, disposto a todos os martírios. Sem recursos de nenhuma espécie, atravessando zonas de penúria absoluta, gastando na áspera caminhada o resto de suas energias comburidas, os retirantes acentuam no seu êxodo as consequências funestas dessa fome. Vê-los é ver, em todas as suas pungentes manifestações, o drama fisiológico da inanição. Nas descrições que nos legaram os cronistas e os médicos, testemunhas oculares principalmente das secas de excepcionais proporções, como as de 1744, de 1790, de 1877, de 1846, de 1915 e de 1932, encontram-se instantâneos desses retirantes em todos os graus e formas da penúria orgânica, caindo de fome à beira das estradas.

Da vasta literatura referente à seca de 1877 queremos chamar a atenção de duas obras significativas. Uma, o romance *Fome*, de Rodolfo Teófilo, no qual o ilustre farmacêutico e escritor cearense conta as peripécias da vida sertaneja nos anos de inexcedível sofrimento que decorreram de 1877 a 1879. Medeiros e Albuquerque, em crítica que fez a este trabalho de ficção, comparou-o ao célebre romance de Knut Hamsun, *Fome*, acentuando mesmo tratar-se de uma obra de mais sinceridade que a do romancista norueguês:

> Se, porém, é mais incorreto e por assim dizer tumultuoso, tem a superioridade de ser mais verdadeiro. Knut Hamsun talvez nunca tivesse de fato sentido — sentido ao menos de um modo intenso por dias, meses e anos — o que ele pretendia descrever. A Rodolfo Teófilo não faltaram infelizmente os modelos. Por isto o seu livro é vivido. Sente-se que é verdadeiro. É a fome de um povo inteiro, a fome coletiva entre os sertanejos.

A referência a esta crítica de Medeiros e Albuquerque serve, no entanto, para mostrar o valor do trabalho nacional, se não como uma obra-prima de estilo ou de técnica ficcionista, pelo menos como um documentário honesto daquela época de calamidades. A segunda obra a destacar é a de Herbert H. Smith,

Brazil, the Amazon and the Coast, cuja significação se impõe por ter o autor estrangeiro assistido diretamente aos horrores da seca e às suas terríveis repercussões na capital do Ceará. Da seca de 1915 tem-se um documentário admirável na obra de Rachel de Queiroz, *O quinze*. Romance em que, mais do que a miséria orgânica dos sertanejos esfomeados, é retratada em traços seguros a miséria moral a que ficam eles reduzidos durante esse período de privações extremas. Poucos livros se prestarão tão bem para uma interpretação científica das influências psicológicas do fenômeno coletivo, sobre a conduta moral de um povo, do que esse romance de Rachel de Queiroz. Donde o largo uso que dele fizemos no capítulo em que analisamos a mentalidade anormalizada dos flagelados da seca. *O quinze* mereceria mesmo um estudo da categoria do que Freud realizou sobre o romance *Gradiva*, de Jensen, para arrancar-se da sua textura os elementos interpretativos de uma psicanálise dos flagelados da seca.

José Américo de Almeida, no romance *A bagaceira*, dá-nos o mais fiel retrato dessa retirada inglória, principalmente dos tristes contatos humanos entre sertanejos e brejeiros. O livro concentra quase que toda a sua força dramática em mostrar a miséria da humilhação sertaneja. "Há uma miséria maior do que morrer de fome no deserto, é não ter o que comer na terra de Canaã", diz o grande romancista sertanejo antes de contar a história da bagaceira.

A fome quantitativa se traduz de logo pela magreza aterradora, exibindo todos *facies* chupados, secos, mirrados, com os olhos embutidos dentro de órbitas fundas, as bochechas sumidas e as ossaturas desenhadas em alto-relevo por baixo da pele adelgaçada e enegrecida. Indivíduos que mesmo no tempo de abundância — *nas épocas do verde* — nunca foram de muita gordura, apresentando-se sempre com sua carne um tanto enxuta, chegam a perder, nas épocas secas, até 50% de seu peso.

Mas não se veem apenas essas esqueléticas figuras, magras e chupadas pela fome; veem-se também as vítimas das terríveis carências específicas nas suas mais grotescas e trágicas variedades. As deficiências qualitativas de toda ordem se associando e modelando, numa macabra riqueza de detalhes, os mais variados quadros mórbidos. São as crianças as que exibem, com características mais vivas, as doenças de carência. Atingidas pela fome negra em pleno crescimento, elas param por completo seu desenvolvimento e chegam, em certos casos, como que a involuir a um período anterior. Refere Felipe Guerra que, segundo a tradição, na seca de 1774, a fome foi tão tremenda "que os meninos que já andavam tornaram ao estado de engatinhar".[80] Muitas dessas crianças ficam marcadas a vida toda com suas estaturas mirradas pelo nanismo alimentar, com suas deformações das osteopatias da fome e suas endocrinopatias carenciais, manchando e afeando o conjunto de homens fortes que constitui a raça sertaneja.

Além da parada do crescimento nas crianças, as carências proteicas se manifestam em larga escala pelos edemas de fome e outros distúrbios tróficos. Os edemas, sejam discretos, sejam generalizados em disformes anasarcas, constituem um dos sinais mais constantes com maior frequência referido em todos os relatos sobre as secas do Nordeste. Nas levas de retirantes encontram-se sempre as figuras grotescas de famintos, com as suas pernas de graveto carregando enormes ventres estufados pela hidropisia, dando ironicamente uma impressão de plenitude e de saciedade. Na seca de 1932, o dr. Amadeu Fialho teve oportunidade de estudar a fundo esse tipo de edema inconfundível.

Apareciam numerosas crianças com todas as gradações do edema, desde o *facies* túmido empastado e pálido, até as grandes infiltrações com franco aspecto de anasarca, apresentando coleções líquidas nas cavidades serosas, alguns tinham as bolsas escrotais volumosas, tensas, cheias de líquido, translúcidas. Os derrames que se achavam nestas cavidades eram completamente límpidos, de baixa densidade e incolores. A marcha dos doentes era um pouco lenta pela dificuldade de movimentos com os membros distendidos pelo edema. Não havia perturbações de sensibilidade, porém, pelo que era impossível a sua confusão com o beribéri. Em alguns casos que tivemos oportunidade de autopsiar, casos não muito avançados mas que sucumbiram a intercorrências, vimos o tecido celular com aspecto francamente edemaciado, os músculos róseos, úmidos e derrames límpidos e incolores no peritônio e cavidade pleurais.

Chamamos a atenção para a afirmação que, em tom categórico, faz o autor de que não se pode confundir esse tipo de edema com o do beribéri edemaciante, doença rara no sertão, mesmo durante o período de seca.

As síndromes diarreicas que se associam ao edema como expressão de carência constituem fenômenos de graves consequências, aniquilando de vez com a resistência física e moral dos pobres flagelados e dificultando em extremo a higiene coletiva dos campos de concentração, onde são agrupadas pelos poderes públicos as grandes massas de retirantes. Facilitando o contágio e desenvolvendo por esse meio as grandes epidemias de disenteria e de febre tifoide, que dizimam milhares de criaturas.

Outra praga terrível é a das oftalmias, das afecções oculares de várias categorias, que se manifestam em altas proporções nos períodos calamitosos. Mesmo nos tempos normais o sertão, principalmente o do Ceará, constitui um terrível foco de doenças oculares, especialmente do tracoma. Temos a impressão de que são as secas e as fomes periódicas que deixam como monturo de suas misérias orgânicas essas manifestações oculares de tão trágico aspecto. Sobre o assunto escreve o higienista Gavião Gonzaga:

De todos os estados do Brasil, o do Ceará é o mais favorável ao desenvolvimento desta moléstia por seu baixo grau de umidade, seu excesso de luz, seu terreno arenoso e seu calor excessivo. A endemia está bastante disseminada no Cariri com focos esparsos nas regiões serranas e zona do litoral. Segundo dados históricos, a sua origem ali é anterior a seu aparecimento nos estados do Sul, provavelmente levada também por elementos estrangeiros. Nos focos de tracoma são também muito comuns as diversas conjuntivites e afecções oculares, de etiologia vária. Entre essas salientam-se a conjuntivite primaveril que recrudesce nas épocas chuvosas, a *sapiranga* ou *gorgoni*. O primeiro termo consagrado pelo modismo popular — *olhos de sapiranga* — tem sua origem etimológica na língua tupi com a locução *sa piranga* ou antes *ça piranga*, que significa literalmente olhos vermelhos ou sanguíneos conforme ensina João Ribeiro.[81]

As carências de diversas vitaminas associadas à irritação permanente que as poeiras das estradas provocam nos olhos dessa gente são causas efetivas de muitas dessas perturbações oculares. A hemeralopia ou cegueira noturna provocada pela carência de vitamina A tem sido registrada em altas proporções durante as várias secas do sertão nordestino. Rodolfo Teófilo refere que na seca de 1877 "viam-se nos abarracamentos centenas de indigentes atacados desta enfermidade".[82]

É curioso verificar-se hoje o que realizava naquele tempo a medicina. Vejamos o que sobre o assunto escreveu o dr. Rodolfo Teófilo:

Pela manhã iam ganhar a ração nos serviços do governo, voltavam e passavam o dia em pleno gozo da vista. Entretanto, à proporção que o sol sumia-se no ocaso, eles se recolhiam a suas choupanas completamente cegos. A noite enchia-lhes as pálpebras e o desgosto enegrecia-lhes a alma. Aos primeiros raios de sol voltava-lhes a luz aos olhos, mas doze horas depois tornavam a ficar cegos. A medicina combatia este estado mórbido com tônicos e reconstituintes; o povo, entretanto, sempre infenso às drogas da farmácia, aplicava e com excelentes resultados um tópico em lugar de medicamentos internos, assava o fígado de boi, extraía-lhe a salmoura que instilava sobre o globo do olho, muitos ou quase todos assim se restabeleceram.

Esta medicação tem a sua base científica na riqueza em vitamina A existente na gordura do fígado.

Euclides da Cunha, em *Os sertões*, escreve o seguinte sobre o aparecimento da hemeralopia durante as secas:

Uma moléstia extravagante completa a sua desdita — a hemeralopia. Esta falsa cegueira é paradoxalmente feita pelas reações da luz; nasce dos dias claros e quentes, dos firmamentos fulgurantes, do vivo ondular dos ares em fogo sobre a terra nua. É uma pletora do olhar. Mal o sol se encobre no poente, a vítima nada mais vê. Está cega. A noite afoga-a de súbito, antes de envolver a terra.[83]

Em graus mais acentuados de carência e principalmente nas crianças surgem, além das perturbações funcionais da visão, as lesões orgânicas do seu aparelho protetor, a queratomalácia com seu cortejo clínico habitual, a dissecação da córnea, a sua queratinização, ulceração e mesmo fusão completa do globo ocular. As simples congestões da córnea, com uma rede vascular bem desenhada caracterizando a deficiência em ribo-flavina — vitamina B2 —, também se notam em grandes pro-porções. Em síntese, as perturbações oculares de natureza pu-ramente carencial ou nas quais o fator carencial participa eram tão abundantes que nessas épocas impunham, como nos afirma Amadeu Fialho, a presença obrigatória de um especialista em olhos em todos os campos de concentração dos retirantes.

Passada a quadra da seca, o número de cegos que imploram a caridade pública no Nordeste aumenta de maneira alarmante. A estreita correlação evidenciável no Nordeste, entre as pragas de cegueira e os cataclismos das secas, tem sido observada com rigor em outras áreas de fome do mundo. Sempre que um grupo humano fica exposto às consequências de uma alimentação carenciada, surgem inúmeros distúrbios oculares que traduzem a extrema sensibilidade do órgão da visão às deficiências nutritivas. A alta proporção de cegos que infestavam os burgos europeus durante a Idade Média tinha a sua causa fundamental nas miseráveis condições alimentares da Europa durante esse largo período histórico, tão sujeito às crises periódicas de fome.[84] Conta-nos Sergius Morgulius que, depois da fome de 1898 nas províncias centrais da Rússia,

quase todas as crianças sofriam de erupções cutâneas de várias categorias, raquitismos, diarreias e infecção purulenta dos olhos. Os médicos que iam prestar socorros nestas zonas empestadas ficavam assombrados diante do espantoso número de indivíduos afetados de graves doenças oculares.[85]

Fato idêntico foi observado pelo dr. Emmet em seguida à crise de fome de 1848 na Irlanda: "O número de cegos aumentou de 13 812 em 1849 para 45 847 em 1851".[86]

Todas estas referências demonstram a importância do fator nutrição na etiologia das doenças oculares e nos dão autoridade para afirmar que no Nordeste a existência de uma alta percentagem de doentes dos olhos tem na alimentação miserável a sua causa principal. O excesso de luz, a irritação pelas poeiras, a falta de água para lavagem dos olhos, tudo isso é bem secundário, se não inteiramente inócuo. A fome é que é o elemento gerador desses terríveis males, seja nas afecções de carência, quando determina por si só lesões graves, seja predispondo o aparelho visual, pela diminuição de sua resistência, à invasão microbiana, que realizará, por sua vez, a faina destrutiva.

Nesse compêndio de patologia ambulante, ilustrado ao vivo pelos retirantes da seca, ocupam largo espaço as estomatites de várias naturezas, inflamações de mucosa bucal, da língua e dos lábios, que traduzem desde a carência em ferro até as deficiências mais acentuadas em ácido nicotínico e em riboflavina.

William G. Darby[87] demonstrou que a deficiência acentuada em ferro é capaz de produzir por si só estomatites e glossites inteiramente semelhantes às até então consideradas de carências exclusivamente vitamínicas. Conclui-se, pois, desses estudos mais recentes, que a anemia ferruginosa constitui uma causa comum dessas lesões da boca, que se curam muitas vezes com a simples terapêutica com o ferro ou com uma alimentação rica nesse princípio mineral.

As *boqueiras*, ou sejam, fissuras e queiloses das comissuras labiais, estendendo-se muitas vezes como uma estomatite difusa pela mucosa da boca, são de frequência alarmante durante esses períodos de fome. Só numa localidade da Paraíba, nas vizinhanças de Piancó, pôde um especialista observar em 1932 cerca de trezentos casos (Amadeu Fialho).

As manchas cutâneas pelagrosas, pétalas negras do terrível "mal da rosa",[88] também fazem nesses períodos seu macabro aparecimento, completando os quadros clínicos das formas nervosas e digestivas da pelagra.

Entre as observações que fez Herbert Smith, durante a seca de 1877 na cidade de Fortaleza, destaca-se a do aparecimento de uma epidemia que se seguiu à de varíola.

Para alguns tratava-se de uma nova epidemia, havendo mesmo rumores de que se tratasse da praga negra. É provável, no entanto, que fosse uma forma grave da varíola; a doença caracterizava-se pelo aparecimento de manchas negras no corpo e eu creio que os casos eram invariavelmente fatais, mesmo antes que as pústulas aparecessem.

Temos a impressão de que, em muitos casos, essas placas negras revelam casos de pelagra.

Do beribéri é bastante discutida a existência em forma epidêmica. A descrição que nos deixou Rodolfo Teófilo do mal beribérico, atacando em larga escala em 1877 e 1878, está longe de permitir a sua caracterização inconfundível:

A moléstia se manifestava por sintomas diversos, disfarçando-se às vezes a ponto de iludir a perspicácia da ciência. Em alguns aparecia de forma mista, em outros predominava a paralítica, ainda em outros os sintomas patognomônicos, se ela os tem, falhavam completamente. O doente queixava-se de uma inapetência terrível acompanhada de vômitos tão violentos que não permitiam a ingestão do alimento mais leve. Não acusava dor alguma, os membros inferiores estavam no gozo de saúde regular. Só o estômago sofria. O médico procurava a causa daquele estado mórbido, tentava combatê-lo com tônicos estomáquicos e antiespasmódicos, a moléstia progredia até que no fim de dez a vinte dias arrancava-se a máscara e conhecia-se que o doente estava acometido de beribéri. A paralisia se manifestava franca, as funções do cérebro pervertiam-se, vinha a cegueira, o delírio, e o doente estava às portas da morte. Nestas condições só havia um recurso: a mudança para as serras. Em estado desesperador o doente era conduzido para Maranguape, Baturité. A alguns voltava a saúde após estada em amenos climas. Durante a estada nas montanhas, passava como por encanto. Nos do interior, os que eram atacados de beribéri morriam como à míngua.

Ora, a descrição acima está longe de corresponder à da sintomatologia do beribéri, exprimindo muito mais quadros variados de policarências, nas quais se destacam, sem dúvida, as deficiências de todo o complexo B, inclusive de ácido nicotínico. Desde os sintomas gastrintestinais e, principalmente, os do período final, são típicos de uma síndrome de fundo pelagroso. A pelagra aguda típica se apresenta por uma associação sintomática de dermatite, flossite, estomatite, diarreia e perturbações mentais, indo até ao delírio.[89] A síndrome descrita por Rodolfo Teófilo lembra, pois, muito mais a pelagra do que o beribéri. Amadeu Fialho não registrou casos de beribéri na seca de 1932, e Orlando Parahim afirmou recentemente "que o beribéri, em sua manifestação sintomática típica, é desconhecido nesta zona sertaneja".[90]

Os casos de escorbuto franco são raros, mas as gengivites fétidas e sangrentas surgem muitas vezes atestando a deficiência alimentar em vitamina C. Não se registram casos de raquitismo. Em exame de centenas de crianças nunca surgiu um caso do mal ante os olhos experimentados do dr. Amadeu Fialho. Em combinações variadas se apresentam os casos de policarências, de desnutrição a mais acentuada, nos quais é bem difícil discernir por falta de que elementos nutritivos decorrem os sintomas variados. Tudo o que se pode concluir é que a miséria orgânica atingiu ao máximo. A fome desagregando todas as fibras do organismo numa devastação impressionante.

12

Nesse estado de penúria orgânica, os retirantes perdem toda a sua resistência e capacidade de defesa contra os agentes mórbidos de toda categoria, principalmente os de natureza infectuosa, e tornam-se presas fáceis de inúmeras doenças. Em sua incerta peregrinação, sem os menores rudimentos de higiene, comendo alimentos poluídos e poluindo tudo em torno com os seus excretas,[91] sem água para sua limpeza, sem cuidados de espécie alguma contra o contágio que a promiscuidade intensifica, a *retirada* se constitui numa verdadeira marcha fúnebre em busca da morte. É por isso que o bardo popular canta esta marcha com dolorosa melancolia:

Marchemos a encarar
Trinta mil epidemias
Frialdade, hidropisia,
Que ninguém pode escapar.
Os que para o brejo vão
Morrem de epidemia
Sofrem fome todo dia
Os que ficam no sertão.[92]

Os que resistem às extenuantes caminhadas e chegam às terras úmidas dos brejos são as mais das vezes atacados de graves doenças infectuosas, para as quais lhes falta a necessária imunidade, e morrem aos milhares. Em todas as grandes secas do Nordeste segue-se sempre, à fome, a calamidade das pestes para completar o quadro da tragédia nordestina. Na seca de 1877 os retirantes que desciam dos sertões cearenses e se concentravam na capital da província[93] eram exterminados em massa pelas epidemias de varíola, de febres biliosas, de disenterias. A epidemia de varíola tomou tão tremendo vulto que Fortaleza, com sua população de

124 mil indivíduos, assinalou a existência de 80 mil variolosos. Naquele terrível ano de 1878, "a febre biliosa, o beribéri, a anasarca, a disenteria, a varíola, haviam povoado os cemitérios", diz-nos Rodolfo Teófilo. "Na cidade de Fortaleza, em doze meses sepultaram-se nos cemitérios de S. João Batista e Lagoa Funda 56791 pessoas, mortandade espantosa para uma população de 124 mil almas." As pestes despovoavam a cidade, o cataclismo da seca se estendia em suas funestas consequências até a costa.

Num depoimento antigo, dando um balanço das perdas na terrível seca, depoimento transcrito por Edmar Morel no seu interessante livro reportagem sobre o padre Cícero do Juazeiro, encontram-se estas cifras assustadoras:

O século XIX vê dez grandes invernos e sete grandes secas. Destas a de 1845 tem gravíssimas consequências para o gado e a de 1877-1879 torna-se célebre. Ela determina a mortandade de 500 mil habitantes do Ceará e vizinhanças, ou cerca de 50% da população. Nas grandes secas em geral, porém, a média da mortandade não costuma exceder 33%. Dos mortos de 1877 a 1879 calcula-se que 150 mil faleceram de inanição indubitável, 100 mil de febres e outras doenças, 80 mil de varíola e 180 mil da alimentação venenosa ou nociva, de inanição ou mesmo exclusivamente de sede.[94]

Dos retirantes que, acossados pelo flagelo, em suas múltiplas investidas, se dirigiram para a Amazônia atraídos pela miragem do *ouro branco*, calcula-se que meio milhão[95] foram dizimados pelas epidemias, pelo paludismo, pela verminose e pelo beribéri.

O grosso dos casos de beribéri verificados na epidemia que assolou a Amazônia, durante o ciclo da borracha, era formado por nordestinos da área da seca. Sertanejos que chegavam ao inferno verde sem nenhuma reserva de vitaminas, e que se não caíam de beribéri na sua própria terra é que lá pouco comiam, não sobrecarregando o organismo com material a metabolizar. Na Amazônia, com novo regime alimentar quantitativamente mais abundante à custa das conservas e da farinha de mandioca, processava-se o desequilíbrio nutritivo e surgia a praga terrível das polinevrites beribéricas.

A Amazônia, ou melhor, o Acre, que era seu ponto de atração mais forte, foi o grande sorvedouro de vidas sertanejas: "O Acre é como outro mundo: pode ser muito bom mas quem vai lá, não volta mais", diz em tom melancólico um personagem de *A bagaceira*,[96] que assim fala mas que também acaba partindo passivamente para o inferno verde.

Uma das causas dessa absurda mortandade dos sertanejos nordestinos no vale amazônico era a absoluta incúria com que se procedia à imigração do flagelado para a nova área. Afirmava Euclides da Cunha que não conhecia na história exemplo mais anárquico de emigração do que a realizada desde 1789 entre o Nordeste e a Amazônia.

Escrevendo sobre Euclides da Cunha, o escritor Sílvio Rabelo[97] retratou a improvisação da colonização amazônica com as seguintes palavras:

O sertanejo que se dispusera a penetrar na Amazônia dificilmente conseguia adaptar-se às condições nosológicas da região. Em regra, sucumbe às febres ou ao regime de carência. A terra recém-aberta ao povoamento estava longe de ser um leito macio para seus desbravadores. É ainda um pantanal que espera os mais elementares cuidados de engenharia sanitária. A umidade e o calor são ali meios de cultura ideal aos germes mortíferos. Por outro lado, nenhum esforço realiza o colono para adaptar-se à sua nova condição de vida. Continua com os seus antigos hábitos: a mesma alimentação, o mesmo vestuário, o mesmo tipo de habitação. A terra e o homem não se aproximam nem se entendem reciprocamente.

Ainda por ocasião da chamada batalha da borracha, que se desenvolveu durante a última guerra, dos 30 mil nordestinos que foram levados como soldados dessa batalha, afirma-se que um número impressionante deles pereceu, abandonado nas zonas dos seringais. O fato alcançou tais proporções que levantou grande celeuma na Assembleia Nacional.[98]

Depoimentos interessantes a respeito são também o discurso pronunciado pelo deputado Paulo Sarasate e o informe prestado pelo sr. Firmo Dutra, então presidente do Banco da Borracha, perante a Comissão de Investigação Parlamentar, e no qual opina ser o desastre dessa mortandade oriundo da falta de adaptação racional dessa gente jogada sem nenhuma preparação nos perigosos igarapés da Amazônia. Numa reportagem sobre o assunto, dos jornalistas David Nasser e Jean Manzon, lê-se o seguinte:

A guerra terminou. Os cearenses que tinham partido não voltaram. Uns voltarão, talvez, porque, dos 54 mil soldados da borracha — segundo os dados apresentados na Assembleia Nacional Constituinte pelo deputado Paulo Sarasate —, a maior parte dorme à sombra das florestas amazônicas. Morreram longe dos seus, por um sonho de riqueza, pela esperança de melhores dias. O Exército da Borracha ainda hoje moribundo, espalhado, derrotado, faminto e errante, como em terra inimiga, perdido entre as árvores enormes, afogado nos pântanos do deserto verde, definitiva e inapelavelmente vencido. O treme-treme, a terçã maligna, a disenteria amebiana, a fome, a absoluta falta de recursos eram mais fortes que a coragem, a dedicação, a bravura e a teimosia dos homens do Ceará, da Paraíba do Norte, da Bahia e do Rio Grande do Norte.

De tifo, de disenteria, de bouba, de tuberculose, de paludismo vão as populações de retirantes se rarefazendo num bárbaro processo de reequilíbrio da situação econômica das regiões superpovoadas com a sua abrupta invasão. Sobre o problema da tuberculose — "doença tão difundida, de aspecto tão versátil e de interligação com tantos e tão complexos fatores" —, segundo César de Araújo, devemos nos deter um pouco mais. Não se sabe muita coisa sobre os coeficientes epidemiológicos do sertão desde que o problema da tuberculose rural tem sido pouco estudado, mas, com os poucos elementos de que se dispõe pode-se, contudo, afirmar que no Nordeste a incidência do mal é bem alta na região da mata e no litoral mais do que na região do sertão. No mapa sobre a incidência de tuberculose no Brasil, destaca-se bem o fato de que na zona semiárida do Nordeste os graus de incidência são *fracos* ou *moderados*, enquanto nas zonas da mata e do litoral se apresentam *fortes* ou *muitos fortes*... Num trabalho do dr. César de Araújo, "A tuberculose rural e nos pequenos centros urbanos", apresentado ao II Congresso Nacional de Tuberculose em 1941, trabalho magistral sobre o assunto, seu autor destaca a pobreza de dados informativos acerca da tuberculose rural em quase todos os estados do Nordeste. Apenas Pernambuco e Bahia permitem certa apreciação do problema através dos dados colhidos em algumas de suas áreas. Com os elementos estatísticos de oito cidades de Pernambuco, quatro da zona da mata e quatro da zona do sertão, obtivemos os seguintes índices de mortalidade nas duas zonas: 212,7 por 100 mil na zona da mata e 161,2 por 100 mil na zona do sertão (o coeficiente na capital do estado é de 268 por 100 mil). Nestes altos coeficientes do litoral e da mata estão incluídos os numerosos casos de retirantes que vieram do sertão de corpo aberto para se infestar nesses grandes focos de infecção, e nos coeficientes do sertão estão outros tantos que, depois de se terem infectado na mata, voltaram com o término da seca para seus ambientes familiares, para aí disseminarem a terrível peste branca. Dos que sobrevivem a esses diferentes males e passam a constituir populações adventícias das cidades do litoral, grande parte fica sempre aguardando as notícias de cima, notícias de que o flagelo passou com a queda das primeiras chuvas, para voltar à sua gleba e recomeçar o seu destino de predestinados, a lutar sem esperanças de vitória contra o eterno ciclo de calamidades. Assim se constituíram grandes massas de populações marginais nas capitais do Nordeste. Muitas das cidades do litoral nordestino mantêm permanentemente populações desse tipo. No Recife, nos mangues do Capibaribe, desenvolveu-se uma verdadeira cidade de mocambos que cresce em seguida a cada seca com os novos casebres levantados no charco por levas de retirantes. A maior parte dos que descem do sertão acossados pelo flagelo aí fica vivendo uma vida de inadaptados e vencidos, num regime de carência que é uma continuação do martírio, da fome no sertão. Numa série de contos que enfeixamos em volume, sob o título de *Documentário do Nordeste*, já fixamos quadros da vida dessa gente que vive atolada nos mangues, se sustentando de caranguejo,

da pesca de caranguejos e siris, chafurdando nesse charco onde tudo é, foi ou vai ser caranguejo, inclusive a lama e o homem que vive nela. A lama misturada com urina, excremento e outros resíduos que a maré traz, quando ainda não é caranguejo, vai ser. O caranguejo nasce nela e vive dela. E o homem que aí vive se alimenta desta lama sob a forma do caranguejo.

As populações mantidas através desse trágico "ciclo do caranguejo" representam um resto do monturo humano que o vento quente das secas joga nas praias do Nordeste. Em torno de

Fortaleza vivem populações ainda mais miseráveis, algumas se alimentando apenas de verduras silvestres — *beldroegas* e *manjangomes* — cozinhadas com sal e comida com os aruás — espécie de molusco —, muito abundantes nas lagoas da região. A miséria dessa gente chega a tal ponto que para espanto de Rodolfo Teófilo eles chegam a comer os ovos dos aruás:

Até os ovos de aruá comem. Tanto têm de belos os ovos deste animal como de repugnantes. Nos caules das plantas aquáticas, às margens das lagoas, fazem a postura em filas de pequenas esferas cor-de-rosa que se agrupam numa extensão de cerca de 5 cm. Os ovos contêm um líquido gosmento, adocicado, parecendo uma mistura de sangue e pus de abscesso.

Não se admiraria o dr. Rodolfo Teófilo de que esses famintos fizessem dos ovos do molusco o seu caviar — caviar de flagelado — se soubesse que em certas regiões do México os nativos consomem os ovos de uma mosca — *axayaati* —, cuja postura espalhada sobre as águas forma crostas gelatinosas em sua superfície:

A *axayaati* é uma mosca própria dos lagos mexicanos. Dos ovos inumeráveis que põe nos juncos, nas gladíolas e nos lírios do lago, formam-se grossas crostas que os pescadores vendem nos mercados. Esta espécie de caviar chamado de *ahuauhtli* se comia no tempo dos mexicanos e ainda hoje é manjar comum nas mesas dos espanhóis. Tem quase o mesmo sabor que o caviar dos peixes, porém os mexicanos antigos não só comiam os ovos como também as moscas reduzidas a massa e cozidas com sal.[99]

Nenhum povo do mundo, à exceção talvez do chinês, se mostra tão enraizado a uma terra que periodicamente se mostra tão ingrata, como o sertanejo ao Nordeste.

Perscrutando a alma singular do povo chinês, povo que sofre há milênios as agruras periódicas de todos os tipos de cataclismos naturais — secas, inundações, terremotos, tufões, epidemias de gafanhotos etc. — e se mantém sempre preso a esta terra tão martirizante, Keyserling escreveu as seguintes palavras:

> Não há outro camponês no mundo que dê tal impressão de identificação absoluta com a terra. De participar tanto da vida da terra. Tudo aí — toda a vida e toda a morte — se desenrola na terra herdada. É o homem que pertence ao solo, não o solo ao homem.[100]

Também no sertão do Nordeste o homem, apesar do seu seminomadismo, está rigidamente apegado à terra. Ainda hoje os fazendeiros são conhecidos muitas vezes pelo seu nome próprio e do lugar: Antônio Pedro do *Salgadinho*, seu Juca de *Serra Branca*, Manoel Basto do *Arvoredo*... "Nomes dos homens e das terras como na Idade Média", afirma com certo orgulho o sertanejo Luiz da Câmara Cascudo.[101]

13

Não é somente agindo sobre o corpo dos flagelados, roendo-lhes as vísceras e abrindo chagas e buracos na sua pele, que a fome aniquila a vida dos sertanejos, mas também atuando sobre o seu espírito, sobre sua estrutura mental, sobre sua conduta social. Nenhuma calamidade é capaz de desagregar tão profundamente e num sentido tão nocivo a personalidade humana como a fome quando alcança os limites da verdadeira inanição.[102] Fustigados pela imperiosa necessidade de alimentar-se, os instintos primários se exaltam, e o homem, como qualquer animal esfomeado, apresenta uma conduta mental que pode parecer a mais desconcertante.[103] Muda o seu comportamento como muda o de todos os seres vivos alcançados pelo flagelo nessa mesma área geográfica.

Lê-se numa memória do padre Joaquim José Pereira,[104] vigário do Rio Grande do Norte, que na seca de 1792 apareceu na região "uma tal quantidade de morcegos que mesmo de dia atacavam as pessoas e os animais". Confirma o fato Rodolfo Teófilo quando escreve que "a praga de morcegos conhecida em todas as secas, com especialidade na de 1792, começava a aparecer fazendo estragos em alguns pontos da província". Verifica-se, assim, que esses animais comumente de vida noturna, excitados pela fome, passavam a agitar-se durante o dia, atacando os próprios homens, os quais normalmente eles temem. As pragas de serpentes, pestes de cascavéis que surgem habitualmente após as grandes secas, traduzem também a mudança de comportamento desses animais que, nas quadras de abundância, vivem quase sempre em suas tocas e que, em consequência da fome, nos períodos de seca passam a se agitar de maneira alarmante.

"Depois da grande seca (1877) desenvolveu-se em toda a província um mal terrível. A cascavel — *Crotalos horridos* — devastou os sertões de um modo assombroso. Apareciam estes terríveis répteis com tal abundância que indivíduos havia que tinham morto para mais de quinhentos em pouco tempo. A vida do sertanejo e do gado que escapou da seca corria o risco de acabar ao dente do peçonhento animal." Assim escreve Virgílio Brígido, no prefácio de *A fome*, de Rodolfo Teófilo. É evidente que a ideia aí desenvolvida, da assombrosa abundância de répteis, exprime, na verdade, a maior frequência com que eles aparecem e topam com o sertanejo. Embora

Roquette-Pinto atribua ao calor excessivo uma mais rápida evolução nos ovos da cascavel, temos a impressão de que a peste é mais produto da mudança de hábitos do animal do que de um aumento de proliferação da espécie, mesmo porque são animais ovíparos, e o calor só muito indiretamente poderia afetar o número de filhos de cada ninhada. É a fome que joga as cobras para fora de suas tocas, espalhando-as famintas e furiosas pelos caminhos, pelos currais, pelos pátios e até pelas casas dos fazendeiros.

Noutras áreas de fome do mundo, observadores avisados têm verificado estranhas mudanças na conduta de animais tanto domésticos como selvagens, quando expostos aos rigores da fome. Conta Pedro-Pons que, durante a epidemia de fome que grassou em Barcelona com a Guerra Civil Espanhola de 1936 a 1939, os cães vagabundos aumentaram consideravelmente, enchendo as ruas com as suas tropelias.

"As imagens de rua oferecidas pelos cães que buscavam com afã alimentar-se, uns secos, com as costelas salientes, outros fofos e inchados, com andar fatigado e pelos caducos, frequentemente com paralisia de uma pata traseira, foram contempladas por qualquer indivíduo medianamente observador", escreveu Pedro-Pons, em seu livro *Enfermidades por insuficiência alimentícia*, 1940. Na descrição rápida que o autor nos faz desses animais logo se identificam as várias espécies de fomes específicas de que padeciam: carências proteicas e avitaminoses. Como animais domésticos, integrados à vida dos grupos humanos, os cães se apresentam com aspectos muito semelhantes aos das populações humanas submetidas ao flagelo da fome. Contam cientistas da Smithsonian Institution, de Washington, que na região de Waterberg, no Transvaal africano, depois da terrível seca de 1913, mudaram-se os costumes dos animais da região:

Muitos carnívoros noturnos caçam agora de dia, e os leopardos, contrariamente aos seus hábitos, atacam de tarde os acampamentos. Os baboons, grandes monos que antigamente não se moviam no escuro, parecem não dormir mais em busca de alimentos noite e dia. Os cães selvagens passaram a ser extremamente agressivos e assim por diante.

Como esses animais, voltamos a insistir, também o homem é capaz de alterar a sua conduta, quando acossado pelos martírios e estragos da fome.

Dissemos no prefácio à primeira edição deste livro que não nos interessava diretamente o estudo da fome individual, nem em seu aspecto estritamente fisiológico, nem em seu aspecto psicológico; no entanto, para que se possa entender a possível interferência desse fenômeno sobre o comportamento social da coletividade sertaneja, temos necessidade de fixar em rápidas linhas como atua biologicamente a falta prolongada de alimentos sobre a organização psíquica do indivíduo.

"Quando uma calamidade desaba sobre nossa vida, nossas sensações e percepções, nossos órgãos e sentidos tendem a tornar-se extremamente sensíveis a todos os fenômenos dessa calamidade e a todos os objetos correlatos", escreveu P. Sorokin, em sua obra clássica, *Man and Society in Calamity*, 1942. Quanto à irritabilidade nervosa, chega-se mesmo a um estado de fúria ou raiva, chamada pelos navegadores dos séculos XVI e XVII, bons conhecedores das crises de alimento, de "hidrofobia da fome". Encontramos um depoimento curioso desses estados nervosos na obra de Jean de Léry, quando conta seu regresso do Brasil à Europa em 1558, a bordo do navio *James*. Diz o cronista: "Vindo a faltar por completo os víveres, em princípios de maio, dois marinheiros morreram de hidrofobia da fome, sendo sepultados no mar como de praxe". E depois de narrar as peripécias da fome a bordo do navio desgarrado, conclui que durante estas fomes rigorosas, os corpos se extenuam, a natureza desfalece, os sentidos se alienam, o ânimo se esvai, e isso não só torna as pessoas ferozes, mas ainda provoca uma espécie de raiva, donde o acerto do dito popular: fulano enraivece de fome, para dizer que alguém está sofrendo falta de alimento. (*Viagem à terra do Brasil*, escrito em 1577)

No mecanismo fisiológico dessa exaltação de ira entram vários fatores, entre os quais se destaca a queda do teor de glicose no sangue e nos humores. Marañon[105] atribui à hipoglicemia importante papel no mecanismo nervoso da fome, provocando uma hiperexcitabilidade dos centros nervosos.

A sensação de fome não é uma sensação contínua, mas um fenômeno intermitente com exacerbações e remitências periódicas. De início, a fome provoca uma excitação nervosa anormal, uma extrema irritabilidade e principalmente uma grande exaltação dos sentidos, que se acendem num ímpeto de sensibilidade, a serviço quase que exclusivo das atividades que conduzam à obtenção de alimentos e, portanto, à satisfação do instinto mortificador da fome. Desses sentidos há um que se exalta ao extremo, alcançando uma acuidade sensorial incrível: é o sentido da visão. No faminto, enquanto tudo parece ir perecendo aos poucos em seu organismo, a visão cada vez mais se vai acendendo, vivificando-se espasmodicamente.

Veja-se a descrição que nos faz dos flagelados um escritor do Nordeste: "Mais mortos do que vivos. Vivos, vivíssimos só no olhar. Pupilas do sol das secas. Uns olhos espasmódicos de pânico como se estivessem assombrados de si próprios. Agônica concentração de vitalidade faiscante".[106] Sob a ação dessa dolorosa sensação, o homem mais do que nunca se manifesta como um animal de rapina,[107] com o olhar certeiro varando os espaços em busca da presa que lhe aplaque a fome. É nessas horas que o sertanejo se torna um caçador insuperável, pressentindo no movimento leve de uma folha ou na queda imperceptível de um torrão de barro a vibração assustada do nambu, que se oculta numa touceira de macambira, ou do preá faminto acoitado nos serrotes. É também nessa hora que ele se faz muitas vezes cangaceiro.

Em penetrante e sutil ensaio sobre a arte da caça, que serve de prefácio ao sugestivo livro de Conde de Yebes, *Veinte años de caza mayor*, Ortega y Gasset, analisando os motivos geradores do caçar, aponta como dos fundamentais a escassez da própria caça.

O fato de que no universo se cace pressupõe que exista e tenha existido sempre pouca caça. Se superabundasse, não existiria este peculiar comportamento dos animais, entre eles o homem, que distinguimos com o preciso nome da arte de caçar. Como o ar existe de sobra não há uma técnica da respiração e respirar não é caçar ar.[108]

Crê, pois, o filósofo espanhol que a conduta do animal caçador se moldou sob o influxo da relativa escassez do animal preso em seu mundo circundante. Mostra, a seguir, o pensador, como o sentido que mais agudamente trabalha no caçador é o da visão: "O caçador é o animal alerta. É a vida com o integral alerta, é a atitude que o animal mantém na selva. Aproxima-se assim o caçador do animal selvagem, vivendo com a vivacidade e a iminência da selvageria".

Nessa fase desaparecem todos os outros desejos e interesses vitais, e o pensamento se concentra ativamente em descobrir o alimento por quaisquer meios e à custa de quaisquer riscos. Exploradores e pioneiros que, em suas aventuras, caíram nas garras da fome, nos deixaram uma documentação rica de detalhes dessa obsessão do espírito, polarizada num só desejo, concentrada numa só aspiração — comer.[109] Em seguida a essa fase de exaltação vem a fase de apatia, de tremenda depressão, de náusea e de dificuldade de concentrar-se. Knut Hamsun descreve muito bem essas crises cíclicas de emotividade no seu herói autobiográfico da *Fome*, passando da irritabilidade extrema ao quietismo mórbido, ora irritado, ora manso, ora perverso, ora magnânimo, sem aparente razão de ser. Esse ritmo psíquico que se evidencia tão caracteristicamente nas épocas calamitosas do sertão deve ter pesado nos julgamentos de alguns autores quando, procurando caracterizar o temperamento do sertanejo, veem nele um tipo ciclotímico,[110] um sintonizado com as extremas solicitações ambientes.

A verdade é que, se por algumas de suas qualidades mentais — seu realismo e seu sentido prático das coisas — o sertanejo insere sua personalidade individual na vida social, à maneira dos ciclotímicos de Kretschmer, por outras muitas de suas características psicossomáticas lembra mais um esquizotímico acentuado. Sua tendência ao isolamento, seu exaltado sentimento de liberdade, característica esta a que Martius e depois Capistrano de Abreu[111] deram grande e justa importância, como fator de povoamento da região, e também sua constituição biotipológica de longilíneos atléticos ou diplásicos, todas essas qualidades dão ao sertanejo nordestino um painel com muitos traços de uma esquizotimia típica, atingindo, em certas eventualidades, as raias da patologia individual e social, com seus esquizoides e esquizofrênicos francos. Seus cangaceiros sanguinários e seus beatos fanáticos.

A nossa impressão é que esse é o tipo predominante no sertão: o esquizotímico, com sua curva de temperamento instável. Esses estados de espírito extremos representam, em última análise, as exteriorizações do tremendo conflito interior que se trava entre os impulsos e instintos da fome e os que levam a satisfação de outros desejos e aspirações. Entre a alma do homem e a do animal de rapina, entre o anjo e o demônio que simbolizam a ambivalência mental da condição humana. Nesses limites já bem perigosos para a segurança do espírito, a personalidade se vai desagregando, se esfumaçando e apagando as suas reações normais a inúmeras outras solicitações do meio exterior, sem correlação com a fome. Nessa desintegração do *eu* desaparecem as atividades de autoproteção, de controle mental e dá-se, finalmente, a perda dos escrúpulos e das inibições de ordem moral.

Essa total transformação da personalidade se constata facilmente com os vaqueiros, protótipo da estrutura social da região. Nos sertões do Nordeste o vaqueiro é, em geral, sério, de uma hostilidade a toda prova. É gente capaz de tratar durante anos uma rês perdida, ficando sempre à espera do legítimo dono. É Euclides da Cunha que nos conta esse velho hábito sertanejo:

> Quando surge no seu logradouro um animal alheio, cuja marca conhece, o restitui de pronto. No caso contrário, conserva o intruso, tratando como aos demais. Mas não o leva à feira anual nem o aplica em trabalho algum, deixa-o morrer de velho. Não lhe pertence. Se é uma vaca e dá cria, ferra esta com o mesmo sinal desconhecido que reproduz com perfeição admirável e assim pratica com toda a descendência daquela. De quatro em quatro bezerros, porém, separa um para si, é a sua paga. Estabelece com o patrão desconhecido o mesmo convênio que tem com o outro. E cumpre estritamente sem juízes e sem testemunhas o estranho contrato que ninguém escreveu ou sugeriu.

Fruto exclusivo de sua férrea honestidade. Também quando uma rês qualquer de ferro desconhecido dá para ladrona, derrubando cercados e devastando lavouras, conta-nos Xavier de

Oliveira que os fazendeiros da redondeza se reúnem, "avaliam-na, cotizam-se entre si, fazem uma *matutagem* da mesma e a dividem proporcionalmente à cota de cada um, e quando o dono aparece recebe a quantia exata por que foi avaliada sua rês. É isto tão nobre e honroso como comum na velha virtude sertaneja".[112] Pois essa gente de princípios morais tão elevados dá, na época de seca, para roubar o gado alheio, para roubar cabras, como aquele Chico Bento, personagem de *O quinze* que, num desses delírios de fome, perdeu os escrúpulos morais e, "com as mãos trêmulas, a garganta áspera e os olhos afogueados", derrubou a cacete o animal alheio que se atravessou em seu caminho de retirante. Esses desvios das convenções morais constituem muitas vezes o começo de uma vida de bandoleiro, numa terra de princípios morais tão rígidos. Depois da transgressão, já não é possível voltar aos caminhos honestos e esquecer o erro cometido.

Apagada assim a consciência, prossegue o conflito inconsciente entre as forças de satisfação do instinto de nutrição e as forças de outros interesses humanos, predominando um dos dois grupos, de acordo com o que Sorokin chama "a lei da diversificação e polarização dos efeitos", originando, em certos casos, as psicopatias graves, verdadeiras psicoses reacionais ou de situação. Assim se geram os bandidos e os santos — *sinners and saints* — das eras de calamidade.

Contribuem, desta forma, as secas e as fomes periódicas que delas decorrem para a cristalização desses tipos característicos da vida social do sertão: o cangaceiro e o beato fanático. Tipos tão significativamente inseridos, por suas raízes culturais, na vida sertaneja, a tal ponto associados em sua atuação social que se constituem muitas vezes como uma só personalidade — o beato cangaceiro, como o célebre Bento da Cruz, de Juazeiro, assassino de seu pai, que "com uma cruz numa mão e um punhal na outra"[113] distribuía justiça na povoação, ou como os truculentos Batistas que na campanha de Canudos serviram de ajudantes de ordens a Antônio Conselheiro e que eram "capazes de carregar os bacamartes homicidas com as contas dos rosários..." (Euclides da Cunha).

O cangaceiro que irrompe como uma cascavel doida desse monturo social significa, muitas vezes, a vitória do instinto da fome — fome de alimento e fome de liberdade — sobre as barreiras materiais e morais que o meio levanta. O beato fanático traduz a vitória da exaltação moral, apelando para as forças metafísicas a fim de conjurar o instinto solto e desadorado.[114] Em ambos, o que se vê é o uso desproporcionado e inadequado da força — da força física ou da força mental — para lutar contra a calamidade e seus trágicos efeitos. Contra o cerco que a fome estabelece em torno dessas populações, levando-as a toda sorte de desesperos.[115]

Estudando a gênese do jagunço, os fatores que condicionam a formação de um Antônio Conselheiro, fanático cangaceiro, síntese de toda a psicologia da sociedade que o formou, Euclides da Cunha dá grande relevo ao fator alimentar, ao ascetismo forçado ou voluntário do herói:

> Vinha do tirocínio brutal da fome, da sede, das fadigas, das angústias recalcadas, e das misérias fundas... Abeirara muitas vezes a morte nos jejuns prolongados com requinte de ascetismo que surpreenderia Tertuliano, este sombrio propagandista da eliminação lenta da matéria.

Demonstrativos dessa influência da fome periódica na gênese do cangaceiro são as seguintes palavras de Gustavo Barroso:

> Ribeiras houve regadas longos anos seguidos por invernos fecundos e abastecidas por colheitas abundantes. Durante o período da fartura, não surgiu um bandido. Os enxotados

das vizinhanças não pousavam, porque lhes davam caça. Vieram secas. Os seareiros fugiram para os povoados, emigraram para a Amazônia, ou de agricultores se tornaram míseros cabreiros. As terras amaninharam-se abandonadas. O cangaceiro veio de fora e domiciliou-se ou irrompeu da própria gente arruinada.[116]

O mesmo pensou Afonso Arinos quando escreveu:

> Em períodos de instabilidade social, provocados por causas de natureza econômica (causas estas que evidentemente não são as mesmas, embora produzissem resultados análogos), o tipo humano a que se convencionou dar, no Nordeste, o nome de cangaceiro, aparece, se instala e domina a imaginação e até certo ponto a vida popular da região.[117]

Não se pense que, num impulso de biologismo que seria um tanto ingênuo, vamos chegar ao extremo de atribuir às fomes periódicas uma ação determinante e exclusiva na formação desses tipos sociais. Claro que não. Inúmeros outros fatores hoje bem conhecidos e estudados interferem em sua elaboração, traçando mesmo as direções gerais do fenômeno, esboçando em linhas um tanto imprecisas as suas tendências básicas, mas não há dúvida que o cataclismo social precipita seu aparecimento, provocando a sua cristalização definitiva.[118]

Estribando-se nas nossas concepções, Roger Bastide procurou analisar esse fenômeno sociológico com mais profundidade, analisando-o em dois estudos mais recentes e no qual se encontram preciosas observações.[119]

Nesses estudos, esse ilustre sociólogo francês que viveu durante muito tempo no Brasil afirma que é fora de dúvida a existência de um vínculo entre os fenômenos do banditismo e do fanatismo religioso e o cataclismo das secas periódicas.

E afirma mais ainda que esse vínculo é mais visível, mais fácil de evidenciar-se no caso do fanatismo religioso. Há uma página sua a esse respeito que por sua força evocativa e pela lucidez de sua lógica merece ser transcrita neste nosso ensaio:

A seca não é a única desgraça que se abate sobre o sertão. Juntam-se a ela o fanatismo religioso e o banditismo, três fenômenos estreitamente associados.

Que existe um vínculo ligando banditismo e períodos de grande seca, é evidente. O número de cangaceiros aumenta em cada um desses períodos. Do mesmo modo que a mendicidade aumentava na Rússia ou na Índia a cada grande período de fome. Mas justamente porque o mesmo fenômeno — a fome — traduz-se ali pelo deslocamento de vagabundos, mais mendigos do que larápios, e aqui pela organização de pequenos bandos de cangaceiros, é que devemos procurar, além desta, outras causas que possam ter influência.

A ligação entre fanatismo religioso e seca, no entanto, parece-me mais fácil de demonstrar. A história apresenta-nos numerosos casos dela, principalmente a Idade Média que, na Europa, foi ao mesmo tempo o período das grandes fomes e das grandes crises místicas. A Índia fornece-nos exemplo análogo com as fomes destruidoras, os iogues descarnados. O sertão do Nordeste faz-nos, assim, mergulhar em plena Idade Média, arrasta-nos para a Índia... O vaqueiro, acuado pela miséria, diante de uma terra ressequida pelo sol, de ossada de animais e de cadáveres que a morte semeou, de plantas que se transformaram em coroas de espinhos ou em cravos, lanhando-o nos pés e nas mãos, renovando-lhe na carne o suplício cristão da cruz, sonha com uma terra abundantemente cortada de regatos, adornada de eterna vegetação, ofertando doces frutos. Retoma por sua conta, e mistura-os, o mito da "Terra sem

Males" do antepassado índio e a história do povo de Israel saindo do Egito em busca da "Terra da Promissão", que é o mito do antepassado português. Daí toda uma série de movimentos místicos e fanáticos que apenas são o reflexo dessa angústia diante da fome, movimentos que se encadeiam no decorrer dos séculos, desde a pajelança, na época das primeiras mestiçagens, até o Juazeiro do padre Cícero, na República atual.

Graças aos estudos mais recentes acerca da fisiopatologia da nutrição conhecem-se mesmo quais os fatores nutritivos que mais influem no equilíbrio do tono emocional e por cuja falta ficam os indivíduos expostos a terríveis desequilíbrios. A interferência dos vários elementos componentes do complexo B no bioquimismo cerebral e a evidência de graves perturbações nervosas e mentais nos casos de carências específicas de alguns deles, como sejam de tiamina e de ácido nicotínico, já não deixam mais dúvida de que o estado mental se pode perturbar até os limites da insanidade, por causas de natureza carencial. Em certas síndromes neurastênicas com crises de depressão nervosa acentuada e de extrema irritabilidade, o fator avitaminose constitui, às vezes, causa única, e sua cura se faz com milagrosa rapidez com a ingestão de altas doses de vitamina B1.[120] Quanto aos fenômenos nervosos que acompanham a deficiência em ácido nicotínico, são eles bem conhecidos e sistematizados, aparecendo com frequência entre os pelagrosos, desde a simples desorientação até as formas mais complexas de psiconeurose, com confusão mental, manias, fabulações e delírios completos.[121]

Ora, as carências múltiplas que se associam nos casos de fome absoluta entre os sertanejos devem provocar distúrbios nervosos por conta dessas várias deficiências. Já um tropicalista bem avisado tinha afirmado que "a chamada neurastenia tropical não é uma doença peculiar destas áreas nem é causada por nenhuma ação enervante do clima, mas produto de múltiplas causas, entre as quais a má alimentação".[122]

Mordem Carthew[123] também incluiu a dieta inadequada como um dos fatores de deterioração do estado mental dos colonos nas regiões tropicais. Na etiologia de uma das formas mais espetaculares de neurastenia aguda, comum nas terras tropicais do Oriente, principalmente na península de Málaca e nas Índias Orientais Holandesas, nessa loucura violenta acompanhada de terrível instinto assassino — o *amok* — deve entrar certamente o fator carencial. Basta pensar que a doença é comum nas zonas de alimentação mais precária, zona da monoextração da borracha ou da monocultura da cana-de-açúcar, e basta atentar na descrição do mal que arrasta indivíduos, dos estados de depressão melancólica em que essas populações subnutridas vegetam, para os estados de agitação extrema, estados de verdadeira "hidrofobia de fome", num ímpeto de violência incontida.

Vejamos a descrição, embora um tanto literária, porém fiel, que Stefan Zweig nos dá do *amok*, e procure-se decompor nesse quadro descritivo os vários elementos que exprimem os estados emocionais que apresentamos, como componentes do quadro psíquico da fome extrema: a desagregação mental, a perda dos escrúpulos morais, a monomania aguda, a excitação desmedida e a sinistra explosão de raiva. Assim escreve Zweig:

Sabeis o que é o *amok*?... É mais do que embriaguez, é loucura. É uma espécie de raiva humana, literalmente falando... Uma crise de monomania assassina e insensata, à qual nenhuma excitação alcoólica se pode comparar... Um nativo de tipo tranquilo está tomando calmamente uma bebida com ar apático e indiferente, e bruscamente salta, agarra o punhal e precipita-se para a rua... Corre sempre em linha reta, sem saber para onde... Tudo o que encontra no caminho, homem ou animal, abate com a arma, e o cheiro do sangue o vai tornando cada vez mais violento... Enquanto ele corre, a baba lhe vem aos lábios, e urra como um possesso, corre sempre, sem ver nada nem à direita nem à esquerda, sempre a urrar de maneira cruel e sempre com a arma ensanguentada na mão... As pessoas da aldeia sabem que nenhuma força humana pode conter aquele que está possuído desta crise de loucura sanguinária e quando o veem gritam de longe o sinistro aviso: *amok! amok!* E todos fogem... Mas ele, sem nada ouvir, prossegue na sua louca carreira; corre sem nada ver e continua a matar tudo o que encontra, até que seja abatido como um cão raivoso, ou que caia aniquilado e escumando de fúria...[124]

O ímpeto sanguinário que o *amok* acarreta lembra até certo ponto certas atividades dos cangaceiros que explodem inopinadamente na vida pacata do sertão nordestino.

Além dessa ação direta sobre a personalidade do sertanejo, fazendo-os uns desorientados e desajustados, age a fome periódica desorganizando ciclicamente a economia da região e criando um meio social extremamente receptível às atividades do cangaceirismo e do beatismo. Meio social formado de massas humanas predispostas à aceitação e à adoração desses tipos singulares que simbolizam a sua aspiração de fuga à miséria — fuga pela força do fuzil ou pela força da magia. A verdade é que, para o sertanejo, o cangaceiro raramente é um criminoso, um celerado, sendo cantado e louvado como um homem valente que joga cavalheirescamente a sua vida para defender os oprimidos e alimentar os famintos, roubando dos ricos para distribuir com os pobres.[125]

As conexões entre a fome e a adoração mística são tão claras e conhecidas que quase não merecem comentários.

Todos sabem que os grandes líderes religiosos, Buda, Moisés, Maomé e Cristo, todos apregoavam os benefícios do jejum, tanto para permitir uma maior elevação do sentimento místico individual como para desenvolver nos crentes uma maior força de adoração mística. Não foi por simples coincidência que a Idade Média, com suas fomes devastadoras, se tornou o grande período místico do mundo, apresentando "massas humanas alternativamente atacadas de uma estúpida e desesperada apatia"[126] e de um intenso furor místico, atirando-as impunemente em mortíferas guerras religiosas para acalmar a sua sede de fanatismo e seu apetite de esfomeados crônicos.

O sertão nordestino viveu até bem pouco a sua Idade Média. Durante a luta de Canudos, o fanático Antônio Conselheiro pregava entre os seus prosélitos, conforme documentou Euclides da Cunha, "os jejuns prolongados, as agonias da fome, a lenta exaustão da vida. Dava o exemplo fazendo constar, pelos fiéis mais íntimos, que atravessava os dias alimentando-se com um pires de farinha". E essas pregações encontravam eco no espírito da coletividade já acostumada aos martírios da fome. Certa vez que um padre vindo de fora, em Santa Missões, se referiu em sermão ao fato de que se poderia jejuar sem ir aos extremos da fome, comendo carne ao jantar e tomando pela manhã uma xícara de café, respondeu-lhe um fanático em aparte: "Ora! isto não é jejum, é comer a fartar!".

Os primeiros povoadores portugueses que aí se embrenharam no século XVI viviam, como demonstrou Sanchez Albornoz,[127] ao estudar a empresa colonizadora ibérica na América, saturados de medievalismo. Viviam dentro de um espírito caracteristicamente medieval, ao mesmo tempo religioso e guerreiro, místico e de desenfreada cobiça, contrastando com o espírito burguês e heterodoxo de signo moderno, pós-renascentista e pós-luterano, que presidiu a colonização inglesa na América. Se, como afirma aquele historiador, a luta contra o

Islã desviou a rota da Península Ibérica e lhe deu um atraso secular em seu medievalismo, maior ainda foi esse atraso histórico em Portugal, metido "em seu desterro geográfico, separado do grande mundo pela espessa muralha da meseta castelhana deserta e dura".[128] No sertão do Nordeste o forçado isolamento dessa gente, a falta de contatos mais seguidos com o resto do mundo prolongou essas sobrevivências do medievalismo português até quase nossos dias.

Djacir Menezes, estudando a alma do sertanejo, escreve: "As atividades mentais das turbas sertanejas recuam no tempo. No seu folclore, nas suas crenças, nas suas tradições e nos seus *folkways* estão residuariamente as raças primitivas que revivem".[129]

Foge de nossos propósitos estudar a fundo todos os fenômenos sociais que decorrem desse estado de ensinamento da vida no sertão. O nosso intento foi apenas mostrar como, a nosso ver, age, por um mecanismo biológico especial, o fenômeno econômico-social das fomes periódicas. Pondo em equação a influência desse fator, ao lado de muitas outras que trabalham em conexão nessa área, é possível obter-se uma interpretação mais justa do mistério da barbaria sertaneja, da intolerância e da valentia do homem do Nordeste, da sua sobranceria e do seu misticismo medieval.

14

Tivemos diante dos nossos olhos, expostos em seus traços mais marcantes, os retratos dos dois Nordestes — o da mata e o das secas —, e através desses quadros uma tentativa de interpretação do fenômeno da fome nessas regiões. Interpretação que merece uma análise mais circunstancial dentro do critério geográfico do regional.

O estudo do regionalismo veio trazer uma nova e fecunda vitalidade à velha ciência geográfica que permaneceu até o começo do nosso século numa atitude de estéril academicismo. Atitude de desvinculação, quase que completa, com a realidade e a singularidade das diferentes paisagens vivas do mundo. Apenas ligada ao real pelo frágil fio das enumerações de uma superficial corografia, mais descritiva do que interpretativa, mais erudita do que explicativa. Numa palavra, mais morta do que viva. Foi a focalização mais profunda, a análise mais dinâmica dos traços que compõem a fisionomia singular das unidades regionais, que veio dar à geografia o seu grande sentido prático, a sua inserção ativa dentro dos valores de criação da ciência, posta a serviço da vida das coletividades. Tem toda a razão o professor E. W. Gilbert[130] em afirmar que foi através do *estudo do regional* que foi possível recobrar, de uma nova carne, os descarnados ossos da geografia clássica. Mais do que descarnados: fossilizados pelos métodos de uma ciência geográfica que Ilin[131] chamou, com muita propriedade, de uma geografia de fichários e de gavetas. Com as suas fichas engavetadas, murchando e amarelando por falta dessa seiva que circula na vida das paisagens e que caracteriza, por excelência, o verdadeiro fenômeno geográfico, em permanente transformação.

E pagamos bem caro por essa despreocupação da ciência geográfica em face da realidade dinâmica. Daí a validez daquela frase pronunciada por um geógrafo e estadista britânico de que "o custo da ignorância geográfica tem sido incomensurável". Grande parte das dilapidações das riquezas naturais, da violentação e do desequilíbrio provocado pelo homem nos quadros ecológicos regionais e mesmo das violentações dos grupos culturais, se deve ao pouco conhecimento das realidades geográficas em sua expressão dinâmica, exercida através do jogo de suas interações e implicações do natural sobre o cultural e vice-versa.

Quando nos nossos dias todos os países procuram se equipar técnica e culturalmente para levar a efeito o desenvolvimento econômico e social dentro de planos previamente concebidos, a fim de evitar as distorções e violentações a que o empirismo econômico arrastou o mundo, os estudos de geografia regional crescem de importância e passam a constituir a indispensável base de trabalho para os políticos, os planificadores, os administradores, os estadistas. Sem um bom conhecimento geográfico, que transcenda do geral para o regional e penetre além do mundo das aparências até as raízes dos fatos ocultos, nenhum plano nem ação política ou administrativa poderá alcançar qualquer sucesso duradouro.

Ora, este nosso documentário geográfico da fome deve servir como instrumento de informação para todos aqueles que desejem formular uma política econômica para o Nordeste, capaz de libertá-lo dessas taras ancestrais — de sua fome e de sua miséria. Para isso cumpre-nos correlacionar agora os dois Nordestes em suas características complementares e suas mútuas influências condicionadoras da sua resultante econômica: da sua realidade estrutural.

Pelo Brasil afora se tem a ideia apressada e simplista de que o fenômeno da fome no Nordeste é produto exclusivo da irregularidade e inclemência de seu clima. De que tudo é causado pelas secas que periodicamente desorganizam a economia da região. Nada mais longe da verdade. Nem todo o Nordeste é seco, nem a seca é tudo, mesmo nas áreas do sertão. Há tempos que nos batemos para demonstrar, para incutir na consciência nacional o fato de que a seca não é o principal fator da pobreza ou da fome nordestinas. Que é apenas um fator de agravamento agudo dessa situação cujas causas são outras. São causas mais ligadas ao arcabouço social do que aos acidentes naturais, às condições ou bases físicas da região.

Muito mais do que a seca, o que acarreta a fome no Nordeste é o pauperismo generalizado, a proletarização progressiva de suas populações, cuja produtividade é mínima e está longe de permitir a formação de quaisquer reservas com que seja possível enfrentar os períodos de escassez — os anos das vacas magras, mesmo porque no Nordeste já não há anos de vacas gordas. Tudo é pobreza, é magreza, é miséria relativa ou absoluta, segundo chova ou não chova no sertão. Sem reservas alimentares e sem poder aquisitivo para adquirir os alimentos nas épocas de carestia, o sertanejo não tem defesa e cai irremediavelmente nas garras da fome.[132]

Se a região do Nordeste não fosse uma área subdesenvolvida, de economia tão fraca e rudimentar, poderia resistir perfeitamente aos episódios das secas sem que sua vida econômica fosse ameaçada e as suas populações acossadas pela fome. Poderiam mesmo esses episódios funcionar como um fator de propulsão e de expansão de sua economia. Não há nada de paradoxal nesta nossa assertiva. Ela deriva de observações levadas a efeito em diferentes pontos do mundo por sociólogos e economistas, que, libertos das ideias preconcebidas, são capazes de analisar os fatos em toda sua objetividade. Sobre este aspecto, André Piatier[133] nos traz uma preciosa contribuição quando afirma que o nível de desenvolvimento pode ser medido ou aferido pelo grau de resistência de uma estrutura econômica em face de uma catástrofe natural ou social: seca, inundação, revolução, guerra. Enquanto os países subdesenvolvidos se deixam esmagar, os países realmente desenvolvidos reagem às catástrofes de forma positiva, estimulando suas funções de defesa e de conservação, conseguindo rapidamente apagar os efeitos catastróficos. Em sua reação chegam mesmo esses países, em face do impacto, a ultrapassar o seu ritmo habitual de progresso. Para comprovar essa sua teoria, Piatier cita o caso da França se reconstruindo dos efeitos da última guerra, no prazo de cinco anos, e alcançando em dez anos um ritmo de crescimento como o país jamais conhecera. Cita o caso da Holanda diante da catástrofe do rompimento de seus diques há poucos anos e o da Alemanha aparentemente desmantelada por sua derrota militar e, no entanto, em dez anos refeita e economicamente poderosa. De outro lado apresenta o caso da Grécia que não dispõe de forças para se recompor em face dos estragos da guerra ou das inundações que sofreu nos últimos anos.

O Nordeste subdesenvolvido, como a Grécia, ou a Índia, ou o Ceilão, não resiste ao impacto da catástrofe.

A luta contra a fome no Nordeste não deve, pois, ser encarada em termos simplistas de luta contra a seca, muito menos de luta contra os efeitos da seca. Mas de luta contra o subdesenvolvimento em todo o seu complexo regional, expressão da monocultura e do latifúndio, do feudalismo agrário e da subcapitalização na exploração dos recursos naturais da região.[134]

A meu ver todo o sistema de fatores negativos que entravam as forças produtivas da região é oriundo da arcaica estrutura agrária aí reinante. Todas as medidas e iniciativas não passarão de paliativos para lutar contra a fome, enquanto não se proceder a uma reforma agrária racional que liberte as suas populações da servidão da terra, pondo a terra a serviço de suas necessidades.

É preciso não esquecer que, no Nordeste, 74% de sua população ativa se ocupa nas atividades primárias da agricultura, enquanto no resto do Brasil essa média é de 61% apenas. Daí a maior necessidade do nordestino de dispor de mais terra em condições favoráveis para torná-la produtiva. Condições praticamente inexistentes no atual sistema agrário regional. Para evidenciar essa situação, basta uma cifra: 59% da área total do Nordeste é açambarcada por 3% dos seus proprietários rurais e é por isso que mais de 50% das propriedades contam com mais de quinhentos hectares de terra. Ao lado desse latifúndio há a pulverização dos pequenos retalhos de terra — os minifúndios improdutivos.

Ao arcaísmo da estrutura agrária está intimamente ligado o problema do desemprego, que é sem dúvida um dos fatores condicionantes da alta prevalência da fome no Nordeste. Gabriel Ardant[135] afirmou, com muita razão, que se é válida a existência de uma "geografia da fome", também é válido o conceito de uma "geografia da desocupação" — *géographie du chômage* —, e dentro desse conceito podemos considerar o Nordeste como uma das grandes áreas geográficas de desemprego. Não apenas de desemprego ostensivo e endêmico, mas do desemprego dissimulado, mascarado, parcial ou estacional. Sob essas diversas formas há um grande desperdício da mão de obra nessa área do país pesando de maneira extremamente negativa na evolução da economia regional. Qualquer plano de desenvolvimento dessa região visando a elevação dos seus níveis de vida tem que centralizar seus objetivos ou alvos primeiro no combate ao desemprego: em pôr em ação esse fator ocioso na produção — a mão de obra regional. Como a reforma das estruturas agrárias, também a eliminação de subocupação é dos fatores essenciais, "um pré-requisito do progresso", na afirmação categórica de G. Ardant.

Nessas áreas do latifúndio, à exceção da cana-de-açúcar, se pratica uma agricultura primária sem assistência técnica, sem adubagem, sem seleção de sementes, obtendo-se um rendimento irrisório da terra e do trabalho consumido. E mesmo na área da cana-de-açúcar não andamos muito longe dessa situação, tanto assim que o rendimento médio da cana do Nordeste é apenas de cerca da metade do de São Paulo e um terço do de Porto Rico. No Seminário para o Desenvolvimento do Nordeste, realizado em 1959, em Garanhuns, foram todos esses assuntos ventilados numa série de estudos bem fundamentados, entre os quais destacamos os de Pompeu Acioly Borges, J. Arthur Rios e Ignacio Mourão Rangel. Por essas análises bem conduzidas do problema, chega-se à conclusão de como o

Nordeste estava a necessitar de um planejamento seguro dos seus problemas que orientasse o seu desenvolvimento econômico insular, marginal ao desenvolvimento brasileiro. Daí a oportunidade da criação da Sudene, encarregada de conduzir e superintender essa ação coordenadora do governo no processo da evolução econômica regional.

Não estou muito de acordo com alguns dos princípios que orientaram a formulação doutrinária desse órgão, principalmente quando em documento de base os seus criadores afirmam que o subdesenvolvimento do Nordeste é produto da pobreza de sua base física e quando advogam o deslocamento dos supostos excedentes estruturais de sua população,[136] mas reconheço com entusiasmo que pela primeira vez os problemas do Nordeste são encarados com certa dose de seriedade. Ultrapassamos, assim, a fase das lamentações, da ação-lamento,[137] das lamúrias e da mão estendida para o Sul, alcançando a fase das reivindicações formuladas em termos de economia e de interesses realmente nacionais. Pouco a pouco esse novo organismo tomará corpo e, expurgado de alguns defeitos estruturais e burocráticos mais graves, enveredará pelo caminho das realizações práticas que atendam realmente às necessidades regionais e aos interesses nacionais.

4.
As áreas de subnutrição: Centro e Sul

I

Com este capítulo alcançamos o estudo das duas restantes áreas alimentares do Brasil — a área central e a área do Sul — nas quais as deficiências alimentares são mais discretas e menos generalizadas. Como antecipamos na introdução do presente ensaio, não são áreas de fome, no sentido rigoroso da palavra, mas áreas de subnutrição, de desequilíbrio e de carências parciais, restritas a determinados grupos ou classes sociais. Assim sendo, o seu estudo detalhado ultrapassa os limites convencionados no plano deste livro. Considerando, no entanto, que, para obter-se uma visão de conjunto da situação alimentar do país, se faz necessário um conhecimento pelo menos geral dessas áreas, parece-nos de interesse que sejam ditas a respeito algumas palavras. Claro que não vamos analisá-las com o mesmo espírito que procuramos manter em face das áreas de fome anteriormente estudadas, limitando-nos a traçar delas não um retrato completo e acabado, mas um simples esboço impressionista, no qual serão destacados os seus traços mais significativos.

Assim completaremos a análise do mapa alimentar do Brasil, com suas áreas de fome, estudadas mais a fundo, e as suas áreas de subnutrição, delineadas como zonas de transição entre as nossas e as outras áreas de fome que se apresentam no continente sul-americano — o planalto boliviano, o *chaco*, o deserto chileno, as terras subandinas da Argentina, a

Amazônia peruana, colombiana e venezuelana, cujo estudo abordaremos no nosso livro *Geopolítica da fome*.

2

Abrangendo as terras do Centro-Oeste brasileiro encontramos uma nova área alimentar típica, tendo como alimento básico o milho, diferenciando-se, no entanto, da área do sertão nordestino pelas associações com que esse alimento se combina a diferentes outras substâncias alimentares. É a área central do milho, que abrange as regiões montanhosas de Minas Gerais, o sertão do sul de Goiás e os pantanais de Mato Grosso. Zona em parte de clima quase subtropical, com chuvas abundantes e regulares e de temperatura abrandada, em seus extremos de calor, pela altitude. Essa é a zona por excelência do cultivo do milho, concentrando aí 25% da produção nacional. *Corn-belt* brasileiro que, como o norte-americano, possui também os maiores rebanhos de porcos do país: os dois mapas de produção, o do milho e o da carne de porco, superpondo-se rigorosamente, traduzindo deste modo a interdependência absoluta dos dois fatos econômicos. O porco funcionando como o processo mais rendoso de ensacar e exportar o milho.

Não se conclua daí que se limitam a esses dois produtos os recursos alimentares da região. Há também a criação abundante de gado bovino e o cultivo de variados produtos agrícolas, como o feijão, o café, o arroz e a cana-de-açúcar, sendo a sua paisagem regional um verdadeiro mosaico de manchas agrícolas e de pastagens. Apesar da criação de gado em grande escala nessa zona, o milho, que é o alimento básico das populações, não se associa preferentemente ao leite,[1] no regime local, mas ao feijão e à gordura de porco, num complexo nutritivo cuja expressão típica é o tutu de feijão mineiro, preparado com farinha de milho, feijão, gordura, toucinho e lombo de porco, complexo alimentar de alto valor calórico, mas qualitativamente de valor nutritivo bem inferior ao do angu ou do cuscuz de milho com leite do sertão nordestino, principalmente por seu teor mais baixo em cálcio e vitaminas.[2] Inferior mesmo aos pratos de milho e feijão da cozinha do litoral baiano, onde os negros fabricam os seus abarás, acaçás e acarajés, afogando bolos de fubá, ou de feijão, num banho de óleo de dendê e de pimenta, verdadeira infusão concentrada de vitaminas A e C. Já a gordura de porco com que é refogado o tutu mineiro é inteiramente desprovida de vitaminas.

Essa inferioridade é, no entanto, compensada, e o regime ganha de categoria biológica pelo consumo bem mais liberal que faz nessa zona dos vegetais verdes, principalmente das couves. A couve mineira é componente habitual da dieta regional, servindo de boa fonte de sais e de vitaminas. Outras hortaliças, assim como as frutas, são de consumo mais amplo do que nas outras áreas até agora estudadas, principalmente a laranja, o mamão, a banana e o abacate. Produtos da cana, como o caldo, o melado, a rapadura, são abundantemente consumidos em certas áreas mineiras, onde proliferam os pequenos engenhos de açúcar.

A análise química desse regime permite-nos verificar que não há déficits calóricos; pelo contrário, deve haver até certo excesso quantitativo, por conta do amido de milho e das gorduras do porco, o que resulta numa maior incidência, nessa zona, da obesidade e do diabete, e na formação do tipo biológico dos mineiros lentos e pesados, conservadores e pachorrentos.

Quanto aos déficits qualitativos, não são tão intensos a ponto de se exprimirem sob a forma gritante de carências declaradas, manifestas clinicamente, mas apenas sob a forma discreta dos estados frustos. Desvitaminoses A, B, C, representadas por sinais mais apagados, que só o olho bem avisado e experiente do especialista é capaz de apanhar. Há apenas uma carência que, por exceção, se estampa nessa área de maneira espetacular — é a carência em iodo. A pobreza deste metaloide nessas terras montanhosas, no seu solo, na sua água e nos vegetais aí produzidos, é responsável pela enorme incidência do cretinismo endêmico nessa região, cretinismo que se manifesta numa rica gradação de formas clínicas, bociosas ou não.

Como se trata de uma carência manifesta, a única grassando em escala social na área, merece que se faça dela uma análise particularizada.

As observações e os estudos experimentais, realizados em diferentes zonas bociosas do mundo, levaram os cientistas à conclusão unânime de que o bócio endêmico ou endemia bócio-cretínica é uma doença de carência, resultante da ingestão ou da utilização deficiente do iodo alimentar, nas regiões em que a doença assola.

Youmans[3] afirma de maneira categórica essa etiologia da doença, quando diz ser a deficiência em iodo tão específica e indiscutível quanto as deficiências em vitaminas, capazes de determinar avitaminoses típicas. Foi Chatin quem primeiro pôs em destaque a importância desse metaloide no funcionamento da glândula tireoide, atribuindo à sua deficiência um papel decisivo na formação do bócio. Tendo, em meado do século passado, aperfeiçoado um processo de dosagem de iodo de grande sensibilidade e precisão (capaz de dosar 0,1 de γ — gama, ou seja, de um décimo de milésimo de miligrama), o cientista francês determinou o teor em iodo da água, do solo e dos alimentos produzidos em diferentes regiões assoladas pelo bócio, chegando à conclusão de que em todas elas havia alarmante pobreza desse elemento mineral, comparando-se os resultados obtidos com os das regiões indenes de bócios. Com a demonstração dessa absoluta correlação entre o bócio endêmico e a pobreza regional de iodo estavam lançadas as bases da teoria carencial do bócio. Mesmo ignorando a presença do iodo na tireoide e o seu papel fisiológico como componente químico do produto hormonal da glândula, fatos só ulteriormente fixados, graças aos estudos de Bauman (1896), Oswald (1899) e Kendall (1914), mesmo assim, com uma intuição verdadeiramente genial, Chatin afirma ser a falta de iodo a causa fundamental do bócio endêmico e ser a medicação iodada a única terapêutica específica do mal.

Infelizmente, os estudos de Chatin não foram bem-aceitos. Atravessava-se a fase de maior esplendor da era pasteuriana e a bacteriologia suplantava todas as demais ciências. Os adeptos da teoria microbiana do bócio criticaram acerbamente as concepções ousadas de Chatin e continuaram a afirmar a natureza contagiante e, portanto, infectuosa do bócio endêmico.

Uma série de fatos e observações, bem conduzidos nos tempos atuais, vieram mostrar, no entanto, os fundamentos científicos dos conceitos de Chatin e a absoluta falta de fundamento da teoria microbiana. Destes fatos bastam ser apresentados os mais significativos, para se ter uma demonstração categórica da natureza carencial dessa doença:

1. Estudando a distribuição geográfica do bócio endêmico, verifica-se que as áreas de maior incidência são as regiões dos Alpes, Pireneus, Montes Cárpatos, Himalaia, vales centrais da Nova Zelândia, regiões dos grandes lagos norte-americanos e região central do Brasil, regiões essas todas encravadas no centro de massas continentais, distantes da costa e com condições, tanto geológicas como climáticas, desfavoráveis à existência de suficientes reservas de iodo no meio natural. O iodo é largamente distribuído na natureza, encontrando-se as suas maiores reservas não só no mar, como é crença popular, mas em terra.[4] Acontece, porém, que a sua distribuição continental é

muito irregular, havendo tipos de solos onde os compostos iodados são rapidamente decompostos ou solubilizados e arrastados pelas lavagens da região.[5] A natureza química das rochas básicas, o fator continentalismo, os fenômenos lavagem e erosão do solo fazem cair intensamente o teor do iodo regional, traçando, nas zonas de deficiência extrema, o mapa da distribuição do bócio. McClendon,[6] estudando essas variações regionais através da análise do conteúdo em iodo das águas dos Estados Unidos, verificou a existência de águas com um teor mil vezes mais rico do que o de outras águas, sendo esse o limite máximo de variação encontrado.

2. Os estudos realizados numa dessas áreas de bócio, o estado de Michigan nos Estados Unidos,[7] demonstraram que a incidência da doença em diferentes regiões era inversamente proporcional à riqueza em iodo da água e do solo regionais, sendo tanto mais alta quanto mais baixo o teor desse mineral.

3. Analisando a frequência dos casos de bócio entre os recrutas do exército norte-americano, McClendon[8] observou uma incidência muito mais alta da doença nos recrutas originários das regiões abastecidas com águas pobres ou isentas de iodo, que nos das regiões possuidoras de alto teor desse mineral, nas suas águas, nova confirmação da correlação iodo e endemia bócio-cretínica.

4. Os trabalhos de Remington e Levine,[9] provocando a hiperplasia da tireoide em ratos jovens alimentados durante cinco semanas com um regime carenciado em iodo, constituem argumento excepcional de alta valia em favor da teoria alimentar do bócio.

5. O fato de até hoje, apesar dos notáveis progressos da microbiologia, não ter sido isolado qualquer germe ou vírus capaz de ser responsabilizado pela doença, constitui

também argumento destrutivo da antiga teoria microbiana defendida por McCarridon, Messerli e outros.

6. Os estudos anatomopatológicos, mostrando que nos casos de bócio endêmico não apresentam os tecidos glandulares um aspecto de reação inflamatória, constituem também forte argumento contra a hipótese de uma tireoidite parasitária.

7. Finalmente, os surpreendentes resultados obtidos com a profilaxia do mal pelo uso permanente de doses mínimas de iodo, verificadas nas mais diferentes regiões do mundo, constituem o último e definitivo argumento de que o bócio endêmico é produto exclusivo de carência em iodo.[10]

O bócio endêmico grassa no Brasil desde os tempos coloniais; abrange grande área do Brasil Central, alcançando os seus mais altos graus de incidência nos estados de Minas Gerais, São Paulo, Rio de Janeiro, Paraná, Goiás e Mato Grosso. Em certa zona do estado de Minas Gerais, no município de Conselheiro Lafaiete, Álvaro Lobo[11] registrou, entre os alunos das escolas públicas, incidência de bócio de 44%, e Arruda Sampaio[12] encontrou, num distrito nos arredores da capital de São Paulo, incidência atingindo 60% dos escolares. Outros estados da União apresentam em escala menos alarmante a endemia bócio-cretínica.

As consequências de tal endemia carencial são muito graves, tanto para o lado do sistema orgânico como sobre o psiquismo dessa gente. As alterações orgânicas se manifestam pelas deficiências de crescimento, pelas deformações locais e gerais, pelas alterações de todo o metabolismo que se rege sob o influxo da tireoide. Sobre o psiquismo, o bócio-cretínico atua profundamente, constituindo os casos de cretinismo, de imbecilidade, de idiotia hipotireoidicas. É com razão que

Álvaro Lobo, estudando essa terrível praga carencial, acentua o fato de que

> o mais grave dela não está, como poderia parecer, no bócio propriamente dito, na deformidade cervical mais ou menos pronunciada... o mais grave são as perturbações por vezes profundas e irreparáveis, das demais glândulas de secreção interna e do sistema nervoso que se encontram nas mesmas regiões, produzidas pelos distúrbios da glândula tireoide e que, condicionadas e agravadas por fatores de hereditariedade e consanguinidade, conduzem a estados mórbidos de profunda degeneração do indivíduo... a debilidade mental, o nanismo tireóideo, o cretinismo, a surdo-mudez, a idiotia etc.

Embora referida incidentemente desde os tempos coloniais por naturalistas e sábios que visitaram o nosso país, o estudo de semelhante endemia não foi posto em foco, à luz dos conhecimentos médicos, senão depois dos sugestivos estudos de Carlos Chagas. Foi Chagas quem polarizou o interesse dos meios médicos do país sobre o problema do bócio com sua notável descoberta da tripanossomíase americana. Encontrando entre os infectados de *Trypanosoma cruzi* grande número de bociosos e comprovando a presença do parasita nos tecidos glandulares alterados, Chagas levantou a hipótese de que o bócio endêmico dessas zonas do sertão brasileiro era causado pela tripanossomíase. A concepção de Chagas parecia bem fundamentada, e a teoria infectuosa do bócio endêmico robusteceu-se com as suas observações e afirmações.

Estudos posteriores, levados a efeito pelos continuadores da sua obra, principalmente os de Beata Viana, Álvaro Lobo, Eurico Vilela, Arruda Sampaio e outros, vieram mostrar mais uma vez a precariedade da teoria infectuosa e as bases sempre bem comprovadas da teoria da carência alimentar. Álvaro Lobo, principalmente, apresentou uma documentação e argumentação convincentes sobre o assunto no seu magnífico trabalho *Bócio endêmico e doença de Chagas*. Inicialmente, baseou a sua argumentação no fato de apresentar a endemia bócio-cretínica no Brasil as mesmas manifestações sintomáticas das de outras áreas conhecidas no mundo, e também no fato de ser a sua área de distribuição muito mais ampla do que a área vegetativa do barbeiro, inseto transmissor da tripanossomíase americana. Em grande área de bócio no estado de Minas Gerais, verificou esse investigador não existir qualquer caso comprovado de tripanossomíase aguda. Baeta Viana comprovou esses resultados de Lobo, negando a existência da infecção tripanossomiásica nessa mesma área bociosa, onde foi verificada grande deficiência em iodo nas águas e no solo da região.

Na zona paulista de bócio, estudada por Arruda Sampaio, também não se verificou a coexistência da doença de Chagas. A impressão que se tem desses estudos mais recentes é de que a doença de Chagas, grassando numa área de bócio endêmico carencial, atinge indistintamente bociosos e não bociosos, e nos casos de bócio, dado o caráter infectuoso da tripanossomíase, reforça o estado de carência exógena, constituindo-se como uma causa endógena de maiores gastos de iodo. É essa a explicação bastante sensata que nos dá Álvaro Lobo para justificar o aparecimento da infiltração mucosa de tipo hipotireoidico e o intumescimento glandular que se nota em muitos casos agudos da tripanossomíase, sinais esses que constituíam os argumentos mais fortes do conceito infectuoso do bócio. Vejamos as suas próprias palavras:

> Chagas trabalhou em região de bócio endêmico muito afastada do litoral, onde provavelmente existe carência iódica do meio. Na fase aguda da tripanossomíase, que se

prolonga por tempo considerável, deve-se dar o esgotamento das reservas de iodo da glândula, por maior produção do hormônio tireóideo. Daí uma carência iódica relativa que se vem somar à carência exógena do meio. Assim se explica a insuficiência aguda da glândula nos casos agudos de tripanossomíase no sertão, traduzidos pelo mixedema e pela reação da mesma glândula traduzida pelo bócio.

Deduz-se dessas palavras que a tripanossomíase só pode ser considerada agente de agravamento da carência iódica, mas nunca causa direta do bócio, provocando uma tireoidite infectuosa como se pensou a princípio e as observações anatomopatológicas vieram a negar depois. O tripanossomo age no metabolismo do iodo de maneira semelhante ao ancilóstomo no metabolismo do ferro, onde o verme acentua a anemia ferropriva, aumentando os gastos de ferro num organismo desfalcado das suas reservas parciais.

Além do bócio endêmico, são vítimas essas populações abandonadas em sua indigência de outras endemias, tais como a verminose e o paludismo, em cujo mecanismo não deixa de influir o fator alimentar.

Essa área central sofre no momento um grande impacto dos seus hábitos tradicionais de alimentação — do seu tipo de dieta — em face da mudança da capital da República para o Planalto Central.

A área do Planalto de Goiás, que viveu até hoje praticamente insulada, por falta de vias de comunicação e de contatos com os grandes centros demográficos do país, começa a ser vitalizada em todos os setores de sua economia e inovada em sua estrutura social pela construção de Brasília e da rede de estradas que daí partindo corta essa região em todas as direções. Ainda é cedo para se prever quais as principais alterações que irão processar-se no padrão alimentar da região. Mas não há dúvida que ele vai mudar, pela influência dos novos grupos alienígenas que aí se vão fixando, pela revisão que aí se processa nos métodos da utilização econômica da terra e pela introdução das novas técnicas até então ignoradas nesse meio social menos evoluído.

A curto prazo poderá a nova capital constituir-se como um fator de agravamento das condições alimentares da zona rural, sugando para a nova metrópole não só as disponibilidades alimentares da região, como a própria mão de obra agrícola. Mas será, a nosso ver, um fenômeno transitório dessa rápida fase de reajustamento ecológico da região. Há contudo quem tema efeitos negativos mais duradouros em face da relativa pobreza do solo na região do cerrado goiano onde se assenta a nova capital, mas este aspecto do problema está a exigir maiores estudos para que se possa chegar a uma conclusão mais objetiva. E tudo está na dependência da planificação a ser estabelecida para ligar a nova capital à zona rural da qual é ela tributária para suas necessidades de abastecimento e a qual ela influencia pela irradiação de sua força política e administrativa.

Com a criação de novas frentes de produção agrícola que encontrarão escoadouro para seus produtos através da rede rodoviária que Brasília determinou, poderá ocorrer uma mudança total da situação alimentar dessa extensa área, até hoje, de precárias condições de alimentação. É este um dos aspectos mais importantes para o povoamento dessa região central onde as populações pioneiras estarão expostas a graves doenças se não forem dessa forma protegidas. O sertão goiano onde se assenta a nova capital encerra "focos ou nichos naturais" de várias doenças que poderão tornar-se endêmicas se não forem tomadas as devidas precauções. Mas estamos certos que os estudos da geografia médica determinarão a conduta dos orientadores desse povoamento para que não se repita o drama ocorrido no passado nas zonas pioneiras de São Paulo, onde ocorreram cerca de 100 mil casos de leishmaniose tegumentar, ou o drama da Amazônia com seu meio milhão de beribéricos.[13] Os recursos hoje disponíveis, a planificação, a organização sanitária, a colonização dirigida, e não de aventura desordenada, tudo isso nos dá a certeza de que essa região só terá a ganhar em matéria de alimentação e de saúde pela implantação da nova capital no meio do sertão agreste. É esta mesmo uma das grandes missões de Brasília.

A maior parte dos brasileiros se impressiona diante da construção da nova capital pelo que esse ato significa como arrojo e como epopeia. Por seu impacto material que se exprime pelo ato de vontade criadora que está levantando no Planalto Central, descampado e deserto, uma grande e moderna metrópole: a mais moderna do mundo, por suas concepções arquitetônicas e urbanísticas. A meu ver esse impacto, com toda a sua grandiosidade, significa menos para o Brasil do que o impacto político e social que essa mudança provocará sobre a estrutura viva da nação. Não se muda uma capital pelo simples gosto de deslumbrar o mundo. Muda-se uma capital quando as circunstâncias históricas determinam a necessidade de mudá-la. Com a transferência da capital para Brasília, o que se objetivou antes de tudo foi mudar a posição do Brasil. Foi tirar o país dessa posição paradoxal em que se encontrava de, sendo uma espécie de império continental, viver de costas voltadas para sua própria realidade econômica e social. Viver debruçado sobre o Atlântico, em obediência a essa espécie de vocação oceânica, que fez com que o brasileiro ignorasse durante séculos a realidade do Brasil.

É essa mudança de posição que o momento nacional está a impor em atendimento aos anseios populares de progresso e de desenvolvimento autêntico, numa palavra, de integração econômica de todo o corpo da nacionalidade. É esta a grande missão de Brasília: missão de integrar e unificar, cada vez mais, todas as regiões do país num só todo, procurando atenuar os desníveis e desequilíbrios econômicos e sociais que caracterizam por excelência a realidade brasileira. É como um instrumento de ação política, estrategicamente colocado, que Brasília vai influenciar de maneira decisiva nos destinos de cada uma das regiões brasileiras, mesmo as mais remotas, as mais distantes dos grandes centros de atividade do país. E nenhuma região será mais beneficiada do que o Brasil Central.

3

A área do Sul que abrange geograficamente o estado da Guanabara, o estado do Rio, São Paulo, Paraná, Santa Catarina e Rio Grande do Sul, é caracterizada por uma maior variedade de elementos componentes do seu regime alimentar e pelo consumo mais alto das verduras e das frutas. Sendo a zona mais rica do país, de maior desenvolvimento, tanto agrícola como industrial, compreendendo 80% da capacidade econômica de toda a nação, não é de estranhar que disponha de elementos para tornar um tanto mais elevado o seu padrão alimentar.

O primeiro fator dessa melhoria está na sua base econômica mais sólida, desde que a capacidade de produção per capita, em certos pontos dessa área, como o Rio de Janeiro e São Paulo, é dez vezes mais alta do que a dos estados do Norte. Outro fator decisivo dessa superioridade regional é a própria produção mais abundante, desde que a área do Sul, contendo 31% da população nacional, nela concentra 40% da produção de alimentos de todo o país. Tanto as condições do seu solo e de seu clima como a influência favorável das recentes levas de imigrantes que aí se vêm fixando do século passado até os nossos dias, tudo isso tem trabalhado num sentido de diversificar os recursos alimentares da região e de utilizá-los de maneira mais racional. As altas cotas de italianos, alemães, poloneses, lituanos que vieram colorir o quadro etnológico nacional nessa zona fizeram também dessa área alimentar uma espécie de mosaico, constituído de inúmeras subáreas, nas quais os alimentos básicos variam e os seus arranjos e tipos de preparo variam ainda mais. Assim vamos nela encontrar desde um tipo de alimentação predominantemente vegetariana, caracterizada por um largo uso do trigo, sob a forma de macarrão, ravioli e spaghetti como na área paulista, traindo a influência do tipo de alimentação italiana, até o tipo oposto de alimentação, de predominância carnívora, da região dos pampas gaúchos, na subárea do Rio Grande do Sul, caracterizada pelo complexo alimentar do churrasco e do mate chimarrão.

As colônias japonesas localizadas nas proximidades dos centros urbanos, como em torno da capital de São Paulo, tendo dado grande incremento às culturas hortícolas, tornaram mais abundante o consumo das verduras nessa área. Nas zonas de maior influência germânica vamos encontrar um consumo mais frequente de aveia, centeio, lentilhas, hortaliças e frutas; assim como da carne, principalmente de porco, em suas inúmeras variedades de salsichas, bacon, presunto doméstico, carne de fumeiro, comidos com pão preto, chucrute e cerveja.

Não se conclua pela enumeração desta apetitosa lista de substâncias alimentares, produtos da ação conjunta de fatores naturais e culturais favoráveis, que a alimentação nessa área seja perfeita, isenta de deficiências e de desequilíbrios. Estamos muito longe disto. Ela é bem superior à das outras áreas brasileiras estudadas, mas está bem distante daquele tipo de alimentação sadia e considerada perfeita dos habitantes da Califórnia e da Nova Zelândia, por exemplo.[14]

Os inquéritos realizados em diferentes pontos da área do Sul têm mostrado que as dietas locais são, sob diferentes aspectos, incompletas e impróprias. No inquérito que em 1937 realizamos em colaboração com outros especialistas na cidade do Rio de Janeiro,[15] verificamos que o regime alimentar nessa cidade é deficiente em cálcio, ferro e vitamina A e dos grupos B e C. Deficiências que resultam principalmente do baixo consumo de leite, de verduras, de legumes verdes, de cereais integrais e de frutas entre os elementos das classes proletárias. Os inquéritos levados a efeito em São Paulo também revelaram carências parciais desses elementos, embora um pouco mais discretas do que as do Rio. De fato, São Paulo apresenta o padrão alimentar menos defeituoso de todo o país. Seu regime começa por basear-se mais no trigo, havendo um consumo local de sua farinha duas vezes mais alto do que o consumo médio nacional. E nós sabemos que as proteínas do trigo são superiores às dos outros cereais — milho e arroz.

Apesar dessa maior tendência dos paulistas a consumirem trigo, frutas e verduras, sofrem, contudo, da carência de certos princípios nutritivos, conforme atestam os inquéritos de hábitos alimentares e de nutrição, levados a efeito por Almeida Júnior, Jorge Queiroz Moraes, Paula Sousa, Francisco Cardoso e Tavares de Almeida.[16] Se em Santa Catarina a alimentação popular se mostrou, na indagação de Arruda Câmara, de modo geral suficiente e equilibrada, no Rio Grande do Sul encontrou Cleto Seabra Veloso,[17] na zona de Bajé, um regime insuficiente e nitidamente carenciado em vários princípios fundamentais, o que explica, em grande parte, a alta incidência da tuberculose nessa região, incidência que é das mais fortes no país.

Nessa área do Sul, sem dúvida a mais bem alimentada do país, verificou-se contudo, através das indagações bem conduzidas, toda uma série de carências alimentares, as mais das vezes parciais, discretas ou ocultas. Uma delas se manifesta, no entanto, de forma gritante: é a carência de proteínas entre as crianças pobres dos grandes centros urbanos da região. Em cidades como Rio de Janeiro e São Paulo, os pediatras têm constatado nos últimos anos uma incidência extremamente alta dos edemas de fome das distrofias malignas e mesmo das síndromes típicas de *kwaskiorkor* entre as crianças atendidas nos hospitais públicos, nos bairros operários e nos subúrbios. Alguns pediatras chegam a afirmar que esses estados mórbidos que exteriorizam a carência de proteínas, ou melhor, de certos aminoácidos integrantes da molécula proteica, longe de diminuir, têm sua incidência em franca ascensão, com o surto de industrialização e o adensamento do proletariado urbano no Brasil. Voltaremos ao assunto quando no capítulo seguinte analisarmos as condições alimentares do conjunto brasileiro e a influência sobre os nossos padrões de alimentação.

Chega-se através desta rápida análise à conclusão de que o Sul é realmente uma zona de subnutrição crônica, cujas populações, embora libertadas em sua maioria das formas mais graves da fome, estão no entanto longe de gozar dos benefícios de um metabolismo perfeitamente equilibrado.

5.
Estudo do conjunto brasileiro

I

Com a apresentação, sob a forma de grandes manchas impressionistas, das áreas de subnutrição do Centro e do Sul, completa-se a caracterização do mosaico alimentar do país. Através desse panorama verifica-se a veracidade do título e das premissas deste volume: o Brasil é realmente um dos países de fome no mundo atual. Tanto em seus quadros regionais como em seu conjunto unitário, sofre o Brasil as duras consequências dessa condição biológica aviltante de sua raça e de sua organização social.

Não vamos, para completar o quadro do conjunto brasileiro, enfileirar aqui dados estatísticos comprovantes dessa miséria alimentar. Embora esses números enchessem a vista de certos tipos de leitores, resolvendo as suas dúvidas com uma simples comparação de cifras, e satisfazendo a sua curiosidade estatística, não nos tenta o método. Este ensaio não visa propriamente uma análise do problema em seus aspectos quantitativos, mas, principalmente, em seus aspectos qualitativos.[1] O método estatístico com sua tendência substancial para os grandes agrupamentos e para a homogeneização dos fatos não nos poderia dar em seus painéis genéricos uma noção exata de certas nuances, das infinitas gradações de cores de que se reveste o fenômeno, nos dois sentidos, no vertical e no horizontal, na ampla superfície de sua área territorial e nas diferentes capas sociais que estruturam a nacionalidade. Esta a razão pela qual os dados estatísticos apenas participam desse anseio como matéria-prima, a ser sempre que possível manipulada e transformada em argumentos explicativos sem que o seu texto se ressinta de um certo peso das notas explicativas, visando penetrar um tanto mais a fundo em sua expressão social.[2]

Apesar dessa constante fuga do fenômeno em se deixar apanhar em sua totalidade, pode-se, no entanto, tirar da observação de seus aspectos parciais uma noção mais ou menos concisa da sua expressão total.

A fome no Brasil, que perdura, apesar dos enormes progressos alcançados em vários setores de nossas atividades, é consequência, antes de tudo, de seu passado histórico, com os seus grupos humanos, sempre em luta e quase nunca em harmonia com os quadros naturais. Luta, em certos casos, provocada e por culpa, portanto, da agressividade do meio, que iniciou abertamente as hostilidades, mas, quase sempre, por inabilidade do elemento colonizador, indiferente a tudo que não significasse vantagem direta e imediata para os seus planos de aventura mercantil. Aventura desdobrada em ciclos sucessivos de economia destrutiva ou, pelo menos, desequilibrante da saúde econômica da nação: o do pau-brasil, o da cana-de-açúcar, o da caça ao índio, o da mineração, o da "lavoura nômade", o do café, o da extração da borracha e, finalmente, o de certo tipo de industrialização artificial, baseada no ficcionismo das barreiras alfandegárias e no regime de inflação. É sempre o mesmo espírito aventureiro se insinuando, impulsionando, mas logo a seguir corrompendo os processos de criação de riqueza no país. É o "fique rico", tão agudamente estigmatizado por Sérgio Buarque de Holanda, em seu livro *Raízes do Brasil*. É a impaciência nacional do lucro turvando a consciência dos empreendedores e levando-os a matar sempre todas as suas "galinhas de ovos de ouro". Todas as possibilidades de riqueza que a terra trazia em seu bojo.

Em última análise, essa situação de desajustamento econômico e social foi consequência da inaptidão do Estado político para servir de poder equilibrante entre os interesses privados e o interesse coletivo. Ou mesmo pior, entre os interesses nacionais e os dos monopólios estrangeiros interessados em nossa exploração de tipo colonial. Foram os interesses alienígenas que predominaram, orientando a nossa economia para a exploração primária da terra e para a exportação das matérias-primas assim obtidas. Desenvolveu desta forma o Brasil a sua vocação oceânica, exportando toda sua riqueza potencial — a riqueza do seu solo e de sua mão de obra — por preços irrisórios. E não sobrando recursos para atender as necessidades internas do país: bens de consumo para o seu povo e equipamentos para o seu progresso.

Orientada a princípio pelos colonizadores europeus e depois pelo capital estrangeiro, expandiu-se no país uma agricultura extensiva de produtos exportáveis ao invés de uma agricultura intensiva de subsistência, capaz de matar a fome do nosso povo.

Os governos se mostraram quase sempre incapazes para impedir essa voraz interferência dos monopólios estrangeiros na marcha da nossa economia. Com uma total incapacidade do seu poder político para dirigir, em moldes sensatos, a aventura da colonização e da organização social da nacionalidade, a princípio por sua tenuidade e fraqueza potencial diante da fortaleza e independência dos senhores de terras, mandachuvas em seus domínios de porteiras fechadas,[3] indiferentes aos regulamentos e às ordens do governo que viessem a contrariar seus interesses; e ultimamente, num contrastante exagero noutro sentido, no excesso centralizante do poder, tirando das unidades regionais quase todas as receitas e todos os direitos para depô-los nos braços, um tanto curtos em espalhar benefícios, do poder central. Sempre, pois, atuando o governo com uma noção inadequada do uso da força política para levar a bom termo a empresa administrativa de tão extenso território.

Em face da fraqueza do poder político central, os interesses colonialistas manipularam no sentido de que o processo econômico se limitasse a ampliar os lucros de um pequeno número de proprietários agrícolas, associados em sua aventura colonial, sem atingir entretanto o conjunto da população. Conforme acentuou muito bem o economista Gunnar Myrdal, as grandes potências sempre utilizaram nos países subdesenvolvidos para seus fins de exploração colonial "os próprios grupos oligárquicos, interessados eles próprios na manutenção do status quo político e social"[4] e portanto infensos ao verdadeiro desenvolvimento emancipador. Por outro lado, consequência da centralização e da política de fachada da República[5] foi o quase abandono do campo e o surto de urbanização que se processou entre nós a partir dos fins do século passado. Urbanização que, não encontrando no país nenhuma civilização rural bem enraizada, com uma exploração racional do solo, veio acentuar de maneira alarmante a nossa deficiência alimentar. Não é que a urbanização seja um mal em si mesma. Ela representa uma fase de transição obrigatória entre a economia agrária pura e a agroindustrial. Nos Estados Unidos, o fenômeno ocorreu e em volume mais violento de mobilidade social do que entre nós, sem, contudo, desequilibrar a alimentação daquele país. Ao contrário, foi um fator de estímulo da agricultura e da pecuária. Foi o surto de industrialização e concentração urbana do Leste norte-americano que deu lugar à agricultura intensiva de cereais e à pecuária do *Middle-West* e que fez da Califórnia o primeiro estado agrícola da União, com o seu cultivo de frutas e de verduras. Entre nós o desequilíbrio se deu acentuando males sempre existentes desde o dia em que os primeiros aventureiros europeus, financiados em grande parte pelo capital judaico,[6] resolveram criar nestas terras da América a indústria do "fique rico depressa" para uns poucos e que foi, ao mesmo tempo, a "indústria da fome" para a maioria.

É mesmo essa a característica essencial do desenvolvimento econômico do tipo colonialista, bem diferente do desenvolvimento econômico autêntico de tipo nacionalista. O colonialismo promoveu pelo mundo uma certa forma de progressos, mas sempre a serviço dos seus lucros exclusivos, ou quando muito associado a um pequeno número de nacionais privilegiados que se desinteressavam pelo futuro da nacionalidade, pelas aspirações políticas, sociais e culturais da maioria. Daí o desenvolvimento anômalo, setorial, limitado a certos setores mais rendosos, de maior atrativo para o capital especulativo, deixando no abandono outros setores básicos, indispensáveis ao verdadeiro progresso social. Como consequência dessa visão egoística do progresso econômico se constituiu em vários países de economia dependente o que alguns sociólogos chamaram de uma "estrutura social dualista"[7] com a superposição de um quadro social bem desenvolvido sobre outro quadro de total estagnação econômica. Ainda hoje, perdura em certos meios uma atitude mental fiel às tradições colonialistas inclinada a conceber o progresso econômico em termos de lucros a curto prazo ou de simples injeção de dólares para exploração imediata de certos recursos mais abundantes. A dualidade estrutural da civilização brasileira — os dois Brasis de Jacques Lambert[8] — constitui a nossa herança viva, a sobrevivência desse comportamento político que nos impuseram os colonialistas europeus desde o século XVI. E do qual só agora nos estamos libertando.

Sob o influxo dessa política antinacional cultivaram-se com métodos vampirescos de destruição dos solos os produtos de exportação, monopolizados por meia dúzia de açambarcadores da riqueza do país, construíram-se estradas de ferro exclusivamente para ligar os centros de produção com os portos de embarque desses produtos e instituiu-se uma política cambial a serviço dessas manipulações econômicas. Por trás dessa estrutura com aparência de progresso — progresso de fachada — permaneceram o latifúndio improdutivo, o sistema da grande plantação escravocrata, o atraso, a ignorância, o pauperismo, a fome.

Outro aspecto do nosso desenvolvimento, pouco favorável à melhoria das condições alimentares, tem sido o relativo abandono a que foram relegadas as regiões mais pobres do país, onde a fome grassa na mais alta proporção. É justo que sendo escassos os recursos de um país que procura desenvolver-se, principalmente com suas próprias poupanças, não se pode espalhar esses recursos limitados sem um rigoroso critério de prioridades. Esse critério se impõe para não diluir as possibilidades dos investimentos ao nível da inoperância e da improdutividade. Mas esse critério não pode ser o de concentrar todos os recursos nas áreas mais adiantadas, onde já existem centros germinativos em expansão, deixando à margem extensas áreas potencialmente capazes de participar do processo econômico. E foi isso o que aconteceu. A filosofia do desenvolvimento brasileiro nos últimos anos foi concebida dentro desta ideia de *desenvolver* mais o já *desenvolvido*, e não de integrar no sistema econômico nacional as atuais áreas marginais, tais como o Nordeste e a Amazônia. O caso do Nordeste é o mais alarmante porque aí se concentra um terço da população brasileira, que vive em condições econômicas bem precárias, como tive ocasião de demonstrar. E no entanto toda a política econômica brasileira conspira contra a verdadeira integração econômica dessa área do país. Nesse capítulo, a política federal se tem limitado a certa proteção à economia açucareira que nunca poderá sozinha emancipar o Nordeste e à política paternalista do "ajuda-o-teu-irmão" nas épocas calamitosas da seca. Ajuda essa que se tem manifestado ineficaz, mesmo como simples procedimento assistencial, beneficiando mais certos grupos apaniguados do que propriamente as vítimas do flagelo. O que o Nordeste necessita é bem diferente. É um tratamento do governo federal que não seja o de uma metrópole em face de uma colônia. André Philip, falando da situação dos países subdesenvolvidos em face das grandes potências, diz que aqueles não precisam de ajuda ou assistência financeira para se desenvolver, que o que eles estão a exigir é o respeito econômico à sua economia. Mais respeito do que ajuda. Dentro do Brasil se passa a mesma coisa. Faz-se necessário que as áreas mais ricas, de maior poder, tanto econômico como político, tenham mais respeito pelas regiões mais pobres e procurem cooperar para sua emancipação, em benefício da nacionalidade. Não são estas palavras manifestações inconsistentes daquilo que condenamos neste mesmo livro, da chamada ação-lamento ou lamúria. Não. Não desejamos separar o Brasil com muros de lamentações. Desejamos unificá-lo cada vez mais, cimentando num só sistema a sua economia fragmentada. Para isso temos que derrubar as muralhas de velhos preconceitos, como este de que essas áreas mais pobres do país são áreas irrecuperáveis, quando apenas o que tem faltado ao seu progresso são condições históricas favoráveis, são circunstâncias econômicas que venham ao encontro de suas potencialidades. O Nordeste não está condenado irremediavelmente à pobreza e o seu povo à fome, por qualquer forma de determinismo inexorável, mas, porque no jogo das variáveis econômicas, a política colonial que se afrouxou mais no Sul ainda se mantém bem arrochada na região nordestina, simples produtora de matérias-primas e produtos de base. Chego às vezes a pensar que o que mais tem faltado ultimamente ao Nordeste é um pouco mais de força política — liderança — para reivindicar em termos dialéticos, e não de súplica, os seus direitos humanos. Se o Nordeste, ou melhor, todo o Norte reunido, advogasse uma política cambial de exportação, de tarifas e de crédito que não lhe fosse tão nociva ou injusta, beneficiando apenas a economia de outras áreas do país, a sua economia se expandiria bem mais depressa do que através de limitados créditos orçamentários que são simples grãos de areia, caindo num mar de miséria e portanto incapazes de cimentar qualquer coisa de realmente sólido. Darei apenas dois exemplos, mas que me parecem bem demonstrativos do tratamento discriminatório que recebe a economia nordestina. O primeiro está ligado ao problema das exportações dos seus produtos de base, tais como o cacau, o açúcar, a carnaúba, o algodão, os óleos e certos minérios, gerando um bom volume de divisas estrangeiras para a nossa economia. Ora, essa parcela de divisas assim geradas não tem beneficiado o Nordeste senão em pequena escala, porque o seu grosso é drenado pelo estado, para equipar a indústria do Sul e às vezes, ainda pior, para cobrir a importação de produtos de luxo, ostentatórios — *cadillacs* e perfumes — com que os países subdesenvolvidos pensam cobrir a sua miséria, mas apenas evidenciam de forma mais gritante o seu subdesenvolvimento. Porque subdesenvolvimento é exatamente isto: é desnível econômico, é disparidade entre os índices de produção, de renda e de consumo entre diferentes camadas sociais e diferentes regiões que compõem o espaço sociogeográfico de uma nação.

Promover o desenvolvimento econômico-social autêntico será antes de tudo procurar atenuar esses desníveis, através de uma melhor distribuição da riqueza e de um mais justo critério de investimentos nas diferentes regiões e nos diferentes setores das atividades econômicas do país.

Os planos de desenvolvimento econômico postos em execução pelo atual governo, embora com o patriótico objetivo de promover em ritmo acelerado o desenvolvimento econômico do país, não têm proporcionado, entretanto, os instrumentos adequados a esse nivelamento reequilibrante do conjunto econômico nacional, e por isso não têm contribuído com a necessária eficácia para eliminar a fome de certas áreas do país.

Outro exemplo eloquente a apresentar é o cotejo das cotas de financiamento levadas a efeito pelo órgão criado com o fim precípuo de promover o desenvolvimento econômico do país: o Banco Nacional de Desenvolvimento. Nos últimos cinco anos esse banco que deu atendimento de crédito, numa proporção de 49% para a região do Leste e 41% para a região do Sul, apenas concedeu ao Nordeste cerca de 4% do total de seus financiamentos.

É essa economia de dependência, de dependência total do Nordeste e da Amazônia ao sistema econômico de outras áreas do país, que mantém inalteráveis as manchas negras da fome nessas áreas.

Depois de quatro séculos de ocupação humana vamos encontrar um país que se dizia agrícola e que apenas dispõe de cerca de 2% de suas terras trabalhadas no cultivo de utilidades, e dessa área insignificante só a terça parte se destinando à produção de gêneros alimentícios. Dessa produção insuficiente resultam naturalmente coeficientes de consumo per capita que só podem figurar, quando figuram, no fim das listas de consumo das tábuas internacionais, principalmente no que diz respeito aos alimentos protetores — à carne, ao leite, ao queijo, à manteiga, às frutas e às verduras. O nosso consumo de carne é de 55 quilos per capita por ano, enquanto esse consumo atinge 136 quilos na Argentina, 107 quilos na Nova Zelândia, 62 quilos nos Estados Unidos da América, 64 quilos na Inglaterra e 57 quilos na Dinamarca. O consumo de leite é ridiculamente insignificante: 37 litros por ano, ou seja, cerca de cem gramas por dia. Tal consumo atinge as cifras de 164 litros na Dinamarca, 108 litros nos Estados Unidos, 101 litros na Austrália e 95 litros na França. Igual insignificância encontramos no consumo das demais fontes de proteínas: queijo e ovos; seiscentos gramas de queijo, quando na Dinamarca se consomem 5,5 quilos. A manteiga é consumida entre nós na mesma quantidade que o queijo — seiscentos gramas —, enquanto os Estados Unidos, a Inglaterra e a Dinamarca consomem, respectivamente, dezoito, dez e oito quilos. O consumo dos restantes alimentos protetores ocupa idêntica posição nos quadros estatísticos mundiais: são dos mais baixos do mundo.

Interpretando estes dados à luz dos conhecimentos já expostos, deduz-se da situação global da alimentação do nosso povo.

2

Não é este um quadro histórico de nosso passado, mas um retrato da realidade social vigente. Dessa complexa e confusa realidade social brasileira, que justifica o título dado por Roger Bastide a um seu livro: *Brasil, terra de contrastes.*

De contrastes atordoantes, como esse evidenciado entre o esplendor da vida urbana de algumas de nossas metrópoles e o atoleiro social, o marasmo da vida agrária em torno dessas metrópoles. Contrastes como esse de possuirmos uma indústria de alto padrão moderno e uma agricultura de índole feudal, apegada à rotina, a mais conservadora. Assim é o Brasil. Assim se explica por que, apesar de todos os nossos surpreendentes sucessos no campo do progresso econômico, de nossa indústria pesada, de nossa indústria de automóveis, de Brasília e de outras metas surpreendentemente alcançadas, ainda somos um país de fome, ainda somos uma das grandes áreas da geografia universal da fome.

É verdade que essa larga mancha negra da fome se atenuou um pouco em certos pontos, se retraíram os seus limites noutros, mas o quadro geral perdura mais ou menos idêntico.

Ganhou-se nos últimos anos uma melhor consciência da realidade do problema. Governo e povo debatem a matéria. Conhecem-se melhor os princípios essenciais da higiene alimentar. Mas pouco foi obtido, como resultados concretos, para melhorar de fato a nossa situação alimentar. E em certos períodos e sob certos aspectos, essa situação parece até se agravar em face do surto de desenvolvimento industrial por que atravessa o país. É como se os responsáveis pelos destinos do Brasil não tivessem ainda tomado a peito a solução do problema, atacando-o em suas raízes com coragem e decisão. Mesmo os governos mais empenhados em nossa emancipação econômica não tiveram ainda sucesso nesse setor vital para o bem-estar social do nosso povo. Vejamos o que se tem passado em nossos dias em termos de desenvolvimento econômico nacional.

O desenvolvimento econômico constitui hoje uma ideia-força dinamizando a vontade de nosso povo, desejoso de participar ativamente nesse processo de transformação de nossa economia e atento em controlar de perto os resultados desse esforço coletivo.

Essa transformação de nossa economia, que a partir de 1930 começou a se integrar num sistema próprio com capacidade de desenvolvimento autônomo, vem acelerando o seu ritmo de expansão depois da última guerra mundial. Pelo cotejo de certos dados de semiologia econômica é possível avaliar-se o impulso de nosso desenvolvimento, o qual se mostra em certos setores bastante promissor. Basta verificar-se que o índice de produção real do país duplicou nos últimos quinze anos, logrando a produção industrial um aumento de cerca de 190%, enquanto a agricultura apenas cresceu 40%. O país industrializa-se e cresce, desta forma, a sua capacidade produtiva. Resta saber com que eficiência está sendo utilizada essa capacidade produtiva. É a medida dessa eficiência que melhor revela a adequação ou inadequação de um plano de desenvolvimento econômico, porque depende em larga escala da validez dos critérios que orientam os investimentos, o ritmo de expansão de um sistema econômico.

O que está ocorrendo no Brasil: qual a intensidade do nosso crescimento econômico e quais os fatores que estão porventura freando o seu impulso produtivo? O desenvolvimento econômico do Brasil, quando medido através dos índices da renda média per capita, não pode ser contestado. Mas, se procurarmos auferi-lo, através da distribuição real das rendas pelos diferentes grupos sociais, mostra-se ele então bem menos efetivo. E a verdade é que o progresso social não se exprime apenas pelo volume da renda global ou pela renda média per capita, que é uma abstração estatística, e sim por sua distribuição real.

E essa distribuição, em lugar de melhorar, de mostrar sua tendência a uma benéfica dispersão, cada vez mais se concentra em certas áreas e nas mãos de certos grupos. Faltou ao governo a coragem de tocar nas estruturas de base, causadoras desse desequilíbrio, e de promover, com o processo de desenvolvimento, esse nivelamento reequilibrante do conjunto econômico do país.

Mesmo industrializando-se, a nossa economia seguiu os ditames de uma economia de tipo colonial, politicamente desinteressada pela sorte da maioria, apenas ocupada em desenvolver mais o já desenvolvido e em enriquecer mais os já enriquecidos pelo sistema vigente. E é nesse aspecto desequilibrante que o nosso desenvolvimento econômico não corresponde a um autêntico desenvolvimento social, que representa a autêntica aspiração das massas brasileiras.

Longe disso. Em certos aspectos, a política de industrialização intensiva concentrada na região Sul do país, onde já existia um sistema econômico integrado por uma economia de exportação à base do café e uma incipiente economia industrial, acentuou e agravou ainda mais os desníveis já existentes. O desnível regional entre a área do Sul e as do Norte e Nordeste e o desnível setorial entre a indústria e a agricultura. Na verdade, o desnível entre as regiões não é senão a projeção em áreas geográficas do desnível setorial entre a economia agrícola e a economia industrial. É esse desnível setorial que merece neste nosso ensaio o maior interesse, porque ele constitui, a nosso ver, a mais grave distorção na dinâmica de nosso desenvolvimento econômico e o principal fator de estrangulamento da industrialização do país, a qual constitui uma meta fundamental do desenvolvimento. Todo o processo de desenvolvimento dirigido, num país subdesenvolvido, cria automaticamente uma série de desequilíbrios que exige a todo momento a ação de medidas corretivas. O sociólogo Costa Pinto acentua muito bem o fato de que "nas estruturas sociais dos países menos desenvolvidos não é a falta ou ausência de mudanças o traço essencial, mas sim o fato das diversas partes dessas estruturas mudarem em ritmos diferentes, gerando assimetrias e distorções, contradições e resistências".[9]

Daí a impossibilidade de importar-se modelos pré-fabricados de desenvolvimento para aplicar-se in loco como transposição válida da experiência de outros povos. Cada sistema econômico em expansão se orienta de maneira original e até certo ponto imprevisível, em face das possibilidades das virtualidades das diferentes áreas geoeconômicas.

No caso brasileiro, a distorção mais acentuada tem sido o atraso da agricultura em relação ao progresso do setor industrial. É verdade que alguns contestam esse fenômeno, referindo-se ao fato de que a agricultura tem crescido no Brasil num ritmo mais acentuado que a população, numa relação de três para dois. Ora, esse argumento é extremamente fraco. É preciso não esquecer que os padrões alimentares do Brasil sempre foram dos mais baixos do mundo, com o subconsumo global de calorias e o subconsumo específico de vários produtos alimentares, principalmente dos alimentos protetores. A produção de alimentos no Brasil sempre esteve longe de dar atendimento às necessidades vitais de nossa população, apenas atendendo às necessidades solváveis, limitadas em extremo pela baixa capacidade aquisitiva de nosso povo. É claro que melhorando essa capacidade aquisitiva com a industrialização em marcha, aumenta sobremodo a demanda de alimentos, exigindo um crescimento da produção agrícola em índices bem mais altos do que os obtidos até o presente. É bom também lembrar que o setor agropecuário fornece até hoje 60% das matérias-primas duma expansão paralela do volume dessas matérias-primas.

Mas o atraso da agricultura se revela muito mais nitidamente, não através do volume da produção, e sim através dos seus índices de produtividade, que são dos mais baixos do mundo. De produtividade do trabalhador agrícola e de produtividade da terra cultivada. É o baixo rendimento do homem rural brasileiro que faz com que sejam necessários 10 milhões de trabalhadores para cultivar apenas 20 milhões de hectares de terra, enquanto nos Estados Unidos 8 milhões de homens cultivam 190 milhões de hectares, ou seja, uma área dez vezes mais extensa. A produtividade da terra em seus produtos tradicionais também se revela comparativamente em situação bem desfavorável; assim, a produtividade média por hectare da cana-de-açúcar é de 38 toneladas no Nordeste, contra setenta em Porto Rico; a de algodão em rama é de 0,070 tonelada no Nordeste, 0,214 em São Paulo e 0,304 nos Estados Unidos; a de milho é de 0,676 tonelada no Nordeste, 1402 em Minas Gerais e 2271 nos Estados Unidos, e assim por diante. A fraqueza e o atraso da economia agrícola no Brasil constituem-se, desta forma, como fatores de amordaçamento de toda a economia nacional, freando o próprio ritmo de industrialização, através de vários mecanismos.

Através das matérias-primas escassas e do alto custo de produção, a agricultura se constitui indiscutivelmente como um fator de estrangulamento de um largo setor das indústrias de transformação. Idêntico efeito ocorre em face da escassez e dos altos preços dos produtos de subsistência, impondo o estabelecimento de salários para os trabalhadores da indústria que oneram, sobremodo, o custo da produção industrial, sem que ao menos permitam ao trabalhador a obtenção de um tipo de dieta racional capaz de melhorar os seus índices de produtividade. E dificultando ainda em maior escala a formação de grandes parques industriais, cujo abastecimento passa a constituir a maior dor de cabeça dos planificadores e dos homens de empresa, em certas áreas do país. O marginalismo econômico a que ficou relegado o homem do campo, com sua capacidade aquisitiva quase nula, não permite a formação de um mercado interno capaz de absorver a crescente produção industrial. As migrações internas, os altos graus de mobilidade social do campo para a cidade, supersaturando os núcleos urbanos com grandes massas humanas improdutivas, células economicamente mortas, infiltradas dentro da textura social, vêm onerar terrivelmente o erário público com os indispensáveis serviços sociais, cujo alto custo absorve necessariamente uma grande parcela de recursos que deveriam ser aplicados em investimentos reprodutivos.

É todo um conjunto de forças de contenção, oriundas do atraso da economia rural brasileira, a se constituírem como fatores de limitação do nosso desenvolvimento econômico.

Não tenho a menor dúvida de que é por culpa desse lamentável desequilíbrio que se começa a verificar um relativo recesso no ritmo de expansão de nossa indústria nos últimos três anos, exatamente quando maior tem sido o contingente de esforços e recursos concentrados na promoção do nosso desenvolvimento industrial. Já não é segredo, nem produto de pura especulação dos economistas, que vários setores industriais atingiram os limites da saturação do mercado interno, impondo a limitação de sua produção e dando origem ao desemprego que cresce em certos núcleos urbanos.

Urge corrigir esse desequilíbrio que está a ameaçar todo o esforço de integração de nosso sistema econômico, fazendo-o perder uma boa parte da substância de sua capacidade produtiva. E isso só poderá ser obtido através de um melhor atendimento público às necessidades mais prementes da economia agrícola. Constitui um grave risco contar com as forças do automatismo para corrigir essa distorção, baseando-se na premissa de que o progresso industrial, ao atingir certo nível, provocará automaticamente o progresso rural. Falsa premissa no campo da realidade social que apenas perdura como uma sobrevivência dos princípios da economia liberal, na qual a "mão invisível" invocada por Adam Smith asseguraria sempre, através da livre concorrência, o restabelecimento da "ordem natural".

Ora, pensar assim é negar a eficiência da planificação econômica, é abdicar das possibilidades que hoje dispomos de dirigir o desenvolvimento econômico para metas definidas e não nos deixarmos ser arrastados aos acasos das aventuras mercantis. Com razão afirma o economista chinês Pei-Kang-Chang[10] que o desenvolvimento industrial por si só não é bastante para conduzir a uma reforma da economia agrária. É um ingrediente necessário mas não suficiente para provocar a transformação da vida econômica rural. Mas, mesmo admitindo o fato discutível de que alcançado certo nível de desenvolvimento industrial o impacto econômico viesse a impulsionar o setor da agricultura, resta um ponto importante a esclarecer: qual seria esse nível e que garantias teremos de que poderíamos alcançá-lo, quando o nosso desenvolvimento é amordaçado e estrangulado pela subprodutividade e pelo subemprego de dois terços de nossa população ativa, que vegetam no campo da agricultura?

Esse relativo abandono da agricultura se revela nos índices de crescimento da produção agropecuária que se apresenta ronceiro, de ritmo bem inferior ao desejável, para acompanhar a expansão econômica do país. Se não, vejamos: de 1948 a 1958, enquanto o produto nacional bruto per capita cresceu 29%, a produção agropecuária apenas cresceu 15%, ou seja, cerca de 1,5% ao ano, que apenas dá para cobrir o aumento natural da nossa população.[11]

E devemos ainda referir o fato de que em alguns desses anos, como em 1958, esse aumento reflete mais o incremento da produção dos produtos de exportação, principalmente o café, do que dos produtos de subsistência para consumo nacional.

É claro que essa distorção econômica vem pesando terrivelmente na situação alimentar de nosso povo, acentuando o fenômeno da inflação, que se exterioriza principalmente na alta dos preços dos gêneros alimentícios.

Bastariam algumas cifras para mostrar a marcha avassaladora desse processo inflacionário. Nos anos de 1956 a 1959, o custo de vida aumentou nos seguintes índices: 20,8, 16,0, 14,9 e 39,1%.[12] Ora, um aumento do custo de vida de cerca de 40%, como esse do ano de 1959, consome inteiramente as disponibilidades das classes assalariadas, que são forçadas a um regime de terríveis restrições pela perda do valor aquisitivo dos seus salários. E aí se encontra a explicação de que seja no proletariado urbano que se evidencia essa verdadeira epidemia de carências proteicas infantis — o *kwaskiorkor* —, porque os alimentos protetores contra essa doença, principalmente o leite, foi se tornando inacessível a esse grupo social. E isso apesar dos reajustamentos salariais que chegam sempre atrasados e em níveis inferiores aos alcançados pela espiral inflacionária.

Como interpretar essa situação que perturba seriamente a marcha do nosso desenvolvimento? Como uma crise normal de crescimento da nacionalidade, embora perigosa pelos riscos de um desequilíbrio por demais profundo.

O desenvolvimento econômico constitui a única solução real ao problema do subdesenvolvimento, com suas características fundamentais do subemprego, da subprodutividade e do pauperismo generalizado. A tomada de consciência da realidade social brasileira por parte do nosso povo incutiu no espírito das massas essa ideia-força de que só através do nosso desenvolvimento econômico real nos libertaremos da opressão e da escravidão econômica que esmagam a maioria de nossas populações. Ninguém pode ter hoje outra atitude que a de aspirar e cooperar para que se processe, em ritmo acelerado e sem distorções, o desenvolvimento econômico do nosso país. Pensar diferentemente é servir aos interesses antinacionais, é fazer o jogo dos trustes internacionais, interessados em abafar o surto de progresso das regiões de economia primária, fornecedoras das matérias-primas para os grandes empórios industriais que dominam a economia mundial.

Representa a política de desenvolvimento, o que se chama *necessidade histórica*, um imperativo ao qual não podemos fugir.

Não devemos, pois, ter nenhuma reserva acerca da necessidade e da oportunidade de uma política desenvolvimentista para o Brasil. As nossas dúvidas e possíveis divergências se encontram no campo de execução dessa política, nos elementos postos em jogo para dinamizar e orientar a nossa emancipação econômica. O atual governo, desejoso de promover em ritmo acelerado a nossa expansão econômica, e impregnado da ideia de que só através da industrialização intensiva poderemos emancipar-nos economicamente, vem realizando o seu programa de metas, de forma a criar no nosso espírito uma certa apreensão. Apreensão de que o critério de prioridades para aplicação de nossas escassas disponibilidades econômicas não seja o critério ideal. Somos daqueles que julgam necessário promover o desenvolvimento industrial, sem contudo sacrificar exageradamente os investimentos no setor da economia agrária. Concentrar todo o esforço apenas num setor é estimular um desenvolvimento desequilibrado, que começará dentro de algum tempo a sofrer o impacto do desequilíbrio e a retardar o seu ritmo de expansão. A economia planificada deve agir sobre todo um sistema econômico integrado a fim de evitar os desequilíbrios que se constituem com o tempo em fatores de estrangulamento. No atual momento da conjuntura econômica brasileira começamos a presenciar o fato inegável de que o atraso da agricultura nacional se constitui como um fator de estrangulamento da própria economia industrial. Só poderemos manter o ritmo de expansão da indústria brasileira e dar-lhe garantia de sobrevivência se cuidarmos melhor de expandir e de consolidar a nossa economia agrícola. Temos que insistir muito nesse aspecto porque o consideramos primacial nos nossos planos de desenvolvimento. Arriscamo-nos mesmo em nossa insistência a desafiar a paciência dos nossos leitores, repisando argumentos demonstrativos de quanto pode custar ao bem-estar dos brasileiros esse grave marginalismo da nossa economia agrária. Mantendo a estrutura atual de nossa economia agrícola, cujos índices de produtividade são dos mais baixos do mundo, torna-se bem difícil obter-se as matérias-primas necessárias a uma indústria capaz de concorrer nos mercados mundiais e obter os meios de subsistência para alimentar as massas trabalhadoras dos grandes parques industriais. Além disso, a falta de um mercado interno para absorver a nossa crescente produção industrial exige medidas que venham a integrar no sistema econômico brasileiro a grande massa campesina, cerca de 70% da população brasileira, que vive hoje praticamente sem consumir nem mesmo o mínimo necessário à sua subsistência. Esse relativo descaso ao setor agrícola, justificável em parte pela escassez de recursos num país subcapitalizado e pela necessidade de concentrá--los ao máximo nos empreendimentos mais produtivos, nos bens de equipamento que venham emancipar o país, começa entretanto a constituir-se como uma grave ameaça ao nosso desejo de emancipação e ao gigantesco esforço de industrialização nacional. Basta verificar-se que, nos últimos anos, o ritmo de expansão industrial sofreu um certo recesso e que nos grandes centros da indústria, como São Paulo, amplia-se o desemprego em face de uma superprodução relativa pela falta de mercado interno e em face da carestia dos altos cultos de produção impostos pela subida desordenada dos preços dos produtos de subsistência. É pela falta de amparo à economia agrícola que se desloca anualmente enorme massa humana do campo para as cidades, vindo a supersaturar a vida urbana, criando graves embaraços aos problemas de abastecimento e onerando terrivelmente o erário público com serviços assistenciais cujo custo desfalca necessariamente uma grande parcela de recursos que seriam mais bem aplicados numa política de produção agrária.

O que alguns sociólogos chamam de "cidades inchadas", como a do Recife, com 200 mil marginais improdutivos, oriundos do interior, são uma demonstração evidente de que, longe de se atenuar, se vai agravando no Brasil nos últimos tempos o desequilíbrio entre a cidade e o campo. Como se agrava também o desnível entre a região industrializada do Sul e as regiões predominantemente agrícolas do Norte e do Nordeste do país, vindo a situação do Nordeste a constituir-se no mais grave problema nacional, ameaçando não só a nossa economia, mas mesmo a segurança nacional. Ao promover o desenvolvimento econômico do país fica o governo um tanto perplexo diante do dilema do *pão* ou do *aço*, ou seja, de investir suas escassas disponibilidades na obtenção de bens de consumo ou de concentrá-las na industrialização intensiva, sacrificando durante um certo tempo as aspirações da melhoria social da coletividade. A tendência predominante entre os economistas é de que se deve concentrar de início todo o esforço no *aço*, ou seja, na industrialização, obrigando-se a coletividade a participar com seu sacrifício na obra de recuperação nacional. É o que se chama de pagar o *custo do progresso* indispensável à emancipação econômica. Devemos entretanto não exagerar esse custo, não tender demasiado ao exclusivismo porque a realidade social não se cinge apenas no economismo puro, mas sim na expressão econômico-social de um povo. A solução ao dilema não está no atendimento exclusivo ao pão ou ao aço, mas simultaneamente ao pão e ao aço, em proporções impostas em face das circunstâncias sociais e das disponibilidades econômicas existentes. Todas as tentativas de exigir de qualquer coletividade um custo de progresso acima do tolerável acarretam ressentimentos e tensões sociais ameaçadoras. Tenho a impressão de que o povo brasileiro, hoje imbuído da ideia do desenvolvimento e do progresso social, está disposto a dar sua cota de sacrifício, a fim de que o país se desenvolva e se emancipe economicamente. Mas é preciso que este povo esteja convicto de que o sacrifício está igualmente distribuído por todos os grupos e classes sociais que compõem a nacionalidade. E não estou muito seguro de que isso esteja acontecendo. Para levar a efeito o seu programa de desenvolvimento econômico, deverá o governo não só estar mais atento às necessidades dos grupos humanos que vivem no setor da agricultura, como também procurar promover uma melhor distribuição regional em matéria de crédito e investimentos a fim de que o gigante brasileiro não venha a crescer capenga ou torto. Se visarmos o desenvolvimento apenas de uma parte da nação, imolando a esse novo Moloch as desvantagens e o desajustamento de outras áreas do país, ainda mais subdesenvolvidas, falsearemos o sentido do verdadeiro desenvolvimento econômico que constitui a aspiração máxima de todo o povo brasileiro.

Urge também que sejam tomadas medidas contra o excesso do poder econômico, de forma a distribuir melhor as cotas de sacrifício que hoje pesam quase que exclusivamente nas classes menos favorecidas, assoberbadas e consumidas em face do avassalante aumento do custo de vida. O governo pode aparentemente desaperceber-se disso, mas o povo sente em sua carne os efeitos funestos da inflação que fez com que o valor aquisitivo de nossa moeda caísse em 1959 a 35 vezes menos do que era em 1914, ao começar a Primeira Guerra Mundial.

Diante dessa rápida exposição, pode-se concluir que sendo imperioso o desenvolvimento econômico nacional, devem o governo e o povo se unir através de um processo de mútua confiança e de mútuo interesse a fim de que esse desenvolvimento não seja sacrificado em sua execução por certas falhas inevitáveis, é bem verdade, mas que devem ser corrigidas a tempo para evitar o desastre econômico do país. Não há dúvida que o Brasil dá no momento atual um grande salto em sua história social. O que precisamos evitar é que seja um salto no abismo, orientando-o de forma que as nossas forças nos permitam alcançar o outro lado do fosso a ser ultrapassado.

E não é possível saltar esse fosso com um povo faminto, um povo que não disponha do mínimo essencial para suas necessidades básicas de vida: um mínimo de alimentação.

E é aí que está pegando o carro do progresso nacional. Esse mínimo só será obtido através de profundas alterações de nossas estruturas de base que, em seu arcaísmo, se tornam incapazes de propiciar as condições indispensáveis ao pleno exercício de nossas forças produtivas. Dessas estruturas, a mais retrógrada e a mais resistente ao verdadeiro progresso social é, sem nenhuma dúvida, a nossa estrutura agrária, daí a necessidade de atacá-la com decisão para adaptá-la às necessidades sociais do Brasil atual.

É a inadequação de nossas estruturas agrárias o fator essencial da má utilização de nossos recursos naturais, da baixa produtividade agrícola e da subocupação do homem do campo. Numa palavra: do atraso geral de nossa agricultura. O arcaísmo dessa estrutura agrária se evidencia não só pela inadequada distribuição das propriedades, como pelas relações de produção de tipo feudal, nas quais ainda perduram o regime da meação, a parceria e outras sobrevivências do feudalismo agrário.

Moacyr Paixão[13] expressa com muita felicidade o chamado "problema agrário brasileiro" em três características da sociedade rural:

a) o domínio monopolista sobre grandes extensões de terra, por vezes as de melhor qualidade, exercido por uma classe social de fazendeiros capitalistas e latifundiários, que impedem a mais ampla utilização dos solos no processo produtivo;

b) a existência de enorme massa de camponeses não proprietários, de condição social heterogênea, regra geral pobres, e que, para ter acesso à terra, precisam sujeitar-se aos regimes de parceria, arrendamento, colonato e salariato nas fazendas de café ou criação, nas plantações de algodão, arroz, açúcar, trigo, fumo, cacau, milho;

c) as fricções sociais em torno da terra, que se manifestam sobretudo a partir das posições opostas vividas pelos grandes proprietários fundiários e a massa rural sem terra, atingem outras camadas sociais do campo. Chocam-se, realmente, contra o grande domínio centenas de milhares de proprietários pobres, detentores de pequenas áreas de terra.

A gritante impropriedade desse regime agrário feudal em meados do século XX se pode exteriorizar através de alguns dados estatísticos que são de uma eloquência impressionante: o Brasil com sua enorme extensão territorial possui o mesmo número de propriedades agrícolas que a França, cuja extensão territorial representa apenas 6% do nosso território.

É como se ainda perdurasse no Brasil o regime das capitanias hereditárias estabelecido em 1534 por d. João III de Portugal. É que cerca de 60% das propriedades agrícolas no Brasil são constituídas por glebas de áreas superiores a cinquenta hectares de terra, das quais 20% possuem mais de 10 mil hectares. No recenseamento de 1950, ficou evidenciada a existência no Brasil de algumas dezenas de propriedades que são verdadeiras capitanias feudais: propriedades com mais de 100 mil hectares de extensão. Ao lado dessa nociva tendência ao latifúndio, irmão siamês do arcaísmo técnico e da improdutividade, encontramos a pulverização antieconômica da propriedade — o minifúndio —, expressão da realidade social, de que 500 mil propriedades, ou seja, uma quarta parte dos estabelecimentos agrícolas existentes no Brasil — 2 milhões —, apenas ocupam 0,5% da extensão das terras de propriedades agrícolas.

Do latifúndio decorrem a ínfima percentagem de área cultivada no país — apenas 2% do território nacional —, as práticas agrícolas primitivas, de baixo rendimento e de alto grau de destruição da fertilidade dos solos, a ausência de técnica agronômica e do esforço de capitalização indispensável ao progresso rural. Do latifúndio decorre também a existência das grandes massas dos *sem-terra*, dos que trabalham na terra alheia, como assalariados ou como servos explorados por essa engrenagem econômica do tipo feudal. Por sua vez o minifúndio significa a exploração antieconômica da terra, a miséria crônica das culturas de subsistência que não dão para matar a fome da família.

Todo esforço de modernização e dinamização de nossa agricultura tropeça nesse arcabouço arcaico da infraestrutura agrária, verdadeira armadura contra o progresso econômico e social do país.

Através desta exposição sucinta da conjuntura econômico-social brasileira chega-se à evidência de que é indispensável alterar substancialmente os métodos da produção agrícola, o que só é possível reformando as estruturas rurais vigentes. Apresenta-se deste modo a reforma agrária como uma *necessidade histórica* nesta hora de transformação social que atravessamos: como um imperativo nacional.

O tipo de reforma que julgamos um imperativo da hora presente não é um simples expediente de desapropriação e redistribuição da terra para atender às aspirações dos sem-terra. Processo simplista que não traz solução real aos problemas da economia agrária. Concebemos a reforma agrária como um processo de revisão das relações jurídicas e econômicas, entre os que detêm a propriedade agrícola e os que trabalham nas atividades rurais. Traduz, pois, a reforma agrária uma aspiração de que se realizem, através de um estatuto legal, as necessárias limitações à exploração da propriedade agrária, de forma a tornar o seu rendimento mais elevado e principalmente mais bem distribuído em benefício de toda a coletividade rural.

O conjunto de leis englobadas nesse código deve regular inúmeros problemas, tais como o da desapropriação das terras, os arrendamentos rurais, o dos contratos de trabalho e vários outros aspectos complementares da posse da terra.

Para levarmos a efeito essa reforma, certamente teremos obstáculos a vencer, produtos da lei natural da inércia ajudada pela reação que sempre criam ao progresso os direitos e os privilégios adquiridos. Mas a verdade é que esses obstáculos diminuem cada dia mais. Avultavam outrora pela incompreensão das elites brasileiras que não viam essa necessidade imprescindível de se promover uma modificação nas estruturas agrárias, paralelamente às modificações que surgiram no campo da economia industrial. O rápido surto industrial dos últimos quinze anos, possibilitado pela conjugação de toda uma série de fatores favoráveis, na sua maioria surgidos em função da guerra, contribuiu para manter uma espécie de obscurantismo em torno dessa verdade. Hoje, porém, quando a indústria começa a sentir dificuldades em escoar a sua produção, o problema agrário avulta de importância e desperta a consciência nacional no sentido de resolvê-lo racionalmente.

Existem em andamento no Parlamento Nacional 178 projetos de lei referentes aos problemas da terra. Quase todos permanecem paralisados em face das forças reacionárias que dominaram até perto dos nossos dias as tendências do pensamento do Parlamento Nacional. Mas sente-se hoje uma mudança sensível desse pensamento. O fato de que não só as classes produtoras, principalmente os industriais, mas expoentes do pensamento das elites brasileiras se manifestem claramente a favor de uma reforma agrária, tende à criação de um clima que permita a aprovação de alguns desses projetos ou de outros que possam progressivamente modificar a estrutura e as relações de trabalho no campo da agricultura.

O principal obstáculo a ser superado é sem nenhuma dúvida a rigidez do preceito constitucional (art. 141, § 6º), que garante o direito de propriedade, só admitindo sua desapropriação mediante o pagamento prévio em dinheiro pelo justo valor. Se esse "justo valor" for entendido como preço de mercado, segundo a tradição privativista de nossos tribunais, torna-se praticamente inviável qualquer reforma agrária, sem prévia reforma constitucional, em face da soma fabulosa de recursos necessários para desapropriar largos tratos de terra. Se "justo valor", porém, nos casos de desapropriação por interesse social e tendo em vista o novo sentido social que o art. 147 da

Constituição Federal empresta ao uso da propriedade for conceituado de outra forma, como, por exemplo, o "custo histórico", tal qual propõem Seabra Fagundes, Carlos Medeiros da Silva e Hermes Lima, ou como o "valor tributado", de acordo com a sugestão de Pompeu Accioly Borges, então sim, poderão ser superadas as limitações contidas no aludido art. 141, § 6º da Constituição.

Como um imperativo nacional, essa medida exige a participação de todos os brasileiros verdadeiramente patriotas para ser realizada em termos de interesse coletivo. Exige, pois, uma preparação psicológica através de uma campanha de esclarecimento da opinião pública. De esclarecimento de que não se trata de uma medida visando beneficiar um só grupo, o dos párias rurais — os sem-terra —, mas que beneficiará a todas as classes e grupos sociais, interessados no desenvolvimento econômico equilibrado do país.

Precisamos enfrentar o tabu da reforma agrária — assunto proibido, escabroso, perigoso — com a mesma coragem com que enfrentamos o tabu da fome. Falaremos abertamente do assunto, esvaziando desta forma o seu conteúdo tabu, mostrando através de uma larga campanha esclarecedora que a reforma agrária não é nenhum bicho-papão ou dragão maléfico que vá engolir toda a riqueza dos proprietários de terra, como pensam os mal-avisados, mas que, ao contrário, será extremamente benéfica para todos os que participam socialmente da exploração agrícola, porque só através dessa reforma será possível inocular na economia rural os germes de progresso e desenvolvimento representados pelos instrumentos técnicos de produção, pelos recursos financeiros e pela garantia de um justo rendimento das atividades agrárias, de forma a libertar a nossa agricultura dos freios do colonialismo agonizante e liberar, indiretamente, o nosso desenvolvimento econômico do principal fator de estrangulamento do seu crescimento, que é o marasmo da agricultura brasileira. E libertar desta forma o povo das marcas infamantes da fome.

Ao lado da estrutura agrária, há outros obstáculos estruturais a vencer.[14] Não é só a infraestrutura agrária que está superada, mas também os processos de distribuição da produção agrícola com sua rede interminável dos intermediários e atravessadores. Dos monopolistas e exploradores da fome. Tudo isso tem que ser revisto. Mas isto é um livro, e não um programa de governo, e por isso nos limitamos a apontar onde estão os pontos fracos de nossa estrutura por onde o problema deve ser atacado.

3

Através dessa sondagem das condições de alimentação e nutrição do brasileiro das diferentes zonas do país, da visão sintética da situação brasileira como um todo, da análise dos fatores que interferem, de maneira mais direta, na sua estruturação e das consequências que daí decorrem, podemos formular as seguintes conclusões gerais:

I. O Brasil, como país subdesenvolvido, em fase de desenvolvimento autônomo e de acelerado processo de industrialização não conseguiu ainda se libertar da fome e da subnutrição que durante séculos marcaram duramente a sua evolução social, entravando o seu progresso e o bem-estar social do seu povo.

II. A dualidade da civilização brasileira, com a sua estrutura econômica bem integrada e próspera no setor da indústria e sua estrutura agrária arcaica, de tipo semicolonial, com manifesta tendência à monocultura latifundiária, é a principal responsável pela sobrevivência da fome no quadro social brasileiro.

III. Nenhum fator é mais negativo para a situação de abastecimento alimentar do país do que a sua estrutura agrária feudal, com um regime inadequado de propriedade, com relações de trabalho socialmente superadas e com a não utilização da riqueza potencial dos solos.

IV. Os baixos índices de produtividade agrícola, produto da exploração empírica e desordenada da terra, a produção insuficiente pela exiguidade de terras cultivadas, apesar do enorme potencial de terras virgens do país, os insuficientes meios de transporte e de armazenagem dos produtos se constituíram como fatores de base no condicionamento de um abastecimento alimentar insuficiente e inadequado às necessidades alimentares do nosso povo.

V. A inflação provocando uma alta contínua dos preços dos produtos alimentares e a baixa capacidade de compra de largos setores de nossa população, principalmente na zona rural, têm acentuado as dificuldades do abastecimento alimentar adequado de uma grande parcela do povo brasileiro.

VI. Apesar dos esforços realizados, dos programas de educação alimentar e de extensão agrícola que procuram disseminar pelo país os conhecimentos fundamentais e práticos da ciência da alimentação, constitui ainda a ignorância desses fundamentos um fator de agravamento da dieta pela má aplicação por parte do povo de suas escassas disponibilidades financeiras.

VII. Também fator de agravamento da situação alimentar tem sido o surto da expansão industrial do país, sem o paralelo incremento da produção agrícola, de forma a atender a crescente procura de alimentos de uma população que procura elevar os seus padrões de vida, principalmente nas cidades.

VIII. A alimentação do brasileiro se mostra assim imprópria em toda a extensão do território nacional, apresentando--se em regra insuficiente, incompleta e desarmônica, arrastando o país a um regime habitual de fome — seja de fome endêmica, como na área do sertão, exposta às secas periódicas, a do Nordeste açucareiro e da monocultura do cacau, seja epidêmica, como na área do sertão, exposta às secas periódicas, seja de subnutrição crônica, de carências mais discretas como nas áreas do Centro e do Sul.

IX. A fome, tanto global como específica, expressa nas inúmeras carências que o estado de nutrição do nosso povo manifesta, constitui, sem nenhuma dúvida, o fator primacial da lenta integração econômica do país. Por conta dessa condição biológica tremendamente degradante — a desnutrição crônica — decorrem graves deficiências do nosso contingente demográfico. Deficiências que são consequências diretas dos alarmantes índices de mortalidade infantil, de mortalidade global, de mortalidade pelas doenças de massa, como a tuberculose, dos altos coeficientes de morbilidade e da incapacidade para o trabalho e dos baixos índices de longevidade, expressões bioestatísticas todas essas fundamentalmente condicionadas pelo estado de desnutrição da coletividade. A fome leva mais longe seus efeitos destrutivos, corroendo a alma da raça, a fibra dos pioneiros lutadores que conseguiram de início vencer a hostilidade do meio geográfico desconhecido, tirando-lhes toda iniciativa, levando-os à apatia, ao conformismo ou à explosão desordenada de rebeldias improdutivas, verdadeiras crises de nervos de populações neurastênicas e avitaminadas.

X. Nenhum plano de desenvolvimento é válido se não conduzir em prazo razoável à melhoria das condições de alimentação do povo, para que, livre do peso esmagador da fome, possa este povo produzir em níveis que conduzam ao verdadeiro desenvolvimento econômico equilibrado, daí a importância da meta "Alimentos para o povo", ou seja, "a libertação da fome".

Essa dramática situação alimentar, expressão do subdesenvolvimento nacional e das contradições econômicas que essa situação gera no país, apresentada esquematicamente nestes dez itens ou traços mais marcantes do retrato da fome no Brasil, impõe a necessidade inadiável de uma política alimentar mais efetiva, que não seja apenas de paliativos e de correção das falhas mais gritantes através de programas simplesmente assistenciais.

Impõe-se uma política que, acelerando o processo de desenvolvimento, quebrando as mais reacionárias forças de contenção que impedem o acesso à economia do país a grupos e setores enormes da nacionalidade, venham a criar os meios indispensáveis à elevação dos nossos padrões de alimentação. Porque a verdade é que nada existe de específico contra a fome, nenhuma panaceia que possa curar esse mal como se fosse uma doença de causa definida. A fome não é mais do que uma expressão — a mais negra e a mais trágica expressão do subdesenvolvimento econômico. Expressão que só desaparecerá quando for varrido do país o subdesenvolvimento econômico, com o pauperismo generalizado que este condiciona. O que é necessário por parte dos poderes públicos é condicionar o desenvolvimento e orientá-lo para fins bem definidos, dos quais nenhum se sobrepõe ao da emancipação alimentar do povo. É dirigir a nossa economia tendo como meta o bem-estar social da coletividade. Só assim teremos um verdadeiro desenvolvimento econômico que nos emancipe de todas as formas de servidão. Da servidão às forças econômicas externas que durante anos procuraram entorpecer o nosso progresso social e da servidão interna à fome e à miséria que entravaram sempre o crescimento de nossa riqueza.

O Brasil, que acaba de construir a capital do futuro, precisa arrancar o resto do país das brumas do passado, da sobrevivência da sua infraestrutura econômica de tipo pré-capitalista, na qual vegeta até hoje mais da metade de sua população.

A vitória contra a fome constitui um desafio à atual geração — como um símbolo e como um signo da vitória integral contra o subdesenvolvimento.

Notas

Prefácio do autor à primeira edição [pp. 17-36]

1. Gregorio Marañon, "La regulación hormonal del hambre". In: *Estudios de endocrinología*, 1938.
2. Cornelius Waldorf, *The Famines of the World*, 1878.
3. Elisée Réclus, *Nouvelle Géographie universelle*, 1875-94.
4. Desde 1928, a Liga das Nações inscreveu o problema da alimentação no programa de seus trabalhos, fazendo realizar, sob o patrocínio de sua Organização de Higiene, estudos detalhados em diferentes países e dando publicidade a uma série de valiosos relatórios sobre o assunto.
5. Imre Ferenczi, *L'Optimum synthétique du peuplement*, 1938.
6. Vidal de La Blache, *Principes de géographie humaine*, 1922.
7. Não se pense daí que, num exagero descabido de especialista obcecado pela importância de seus problemas, iremos tentar a criação de qualquer nova teoria alimentar das civilizações, num novo broto dessa escola bissocial de inesgotável fecundidade. Estamos longe dessa maneira de ver, de tentativas como a do famoso escritor e jornalista mexicano Francisco Bulnes que, no fim do século passado, um tanto influenciado pelas ideias das hierarquias sociais, procurou explicar todas as diferenças entre os grupos culturais por seus tipos de alimentação: "A humanidade, de acordo com uma severa classificação econômica, deve ser dividida em três grandes raças — a raça do trigo, a raça do milho e a raça do arroz. Qual delas é indiscutivelmente superior?". Com essa pergunta iniciava Bulnes o desenvolvimento do seu raciocínio para demonstrar que só a raça do trigo é capaz de atingir as etapas da alta civilização. No seu livro extraordinariamente interessante, se anotarmos a época do seu aparecimento no século passado — *El porvenir de las naciones hispano-americanas ante las conquistas de Europa y Estados Unidos* (1889) —, Bulnes revela-se um paciente investigador e inteligente renovador do panorama mental americano, mas também um apaixonado de suas próprias ideias, capaz de forçar os argumentos para demonstrar a mais absurda de suas teses. No nosso ensaio não pretendemos provar nada de

parecido. Não queremos convencer ninguém de que a fome seja a mola única da evolução social, nem que sejam os alimentos a única matéria-prima para fabricação das tintas com que são coloridos os diferentes quadros culturais do mundo, mas tão somente destacar desses quadros os traços negros da fome e da miséria que tarjam quase todos eles com um friso mais ou menos acentuado.

8. Bertrand Russell, *Essais sceptiques*, Paris.

9. Julian Huxley, *On Living in a Revolution*, 1944.

10. Pitirim A. Sorokin, *Man and Society in Calamity*, 1942.

11. Sobre a participação do biológico no mecanismo social, consulte-se a série de interessantes estudos reunidos pelo eminente antropólogo R. Redfield, no livro *Levels of Integration in Biological and Social Systems* (1942). De grande valia para uma orientação firme nesse campo científico é também a obra de G. F. Gause — *The Struggle for Existence* (1934). Alexander Lipschütz, no seu interessante livro *El indo-americanismo y el problema racial en las Américas*, apresenta-nos um bom exemplo de aplicação bem orientada dos mais modernos conceitos de sociologia, na análise do biológico e do social na organização dos diferentes grupos de população deste continente.

12. Temos uma confirmação dessas palavras no resumo que, acerca das condições de vida na América Latina, apresentaram George Soule, David Efron e Norman T. Ness no seu livro *Latin America in the Future World* (1945).

13. Se não são muito abundantes os estudos sobre as condições alimentares na América Latina, há, no entanto, alguns trabalhos que nos permitem ajuizar bem delas, podendo ser considerados documentos absolutamente idôneos. Veja-se, assim, para uma visão de conjunto, o trabalho de Woodbury — *Food Consumption and Dietary Surveys in the Americas* (1942); e o notável livro de George Soule, David Efron e Norman T. Ness — *Latin America in the Future World* (1945). Para estudo em separado dos diversos países, consulte-se, entre outros, os seguintes trabalhos: Alfredo Ramos Espinosa — *La alimentación en México*, México, DF, 1939; Arturo Guevara — *El poliedro de la nutrición: Aspectos económico y social del problema de la alimentación en Venezuela*, Caracas, 1944; E. Quintana — "El problema dietético del Caribe", em *América Indígena*, México, DF, v. II, n. II, abr. 1942; Jorge Bejarano — *Alimentación y nutrición en Colombia*, Bogotá, 1941; Pablo A. Suarez — "La situación real del indio en Equador", em *América Indígena*, México, DF, jan. 1942; Salvador Allende — *La realidad médico social chilena*, Santiago, 1939; J. Maudones e R. Cox — *La alimentación en Chile, estudios del Consejo Nacional de Alimentación*, Santiago, 1942.

Introdução [pp. 37-48]

1. Os limites e a caracterização dessas diferentes áreas já foram por nós estabelecidos e publicados em trabalhos anteriores: "As áreas alimentares do Brasil". *Resenha Clínico-Científica*, São Paulo, abr. 1945, republicada pela *América Indígena*, México, DF, v. V, n. 3, jun. 1945. Ver também Josué de Castro, "The Food Problems in Brazil". *Nutrition Reviews*, v. 2, n. 2, mar. 1944. Ainda sobre a caracterização das áreas alimentares brasileiras, consulte o mapa de "Economia alimentar no Brasil", organizado por Sálvio Mendonça e incluído no seu livro *Noções práticas de alimentação*, 1938.
2. Os termos "endêmica" e "epidêmica" são aqui empregados em seu sentido mais lato, dentro do moderno conceito de epidemiologia admitido por W. H. Frost. Posta assim de lado a definição clássica de C. O. Stallybrass, podemos falar de epidemiologia de fome, do mesmo modo que da do diabetes ou do câncer, defendidas por Wilson G. Smilie em *Preventive Medicine and Public Health*. Nova York: The Macmillan Company, 1946.

1. Área amazônica [pp. 49-104]

1. A Lei n. 1806, de 6 de janeiro de 1953, estabelece nova conceituação da Amazônia brasileira para fins de valorização econômica e criou, para tal objetivo, a Superintendência do Plano de Valorização Econômica da Amazônia. Consoante o novo diploma legal, considera-se como região amazônica não só a Amazônia clássica, como também outras zonas adjacentes acrescentadas a ela. Abrange, assim, a Amazônia legal, não apenas a bacia do rio Amazonas, em território nacional, mas ainda um pequeno trecho da bacia do rio Paraguai, no norte do paralelo de 16° de latitude sul, no estado de Mato Grosso, a bacia dos rios Tocantins e Araguaia, ao norte do paralelo 13° sul, e mais as bacias dos rios que deságuam no oceano Atlântico, ao norte da embocadura do rio Amazonas, até a fronteira com a Guiana Francesa, ao sul da mesma embocadura até o meridiano 44° oeste, no estado do Maranhão. Inclui, por isso, a floresta hileana típica, uma grande parte da região dos Cocais do Maranhão e Goiás e extensas zonas de cerrados e campos cobertos e abertos ao norte de Mato Grosso, Goiás, Pará e territórios do Amapá e Rio Branco.

A área total da região passou a ser de 5 057 490 quilômetros quadrados, o que equivale a 59,38% da área do Brasil. Em 1950, sua população era de 3 549 589 habitantes, correspondendo a apenas 6,80% do efetivo demográfico nacional. Consoante a estimativa apresentada no "Primeiro Plano Quinquenal", editado em 1955 pela SPVEA, e de onde foram excertadas estas notas, a região teria, nesse ano, 5 958 209 habitantes, à base dos coeficientes verificados nos últimos recenseamentos.

2. Artur Ferreira Reis, *Política de Portugal no vale amazônico*, 1940.
3. Daniel de Carvalho, *Discursos e conferências*, Rio de Janeiro, 1941.
4. Theodoro Peckolt, "Chácaras e quintais", set. 1939.
5. Araújo Lima, *Amazônia, a terra e o homem*. 2. ed., 1937.
6. Nunes Pereira, "Panorama da alimentação indígena". *Espelho*, Rio de Janeiro, jun. 1945.
7. James Claude Thomson, "The Food Problems of Free China". *Nutrition Reviews*, v. 1, n. 9, jul. 1943.
8. Raoul Lecoq, *Avitaminoses et déséquilibres*. Paris, 1939.
9. Agassiz avaliou em cerca de 2 mil o número de espécies ictiológicas existentes nas águas amazônicas — número duas vezes superior ao das espécies da bacia do Mediterrâneo e mais alto que os das espécies existentes no Atlântico. Só num pequeno lago nas proximidades de Manaus, o lago Januari, com uma superfície de quinhentos metros quadrados, encontrou o naturalista mais de duzentas espécies diferentes (*A Journey in Brazil*, 1868).
10. Roy Nash, *A conquista do Brasil*, 1939.
11. Raimundo de Morais, *Na planície amazônica*, 1936.
12. Georges Hardy, *Géographie et colonisation*, 1933.
13. "Em muitos trechos a planície está coberta por aluviões modernos, que as enchentes depositam em grandes áreas e que vão formando camadas sucessivas de um solo mais rico em húmus, pouco consistente e ainda sujeito às transformações microbianas, resultantes da transformação da matéria orgânica que nele entra em grande proporção" (Sílvio Fróis Abreu, "O solo da Amazônia". In: *Amazônia brasileira*, 1944).
14. Moog Viana, *O ciclo do ouro negro*, 1936.
15. Pierre Dénis, "Amérique du Sud". In: *Géographie Universelle*, 1927.
16. Haroldo Sioli, "Alguns problemas da limnologia amazônica". *Boletim do Instituto Agronômico do Norte*, Belém, 1954.
17. Sobre a "derrubada" da floresta, seus métodos e processos de brocar e de roçar o mato, consulte-se o *Dicionário da terra e da gente do Brasil*, de José Bernardino de Souza.
18. Sobre a riqueza em vitamina A desses óleos, consultem-se os seguintes trabalhos da autoria dos nossos colaboradores no Instituto de Nutrição da Universidade do Brasil: Emília Pechnik e José Maria Chaves, "Composição química e valor alimentício do buriti", *Revista de Química Industrial*, n. 4, 1946; "O açaí, um dos alimentos básicos da Amazônia", *Anais da Associação Química Brasileira*, v. 169, n. 4, 1945. Consulte-se, também, o trabalho de Paula Souza e A. Wancolle, "Sobre o teor em pró-vitamina

A de alguns óleos brasileiros", *Revista da Associação Paulista de Medicina*, v. IV, n. 3, 1939.

19. Josué de Castro et al., *Proteínas para a América Latina*. Rio de Janeiro: Ascofam, 1960.

20. "É possível que tenha cooperado neste embotamento do apetite o hábito de certos grupos nativos mastigarem folhas de coca. Reduzindo-as a pó e misturando-as com polvilho de mandioca e a casca ralada da própria planta, fabricam uma pasta conhecida pelo nome de *ipadu* (Renato Sousa Lopes, *A ciência de comer e de beber*). O *ipadu*, consumido durante as viagens, serve para abolir as sensações de fome e de sede, mas acaba como vício, extinguindo o apetite individual." Sobre a correlação entre vitaminas e apetite, consulte-se o trabalho de F. de Moura Campos, "Vitaminas do apetite". *Revista Terapêutica*, n. 2, jun. 1942.

    Realizamos há alguns anos, no Instituto de Nutrição, experiências demonstrativas de que ratos alimentados com uma dieta à base de uma proteína incompleta, desfalcada em certos aminoácidos, perdiam por completo o apetite, e que bastava acrescentar-se à mesma dieta uma dose milesimal de metionina para que o apetite voltasse com rapidez. (Veja-se Josué Castro, Hélio de Sousa Luz e Emília Pechnik, "Novas pesquisas sobre a mucanã". *Separata de Trabalhos e Pesquisas*, Instituto de Nutrição da Universidade do Brasil, v. 2, 1949.)

    Hoje se sabe que tanto os aminoácidos como a vitamina B12 têm uma extraordinária influência na regulação do apetite.

21. Araújo Lima, *Amazônia, a terra e o homem*, 1937.

22. Alfredo Ramos Espinosa, *La alimentación en México*, 1939.

23. Fia Ohman, *Sous le Ciel de l'Inde*, Paris.

24. Voltaremos ao assunto para referir, com mais minúcia, as nossas experiências, realizadas em sua maior parte na região do Nordeste brasileiro, ao estudarmos essa área geográfica, quando dispusermos de maiores elementos para o estudo comparativo entre uma área quente e úmida e uma área quente e seca. Antecipamos que essas experiências se acham resumidas em nosso trabalho anterior, *La alimentación en los trópicos* (México, DF: Fondo de Cultura Económica, 1946).

25. Dos diferentes ácidos aminados são considerados absolutamente indispensáveis para o equilíbrio orgânico os seguintes: a lisina, a arginina, a histidina, a metionina, a cisteína e a prolina, necessários ao crescimento do indivíduo; e a tirosina, a fenilamina, o triptofano, os ácidos aspártico e glutâmico, essenciais para a renovação dos tecidos. Ver sobre o assunto: Josué de Castro, *O problema da alimentação no Brasil*, 1939.

26. Aurélio Pinheiro, *À margem do Amazonas*, 1937.

27. Morris Steggerda, "Statures on South American Indians". *American Journal of Physical Anthropology*, v. i, n. i, mar. 1943.
28. A. Borges Fortes, "Doenças por falta de vitamina B1". *A Folha Médica*, n. 11, 15 abr. 1939.
29. Alfredo Diaz Angulo, *Formas edematosas en los niños sometidos a regímenes insuficientes*. México, DF, 1936.
30. Pedro-Pons, que observou inúmeras carências alimentares durante a Guerra Civil Espanhola, em Barcelona, refere que a diarreia acompanhava com extrema frequência os casos de edema e de anasarca, vindo a piorar em muito as condições de higiene das populações esfomeadas (*Enfermidades por insuficiência alimentícia*, 1940).
31. O problema da correlação entre a riqueza mineral do solo e a vida, tanto animal como vegetal, de uma região é da mais extraordinária importância, merecendo uma atenção especial em qualquer estudo dos problemas de nutrição. Consultem-se, pois, sobre o assunto os seguintes trabalhos: Kennett C. Beeson, *The Mineral Composition of Crops with Particular References to the Soils in which They Were Grown*, 1941; Winifred E. Brenchley, "The Essential Nature of Certain Minor Elements for Plant Nutrition". *Botanical Review*, v. 2, n. 173, 1936; Winifred E. Brenchley, "Some Deficiency Diseases of Crop Plants". *Min. Agr. and Fisheries Journal*, v. 44, 1932; John B. Orr et al., "Investigations on the Mineral Content of Pasture Grass and Its Effect on Herbivora". *Jour. Agr. Frc.º*, v. 16, 1936; M. V. Homès, *L'Alimentation minérale des plantes et le problème des engrais chimiques*. Paris: Masson, 1953; H. Balfour, *The Living Soil*. 7. ed. Londres: Faber and Faber, 1947; *Nutrition of Plants, Animals, Man*, Centennial Symposium, Universidade Estadual do Michigan, East Lansing, fev. 1955, pp. 14-6.
32. Charles E. Kellog, *The Soils that Support Us*. Nova York: Macmillan, 1943.
33. Ellworth Huntington, *Principles of Economic Geography*. Nova York, 1940.
34. Na verdade, a taxa de cálcio a fazer parte de um regime não pode ser fixada de maneira absoluta, mas depende da proporção em que nele entrem outros elementos, principalmente a de fósforo, a cujo metabolismo está tão preso o do cálcio. Variam também as necessidades de cálcio em função do abastecimento em vitamina D, elemento regulador do metabolismo deste mineral.
35. Lydia J. Roberts, "Nutrition in Puerto Rico". *Journal of the American Dietetic Association*, v. 20, n. 5, maio 1944.
36. Os resultados das pesquisas do dr. Rigoberto Aguillar encontram-se concentrados em *Estudios sobre las avitaminosis y las perturbaciones del crescimento en los niños avitaminósicos*. México, DF, 1944.
37. *Lecciones orales sobre enfermedades de la infancia*, Caracas, 1900.

38. "Consideráveis extensões de Cuba, do Brasil e do Nordeste da Austrália possuem solos vermelhos, alguns deles contendo tanto ferro que podem ser usados como minério" (E. Huntington, *Principles of Economic Geography*. Nova York, 1940).

39. Araújo Lima, "O problema alimentar na Amazônia". Trabalho apresentado ao I Congresso Médico Amazônico, em 1939.

40. Von Martius, *Natureza, doenças, medicina e remédios dos índios brasileiros*, 1939.

41. Sobre o mecanismo fisiológico dessas fomes específicas, consulte-se a interessante obra de R. Turró, *La base trófica de la inteligencia*, 1918.

42. Roy Nash, *A conquista do Brasil*, 1939.

43. Raimundo Morais, *Na planície amazônica*, 1936

44. Pierre Deffontaines, *L'Homme et la forêt*. Paris, 1933.

45. E. S. Sundstroem, *A Summary of Some Studies in Tropical Acclimatization*, 1926.

46. Sobre este problema da baixa do sódio no sangue dos habitantes dos trópicos, apresentamos os resultados de nossos estudos sob a forma de nota prévia em sessão da Sociedade Brasileira de Alimentação, 1945.

47. A. Grenfell Price, "White Settlers in the Trópico". *American Geographical Society*, Nova York, n. 23, 1939.

48. G. A. Talberg. *American Journal of Physiology*, 25-350, 1922.

49. G. Lusk, *The Elements of Science of Nutrition*, 1928.

50. A. R. Wallace, *Travels in the Amazon and Rio Negro*. Londres, 1853.

51. Thales de Azevedo, "O vegetal como alimento e medicina do índio". *Separata da Revista do Arquivo de São Paulo*, n. 76, 1941.

52. Interessantes sobre este assunto são as observações de Alain Gerbault apresentadas nos seus livros *À la Poursuite du soleil*, 1929; *Sur la Route du retour*, 1932; e *L'Evangile du soleil*, 1932. Consulte-se, também, o livro de André Missenard, *L'Homme et le climat*, 1937, no qual ele demonstra que a proteção excessiva da pele dos nativos pelo vestuário faz gerar "um enfraquecimento de todos os sistemas orgânicos preparando a cama para a mortífera tuberculose, destruidora de populações inteiras".

53. "Tem sido notado com frequência — assim se manifesta Étienne Dennery — que, entre os povos acostumados a trabalhar seminus, o uso regular do vestuário tem causado mais vítimas do que as epidemias e a fome" (*Foules d'Asie*. Paris, 1930).

54. W. R. Aykroyd, *Human Nutrition and Diet*, 1937.

55. Firmo Dutra, "Borracha". In: *Brasil, 1939-1940*. Rio de Janeiro: Ministério das Relações Exteriores do Brasil, 1940.

56. Essa assustadora incidência da carência por avitaminose A, na Índia, foi denunciada na publicação feita em 1935 pelo notável médico R. E. Wright, que, na qualidade de superintendente do hospital oftalmológico

de Madras, teve oportunidade, como acentua Aykroyd, "de lidar com maior número de casos graves de avitaminoses A do que qualquer outro médico no mundo" (W. R. Aykroyd, *Human Nutrition and Diet*, 1937).

57. Luís de Camões, *Os lusíadas*, canto V.

58. Guilhermo Tovar Escobar, *La vitamina C en los niños de Caracas*. Tese apresentada à Universidade Central da Venezuela, em 1943.

59. André Missenard, *L'Homme et le climat*, 1937.

60. Ary Lage, "O primeiro recenseamento tuberculino-torácico por via fluvial". Trabalho do Serviço Nacional de Tuberculose, 1940.

61. Edmundo Blundi, *Uma cidadela de ciência no Brasil Central*, ago. 1946.

62. Pierre Déffontaines, "Qu'est-ce que la Géographie humaine?". Prefácio de *Géographie et colonisation*, de Georges Hardy, 1933.

63. Gourou, *Les Pays tropicaux*, 1947.

64. Sobre a técnica de colonização das regiões de floresta tanto tropical como temperada, sobre essa necessidade de concentração humana para que se processe o desflorestamento produtivo, consultem-se as seguintes obras: Pierre Déffontaines, *L'Homme et la forêt*, 1933; G. Hardy, *Géographie et colonisation*, 1933; e Gordon East, *A Historical Geography of Europe*, 1948.

65. Veja-se sobre o problema das correlações entre o espaço geográfico e o espaço social, na formação da sociedade brasileira, o trabalho de J. F. Normando, *Evolução econômica do Brasil*, e de Max Fleiuss, *História administrativa do Brasil*, contendo este último uma carta de Castro Rebêlo com conceitos preciosos e originais sobre o assunto.

66. Preston E. James, *Latin America*, 1959.

67. Earl Hanson, "Social Regressions in the Orinoco and Amazon Basins". *Geogaphical Review*, v. 23, 1933; e "Are the Tropics Unhealthy?". *Harper's Magazine*, v. 187, 1933.

68. C. F. Marbut, "The Soils of the Amazon Basin in Relation to Agricultural Possibilities". *Geogaphical Review*, v. 16, 1926.

69. Joan Nieuhof, *Memorável viagem marítima e terrestre ao Brasil*. Trad. de Moacyr N. Vasconcellos. Intr. e notas de José Honório Rodrigues. São Paulo, 1942.

70. Em qualquer empresa agrícola de envergadura da região, o primeiro obstáculo que se apresenta é o da falta de braços. Num depoimento de Gastão Cruls, visitando a concessão Ford no estado do Pará, lê-se o seguinte: "O maior óbice com que vem lutando a empresa é a falta de braços. Desde o início dos seus trabalhos, o máximo de homens que a concessão já pôde ter a seu serviço foi, na Fordlândia, em 1931, de 3100. Esse número, entretanto, que mesmo agora precisaria ser mantido e até aumentado, caiu logo, e hoje não vai além de uns 1700 trabalhadores rurais, assim distribuídos pelas duas plantações: 1200 em Belterra e quinhentos na Fordlândia".

2. Área do Nordeste açucareiro [pp. 105-70]

1. Preston James, no prefácio ao livro de Josué de Castro, *Geografia humana*. Rio de Janeiro: Globo, 1939.

2. "A agricultura, iniciada regularmente na América portuguesa ao tempo das capitanias, marca a fixação definitiva do colono à terra. A economia agrícola, atividade sedentária por excelência, aqui também foi o esteio da conquista e da colonização. Mais tarde, quando se vai cruzar o país em todos os sentidos — nos arrancos das bandeiras, na cata do ouro, na caça ao índio, na busca de terras para a criação —, isto se faz sempre partindo daquele ponto de apoio que eram os latifúndios agrícolas, núcleos da sociedade colonial, pontos de irradiação dos movimentos todos que, no tempo, traçaram os lineamentos sobre os quais ia se erguer a nação" (L. A. Costa Pinto, "Lutas de família no Brasil". *Revista do Arquivo Municipal de São Paulo*, n. 88, 1943).

3. Sobre a íntima correlação entre erosão e fertilidade do solo consulte-se o notável trabalho de G. V. Jacks, "Soil" (1954), e sobre a experiência portuguesa do cultivo da cana nas ilhas atlânticas, o livro de Victor Viana, *Formação econômica do Brasil*. Sobre a erosão no Nordeste brasileiro, veja--se *Soil Erosion Survey* (The Conservation Foundation and F. A. O., 1954).

4. Ramiro Guerra y Sanchez, *Azúcar y población en las Antillas*. 3. ed. Havana, 1944.

5. Gilberto Freyre, *Nordeste*, 1937.

6. Edmund O. von Lippman, *História do açúcar*. Rio de Janeiro, 1941-2.

7. V. Harlow, *A History of Barbados*. Oxford, 1926.

8. Edmund O. von Lippman, op. cit., 1932.

9. Law Mathieson, *British Slavery and its Abolition*. Londres, 1926.

10. L. J. Ragatz, *The Fall of the Planter Class in the British Caribbean*. Nova York, 1938.

11. F. Cundall, *Historic Jamaica*. Londres, 1915.

12. Dentro do método geográfico que norteia o nosso trabalho, teremos que lançar mão várias vezes desses estudos comparativos de regiões com traços naturais ou culturais semelhantes em obediência ao princípio da geografia geral entrevisto por Ritter e expresso mais claramente por Vidal de La Blache nos seguintes termos: "O estudo geográfico de um fenômeno pressupõe a preocupação constante de fenômenos análogos que se apresentem em outras partes do globo". Esse princípio tão fecundo nos estudos de geografia social nos levará a lançar mão de inúmeras comparações entre diferentes áreas de cultura.

13. *American Geographical Society*, publicação especial, Nova York, n. 23, 1939.

14. Caio Prado Júnior, *História econômica do Brasil*, 1945.

15. Vasconcelos Sobrinho, *Ensaio de fitogeografia de Pernambuco*. Recife, 1936.
16. Gileno Dé Carli calcula que para a produção de açúcar de Pernambuco se faz necessário um consumo anual de lenha de cerca de 1 milhão de toneladas. Lenha obtida pela devastação das matas do estado (*Aspectos açucareiros de Pernambuco*, 1940).
17. Comparando os efeitos da erosão aos da guerra, Shepard escreveu: "O homem moderno aperfeiçoou dois inventos capazes de aniquilar por completo a civilização. Um deles é a guerra total, o outro é a erosão mundial do solo. Dos dois, o mais insidioso e fatalmente destrutivo é, sem nenhuma dúvida, a erosão. A guerra desequilibra ou destrói o meio social que é matriz da civilização; a erosão do solo destrói o meio natural que constitui o seu fundamento. A guerra é mais espetacular porque faz ruir cidades, tronos e potências. Mas estas coisas podem ser refeitas. A erosão do solo que, virtualmente, vai destruindo ou arrasando as terras, das quais 2 bilhões de indivíduos dependem para seu pão de cada dia, alcança uma etapa irreversível na qual o homem e as suas obras serão enterrados sob as areias amontoadas do esquecimento" (*Food or Famine: The Challenge of Erosion*, 1945).
18. "Muito deve o Brasil agrário aos rios menores, porém mais regulares: onde eles docemente se prestaram a moer as canas, alagar as várzeas, a enverdecer os canaviais, a transportar o açúcar" (Gilberto Freyre, *Casa-grande & senzala*, 1933).
19. Weston A. Price, *Nutrition and Physical Degeneration*, 1939.
20. Consulte-se o trabalho *Nutrition of Plants, Animals, Man*. Centennial Symposium, Universidade de Michigan, fev. 1955.
21. *Notas botânicas*, 1923.
22. Pierre Déffontaines, *L'Homme et la forêt*, 1933
23. "Não se transforma uma floresta em savana sem graves alterações na fauna regional. Não se pode abrir estradas, nem cultivar campos sem aniquilar ou rechaçar inúmeras espécies animais. Estas são perseguidas e destruídas, ou se retiram da região, assustadas e desorientadas pela presença do homem" (François Picard, *Les Phenomènes sociaux chez les animaux*. Paris, 1933).
24. Pero de Magalhães Gandavo, *Tratado da terra e gente do Brasil*. Rio de Janeiro: Academia Brasileira de Letras, 1924.
25. Sobre o desequilíbrio ecológico que o homem pode provocar, agindo sobre o meio ambiente como se fosse um parasita patogênico, um agente de doença do solo — *man as disease organism* —, consultem-se duas obras fundamentais: Edward Hyams, *Soil and Civilisation*, 1952; e B. Frank e A. Nethoy, *Water, Land and People*, 1950.
26. J. Lúcio de Azevedo, *Épocas de Portugal econômico*, 1947.

27. Sobre os fatores técnicos de aclimatação e sua utilização pelo português, leia-se o capítulo "Alimentação e aclimatação" do nosso livro *Alimentação e raça*, 1936.
28. Joan Nieuhof, op. cit.
29. Manoel Quirino, *Costumes africanos no Brasil*, 1938.
30. E. Bigwood e G. Trolli, "Alimentation au Congo Belge". *La Science de l'Alimentation em 1937*, Paris, 1937.
31. A fonte mais pura de documentações autênticas de que dispomos sobre Palmares é, sem nenhuma dúvida, como acentua Afonso Arinos de Mello Franco, *A história da América portuguesa*, de Rocha Pita. Pela leitura de observações aí contidas verifica-se que os Palmares traduziam "o mais forte exemplo de reintegração do homem na natureza para realização da liberdade, fator fundamental da vida" (Afonso Arinos de Mello Franco, *Conceito de civilização brasileira*, 1936).
32. Edson Carneiro, *La República de Palmares*. México, DF: Fondo de Cultura Económica.
33. "Faziam agricultura regular plantando cereais e algodão, cujos excessos comerciavam com as populações vizinhas" (João Dornas Filho, *A escravidão no Brasil*, 1939).
34. Edson Carneiro, op. cit.
35. Law Mathieson, *British Slavery and its Abolition*. Londres, 1926.
36. No século XVII foi baixada uma carta régia proibindo sob ameaça de duras penalidades a criação de gado a menos de sessenta quilômetros da costa (Roberto Simonsen, *História econômica do Brasil*, 1937).
37. R. Goffin, *Le Roman des Rats*, Paris, 1937.
38. Joan Nieuhof, op. cit.
39. Josué de Castro, *Condições de vida das classes operárias no Recife*, 1935.
40. Sobre as graves consequências que decorrem para um grupo humano da falta de variedade em seus recursos alimentares, isto é, em sua monotonia, consulte-se a erudita obra de Alberto Cassinelli, *Alimentación de tiempo y lugar* (Montevidéu, 1941).
41. As medidas do metabolismo basal que realizamos na cidade do Recife, ponto de partida para a criação de nossa teoria da predominância do fator umidade relativa do ar sobre o fator temperatura absoluta no condicionamento das trocas energéticas individuais, revelaram-nos que o metabolismo basal nessas zonas é apenas 12% mais baixo do que nos climas frios e temperados, correspondendo dentro dessas cifras uma necessidade energética total diária de cerca de 2640 calorias para um adulto normal. Consultar, para mais detalhes, os nossos trabalhos: "Metabolismo basal e clima". *Revista Médica de Pernambuco*, n. 11, 1932; e *Problema da alimentação no Brasil (Seu estudo fisiológico)*. 3. ed. São Paulo, 1939.

42. Antônio Freire e A. Carolino Gonçalves, *Sondagem sobre o custo de vida nas classes trabalhadoras no Recife*. Publicação da Diretoria-Geral de Estatística do estado de Pernambuco, 1938.
43. Sérgio Buarque de Holanda, *Raízes do Brasil*, 1936.
44. Mário Lacerda de Mello, *Pernambuco, traços de sua geografia humana*, 1940.
45. Thales de Azevedo, "Padrão alimentar da população da cidade do Salvador", trabalho apresentado ao I Congresso Brasileiro de Problemas Médico-Sociais, Bahia, 1942. Esse pesquisador apresenta as seguintes conclusões sobre as condições de alimentação na capital da Bahia: "A análise dos dados desta pesquisa, conquanto não nos dê elementos quantitativos que nos conduzam a um juízo sobre a composição bioquímica das dietas, revela-nos a reduzida variabilidade das refeições, e a ausência, na maioria dos informantes, de artigos que forneçam elementos nutritivos essenciais como protídeos, sais minerais e vitaminas, tudo fazendo ainda acreditar no pequeno valor energético das dietas dos grupos socioeconômicos inferiores".
46. Vasconcellos Torres, *Condições de vida do trabalhador na agroindústria do açúcar*, 1945. Trabalho louvável e de interesse pelo largo campo que o autor estudou, mas infelizmente um tanto falho em seus métodos de indagação, sentindo-se, no capítulo referente à alimentação, a imprecisão a que a falta de conhecimentos especializados no assunto conduz o autor.
47. P. G. Minneman, "The Agriculture of Cuba", Foreign Agricultural Bulletin, n. 2, 1942.
48. Ruy Coutinho, "Alimentação e estado nutricional do escravo no Brasil". *Estudos Afro-Brasileiros*, Rio de Janeiro, v. 1, 1935.
49. Gilberto Freyre, *Casa-grande & senzala*, p. 63.
50. Álvaro Ferraz e Andrade Lima Júnior, *A morfologia do homem do Nordeste*. Rio de Janeiro, 1939.
51. Acerca das repercussões da nutrição sobre a constituição biotipológica, consulte-se o trabalho de Sílvio de Candia, *Alimentazione e constituzione*, 1931; e o de Nicola Pende, "Alimentation et biotype habituel". *Nutrition*, Paris, tomo 5, n. 3, 1935. Sobre a correlação entre estatura e nutrição, consulte-se o capítulo 4 do livro de Ruy Coutinho, *Valor social da alimentação*, 1937.
52. L. I. Andrade Lima, *Um aspecto regional de antropologia escolar*. Recife, 1941.
53. R. de Siqueira, Emília Pechnik, Nabuco Lopes, Otílio Guernelli, "Pesquisas sobre o sururu alagoano". *Arquivos Brasileiros de Nutrição*, tomo 10, n. 4, 1954.

54. "Chama-se calda ao dejeto proveniente da água utilizada nos aparelhos de fabricação do açúcar e do álcool. A calda é a água suja das usinas. Ela é sempre lançada no riacho ou no rio mais próximo. Um dos efeitos deste despejo é a matança do peixe, já observada por um nosso escritor, em tão grandes proporções que lhe evocou a visão de uma praga do velho testamento" (Mário Lacerda de Mello, *Pernambuco, traços de sua geografia humana*. Recife, 1940).

55. Eduardo de Magalhães, *Higiene alimentar*, 1908.

56. "Fora o africano o introdutor do azeite de cheiro, do camarão seco, da pimenta-malagueta, do leite de coco e de outros alimentos no preparo das variadas refeições da Bahia" (Manoel Quirino, *Costumes africanos no Brasil*, 1938).

57. "Qualquer dos que aqui vivem e estudam um pouco os nossos costumes sabe que o mais característico de nossa culinária, sendo comum a estados litorâneos vizinhos em direção ao Nordeste, são muito menos os pratos de origem e inspiração africana, condimentados com o famoso azeite de dendê do que aqueles em que participa o leite de coco" (Thales de Azevedo, "Padrão alimentar da população da cidade do Salvador").

58. Mauro Mota, *O cajueiro nordestino*. Contribuição ao seu estudo biográfico, 1954.

59. Veja-se sobre o assunto o seguinte trabalho desse ilustre fisiologista: "Valor da proteína da castanha do caju". *Revista Médica Brasileira*, ano 4, tomo 1, n. 1, 1941; e também "Valor nutritivo da castanha do caju". *Revista Médico-Cirúrgica*, São Paulo, n. 1-2, 1941. Veja-se também o trabalho de Carvalho Nogueira, "Valor biológico da proteína da castanha do caju". *O Hospital*, n. 1, 1941.

60. Orlando Parahim, no livro *O problema alimentar no sertão*, refere que no município de Salgueiro, no interior de Pernambuco, a seiscentos quilômetros do litoral, existem 2200 coqueiros que produzem tão bem como nas praias distantes. E o que é mais curioso, como observamos pessoalmente, é que no sertão o coqueiro frutifica com metade do tempo com que o faz na praia.

61. Josué de Castro, *Fisiologia dos tabus*. 3. ed. Rio de Janeiro: Ed. Nestlé, 1938.

62. Bigwood e Trolli, "Alimentation au Congo Belge". *La Science de l'Alimentation en 1937*, Paris, 1937.

63. Thales de Azevedo e Alfredo Galvão, *Uma pesquisa sobre a suplementação nutritiva em escolares*. Trabalho apresentado ao I Congresso Médico-Social Brasileiro, Bahia, 1945.

64. Quando estivemos à frente do Serviço Técnico da Alimentação Nacional, preconizamos, como medida de emergência contra as carências

minerais e vitamínicas, acentuadas de maneira alarmante no país pelas dificuldades de abastecimento que a guerra acarretou, o uso de complementos alimentares na nutrição de coletividades escolares, militares, hospitalares etc. Desses complementos alimentares foram fabricados, segundo fórmula daquele Serviço Técnico, comprimidos contendo ferro, cálcio e vitaminas, tanto sintéticas como obtidas da farinha de alfafa, da casca do arroz e do óleo do cação. Com esse tipo de complemento fornecido ao governo do estado da Bahia e aí usado por nossa sugestão é que foram realizadas as pesquisas a que fizemos alusão.

65. Henry Koster, *Travels in Brazil*. Londres, 1816.

66. Jorge de Lima, *Calunga*.

67. Veja-se sobre o assunto o trabalho de Maurice Uzin, "Geophagie" (*La Medicine Chez Lui*, fev. 1938), onde se leem referências aos exames feitos em terras comestíveis por Cobert na Tunísia, por Remlinger em Marrocos, por Batz no Congo e por outros pesquisadores no território de Quênia e de Tanganiea. Não nos consta que até hoje se tenha realizado algum trabalho acerca da composição de terras comestíveis no Brasil.

68. W. R. Aykroyd, op. cit.

69. M. da Gama Lobo, "Da oftalmia brasiliana". *Annais Brasilienses de Medicina*, n. 1, jun. 1865.

70. Para conhecimento mais detalhado do assunto, consulte-se o trabalho de Hermínio de Brito Conde, "Evolução da oculística no Brasil" (*Hora Médica*, jul. 1939), no qual este oftalmologista estuda as várias etapas, inclusive o ciclo nassoviano, das descobertas oftalmológicas brasileiras.

71. Os estudos de A. Elvehjem e Goldberger, demonstrando a correlação entre a deficiência nicotínica e a síndrome pelagrosa, pareciam ter esclarecido definitivamente o problema etiológico do mal, considerado dessa forma uma monocarência vitamínica. A observação do fato de que nas áreas de alimentação à base de milho se desenvolve, contudo, a pelagra, com uma dieta contendo ácido nicotínico em doses que seriam preventivas das doenças noutras áreas alimentares, veio complicar o problema, dando a ideia de tratar-se de uma policarência e, principalmente, de ácido *nicotínico* e de *triptofano*, que é um ácido aminado, do qual o milho é carente. Ver "Conocimientos actuales sobre el complexo B en la nutrición humana". *Nutrición*, México, DF, v. IV, n. 5, maio 1946.

72. Sobre a existência e distribuição da pelagra no Nordeste, consultem-se os seguintes trabalhos: Jorge Lobo, "Da pelagra" (nota prévia). *Correio Médico*, Recife, jun. 1935; e Rinaldo Azevedo, "Pelagra, contribuição ao seu estudo", set. 1935. Consulte-se, também, o trabalho publicado em São Paulo, da autoria de Mendes de Castro, Dante Giorgi e Julio Kieffer, sob o título *Contribuição ao estudo da pelagra*, 1941.

73. M. Rugendas, *Voyage pitoresque dans le Brésil*, 1838.
74. Henry Koster, *Travels in Brazil*. 2 v. Londres, 1816.
75. Ruy Coutinho, "Alimentação e estado nutricional do escravo no Brasil". *Estudos Afro-Brasileiros*, Rio de Janeiro, v. 1, 1935.
76. Acerca dessa cozinha e seus defeitos, escreveu Sampaio Viana, nos meados do século XIX, citado por Gilberto Freyre: "Condimentadas com todas estas substâncias excessivamente excitantes e com este pernicioso azeite da costa d'África tão usado por nossa população pobre que de um lado acha uma alimentação insuficiente por sua quantidade e de outro lado por sua qualidade" (A. C. de Sampaio Viana, *Qual a causa da frequência das ascites na Bahia*, 1850).
77. *Higiene alimentar*, 1908.
78. Assim escreve um especialista mexicano de renome: "Nosso povo queima a boca com pimenta — *chile* — e apaga o ardor com *pulque*. Aproveita a secreção abundante de saliva que o *chile* determina tanto para tomar todos os dias o mesmo regime monótono como para estimular o apetite que falta no dia seguinte de uma bebedeira" (Alfredo Ramos Espinosa, *La alimentación en México*. México, DF, 1939).
79. Juan Rocca, "Contribución al estudio chimico del Chile". *Anales del Instituto de Biologia*, México, DF, tomo I, 1935.
80. Juan Rocca e Roberto Llamas, "Consideraciones sobre el valor alimenticio del Pulque". *Anales del Instituto de Biologia de la Universidad Nacional de México*, tomo VI, 1935.
81. José de Lille e Elyseu Ramirez, "Contribución al estudio de la acción farmaco-dinámica de los principios activos del Chile". *Anales del Instituto de Biologia*, tomo 6, 1935.
82. W. B. Cannon, *The Wisdom of the Body*. Londres, 1932.
83. Lucie Radoin e Henri Simonet, *Les Données et les inconnues du problème alimentaire*. Paris, 1924.
84. Cleto Seabra Veloso, *Alimentação*, 1940.
85. Newholme, *The Elements of Vital Statistics*, 1924.
86. Oswaldo Lopes da Costa, *Bioestatística nas capitais brasileiras*.
87. Pedro Escudero, *Alimentación*, Buenos Aires, 1934.
88. Consultar sobre o assunto das correlações entre alimentação e tuberculose o trabalho de I. Leith, "Diet and Tuberculosis" (*Proceedings of the Nutrition Society*, v. 3, 1945).
89. Enquanto as populações do Norte cresceram nesse período 283%, as do Centro-Oeste, 448%, e as do Sul, 504%, o aumento no Nordeste foi apenas de 231% (*Contribuições para o estudo da demografia do Nordeste*. IBGE, Conselho Nacional de Estatística, 1955).

90. Pierre Dénis, em sua *Géographie Universelle* (Paris, 1927), traçou o mapa da monocultura do cacau, organizado por Wanderley de Araújo Pinho, com limites que até hoje não têm sofrido alterações sensíveis. Num ensaio de divisão econômica do estado da Bahia, Sílvio Fróis Abreu limita a monocultura cacaueira à chamada zona de baixada da floresta do sul, sendo a floresta alta, montanhosa, utilizada para outros fins (Sílvio Fróis Abreu. *Revista Brasileira de Geografia*, ano I, n. 1, jan. 1939).

91. Pierre Monbeig, "Colonisation, peuplement et plantation de cacaos dans le Sud de l'etat de Bahia". *Annales de Géographie*, jan. 1936.

92. Para conhecimento mais detalhado dos processos de cultura do cacau, consulte-se a obra rica de informes de Gregorio Bondar, *A cultura de cacau na Bahia*, publicação do Instituto do Cacau da Bahia, em 1938, além das publicações técnicas do Instituto Agronômico do Leste.

93. "Com efeito, a monocultura atinge um grau infinitamente mais estrito do que nas regiões cafeeiras. O cacau é um tirano e recusa-se a perder uma polegada de terra arrancada à floresta, para consagrá-la a outras culturas; certos fazendeiros o interditam absolutamente. Não resta senão a mandioca e a produção local está longe de satisfazer ao consumo" (Pierre Monbeig, op. cit.).

3. Área do sertão do Nordeste [pp. 171-267]

1. Serão feitas neste ensaio muitas referências à Inspetoria Federal de Obras Contra as Secas, caracterizada por suas iniciais IFOCS. Este serviço público hoje se chama Departamento Nacional de Obras Contra as Secas, mas a bibliografia utilizada se refere em sua maioria ao período anterior a essa mudança de nome, e por isso manteremos a antiga designação.

2. Epaminondas Quintana, "El problema dietético del Caribe". *América Indígena*, México, v. II, n. 11, abr. 1942.

3. Rippley, *Races of Europe*.

4. A aridez vem atuando sobre o *facies* regional desde remotos períodos geológicos: "Branner supõe que a causa da extinção dos grandes mamíferos pleistocênicos foi uma longa estiagem que fez secar todos os mananciais do Nordeste. A base de tal hipótese é o encontro das grandes ossadas sempre junto aos caldeirões que decerto foram os últimos depósitos de água de que dispuseram estes animais" (Sílvio Fróis Abreu, *Nordeste do Brasil*, 1929).

5. José Américo de Almeida, *A Paraíba e seus problemas*. 2. ed., 1937. Ver também sobre o assunto Euclides da Cunha, *Contrastes e confrontos*. Sobre mais detalhes, tanto acerca dos aspectos geológicos como topográficos

da região, sobre os quais não nos podemos estender neste nosso ensaio especializado, consulte-se, além das obras clássicas de Agassiz e de Candrall, o livro de Luciano de Moraes, *Serras e montanhas do Nordeste*. 2 v. Inspetoria de Obras Contra as Secas, 1924.

6. Gilberto Freyre, *Nordeste*, 1937.

7. Sobre o solo do Nordeste, consulte-se o trabalho de A. da Silva Teixeira, "Contribuição ao estudo do solo pernambucano", publicado nos *Arquivos do Instituto de Pesquisas Agronômicas de Pernambuco* (n. 1, mar. 1938). E também os trabalhos agrológicos empreendidos pela Inspetoria de Obras Contra as Secas e publicados em seu boletim, principalmente os da autoria dos agrônomos José Ferreira de Castro e Walter Motta, e "Solos e água no polígono das secas", de J. Guimarães Duque.

8. Veja-se sobre os centros de aridez e a distribuição geográfica da seca no Nordeste o interessante trabalho de Friedrich Freise — "The Drought Region of Northeastern Brazil", publicado na *Geographical Review*, de julho de 1938, e contendo um instrutivo mapa das secas, chamado pelo autor de mapa da calamidade — *calamity map*. Sobre a caracterização bem detalhada das diferentes subáreas do Nordeste, encontra-se um material de primeira ordem na magistral obra de José Américo de Almeida — *A Paraíba e seus problemas*, publicada pela primeira vez em 1933 e reeditada em 1937 com um prefácio de nossa autoria, no qual ressaltamos a sua significação cultural: marcou uma época nos estudos da geografia regional do Brasil.

9. Euclides da Cunha, *Os sertões*, 1902.

10. Rodolfo Garcia, na introdução à edição de 1939 dos *Tratados de terra e gente do Brasil*, de Fernão Cardim.

11. Von Spix e Von Martius, *Através da Bahia*. Trad. e notas de Pirajá da Silva e Paulo Wolf, 1938.

12. Mauro Motta, *Paisagens das secas*, 1958.

13. E. F. Gauthier, *Le Sahara*. Paris, 1928.

14. A flora nordestina tem sido estudada minuciosamente por especialistas probos e consumados. Para seu conhecimento mais aprofundado consultem-se, entre outras, a obra de Philipp von Luetzelburg, *Estudo botânico do Nordeste* (publicação n. 57 da IFOCS); e a de Alberto Loefgren, *Notas botânicas* (publicação n. 2 da IFOCS).

15. Euclides da Cunha, op. cit.

16. No serviço de catalogação das espécies de peixes existentes no Nordeste, verificou a Comissão Técnica de Piscicultura a sua acentuada pobreza, florescendo "apenas os espécimes que podem sobrepor à austeridade do ambiente os seus recursos naturais de defesa. Nem por isso o aspecto zoogeográfico dessa extensa zona adquire peculiaridades próprias com o

aparecimento de espécies tipicamente regionais" ("Realizações da Comissão Técnica de Piscicultura", separata da IFOCS, segundo semestre, 1940). Tem tentado essa Comissão, com algum resultado, desenvolver a criação de peixes nos açudes públicos do Nordeste, os quais representam, em conjunto, uma capacidade de cerca de 2 bilhões de metros cúbicos, principalmente com a aclimatação de espécies estranhas à região e indicadas para a cultura intensiva.

17. Sobre as variações estacionais das condições físico-químicas das águas desta região, consulte-se o trabalho do dr. Stillman Wright, "Da física e da química das águas do Nordeste do Brasil". *Separata do Boletim da Inspetoria Federal de Obras Contra as Secas*, 1938; e "Introdução ao estudo da limnologia", de Herman Kleerekoper (Serviço de Informação Agrícola, 1944, pp. 218-29).

18. Edoardo Zavattari, "Un problema di biologia saariana: L'ipertrofia delle bulle timpaniche dei mammiferi", extraído das *Atti della Accademia Gioenia di Scienze Naturali in Catania*, série 6, v. III, 1938.

19. Sobre a pecuária nos sertões do Nordeste, consultem-se, entre outras, as obras de Capistrano de Abreu — *Capítulos de história colonial* — e os dois estudos de Nelson Werneck Sodré, *Formação da sociedade brasileira* e *O oeste*. Consulte-se também o capítulo 7 da *História econômica do Brasil*, de Roberto Simonsen.

20. *Retrato do Brasil*, 1928.

21. J. P. Zollinger, *À la Conquête de la Californie*. Paris, 1939.

22. *Brasil, 1939-1940*. Rio de Janeiro: Ministério das Relações Exteriores do Brasil, 1940.

23. Alfredo Loefgren, *Notas botânicas*. 2. ed. Rio de Janeiro: IFOCS, 1923.

24. Trajano Pires da Nóbrega, "Ensaio social econômico de um setor do vale do rio S. Francisco". *Boletim da IFOCS*, v. XVI, n. 1, 1941.

25. Sobre a organização completa da agricultura nesses oásis africanos, cujo conhecimento nos permitirá algumas deduções fecundas sobre o caso dos sertões nordestinos, consulte-se a obra de Jean Brunhes, *La Géographie humaine*, no seu volume II, capítulo VI, tratando dos Oásis de Souf e de Mzab, bem assim o livro de Preston James, *An Outline of Geography*, no seu capítulo I, em que são estudadas as regiões desérticas. Veja-se também o magnífico estudo de K. S. Twilchell, "Water Resources of Saudi Arabia", publicado no número de julho de 1944 da *Geographical Review*.

26. Câmara Cascudo, *A cozinha sertaneja*.

27. Jean Descola, *Les Conquistadors*, 1954.

28. Orlando Parahim vem realizando em pleno sertão nordestino uma série de importantes pesquisas de campo e de laboratório acerca das condições de alimentação nessa área. Os resultados dessas pesquisas foram

apresentados em trabalhos que constituem o que há de mais sério até hoje divulgado acerca da nutrição do sertanejo: *O problema alimentar do sertão*, 1940; *A vitamina C na alimentação sertaneja*, 1941; e "O desenvolvimento físico dos escolares salgueirenses em face da alimentação do operário sertanejo durante a seca", *Revista Médica Pan-Americana*, Recife, v. I, n. 4, 1945.

29. José Guimarães Duque, "O fomento da produção agrícola". *Boletim da IFOCS*, v. XI, n. 2, 1939.

30. Trajano Pires da Nóbrega, "Ensaio social econômico de um setor do vale do rio São Francisco". *Boletim da IFOCS*, v. XVI, n. I, 1941.

31. Luiz da Câmara Cascudo, *Viajando pelo sertão*.

32. Harold McCarthy, *The Geographic Basis of The American Economic Life*, 1940.

33. Alfredo Ramos Espinosa, *La alimentación en México*, 1939.

34. P. G. Minneman, "The Agriculture of Cuba". *Foreign Agricultural Bulletin*, n. 2, 1942.

35. Para melhor documentação sobre cuscuz, consultem-se as receitas árabes de Jacolliot, transcritas no livro de A. Cougnet, *Il Ventre dei Popoli*, 1905.

36. *A alimentação do operário sertanejo durante a seca*, 1945.

37. Josué de Castro e Emília Pechnik, "Valor nutritivo de la mescla del maiz con la leche". *Archivos Venezoelanos de Nutrición*, v. II, n. 2, 1951.

38. Castro Barreto, *Estudos brasileiros de população*, 1944.

39. McCollum e Simmonds, *The Newer Knowledge of Nutrition*, 1929.

40. "É hábito comerem de vez em quando as *buchadas* e *paneladas* servidas no momento em que se reúnem as famílias para alguma comemoração festiva" (Costa Couto, "Panorama da alimentação brasileira". *Cultura Médica*, n. 5-6, 1943).

41. Dante Cereceda informa que na meseta espanhola se usa muito a carne de vaca secada ao sol, chamada de *tasajo* (*La alimentación española*, 1934).

42. Sobre o valor nutritivo da proteína do feijão — a faseolina —, consulte-se o interessante trabalho experimental de Juan Rocca e Roberto Llamas, do Instituto de Biologia do México, "Estudio del frijol como alimento", publicado nos *Arquivos*.

43. "Em todas as propriedades agrícolas, a batata substitui o pão em vista deste não ser fabricado nas mesmas dado o preço excessivo do trigo" (Carlos Alves das Neves, "A batateira doce e sua cultura no sertão e nas bacias de irrigação dos açudes do Nordeste". *Boletim da IFOCS*, v. XVI, n. 2, 1941).

44. José Augusto Trindade, "Os serviços agrícolas da inspetoria de secas". *Boletim da IFOCS*, v. XVII, n. I, 1937.

45. Sobre os resultados do cultivo da tamareira (*Phoenix dactylifera*) no Nordeste, consulte-se Paulo de Brito Guerra, "A tamareira no Nordeste". *Boletim da IFOCS*, v. XI, n. 2, 1939.

46. A. Carneiro Leão, *A sociedade rural: Seus problemas e sua educação*. Rio de Janeiro, 1939.
47. Gilberto Freyre, *Nordeste*, 1937.
48. Acerca dos hábitos alimentares dos povos que se mantêm neste gênero de vida — árabes, labateus, maronitas, etíopes e tuaregues —, consulte-se a obra rica de preciosas informações de A. Cougnet, *Il Ventre dei Popoli*, 1905.
49. No Nordeste pastoril o sertanejo costuma fazer uma primeira refeição matinal antes de ir para o trabalho, a segunda refeição constituindo a mais abundante, com suas carnes, feijão e amiláceos, sendo a terceira, à noitinha, uma simples ceia de café, leite e batata-doce ou aipim com manteiga.
50. Veja-se sobre o assunto o nosso trabalho, "Basal Metabolism in Tropical Climates" (*Arquivos de Medicina Legal*, n. 16, 1938), e o nosso livro, *Alimentación en los trópicos* (México, DF: Fondo de Cultura Económica, 1946). Nessas publicações estudamos detalhadamente o mecanismo das variações metabólicas nos climas tropicais e os fatores que as condicionam. As experiências que realizamos na área dos sertões nordestinos e que ali vão referidas mostram o metabolismo basal do sertanejo, cerca de 11% mais alto que o do habitante da mata e do litoral.

Para verificação da opinião, hoje universal, confirmando nossas teorias, consultem-se as seguintes obras de fisiólogos e nutricionistas estrangeiros: professor Mário Camis, *Metabolismo Basale e Alimentazione in Somalia* (Roma, 1936), no qual este fisiólogo afirma ter encontrado entre os nativos dessa região quente e seca da África Oriental um metabolismo basal que em 92% dos casos se mostrou mais alto do que o standard do metabolismo de base nos climas temperados, sendo o aumento médio de 27,80%; professor Sabato Visco, *Alimentation dans les colonies italiennes*, no qual são relatados os resultados dos estudos do professor G. Gena sobre o metabolismo dos árabes que habitam o deserto da Líbia, de tipo extremamente quente e extremamente seco, apresentando-se esse metabolismo superior em cerca de 10% ao standard dos europeus e norte-americanos; professor A. Noyons, *La Signification générale des recherches comparatives du metabolisme de base* (Convênio Volta, Roma, 1937). Este saudoso fisiologista holandês relata nesse trabalho as suas experiências comprovadoras da decisiva influência da umidade do ar sobre as variações do metabolismo de base. Das confirmações realizadas entre nós a esse ponto de vista, destacamos os trabalhos experimentais de F. Moura Campos, "Metabolismo basal nos climas tropicais e subtropicais" (*A Folha Médica*, 1939) e "Influência de temperatura, grau de umidade e nutrição sobre o metabolismo basal de ratos brancos" (*Arquivo da Faculdade de Medicina da Universidade de São Paulo*, v. XVI, tomo I, 1941). Foi diante dessa comprovação, vinda de várias partes do mundo, ao nosso ponto de vista, que o eminente fisiólogo italiano, professor Filippo Bottazzi, apresentando ao Convênio Volta de 1938, convocado pela Real Academia de Itália para tratar do tema "África", um estudo de atualização do problema sob o título "Il metabolismo di base nei climi Tropical africani" (Roma, 1938) — trabalho traduzido e publicado no Brasil na *Resenha Clínico-Científica*, n. 9, set. 1941 —, escreveu as seguintes palavras: "Disse eu que os fatores capazes de produzir variações mais ou menos importantes no metabolismo basal são múltiplos: há fatores externos e internos. Dentre os primeiros, aquele a que se atribui mais importância é a temperatura, ou, mais geralmente, o clima. A alta temperatura dominante nos países tropicais baixa o metabolismo de base, atenuando os processos de oxidação dos tecidos e, portanto, diminuindo a produção de calor, porque o homem tem então menos necessidade de regulação química para manter constante a temperatura do próprio corpo. Mas a temperatura não é o único fator a ser tomado em consideração nos climas tropicais. Camis reconhece que o clima dos trópicos é algo muito complexo, que abrange fatores pouco conhecidos e não pode ser definido atendendo unicamente a dados geográficos e termométricos. Um desses fatores é a umidade relativa; só recentemente é que sua importância foi posta em relevo por Moura Campos, Noyons e Josué de Castro. Na discussão que no Convênio Volta se seguiu à leitura do professor G. Quagliarello sobre 'O metabolismo de base dos italianos', o professor Noyons recomendou que '*dorenavant l'on tienne aussi compte du degré d'humidité relative et de la température qui exercent une influence sur le metabolisme. J'ai été très frappé ces derniers temps par le fait que la respiration cutanée représente un facteur dont on doit aussi tenir compte*' [a partir de então, também se leva em conta o grau de umidade relativa e de temperatura que influenciam o metabolismo. Ultimamente, tenho me impressionado muito com o fato de que a respiração cutânea representa um fator que também deve ser levado em consideração]. A influência da umidade relativa foi, porém, estudada de modo especial por Josué de Castro. Em quinze habitantes do Nordeste do Brasil, achou, em primeiro lugar, o metabolismo basal mais baixo nos climas tropicais que nos climas frios e temperados; esse metabolismo basal seria em média 33,8 calorias por metro quadrado e por hora, e, portanto, 15% inferior ao padrão norte- -americano de 39,7 calorias. Além disso, pôde ele constatar uma notável diferença entre o metabolismo de base dos habitantes do Recife e o dos habitantes do Rio de Janeiro, o primeiro sendo de 34,6 e o segundo de 31,6 calorias. Ora, Josué de Castro julga que tal diferença possa ser explicada pela maior umidade relativa do Rio de Janeiro em relação ao Recife, não obstante ser a temperatura média do ar mais alta no Recife (25,5°C) do que no Rio (22,7°C). Se a temperatura fosse o único fator a influir sobre o metabolismo, este deveria ser mais baixo no Recife do que no Rio de Janeiro, entretanto é o contrário que se dá. Josué de Castro determinou também o metabolismo em duas cidades: Rio Branco e Nazaré, no estado de Pernambuco, nas quais a temperatura média é a mesma (24,5°C), ao passo que a umidade relativa média é menor na primeira cidade (68,3%) que na segunda (83,4%). Ora, o metabolismo basal encontrado foi de 36,2 calorias nos habitantes de Rio Branco e 32,7 calorias, isto é, nitidamente inferior nos de Nazaré. Foi assim posto decididamente em relevo um fator capaz de influir sobre o metabolismo de base do homem, o fator umidade relativa do ar, que parece ser até mais importante que a temperatura no condicionar a diminuição", termina o professor Bottazzi.

51. Francisco Bulnes, *El porvenir de las naciones hispano-americanas*, México, DF.

52. Consultar sobre a distribuição dos biótipos do Nordeste o trabalho de Álvaro Ferraz e Andrade Lima Júnior, *A morfologia do homem do Nordeste* (1939). Sobre a possível correlação entre o regime alimentar e o biótipo, consulte-se o trabalho de Pende, "Alimentation et biotype habituel", e o de Sílvio de Candia, "Les Aliments et le système regulateur endocrino-sympathique" (*Nutrition*, Paris, tomo 5, n. 3, 1935). Consulte-se também o interessante artigo de David Kaz, "La Faim et l'appétit en psychologie générale et biotypologie" (*Biotypologie*, Paris, n. 4, dez. 1938).

53. Sobre o teor de proteína e a resistência física dos grupos humanos, consulte-se o livro de Ruy Coutinho, *Valor social da alimentação*.

54. Djacir Menezes, *O outro Nordeste*, 1937.

55. Sobre o conteúdo de ferro nos alimentos brasileiros, consulte-se o trabalho de Paula Santos, Tito Cavalcanti e F. Moura Campos, "Ferro em nossos alimentos" (*O Hospital*, v. XIII, n. 6, 1938).

56. F. Moura Campos, M. Guerra e N. Junqueira, *Vitaminas A e B em óleo de piqui*. Livro jubilar do professor Cantídio Moura Campos, 1942.

57. Rodolfo Teófilo, *História da seca no Ceará (1877 a 1880)*, 1883.

58. Amadeu Fialho, *Relatório sobre a seca de 1932*. Em relatório da Comissão Médica de Assistência e Profilaxia aos Flagelados do Nordeste, Rio de Janeiro, 1936.

59. São os seguintes os teores médios de ácido ascórbico encontrados no sertão de Pernambuco: leite de vaca, 19,3 miligramas por litro; leite de cabra, 36,1 miligramas por litro (Orlando Parahim, *A vitamina C na alimentação sertaneja*, 1941).

60. O quibá é o fruto de uma cactácea do gênero *opuntia*, palmatória comum tanto no sertão do Nordeste como em outras áreas do continente americano. Nos Estados Unidos, a fruta é conhecida pelo nome de *pera espinhenta — prickly pear —* e nos países hispano-americanos pelo nome de *tunas*. Segundo as determinações levadas a efeito por Orlando Parahim, essa fruta é uma das mais ricas fontes vegetais em vitamina C, contendo em média quarenta miligramas de ácido ascórbico por cem centímetros quadrados. O juá contém 24 miligramas e o umbu cerca de 31 miligramas.

61. E. F. Gauthier, *Le Sahara*, 1928.

62. José Américo de Almeida, *A Paraíba e seus problemas*, 1937.

63. Versos do improvisador popular Antônio Batista Guedes e que fazem parte do seu poema "A vida sertaneja", transcritos da obra *Vaqueiros e cantadores*, de Luiz da Câmara Cascudo.

64. "O que choca o espírito menos apercebido dos fenômenos sociais que se relacionam, propriamente, com a existência do homem, é avistar em pleno deserto, à distância de léguas de um núcleo populoso qualquer, um casebre de taipa com a coberta de palha, onde algumas figuras humanas se movem, tirando de um meio falto de tudo os seus elementos de subsistência. A gente que vive assim nas caatingas sertanejas vive da vaqueirice de algumas cabeças bovinas e de um número um pouco maior de caprinos. No tratamento deste número reduzido de animais de que o vaqueiro percebe como remuneração apenas a quarta parte da produção, ele consome a maior parte de sua atividade; no cultivo de uma pequena área de milho e feijão gasta outra parte e na caça de animais silvestres, põe o restante que lhe sobra do tempo, a que não dá nenhum apreço" (Hildebrando Menezes, "Condições do trabalhador rural nas zonas do sertão agreste". Terceira Semana de Ação Social, Recife, 1939).

65. Luiz Augusto da Silva Vieira, "A rodovia e o combate à seca no Nordeste". *Boletim da IFOCS*, v. X, n. 12, 1938.

66. Gilberto Freyre, *Nordeste*, 1937.

67. Von Spix e Von Martius, *Através da Bahia*. Trad. e notas de Pirajá da Silva e Paulo Wolf, 1938.

68. Marion, *Las maravillas de la vegetación*, 1873.

69. Versos inéditos de um desafio entre Nicandro Nunes do Nascimento e Bernardino Nogueira, cantando as epopeias da fome de 1877; versos fornecidos pelo sr. Pedro Batista a José Américo de Almeida, estampados por este autor em sua obra *A Paraíba e seus problemas*.

70. Sobre o preparo da farinha de xiquexique, assim como de outros produtos obtidos da flora desértica, consulte-se o capítulo "A alimentação do brasileiro", no livro de Renato Souza Lopes, *A ciência de comer e de beber*.

71. Rodolfo Teófilo, *Monografia sobre a mucunã*, 1888.

72. A suspensão das regras deve ser consequência exclusiva da inanição. Todos os experimentadores são unânimes em afirmar que a inanição prolongada paralisa as funções glandulares que dirigem o ciclo menstrual. Assim, durante os anos de fome da Rússia soviética, de 1918 a 1921, os casos de amenorreia subiram da taxa de 0,4% em 1915 para 2,5% em 1918 e 6% em 1919 (P. Sorokim, *Man and Society in Calamity*, 1942).

73. *Trabalhos e Pesquisas*, Instituto de Nutrição da Universidade do Brasil, v. I, 1948.

74. *Trabalhos e Pesquisas*, Instituto de Nutrição da Universidade do Brasil, v. 2, 1949.

75. "As raízes de um arbusto chamado pau-de-mocó, cujo veneno [...] para destruir formigas. [...] Porém os refugiados, desesperados de fome no longo caminho da infelicidade e sem saber das propriedades nocivas do tubérculo, a cozinharam e a comeram. Algumas horas após a ingestão dessa raiz tão tóxica, eles estavam completamente cegos." [N. E.]

76. Em carta escrita em 1915 pelo vigário de Russas, no Ceará, relatando os horrores da seca, lê-se o seguinte: "As alimentações silvestres estão acabadas, não há mais palmitos nas várzeas e a pouca macambira que existe é arrancada na chapada do Apodi com quatro léguas ou mais de distância dessa cidade" (Ildefonso Albano, *O secular problema do Nordeste*. Rio de Janeiro, 1918).

77. João Duarte Filho, *O sertão e o centro*. 2. ed., 1939.

78. José Américo de Almeida, op. cit.

79. Afrânio Peixoto, *Clima e saúde*, 1938.

80. Felipe Guerra, *Secas contra a seca*.

81. A. Gavião Gonzaga, *Climatologia e nosologia do Ceará*, 1925.

82. Rodolfo Teófilo, *História das secas no Ceará*, 1922.

83. Euclides da Cunha, *Os sertões*, 1902.

84. Consulte-se sobre o assunto o livro de Walford Cornelius, *The Famines of the World*, 1878.

85. Sergius Morgulius, *Fasting and Under-Nutrition*. Nova York, 1923.

86. Citado por Parmalle Prentice, *Hunger and History*. Nova York, 1939.

87. Darby William, "The Oral Manifestations of Iron Deficiency". *The Journal of the Am. Medic. Ass.*, v. 130, n. 13, mar. 1946.

88. Gaspar de Casal descreveu, em 1725, uma moléstia existente nas Astúrias e conhecida pela denominação de "mal da rosa". Pela descrição das observações completas que este autor apresentou, verificou-se tratar da doença hoje denominada "pelagra" e produzida por um estado de carência vitamínica.

89. J. B. Youmans, *Nutritional Deficiencies*, 1941. Em muitos casos de pelagra faltam os fenômenos cutâneos, reduzindo-se a síndrome aos sintomas

gástricos e nervosos, quadro que os autores italianos, grandes conhecedores do assunto, chamam expressivamente de *pellagra sine pellagra*. Consultar, sobre o assunto, G. Frontali, "Studi Sperimentali sulla Pellagra Umana". *Archivio Italiano di Medicina Sperimentale*, v. III, n. 8, ago. 1939. Veja-se também o trabalho de José Nivaldo, "Aspectos da alimentação no agreste de Pernambuco, durante a seca de 1932-1953". *Revista Brasileira de Medicina*, v. VII, n. 9, 1955.

90. Orlando Parahim, *A alimentação do operário sertanejo durante a seca*, 1945.

91. Conta o dr. Amadeu Fialho que nos campos de concentração dos flagelados da seca de 1932 os doentes de disenterias de toda ordem que pululavam aos milhares contaminavam a tudo e a todos: "As síndromes disentéricas eram abundantes, doentes havia que, privados de vasilhame próprio, enfraquecidos, nem fora de casa iam para suas necessidades naturais, e era no solo mesmo de sua palhoça onde esvoaçava uma nuvem de moscas que eles expeliam suas dejeções mucossanguinolentas".

92. Versos de Nicandro Nunes do Nascimento e Bernardo Vieira.

93. "A ação dos fatores climáticos, principalmente das secas, vai além da formação do tipo étnico regional. Ela influi também sobre as condições nosológicas do estado. A história das secas demonstra que as epidemias estão sempre associadas à fome e à sede. As secas atuam, pois, de uma maneira direta e de uma maneira indireta sobre a nosologia do estado. Atuam diretamente causando a decadência organofisiológica das populações e indiretamente provocando o êxodo dos *flagelados* que, em sua peregrinação através do *hinterland* brasileiro, adquirem moléstias e trazem-nas de retorno aos primitivos lares. Num e noutro caso, os cataclismos climáticos contribuem poderosamente para a constituição de um quadro nosológico complexo, em que avultam a disseminação e a multiplicidade das endemias" (Gonzaga, A. Gavião, op. cit.).

94. Edmar Morel, *Padre Cícero*. Rio de Janeiro, 1946.

95. "As selvas amazônicas devoraram mais de 500 mil criaturas emigradas do Nordeste brasileiro, meio milhão de vidas, mais do que a população normal do estado! É de uma eloquência cruel. Este tétrico ossário foi o alicerce da desgraçada indústria da borracha" (Aurélio Pinheiro, *À margem do Amazonas*. São Paulo, 1937).

96. José Américo de Almeida, *A bagaceira*. 6. ed. Rio de Janeiro, 1936.

97. Sílvio Rabelo, "Euclides da Cunha e o mistério da Amazônia". *Dom Casmurro*, número especial, maio 1946.

98. Ver sobre o assunto o requerimento n. 258 apresentado à Assembleia Constituinte e debatido em sessão de 18 de julho de 1946.

99. Francisco Clavijero, *História antigua de México*, publicada pela primeira vez em 1870, reeditada em 1944.

100. H. von Keyserling, *Le Journal de Voyage d'un Philosophe*. Paris, 1935.
101. Luiz da Câmara Cascudo, *Vaqueiros e cantadores*, 1939.
102. "A fome não é somente um fator de destruição da saúde e do vigor físico. Ela é ainda, em maior grau, um fator de desagregação moral. Na áspera luta para manter a vida, todos os escrúpulos ficam esquecidos. Vizinhos ficam contra vizinhos e os fortes sem nenhuma contemplação com os fracos" (Sergius Morgulius, op. cit.).
103. No sertanejo nordestino o imprevisto de sua conduta constitui um dos traços característicos de sua personalidade até certo ponto impenetrável: "O homem do sertão pratica atos inesperados por todo mundo e por ele próprio", informa Gustavo Barroso. E acrescenta que quando se procura indagar os móveis de seus atos delituosos, responde num tom de abatimento: "Sei lá, foi uma coisa que me deu..." (*Heróis e bandidos*, 1931).
104. Citado por José Américo de Almeida em *A Paraíba e seus problemas*.
105. Gregorio Marañon, "Regulación hormonal del hambre". *Estudios de Endocrinologia*, Buenos Aires, 1938.
106. José Américo de Almeida, *A bagaceira*.
107. O animal de rapina, assevera Spengler, "é a forma suprema da vida movediça: significa o máximo de liberdade, com respeito aos outros e a si mesmo, o máximo de responsabilidade própria e de solidão, o extremo da necessidade de afirmar-se lutando, vencendo e aniquilando" (Osvald Spengler, *El hombre y la técnica*, 1932).
108. Ortega y Gasset, *Dos prólogos: A un tratado de monteria, a una historia de la filosofia*. Madri, 1944.
109. Consultem-se sobre esse aspecto as seguintes obras: F. Nansen, *Farthest North*, 1897; R. Peary, *Northward Over the Great Ice*, 1898; e E. Mikelsen, *Lost in the Artic*, 1913.
110. Pompeu Sobrinho, que assim opina, atribui em grande parte o suposto ciclotimismo do sertanejo à herança do indígena, que contribuiu com um grande contingente para sua etnogenia. Djacir Menezes faz também referência a esse ponto de vista, ligando a constituição ciclotímica à grande plasticidade e capacidade de adaptação do homem do sertão a outros ambientes naturais e culturais (*O outro Nordeste*, 1937). Ver também, sobre a teoria dos temperamentos, Kretschmer, *Manuel théorique et pratique de psychologie medicale*, 1927, e Arthur Ramos, *Introdução à psicologia social*, 1936.
111. "Os fazendeiros vão se estabelecendo em suas terras, ou por incitá-los o espírito de liberdade que, segundo o ilustre Martius, foi o precursor dos povoamentos dos sertões do Norte, ao contrário dos do Sul, de que a ambição do lucro foi a grande alavanca" (Capistrano de Abreu, *Caminhos antigos e povoamento do Brasil*, 1930).

112. *Beatos e cangaceiros*, 1920.

113. Xavier de Oliveira, *Beatos e cangaceiros*, 1920. Nesse livro o escritor nordestino nos apresenta treze perfis, impressionantes por seu realismo, de malsinados heróis desse tipo. É um documento inestimável da história dos sertões pela fidelidade dos retratos e pelo vigor descritivo com que foram pintados.

114. Não é necessário que se seja ortodoxamente um materialista histórico para que se reconheça a influência dos fatores econômicos nas manifestações de formas religiosas: "O homem não é somente espírito, ele possui um corpo, ele sofre necessidades. Ele trabalha para satisfazê-las e a religião não é nele muitas vezes senão uma estratégia de seus instintos buscando sua satisfação" — assim nos fala um dos maiores estudiosos dos problemas sociológicos da religião, Roger Bastide, em *Élements de sociologie religieuse* (Paris, 1935). Também Frazer julga o totemismo, núcleo da religião de certos grupos primitivos, de origem puramente alimentar, tendo como finalidade evitar as fomes coletivas, e Max Weber vê na magia o esforço do selvagem para servir seus instintos materiais.

115. "A população do Nordeste brasileiro constitui uma população em estado de cerco por causa da inclemência de seu clima. Esta espécie de estado de cerco dá uma fisionomia particular a essa gente e a sua psicologia" (Pierre Déffontaines no prefácio do livro de C. A. Barbosa de Oliveira, *L'Homme et la sécheresse*, 1938).

116. *Heróis e bandidos*, 1917.

117. Prefácio do livro *Terra de homens*, de Ademar Vidal, 1944.

118. Estudo psicológico de primeira ordem dessas espécies de fuga contra o angustioso cerco imposto à vida do sertanejo é o que encontramos no romance de José Lins do Rego, *Pedra bonita*, no qual o autor apresenta uma família marcada, com vários irmãos. Um deles cai no cangaço, outro no delírio místico e o outro permanece até o final do livro num estado de desesperadora incerteza mental.

119. Roger Bastide, "O messianismo e a fome". In: *O drama universal da fome*, simpósio publicado em 1958; e *Brasil, terra de contrastes*, no capítulo V, intitulado "O outro Nordeste".

120. Tom Spies, J. Bradley, M. Rosenbaum e J. R. Knott, *Emotional Disturbances in Persons with Pellagra, Beriberi and Associated Deficiency States*, 1943.

121. Karl Bowman e Herman Wortis, *Psychiatric Syndromes Caused by Nutrition Deficiency*, 1943.

122. Millais Culpin, "An Examination of Tropical Neurasthenia". *Proceedings of the Royal Society of Medicine*, v. XXVI, 1933. Nesse trabalho, o autor apresenta dados estatísticos, pondo em evidência a alta incidência das perturbações mentais dos colonos ingleses nos trópicos. Dos casos de

invalidez dos funcionários britânicos da África Oriental Britânica, 45% são consequentes a perturbações neuromentais, a neuropsicoses.

123. Morden Carthew, "The Etiology and Prophylaxis of Mental Irritability in the Tropics". *Journal of Tropic Medicine and Hygiene*, v. III, 1937.

124. Stefan Zweig, *Amok*. Paris, 1932.

125. Veja-se um tipo como Jesuíno Brilhante, célebre cangaceiro que apareceu na seca de 1887 varando o sertão em todos os sentidos com suas façanhas heroicas. "Fazendo o diabo com os grandes. Dando ordens. Matando ladrão. Salvando o povo" (José Lins do Rego, *Pedra bonita*, 1939). Também Antônio Silvino, outro célebre bandoleiro, foi sempre considerado protetor dos pobres, atacando os grandes comerciantes para distribuir os víveres com os famintos nas épocas de penúria...

126. F. Cruschmann, *Hungersnote in Mitelalter*. Citado por P. Sorokin, in: *Man and Society in Calamity*, 1942.

127. Cláudio Sanchez Albornoz, "La Edad Media y la empresa de América". Congreso de História de América, Sevilha, 1930. Publicado posteriormente em *España y el Islam*, 1934.

128. Fidelino de Figueiredo, *Últimas aventuras*, 1943.

129. Djacir Menezes, op. cit. Lourenço Filho, referindo-se a esse insulamento do Nordeste e ao seu recuo no tempo, escreveu, no interessante estudo *Joazeiro do padre Cícero: Cenas e quadros do fanatismo no Nordeste*: "um filho do sul... a impressão primeira, quando pelo Nordeste se interne, é a que vai como num sonho recuando pelo tempo a cada passo. A vida parece que desanda e inicia um giro inverso, recuando para trás duas dezenas de anos, em cada dia de viagem...".

130. E. W. Gilbert, "Geography and Regionalism". *Geography in XX Century*, G. Taylor, 1951.

131. M. Ilin, *Les Montagnes et les hommes*, 1946.

132. Apresentei na Câmara Federal uma série de discursos sobre o problema e suas verdadeiras origens, dos quais destaco os dois seguintes: — "O problema das secas do Nordeste e o desequilíbrio econômico nacional", pronunciado em 11 de julho de 1956, e "Operação Nordeste", de 21 de maio de 1959.

133. André Piatier, *Développement économique regionale et développement économique nationale*, conferência realizada no Cairo em 1957.

134. Aloísio Campos, *Realidade econômica e planejamento do Nordeste*. Banco do Nordeste, 1956.

135. Gabriel Ardant, *Le Monde en friche*. Paris, 1959.

136. Uma política de desenvolvimento econômico para o Nordeste — 1959. Sobre nossas discordâncias com os principais aspectos expostos nesse documento, veja-se *O Observador Econômico e Financeiro*, de abril de

1959, no seu artigo intitulado "Operação Nordeste: Dois nomes e duas opiniões".

137. Souza Barros, *O Nordeste*, 1952.

4. As áreas de subnutrição: Centro e Sul [pp. 269-84]

1. Em inquérito realizado nessa zona, sob a orientação de A. de Arruda Câmara, verificou-se que o consumo local de leite é, em geral, baixo, porque os fazendeiros vendem o produto para as indústrias de laticínios. Dessa forma, o leite, na região, passa a ser preferentemente um produto de comércio, e não de subsistência.

2. Lima Duarte, *Ensaios sobre a higiene da escravatura no Brasil*, 1849.

3. J. B. Youmans, *Nutritional Deficiencies*, 1941.

4. John B. Orr e J. Leith, "Iodine in Nutrition". *Medical Research Council*, Departamento de Séries Especiais, n. 123, Londres, 1929.

5. *Soil and Men*, Livro do Ano de Agricultura, Estados Unidos, Departamento de Agricultura, 1938.

6. J. F. McClendon, "The Distribution of Iodine with Special Reference to Goiter". *Physiology Review*, v. 7, 1937.

7. O. P. Kimball, "The Efficiency and Safety of the Prevention of Goiter". *Michigan Health Report*, v. 21, 1924.

8. J. F. McClendon, *Iodine an the Incidence of Goiter*, 1939.

9. R. R. Remington e H. Levine, "Studies on the Relation of Diet Goiter". *Journal of Nutrition*, v. 11, 1936.

10. G. M. Curtis e M. B. Fertman, "Iodine in Nutrition". *Handbook of Nutrition*, American Medical Association, 1943.

11. A. Leite Lobo, "Bócio endêmico e doença de Chagas", *O Hospital*, jun. 1942.

12. Arruda Sampaio, *Aspectos do bócio endêmico na infância e na adolescência*, 1944.

13. Samuel Pessoa, "Importância da geografia médica na medicina tropical e no povoamento das zonas de influência de Brasília". Aula inaugural, 1960.

14. Os estudos mais recentes de nutrição começam a evidenciar que mesmo nessas áreas a dieta alimentar está longe de ser perfeita. Por seus defeitos e erros, principalmente pela escassez de certos princípios alimentares, se explica o alto índice de doenças degenerativas entre esses povos aparentemente tão bem alimentados.

15. J. Barros Barreto; Josué de Castro e Almir de Castro, *Inquérito sobre as condições de alimentação no Distrito Federal*, 1938.

16. São as seguintes as publicações que dão conta dos resultados desses inquéritos: Almeida Júnior, "Nosso diário alimentar". *Arquivos do Instituto*

de Educação, São Paulo, n. I, set. 1935; Jorge Queiroz Moraes, "O problema alimentar no estado de S. Paulo". *Revista de Organização Científica IDORT*, São Paulo, s.d.;e *Preparemos o Brasil para os dias incertos de amanhã*, São Paulo, 1939; Paula Souza, Ulhoa Cintra e Pedro Egydio de Carvalho, "Inquérito sobre a alimentação popular em um bairro de S. Paulo". *Revista do Arquivo Municipal*, São Paulo, n. XVII, 1935; Francisco A. Cardoso, "Avaliação do estado nutritivo de uma coletividade pela dosagem de vitamina C da urina". *Revista de Medicina e Cirurgia*, São Paulo, v. V, n. 9-12, 1945; A. Tavares de Almeida, *O oeste paulista*, 1943.

17. Cleto Seabra Veloso, "Alguns aspectos da alimentação no Rio Grande do Sul". *Separata dos Arquivos Brasileiros de Medicina*, 1942.

5. Estudo do conjunto brasileiro [pp. 285-316]

1. Sobre o panorama alimentar no Brasil, expresso em dados e índices estatísticos, consulte-se o relatório apresentado pelo deputado Agostinho Monteiro à Comissão de Investigação Econômica da Assembleia Legislativa e publicado sob o título *Problemas de alimentação no Brasil* (Rio de Janeiro), 1946.

2. Joseph Klatzmann, em conferência realizada na Sorbonne em janeiro de 1958, dá um excelente apanhado do que ele chama as armadilhas da estatística, os enganos onde nos podem conduzir as cifras estatísticas. Vejamos um trecho bem significativo de sua conferência: "Todo mundo sabe como se enganam as pessoas constantemente com as estatísticas. Às vezes de forma premeditada, às vezes sem propósito. Mas por que as estatísticas enganam? Por variadas razões. De logo, porque elas são muitas vezes falsas. Mas não é só com estatísticas falsas que se deforma a realidade. As estatísticas verdadeiras também servem a este objetivo. Com efeito, pode-se apresentar cifras, sem precisar de que se está falando, sem dar definições exatas. Mas também se pode enganar com estatísticas exatas e precisas. Pois há ainda o delicado problema de interpretação de suas cifras. Ora, uma tendência natural consiste em proceder a generalizações abusivas, partindo de dados parciais. Doutro lado a seleção das informações, falta de conhecimento ou inconscientemente, conduz a não tomar em consideração senão as cifras favoráveis à tese que se quer provar. Finalmente, a causa principal de erros é a comparação dos dados não comparáveis" (*Les Cahiers Rationalistes*, n. 188, maio 1960).

3. "Uma das características do regime feudal aristocrático das fazendas desenvolvido no Brasil foi o poder quase absoluto dos senhores de engenho que receberam privilégios do rei no primeiro século da colonização portuguesa... Vieram a ser também a expressão física de um novo tipo

de poder feudal ou patriarcal que pelo isolamento e autossuficiência originou um forte espírito de independência e mesmo de rebeldia contra a coroa e o republicanismo" (Gilberto Freyre, *Interpretação do Brasil*, 1946).

4. Gunnar Myrdal, *Une Économie internationale*, Paris, 1958.

5. Rafael Xavier demonstra, em seu estudo sobre *A organização nacional e o município*, 1946, como essa centralização chegou ao extremo de arrastar para os cofres do governo central 93% das arrecadações nacionais, deixando para atender, praticamente, às necessidades de 84% das populações dos municípios brasileiros, apenas 7% das mesmas. Só o Distrito Federal arrecada quase o dobro do quanto percebem os 1552 municípios do interior do Brasil. Nesse caso os números argumentam sozinhos.

6. Quatro anos antes da descoberta do Brasil, em 1496, decretava d. Manuel, rei de Portugal, o famoso Édito de Expulsão dos Judeus, ou melhor, do "sofisma de sua expulsão", desde que visava antes sua conversão ao cristianismo, diante do dilema: batismo ou exílio. Dos 200 mil hebreus que faziam parte das populações do Reino, 195 mil optaram pelo batismo e se fizeram cristãos-novos. Um sexto da população de Portugal em 1500. Muitos desses reconvertidos fizeram parte das expedições colonizadoras enviadas ao Brasil. Ver sobre o assunto o trabalho de J. Lúcio de Azevedo, *A história dos cristãos-novos portugueses* (1922), e o de Mário Saa, *A invasão dos judeus* (1925).

7. Georges Balantier, "Le Contexte socio-culturel et le coût social du Progrès". *Le Tiers Monde*, Paris, 1956.

8. Jacques Lambert, *Os dois Brasis*. Rio de Janeiro, 1959.

9. L. A. Costa Pinto, *Resistências a mudança*, Anais do Seminário Internacional, Rio de Janeiro, out. 1959.

10. Pei-Kang-Chang, *Agriculture and Industrialization*. México, DF, 1951.

11. *Conjuntura Econômica*, dez. 1959.

12. *Conjuntura Econômica*, fev. 1960.

13. Moacyr Paixão, *Reforma agrária: Um programa de desenvolvimento econômico*.

14. Pompeu Accioly Borges, "Obstáculos estruturais — demográficos, econômicos e sociais — ao desenvolvimento do Brasil e de outras áreas subdesenvolvidas". *Resistências a mudança*, Rio de Janeiro, 1960.

Referências bibliográficas

ABREU, Capistrano de. *Capítulos de história colonial, 1500-1800*. Rio de Janeiro: Edições da Sociedade Capistrano de Abreu, Tipografias Leuzinger, 1928.

_____. *Caminhos antigos e povoamento do Brasil*. Rio de Janeiro: Edições da Sociedade Capistrano de Abreu, Liv. Briguiet, 1930.

ABREU, Sílvio Froes. "O solo da Amazônia". In: BRASIL. Conselho Nacional de Geografia. *Amazônia brasileira*. Rio de Janeiro: IBGE, 1944.

_____. *Nordeste do Brasil*. Rio de Janeiro: Papelaria Mello, 1929.

AGASSIZ, Louis. *A Journey in Brazil*. Boston: Ticknor and Fields, 1868.

AGUILLAR, Rigoberto. *Estudios sobre las avitaminosis y las perturbaciones del crecimiento en los niños avitaminósicos*. México, DF, 1944.

AGUILLAR NIETTO. *El raquitismo en Venezuela*. México, DF, 1944.

ALBANO, Ildefonso. *O secular problema do Nordeste: Discurso pronunciado na Câmara dos Deputados em 15 de outubro de 1917*. 2. ed. Rio de Janeiro: Imprensa Nacional, 1918.

ALBORNOZ, Claudio Sánchez. *España y el Islam*. 1943.

_____. *La Edad Media y la empresa de América*. La Plata, 1934.

ALLENDE, Salvador. *La realidad médico-social chilena*. Santiago, 1939.

ALMEIDA, Antônio Tavares de. *O oeste paulista, a experiência etnográfica e cultural*. Rio de Janeiro: Alba, 1943.

ALMEIDA, José Américo de. *A bagaceira*. 6. ed. Rio de Janeiro, 1936.

_____. *A Paraíba e seus problemas*. 1937.

ALMEIDA JUNIOR. "Nosso diário alimentar". *Arquivos do Instituto de Educação*, São Paulo, 1 set. 1935.

ALVES, Joaquim. *O vale do Cariri*. Fortaleza, 1946.

AMADO, Jorge. *Cacau*. 3. ed. Rio de Janeiro: J. Olympio, 1936.

_____. *Terras do sem-fim*. 4. ed. São Paulo: Martins, 1946.

AMARAL, Luiz. *A história geral da agricultura brasileira, no tríplice aspecto político-social-econômico...* 3 v. São Paulo: Ed. Nacional, 1939-40.

ANDRADE, Geraldo de. "A higiene do trabalho em Pernambuco". *Separata da Revista Médica de Pernambuco*, Recife, 7 jul. 1931.

ANGULO, Alfredo Diaz. *Formas edematosas en los niños sometidos a regimens insuficientes*. México, DF, 1936.

ANTONIL, André João. *Cultura e opulência do Brasil por suas drogas e minas, com um estudo biobibliográfico*. São Paulo: Melhoramentos, 1923.

ARAÚJO, César de. "A tuberculose rural e nos pequenos centros urbanos". II Congresso Nacional de Tuberculose, 1941.

ARDANT, Gabriel. *Le Monde en Friche*. Paris, 1959.

AYKROYD, W. R. *Human Nutrition and Diet*. 1937.

AZEVEDO, João Lucio de. *A história dos cristãos-novos portugueses*. Lisboa, 1922.

_____. *Épocas de Portugal econômico: Esboços de história*. 2. ed. Lisboa: Liv. Clássica, 1947.

AZEVEDO, Reinaldo. *Pelagra: Contribuição ao seu estudo*. 1935.

AZEVEDO, Thales de. "O vegetal como alimento e medicina do índio". *Separata da Revista do Arquivo do Departamento de Cultura de S. Paulo*. São Paulo, 76, 1941.

_____. "Padrão alimentar da população da cidade do Salvador". I Congresso Brasileiro de Problemas Médico-Sociais, Salvador: Era Nova, 1947.

_____; GALVÃO, Alfredo. "Uma pesquisa sobre a suplementação nutritiva em escolares". I Congresso Médico-Social Brasileiro, Salvador, 1945.

BALANTIER, Georges. "Le Contexte socio-culturel et le coût social du progrès". In: *Le Tiers Monde*. Paris, 1956.

BALFOUR, H. *The Living Soil*. 7. ed. Londres: Faber and Faber, 1947.

BARRETO, Adolfo Castro. *Estudos brasileiros de população*. Rio de Janeiro: Z. Valverde, 1944.

BARRETO, João de Barros et al. *Inquérito sobre as condições de alimentação no Distrito Federal*. 1938.

BARROS, Manoel de Souza. *O Nordeste*. 1952.

BARROSO, Gustavo. *Heróis e bandidos*. 2. ed. Rio de Janeiro: F. Alves, 1931.

BASTIDE, Roger. *Éléments de sociologie religieuse*. Paris: A. Colin, 1935.

_____. "O messianismo e a fome". In: *O drama universal da fome*. Rio de Janeiro: Ascofam, 1958.

_____. "O outro Nordeste". In: *Brasil, terra de contrastes*. São Paulo: Difusão Europeia do Livro, 1959.

BEESON, Kenneth Grees. *The Mineral Composition of Crops with Particular References to Soils in Which They Were Grown*, 1941.

BEJARANO, Jorge Alfonso. *Alimentación y nutrición en Colombia*. Bogotá, 1941.

BIGWOOD, E.; TROLLI, G. "Alimentation au Congo Belge". In: *La Science de l'alimentation en 1937*. Paris, 1937.

BLUNDI, Edmundo. *Uma cidadela de ciência no Brasil Central*. 1946.

BONDAR, Gregório. *A cultura de cacau na Bahia*. Salvador: Instituto do Cacau da Bahia, 1938.

BORGES, Pompeu Accioly. "Obstáculos estruturais, demográficos, econômicos e sociais ao desenvolvimento do Brasil e de outras áreas subdesenvolvidas". In: *Resistências a mudança*. Rio de Janeiro, 1960.

BOTTAZZI, Filippo. *Il metabolismo di base nei climi tropicali africani*. Roma, 1938.

_____. *Alimentazioni dell'Uomo*.

BOWMAN, Karl; WORTIS, Herman. *Psychiatric Syndromes Caused by Nutrition Deficiencies*. 1943.

BRASIL. Ministério das Relações Exteriores. *Brasil, 1939-1940: An Economic, Social and Geographic Survey*. Rio de Janeiro, 1940.

BRENCHLEY, Winifred E. "The Essential Nature of Certain Minor Elements for Plant Nutrition". *Botanical Review*, v. 2, n. 173, 1936.

_____. "Some Deficiency Diseases of Crop Plants". *Min. Agr. and Ficheries Journal*, v. 44, 1932.

BRUNHES, Jean. *La Géographie humaine*. 4. ed. Paris: Presses Universitaires de France, 1947.

BULNES, Francisco. *El porvenir de las naciones hispano-americanas ante las conquistas de Europa y Estados Unidos*. México, DF, 1889.

CALMON, Pedro. *História da casa da torre, uma dinastia de pioneiros*. Rio de Janeiro: J. Olympio, 1939.

CAMIS, Mário. *Metabolismo basale e alimentazione in Somalia*. Roma, 1936.

CAMÕES, Luís de. *Os Lusíadas, poema épico*. Lisboa: Tipografia Rollandiana, 1857.

CAMPOS, Aloísio. *Realidade econômica e planejamento do Nordeste*. Banco do Nordeste, 1956.

CAMPOS, F. A. Moura. "Metabolismo basal nos climas tropicais e subtropicais". *A Folha Médica*, 1939.

_____. "Valor da proteína da castanha do caju". *Revista Médica Brasileira*, ano 4, tomo I, v. I, 1941.

_____. "Valor nutritivo da castanha do caju". *Revista Médico-Cirúrgica*. São Paulo, n. 1-2, 1941.

_____. "Vitaminas do apetite". *Revista Terapêutica*, n. 2, jun. 1942.

_____; ORSINI, Demóstenes. "Influência de temperatura, grau de umidade e nutrição sobre o metabolismo basal de ratos brancos". *Arquivo da Faculdade de Medicina da Universidade de São Paulo*, v. XVI, tomo I, 1941.

_____ et al. *Vitaminas A e B em óleo de piqui*. 1942.

CANDIA, Sílvio de. *Alimentazione e Constituzione*. 1931.

_____. "Les Aliments et le système regulateur endocrinosympathique". *Nutrition*, Paris, tomo 5, n. 3, 1935.

CANNON, Walter Bradford. *The Wisdom of the Body*. Nova York: W. W. Norton, [1939?].

CARDIM, Fernão, padre. *Clima e terra do Brasil.*

_____. *Tratados de terra e gente do Brasil.* 1939.

CARDOSO, Francisco A. "Avaliação do estado nutritivo de uma coletividade pela dosagem de vitamina C na urina". *Revista de Medicina e e Cirurgia*, São Paulo, v. V, n. 9-12, 1945.

CARLI, Gileno Dé. *Aspectos açucareiros de Pernambuco.* 1940.

CARNEIRO, Edson. *La República de Palmares.* México, DF: Fondo de Cultura Económica, 1946.

CARNEIRO, J. Fernando. "Uma nova política imigratória". *O Observador Econômico e Financeiro*, v. 10, n. 109, fev. 1945.

CARTHEW, Morden. "The Etiology and Prophylaxis of Mental Irritability in the Tropics". *Journal of Tropical Medicine and Hygiene*, v. 3, 1937.

CARVALHO, Daniel de. *Discursos e conferências.* Rio de Janeiro: Civilização Brasileira, 1941.

CASCUDO, Luís da Câmara. *Vaqueiros e cantadores: Folclore poético do sertão de Pernambuco, Paraíba, Rio Grande do Norte e Ceará...* Porto Alegre: Globo, 1939.

_____. *Viajando pelo sertão.* 1934.

_____. *A cozinha sertaneja.*

CASSINELLI, Alberto. *Alimentación de tiempo y lugar.* Montevidéu, 1941.

CASTELLANI, A. *Clima e acclimazione.* Milão: U. Hoepli, 1933.

CASTRO, José Luiz de. *Contribuição para o dicionário da flora do Nordeste brasileiro.*

CASTRO, Josué de. *Alimentação e raça.* 1936.

_____. *La alimentación en los trópicos.* México, DF: Fondo de Cultura Económica, 1946.

_____. "As áreas alimentares do Brasil". *América Indígena*, México, DF, v. V, n. 3, jun. 1945.

_____. *Resenha Clínico-Científica.* São Paulo, abr. 1945.

_____. "Basal Metabolism in Tropical Climates". *Arquivos de Medicina Legal*, n. 16, 1938.

_____. *Condições de vida das classes operárias em Recife.* Rio de Janeiro: Ministério do Trabalho, Indústria e Comércio, Departamento de Estatística e Publicidade, 1935.

_____. *Documento do Nordeste.* Rio de Janeiro: J. Olympio, 1937.

_____. *Fisiologia dos tabus.* Rio de Janeiro: Nestlé, 1938.

_____. "The Food Problems in Brazil". *Nutrition Reviews*, v. 2, n. 3, mar. 1944.

_____. "Metabolismo basal e clima". *Revista Médica de Pernambuco*, n. 11, 1932.

_____. "Operação Nordeste: Dois nomes e duas opiniões". *Observador Econômico e Financeiro*, maio 1959.

_____. *O problema da alimentação no Brasil.* 3. ed. aum. São Paulo: Ed. Nacional, 1939.

_____. "O problema das secas do Nordeste e o desequilíbrio econômico nacional". Discurso pronunciado na Câmara Federal em 11 de julho de 1956.

_____; PECHNIK, Emilia. "Valor nutritivo de la mescla del maíz com la leche". *Archivos Venezolanos de Nutrición*, México, v. II, n. 2, 1951.

_____. "O uso obrigatório do sal iodetado como profilaxia do bócio endêmico". *Arquivos Brasileiros de Nutrição*, tomo I, n. 3, jun. 1944.

_____; MATTOSO, Italo V. "A iodetação do sal na profilaxia do bócio endêmico". *Resenha Médico-Científica*, São Paulo, ago. 1946.

CASTRO, Josué de et al. "Os alimentos bárbaros dos sertões do Nordeste". *Trabalhos e Pesquisas do Instituto de Nutrição*, v. I, 1948.

_____ et al. "Novas pesquisas sobre a mucunã". *Separata de Trabalhos e Pesquisas*, Instituto de Nutrição da Universidade do Brasil, v. 2, 1949.

_____ et al. *Proteínas para a América Latina*. Rio de Janeiro: Ascofam, 1960.

CASTRO, Mendes de et al. *Contribuição ao estudo da pelagra*. 1941.

CENTENNIAL SYMPOSIUM OF MICHIGAN STATE UNIVERSITY, fev. 1955. *Nutrition of Plants, Animals, Man*. East Lansing, 1955.

CERECEDA, Dantin. *La alimentación espanõla*. 1934.

CHAVES, Nelson. "A proteína na alimentação do povo". *Revista Brasileira de Medicina Pública*, n. 4, nov.-dez. 1945.

CLAVIJERO, Francisco Javier. *História antigua de México*. 1944.

CONDE, Hermínio de Brito. "Evolução da oculística no Brasil". *Hora Médica*, jul. 1939.

CONJUNTURA ECONÔMICA, dez. 1959; fev. 1960.

CONSELHO COORDENADOR DO ABASTECIMENTO. *Análise da conjuntura do abastecimento*. Rio de Janeiro, 1959. Mimeografado.

CONSELHO NACIONAL DE ESTATÍSTICA. *Contribuições para o estudo da demografia do Nordeste*. IBGE, 1955.

THE CONSERVATION FOUNDATION AND F.A.O. *Soil Erosion Survey*. 1954.

COSTA, Osvaldo Lopes da. *Bioestatística nas capitais brasileiras*.

COUGNET, A. *Il Ventre dei Popoli*. 1905.

COUTINHO, Nelson. *Aspectos históricos, técnicos e econômicos da economia agro-industrial canavieira*. Recife, 1958.

COUTINHO, Ruy. "Alimentação e estado nutricional do escravo no Brasil". In: Estudos Afro-Brasileiros. v. I. Rio de Janeiro: Ariel, 1935.

_____. *Valor social da alimentação*. Rio de Janeiro: Civilização Brasileira, 1937.

COUTO, Costa. "Panorama da alimentação brasileira". *Cultura Médica*, n. 5-6, 1943.

COUTO, Domingos de Loreto. *Desagravos do Brasil e glórias de Pernambuco...* Rio de Janeiro: Off. Typ. da Biblioteca Nacional, 1904.

COX, R. *La alimentación en Chile: Estudios del Consejo Nacional de Alimentación*. Santiago, 1942.

CRESSEY, George Babcock. *China's Geographic Foundations*. Nova York, 1934.

CULPIN, Millais. "An Examination of Tropical Neurasthenia". *Proceedings of the Royal Society of Medicine*, v. XXVI, 1933.

CUNDALL, F. *Historic Jamaica*. Londres, 1915.

CUNHA, Euclides da. *Contrastes e confrontos*.

_____. *Os sertões*. Rio de Janeiro: Laemmert, 1902.

CURTIS, G. M.; FERTMAN, M. B. "Iodine in Nutrition". In: AMERICAN MEDICAL ASSOCIATION. *Handbook of Nutrition*. 1943.

DARBY, William G. "The Oral Manifestation of Iron Deficiency". *The Journal of the American Medical Association*, v. 130, 13 abr. 1946.

DEFFONTAINES, Pierre. *L'Homme et la forêt*. 4. ed. Paris: Gallimard, [1933?].

_____. "Qu'est-ce que la Géographie humaine?". In: HARDY, Georges. *Géographie et Colonisation*. 7. ed. Paris: Gallimard, 1933.

DÉNIS, Pierre. "Amerique du Sud". In: *Géographie Universelle*. 1927.

DENNERY, Etienne. *Foules d'Asie*. Paris, 1930.

DESCOLA, Jean. *Les Conquistadors*. 3. ed. Paris: A. Fayard, 1954.

DESSOLIERS, Hippolyte. *Refoulement du Sahara*. 2. ed. Alger: Imp. Algérienne, 1930.

DORNAS FILHO, João. *A escravidão no Brasil*. Rio de Janeiro: Civilização Brasileira, 1939.

DUARTE, José Rodrigues de Lima. *Ensaio sobre a higiene da escravatura no Brasil*. Rio de Janeiro: Typ. Universal de Laemmert, 1849.

DUARTE FILHO, João. *O sertão e o centro*. 2. ed. Rio de Janeiro: J. Olympio, 1939.

DUQUE, José Guimarães. "O fomento da produção agrícola". *Boletim da IFOCS*, v. XI, n. 2, 1939.

_____. "Solos e água no polígono das secas".

DUTRA, Firmo. "Borracha". In: BRASIL. Ministério das Relações Exteriores. *Brasil, 1939-1940*. Rio de Janeiro, 1940.

EAST, William Gordon. *A Historical Geography of Europe*. 3. ed. Londres: Methew, 1948.

ELVEHJJEM, A.; GOLDBERGER, Joseph. "Conocimientos actuales sobre el complexo B en la nutrición humana". *Nutrición*, México, DF, v. IV, n. 5, maio 1946.

ESCOBAR, Guillermo Tovar. *La vitamina C en los niños de Caracas*. Tese apresentada na Universidade Central de Venezuela, 1943.

ESCUDERO, Pedro. *Alimentación*. Buenos Aires: Flores & Maño, 1934.

ESPINOSA, Alfredo Ramos. *La alimentación en México*. México, DF, 1939.

FEBVRE, Lucien Paul Victor. *La Terre et l'évolution humaine*. Paris: E. A. Michel, 1938.

FERENCZI, Imre. *L'Optimum Synthétique du Peuplement*. Paris: Institut International de Coopération Intelectuelle, Société des Nations, 1938.

FERRAZ, Álvaro; LIMA JUNIOR, Andrade. *A morfologia do homem do Nordeste*. Rio de Janeiro: J. Olympio, 1939.

FIALHO, Amadeu. *Relatório sobre a seca de 1932*. Relatório da Comissão Médica de Assistência de Profilaxia aos Flagelados do Nordeste, Rio de Janeiro, 1936.

FIGUEIREDO, Fidelino de. *Últimas aventuras*. Rio de Janeiro: Ed. A Noite, 1943.

FLEIUSS, Max. *História administrativa do Brasil*.

FONTAINE, Maurice. "Les Océans et les mers, sources de vitamine". *Bulletin de la Société Scientifique d'Hygiène Alimentaire et d'Alimentation Rationelle de l'Homme*, Paris, n. 7-9, 1946.

FORTES, A. Borges. "Doenças por falta de vitamina B1". *A Folha Médica*, n. 11, 15 abr. 1939.

FRANK, B.; NETHOY, A. *Water, Land and People*. 1950.

FREIRE, Antônio; GONÇALVES, A. Carolino. *Sondagem sobre o custo de vida nas classes trabalhadoras do Recife*. Recife: Diretoria Geral de Estatística do Estado de Pernambuco, 1938.

FREYRE, Gilberto. *Casa-grande & senzala*. Rio de Janeiro: Maia & Schmit, 1933.

_____. *Interpretación del Brasil*. México, DF: Fondo de Cultura Económica, 1946.

_____. *Nordeste: Aspectos da influência da cana sobre a vida e a paisagem do Nordeste do Brasil*. Rio de Janeiro: J. Olympio, 1937.

FREISE, Friedrich. "The Drought Region of Northeastern Brazil". *Geographical Review*, jul. 1938.

FRONTALI, G. "Studi sperimentali sulla pellagra umana". *Archivio Italiano di Medicina Sperimentale*, v. III, n. 8, ago. 1939.

FURTADO, Celso. *Uma política de desenvolvimento para o Nordeste*. 1956.

GANDAVO, Pero de Magalhães. *Tratado da terra e gente do Brasil*. Rio de Janeiro: Academia Brasileira de Letras, 1924.

GAUSE, G. F. *The Struggle for Existence*. 1934.

GAUTHIER, E. F. *Le Sahara*. Paris, 1928.

_____. *L'Afrique Blanche*. Paris, 1932.

GERBAULT, Alain. *À la Poursuite du Soleil*. 1929.

_____. *Sur la Route du retour*. 1932.

_____. *L'Évangile du Soleil*. 1932.

GILBERT, E. W. "Geography and Regionalism". In: *Geography in XX Century*. G. Taylor, 1951.

GOFFIN, Robert. *Le Roman des rats*. Paris, 1937.

GONZAGA, A. Gavião. *Climatologia e nosologia do Ceará*. 1925.

GOUROU, Pierre. *Les Pays tropicaux*. 1947.

GUERRA, Felipe; GUERRA, Teófilo. *Secas contra a seca*. 2. ed. Rio de Janeiro: Cruz Coutinho, 1909.

GUERRA, Paulo Brito. "A tamareira no Nordeste". *Boletim da IFOCS*, v. XI, n. 2, 1939.

GUERRA Y SANCHEZ, Ramiro. *Azúcar y población en las Antillas*. 3. ed. 1944.

GUEVARA, Arturo. *El poliedro de la nutrición: Aspectos económico y social del problema de la alimentación en Venezuela*. Caracas: Grafolit, 1946.

HAMSUN, Knut. *Fome*. São Paulo: Martins, 1948.

HANSON, Earl Parker. "Social Regressions in the Orinoco and Amazon Basins". *Geographical Review*, v. 23, 1933.

_____. "Are the Tropics Unhealthy?". *Harper's Magazine*, v. 187, 1933.

HARDY, Georges. *Géographie et Colonisation*. 7. ed. Paris: Gallimard, 1933.

HARLOW, Vincent T. *History of Barbados*. Oxford, 1926.

HOLANDA, Sérgio Buarque de. *Raízes do Brasil*. Rio de Janeiro: J. Olympio, 1936.

HOMES, M. V. *L'Alimentation minérale des plantes et le problème des engrais chimiques*. Paris: Masson, 1953.

HUNTINGTON, Ellworth. *Principles of Economic Geography*. Nova York, 1940.

HUXLEY, Julian Sorell. *On Living in a Revolution...* 3. ed. Nova York: Harper, [1944?].

HYAMS, Edward S. *Soil and Civilization*. 1952.

ILIN, M. *Les Montagnes et les hommes*. 1946.

JACKS, G. V. "Soil". 1954.

JAMES, Preston. *Latin America*. 3. ed. Nova York: Odyssey, 1959.

_____. *An Outline of Geography*. Boston: Ginn, [1943?].

KAZ, David. "La Faim et l'apétit en psychologie générale et biotypologie". *Biotypologie*, Paris, n. 4, dez. 1938.

KEYSERLING, Herman Alexander von. *Le Journal de Voyage d'un Philosophe*. Paris, 1935.

KELLOG, Charles. *The Soils that Support Us*. Nova York: Macmillan, 1943.

_____. "Soil and Society, Soils and Man". *Yearbook of Agriculture*, 1938.

_____. "Soils and Nutrition". *The Annals of the Academy of Political and Social Science*, jan. 1943.

KIMBALL, O. P. "The Efficiency and Safety of the Prevention of Goiter". *Michigan Health Report*, v. 21, 1924.

KLATZMANN, Joseph. "Conferência realizada na Sorbonne em 1958". *Les Cahiers Rationalistes*, n. 188, maio 1960.

KLEEREKOPER, Herman. *Introdução ao estudo da limnologia*. Rio de Janeiro: Ministério da Agricultura, Serviço de Informação Agrícola, 1944.

KOSTER, Henry. *Travels in Brazil*. Londres: Longman, 1816.

KRETSCHMER, Ernst. *Manuel Théorique et Pratique de Psychologie Medicale*. Paris: Payot, 1927.

LABBÉ, Marcel; STÉVENIN, Henri. *Le Metabolisme basal*. Paris: Masson, 1929.

LA BLACHE, Vidal de; JOSEPH, Paul Marie. *Principes de géographie humaine*. 4. ed. Paris: A. Colin, 1948.

LAGE, Ari. *O primeiro recenseamento tuberculino-torácico por via fluvial*. Serviço Nacional de Tuberculose, 1940.

LAMBERT, Jacques. *Os dois Brasis*. Rio de Janeiro: Inep, 1959.

LATIF, Miran. *As Minas Gerais*. Rio de Janeiro: Ed. A Noite, 1939.

LEÃO, Antônio Carneiro. *Fundamentos de sociologia*. 3. ed. São Paulo: Melhoramentos, 1956.

_____. *A sociedade rural: Seus problemas e sua educação*. Rio de Janeiro: Ed. A Noite, 1939.

LE COINTE, Paul. *A Amazônia brasileira: Árvores e plantas úteis*. Belém, 1934.

_____. *O estado do Pará: A terra, a água e o ar, a fauna e a flora minerais*. São Paulo: Cia. Ed. Nacional, 1945.

LECOQ, Raoul. *Avitaminoses et déséquilibres*. Paris, 1939.

_____. *Déséquilibres alimentaires, nutritives et humoraux*. Paris, 1938.

LEITCH, I. *Dietetics in Warm Climates*. Londres, 1930.

LEITH, I. "Diet and Tuberculosis". *Proceedings of the Nutrition Society*, v. 3, 1945.

LERY, Jean de. *Viagem à terra do Brasil*. São Paulo: Martins, 1941.

LILLIE, José de; RAMIREZ, Elyseu. "Contribución al estudio de la acción farmacodinámica de los principios activos del Chile". *Anales del Instituto de Biologia*, tomo 6, 1935.

LIMA, José Francisco Araújo. *Amazônia, a terra e o homem*. 2. ed. São Paulo: Ed. Nacional, 1937.

_____. "A exploração amazônica". In: *Amazônia brasileira*. 1944.

_____. *O problema alimentar na Amazônia*. 1939.

LIMA, Luiz Inácio de Andrade. *Um aspecto regional de antropologia escolar*. Recife: Edição do autor, 1941.

LIPPMAN, Edmund Oskar von. *História do açúcar*. 2 v. Rio de Janeiro: Ed. do Instituto do Açúcar e do Álcool, 1941-2.

LIPSCHÜTZ, Alexander. *El indoamericanismo y el problema racial en las Américas*. 2. ed. Santiago: Nascimento, 1944.

LOBO, Álvaro Leite. "Bócio endêmico e doença de Chagas". *O Hospital*, jun. 1942.

LOBO, Jorge. "Da pelagra". *Correio Médico*, Recife, jun. 1935.

LOBO, Manoel da Gama. "Da oftalmia brasiliana". *Annais Brasilienses de Medicina, n. 1*, jun. 1865.

LOEFGREN, Alberto. *Notas botânicas*. 2. ed. Rio de Janeiro: IFOCS, 1923.

LONG, E. *The History of Jamaica*. 3 v. Londres, 1774.

LOPES, Renato Souza. *A ciência de comer e de beber*. Rio de Janeiro: Ed. A Noite, 1939.

LOURENÇO FILHO, Manuel Bergström. *Joazeiro do Padre Cicero*. São Paulo: Melhoramentos, s.d.

LUTZELBURG, Philipp von. *Estudo botânico do Nordeste*. Rio de Janeiro: IFOCS, 1922-3.

LUSK, G. *The Elements of Science of Nutrition*. 1928.

MCCARTHY, Harold. *The Geographic Basis of the American Economic Life*. 1940.

MCCLEDON, J. F. "The Distribution of Iodine with Special Reference to Goiter". *Physiology Review*, v. 7, 1937.

_____. *Iodine and the Incidente of Goiter*. 1939.

MCCOLLUM; SIMMONDS. *The Newer Knowledge of Nutrition*. 1929.

MADONES, G.; COX, R. *La alimentación en Chile*. Santiago: Conselho Nacional de Alimentação, 1942.

MAGALHÃES, Eduardo Fernandes de. *Higiene alimentar*. Rio de Janeiro: Imp. Nacional, 1908.

MALLORY, Walter. *China: Land of Famine*. 1928.

MARAÑON, Gregorio. "La regulación hormonal del hambre". *Estudios de Endocrinología*. Buenos Aires, 1938.

MARBUT, C. F. "The Soils of the Amazon Basin in Relation to Agricultural Possibilities". *Geographical Review*, v. 16, 1926.

MARCHI, Luigi de. *Climatologia*. 1932.

MARION. *Las maravillas de la vegetación*. 1873.

MARTIUS, Carl Friedrich von. *Natureza, doenças, medicina e remédios dos índios brasileiros*. São Paulo: Ed. Nacional, 1939.

MASSAYEFF, René. *La Faim*. 1956.

MATA, Alfredo Augusto da. *Contribuição ao estudo do vocabulário amazonense*. 1937.

MATHIESON, Law. *British Slavery and Its Abolition*. Londres, 1926.

MELLO FRANCO, Afonso Arinos de. *Conceito de civilização brasileira*. 1936.

MELO, Mário Lacerda de. "Pernambuco: Traços de sua geografia humana". Recife: Of. Gráf. do Jornal do Comércio, 1940.

MENDES, Armando. *Vocabulário amazonense*. 1942.

MENDONÇA, Sálvio de Souza. *Noções práticas de alimentação*. 1938.

MENEZES, Djacir. *O outro Nordeste*. Rio de Janeiro: J. Olympio, 1937.

MENEZES, Hildebrando. *Condições do trabalhador rural nas zonas do sertão agreste*. Terceira Semana de Ação Social, Recife, 1939.

MIKELSEN, E. *Lost in the Artic*. 1913.

MILIET, Sergio. *Roteiro do café e outros ensaios*. São Paulo: Edição do autor, 1941.

MINNEMAN, P. G. "The Agriculture of Cuba". *Foreign Agricultural Bulletin*, n. 2, 1942.

MIRANDA, Bertino de. *A cidade de Manaus, sua história e seus motins políticos*.

MIRANDA, Vicente Chermont de. *Glossário paraense ou Coleção de vocábulos peculiares à Amazônia, e especialmente à ilha de Marajó*. Belém, 1906.

MISSENARD, André. *L'Homme et le climat*. Paris: Lib. Plon, 1937.

MONBEIG, Pierre. "Colonisation, peuplement et plantation de cacao dans le Sud de l'état de Bahia". *Annales de Géographie*, jan. 1936.

MONTALTO, Francisco A. *La nutrición en el Paraguay*. 1956.

MONTEIRO, Agostinho. *Problemas de alimentação no Brasil*. Rio de Janeiro: Imp. Nacional, 1946.

MONTENEGRO, Olívio. *O romance brasileiro*. Rio de Janeiro: J. Olympio, 1953.

MOOG, Viana. *O ciclo do ouro negro*. Porto Alegre: Globo, 1936.

MORAES, Jorge Queiroz. *Preparemos o Brasil para os dias incertos de amanhã*. São Paulo, 1939.

_____. "O problema alimentar no estado de São Paulo". *Revista de Organização Científica IDORT*. São Paulo, s.d.

MORAES, Luciano de. *Serras e montanhas do Nordeste*. 2 v. Rio de Janeiro: IFOCS, 1924.

MORAIS, Raimundo de. *Meu dicionário das coisas amazônicas*. Rio de Janeiro: Alba Oficinas Gráficas, 1931.

_____. *Na planície Amazônica*. 4. ed. São Paulo: Ed. Nacional, 1936.

MOREL, Edmar. *Padre Cícero*. Rio de Janeiro: Emp. Gráf. O Cruzeiro, 1946.

MORGULIUS, Sergius. *Fasting and Under-Nutrition*. Nova York, 1923.

MOTA, Mauro. *O cajueiro nordestino: Contribuição ao seu estudo biográfico*. Recife: Imp. Oficial, 1954.

_____. *Paisagem das secas*. Recife: Instituto Joaquim Nabuco de Pesquisas Sociais, 1958.

MUKERJJEE, Radhakamal. *Sociologia regional*. 1926.

MYRDAL, Gunnar. *Une Économie internationale*. Paris, 1958.

NANSEN, Fridtjf. *Farthest North*. 1897.

NASH, Roy. *A conquista do Brasil*. São Paulo: Ed. Nacional, 1939.

NASSER, David; MANZON, Jean. "A marcha para a morte". *O Cruzeiro*, jul. 1946.

NEVEROV, Alexandre. "Fome". In: *Contos soviéticos*. Rio de Janeiro, 1944.

NEVES, Carlos Alves das. "A batateira doce e sua cultura no sertão e nas bacias de irrigação dos açudes do Nordeste". *Boletim da IFOCS*, v. XVI, n. 2, 1941.

NEWHOLME, H. P. *The Elements of Vital Statistics*. 1924.

NIEUHOF, Joan. *Memorável viagem marítima e terrestre ao Brasil*. São Paulo: Martins, 1942.

NIVALDO, José. "Aspectos da alimentação no agreste de Pernambuco, durante a seca de 1932-1953". *Revista Brasileira de Medicina*, v. VII, n. 9, 1955.

NÓBREGA, Trajano Pires da. "Ensino social-econômico de um setor do vale do rio São Francisco". *Boletim da IFOCS*, v. XVI, n. 1, 1941.

NOGUEIRA, Carvalho. "Valor biológico da proteína da castanha do caju". *O Hospital*, n. 1, 1941.

NORMANDO, João Frederico. *Evolução econômica do Brasil*. São Paulo: Ed. Nacional, 1939.

NOYONS, A. *La signification générale des recherches comparatives du metabolisme de base*. Roma, 1937.

OHMAN, Fia. *Sous de Ciel de l'Inde*. Paris.

OLIVEIRA, Carlos Américo Barbosa de. *L'Homme et la sécheresse*. Rio de Janeiro: Imp. do Jornal do Commercio, 1938.

OLIVEIRA, Xavier de. *Beatos e cangaceiros*. Rio de Janeiro: Edição do autor, 1920.

ORR, John B. et al. "Investigations in the Mineral Content of Pasture Grass and Its Effect on Herbivora". *Jour. Agr. Frc.ª*, v. 16, 1936.

ORR, John B.; LEITH, J. "Iodine in Nutrition". *Medical Research Council, Special Series Depart.*, Londres, n. 123, 1929.

ORR, John B.; SCHERBATOFF. "Mineral in Pastures and their Relations to Animal". *Nutrition*, 1929.

ORTEGA Y GASSET, José. *Dos prólogos: A un tratado de mantería, a una historia de la filosofia*. Madri, 1944.

PAIXÃO, Moacyr. "Reforma agrária: Um programa de desenvolvimento econômico".

PANAIT, Istrati. *Kyra-Kiralina*. 1930.

PARAIM, Orlando. *A alimentação do operário sertanejo durante a seca*. 1945.

_____. "O desenvolvimento físico dos escolares salgueirenses em face da alimentação do operário sertanejo durante a seca". *Revista Médica Pan-Americana*, Recife, v. 1, n. 4, 1945.

_____. *O problema alimentar no sertão*. Recife: Imp. Industrial, 1940.

_____. *A vitamina C na alimentação sertaneja*. 1941.

PARDAL, Ramón. *Medicina aborigen americana*. Buenos Aires: J. Anesi, 1937.

PEARY, R. *Northward Over the Great Ice*. 1898.

PECHNIK, Emilia; CHAVES, José Maria. "Composição química e valor alimentício do buriti". *Revista de Química Industrial*, n. 4, 1946.

_____. "O açaí, um dos elementos básicos da Amazônia". *Anais da Associação Química Brasileira*, v. 169, n. 4, 1945.

PECKOLT, Theodoro. *Chácaras e quintais*. 1939.

PEDRO-PONS, Agustín. *Enfermidades por insuficiência alimentícia*. 1940.

PEIXOTO, Afrânio. *Clima e Saúde*. 1938.

PEI-KANG, Chang. *Agriculture and Industrialization*. México, DF, 1951.

PENDE, Nicola. "Alimentation et Biotype Habituel". *Nutrition*, Paris, tomo 5, v. 3, 1935.

PEREIRA, Nunes. "Panorama da alimentação indígena". *Espelho*, Rio de Janeiro, jun. 1945.

PESSOA, Samuel Barnsley. *Importância da geografia médica na medicina tropical e no povoamento das zonas de influência de Brasília*. Aula inaugural, 1960.

PIATIER, André. *Dévéloppement Économique Regional et Dévéloppement Économique National*. Cairo, 1957.

PICARD, François. *Les Phenomènes sociaux chez les animaux*. Paris: Lib. A. Colin, 1933.

PIES, Wilhelm. *De Medicina Brasiliensi*. Holanda, 1948.

PIMENTA, João Augusto de Mattos. *A situação do Brasil no momento internacional*. Rio de Janeiro, 1939.

PINHEIRO, Aurélio. *À margem do Amazonas*. São Paulo: Ed. Nacional, 1937.

PINTO, Almeida. *Dicionário de botânica*.

PINTO, Edgard Roquette. *Rondônia*. 3. ed. São Paulo: Ed. Nacional, 1935.

PINTO, L. A. Costa. "Lutas de família no Brasil". *Revista do Arquivo Municipal de São Paulo*, n. 88, 1943.

_____. In: *Resistências a mudança*. Rio de Janeiro, out. 1959.

PITA, Rocha. *A história da América portuguesa*.

PRADO, Paulo. *Retrato do Brasil*. 2. ed. São Paulo: Duprat-Mayença, 1928.

PRADO JÚNIOR, Caio. *História econômica do Brasil*. São Paulo: Brasiliense, 1945.

PRENTICE, Parmalle. *Hunger and History*. Nova York, 1939.

PRICE, A. Grenfell. "White Settlers in the Trópico". *American Geographical Society*, publicação especial, Nova York, n. 23, 1939.

PRICE, Weston A. *Nutrition and Physical Degeneration*. 1939.

PROVENÇAL, Levy. *Histoire de l'Espagne Musulmane*. 3 v. Paris: G. P. MaisonNeuve, 1950.

QUEIROZ, Rachel de. *O quinze*. 2. ed. São Paulo: Ed. Nacional, 1931.

QUINTANA, Epaminondas. "El problema dietético del Caribe". *América Indígena*, México, DF, v. II, n. II, abr. 1942.

QUIRINO, Manoel. *Costumes africanos no Brasil*. Rio de Janeiro: Civilização Brasileira, 1938.

RABELO, Sílvio. "Euclides da Cunha e o mistério da Amazônia". *Dom Casmurro*, número especial, maio 1946.

RADOIN, Lucie; SIMONET, Henri. *Les Données et les inconnues du problème alimentaire*. Paris, 1924.

RAGATZ, Lowel Joseph. *The Fall of the Planter Class in the British Caribbean*. Nova York, 1938.

RAMOS, Artur. *Introdução à psicologia social*. Rio de Janeiro: J. Olympio, 1936.

_____. *As culturas negras no Novo Mundo*. Rio de Janeiro: Civilização Brasileira, 1937.

RECLUS, Elisée. *Nouvelle Géographie universelle.* 1875-94.

REDFIELD, Robert. *Levels of Integration in Biological and Social Systems.*

REGO, José Lins do. *Pedra bonita.* Rio de Janeiro: J. Olympio, 1939.

REIS, Arthur Ferreira. *Política de Portugal no vale Amazônico.* Belém: Of. Gráf. da Rev. Novidade, 1940.

REMINGTON, R. R.; LEVINE, H. "Studies on the Relation of Diet to Goiter". *Journal of Nutrition*, v. 11, 1936.

RENNER, H. D. *The Origin of Food Habits.* 1945.

RIELY, Billings et al. "The Riboflavin Contents on Fish Products". *Journal of Nutrition.* 1941.

RIOS, José Manoel de los. *Lecciones orales sobre enfermedades de la infancia.* Caracas, 1900.

RIPPLEY. *Races of Europe.*

ROBERTS, Lydia J. "Nutrition in Puerto Rico". *Journal of the American Dietetic Association*, v. 20, n. 5, maio 1944.

ROCCA, Juan; LLAMAS, Roberto. "Consideraciones sobre el valor alimenticio del *pulque*". *Anales del Instituto de Biologia de la Universidad Nacional de México*, tomo IV, 1935.

_____. "Contribución al estudio chímico del Chile". *Anales del Instituto de Biologia*, México, DF, tomo I, 1935.

_____. "Estudio del frijol como alimento". *Arquivos do Instituto de Biologia do México.*

RUGENDAS, Johann Moritz. *Voyage pitoresque dans le Brésil.* 1838.

RUSSELL, Bertrand. *Essais sceptiques.* Paris.

SAA, Mário. *A invasão dos judeus.* Lisboa: Imp. L. da Silva, 1925.

SAMPAIO, A. Arruda. *Aspectos do bócio endêmico na infância e na adolescência.* 1944.

SANTOS, Paula et al. "Ferro em nossos alimentos". *O Hospital*, v. XIII, n. 16, 1938.

SENNA, Nelson de. "A influência do índio em linguagem brasileira". 1946.

SHEPARD, Ward. "Food or Famine". In: *The Challange of Erosion*, 1945.

SIMONSEN, Roberto. *História econômica do Brasil.* 1937.

SIOLI, Haroldo. "Alguns problemas da limnologia amazônica". *Boletim do Inst. Agronômico do Norte*, Belém, 1954.

SIQUEIRA, R. de et al. "Pesquisas sobre o sururu alagoano". *Arquivos Brasileiros de Nutrição*, tomo 10, n. 4, 1954.

SMILLIE, Wilson G. *Preventive Medicine and Public Health.* Nova York: Macmillan, 1946.

SMITH, Herbert Huntington. *Brazil, the Amazon and the Coast.* Nova York: C. Scribner's, 1879.

SMITH, Lynn. Brazil: *People and Institutions.* 1946.

_____. *The Growth and the Distribution of Population in Brazil.* 1944.

SODRÉ, Nelson Werneck. *Formação da sociedade brasileira.* Rio de Janeiro: J. Olympio, 1944.

_____. *O oeste*. Rio de Janeiro: J. Olympio, 1941.

SOROKIN, Pitirim A. *The Crisis of Our Age*. Nova York: E. P. Dutton, 1941.

_____. *Man and Society in Calamity*. Nova York: E. P. Dutton, 1942.

_____. *Rural Sociology*.

_____. *Social Mobility*. 1937.

SOULE, George Henri et al. *Latin America in the Future World*. Nova York: Farrar and Rinehart, [1945?].

SOUZA, José Bernardino de. *Dicionário da terra e da gente do Brasil*. 1939.

SOUZA, Paula et al. "Inquérito sobre a alimentação popular em um bairro de São Paulo". *Revista do Arquivo Municipal*, São Paulo, n. XVII, 1935.

_____; WANCOLLE, A. "Sobre o teor em pró-vitamina A em alguns óleos brasileiros". *Revista da Associação Paulista de Medicina*, v. IV, n. 3, 1939.

SPENGLER, Oswald. *El hombre y la técnica*. Madri: Espasa-Calpe, 1932.

SPIES, Tom et al. *Emotional Disturbances in Persons with Pellagra, Beriberi and Associated Deficiency States*, 1943.

STEGGERDA, Morris. "Statures on South American Indians". *American Journal of Physical Anthropology*, v. 1, n. 1, mar. 1943.

STEINBECK, John. *Vinhas da ira*. Porto Alegre: Globo, 1940.

SUAREZ, Pablo A. "La situación real del indio en Equador". *América Indígena*, México, DF, jan. 1942.

SUNDSTROEM, E. S. *A Summary of Some Studies in Tropical Acclimatization*. 1926.

TALBERG, G. A. In: *American Journal of Physiology*, 25-350, 1922.

TAYLOR, Griffith. *Environment and Race*. 1927.

TEIXEIRA, A. da Silva. "Contribuição ao estudo do solo pernambucano". *Arquivos do Instituto de Pesquisas Agronômicas de Pernambuco*, n. 1, mar. 1938.

TEÓFILO, Rodolfo Marcos. *A fome: Cenas da seca do Ceará*. Fortaleza: G. R. Silva, 1890.

_____. *História da seca do Ceará (1877 a 1880)*. Fortaleza: Tip. do Libertador, 1883.

_____. *Monografia sobre a mucunã*. 1888.

THOMPSON, James Claude. "The Food Problems of Free China". *Nutrition Reviews*, v. 1, n. 9, jul. 1943.

TORRES, Vasconcelos. *Condições de vida do trabalhador na agroindústria do açúcar*. 1945.

TORRES FILHO, Artur. *Expansão econômica do Brasil*. Rio de Janeiro: Calvino Filho, 1935.

TRINDADE, José Augusto. "Os serviços agrícolas da inspetoria de secas". *Boletim da IFOCS*, v. XVII, n. 1, 1937.

TURRÓ, R. *La base trópica de la inteligência*. 1918.

TWILCHELL, K. S. "Water Resources of Saudi Arabia". *Geographical Review*, jul. 1944.

USIN, Maurice. "Géographie". In: *La Medicine Chez Lui*. 1938.

VASCONCELOS SOBRINHO. *Ensaio de Fitogeografia de Pernambuco*. Recife, 1936.

VELOSO, Cleto Seabra. *Alimentação*. 1940.

_____. "Alguns aspectos da alimentação no Rio Grande do Sul". *Separata dos Arquivos Brasileiros de Medicina*, 1942.

VIANA, A. C. de Sampaio. "Qual a causa da frequência da ascite na Bahia". 1850.

VIANA, J. Baeta. "Bócio endêmico em Minas Gerais". *Brasil Médico*, n. 48, 1935.

_____. *Alimentação*. 1940.

VIANA, Victor. *Formação econômica do Brasil*.

VIDAL, Ademar. *Terra de homens*. Rio de Janeiro: Empresa Gráf. O Cruzeiro, 1944.

VIEIRA, Luiz Augusto da Silva. "A rodovia e o combate à seca no Nordeste". *Boletim da IFOCS*, v. X, n. 12, 1938.

VISCO, Sabato. *Alimentation dans les colonies italiennes*.

VON SPIX; VON MARTIUS. *Através da Bahia*. 3. ed. São Paulo: Ed. Nacional, 1938.

XAVIER, Rafael. *A organização nacional e o município*. 1946.

WALDORF, Cornelius. *The Fammines of the World*. 1878.

WALLACE, Alfred Russel. *Travels in the Amazon and Rio Negro*. Londres, 1853.

WODBURY, *Food Consumption and Dietary Surveys in the Americas*. 1942.

WRIGHT, Stillman. "Da física e da química das águas do Nordeste do Brasil". Separata do *Boletim da IFOCS*, 1938.

YOUMANS, J. B. *Nutritional Deficiencies*. 1941.

ZAVATTARI, Edoardo. "Un problema de biologia saariana: L'ipertrofia delle bulle timpaniche dei mammiferi". *Atti della Accademia Gioenia de Scienze Naturali in Catania*. série 6, v. 3, 1938.

ZOLLINGER, J. P. *À la Conquête de la Californie*. Paris, 1939.

ZWEIG, Stefan. *Amork*. Paris, 1932.

Glossário*

ABARÁ — Massa de feijão-fradinho, feita em azeite de dendê, de maneira idêntica ao acarajé, e a seguir envolvida em folha de bananeira e cozida em banho-maria.

ACAÇÁ — Massa fina de milho bem cozida, em seguida embebida de óleo de dendê e envolta em folhas de bananeira para assar em fogo brando.

AÇAÍ (*Euterpe oleracea*) — Palmeira da várzea alta, esguia e elegante, das mais estimadas pelas populações amazônicas, que nos seus frutos encontram um recurso alimentar certo e grandemente apreciado. Os frutos dão em cachos, têm o tamanho de uma cereja e são, quando maduros, de cor violácea escura. De sua polpa se faz um vinho, que misturado com açúcar e farinha-d'água ou de tapioca constitui a bebida mais popular da região e o alimento por excelência da população pobre. Nos pontos de venda, a existência da bebida é assinalada por uma bandeira vermelha na porta, geralmente depois do meio-dia. Nas casas de melhores recursos, o açaí constitui a merenda da tarde; nas menores, o jantar. De açaí faz-se sorvete e mingau. Também pirão, para comer com pirarucu assado. Na opinião do homem amazônico, o açaí é a bebida mais saborosa do mundo. Nada há que lhe compare. E por isso ele diz, convicto, num verso popular, que corre de boca em boca, com a força de uma verdade:

Quem vai ao Pará, parou;
Tomou açaí, ficou.

* Na elaboração deste glossário serviram de fontes informativas básicas as seguintes obras: José Bernardino de Souza, *Dicionário da terra e da gente do Brasil*, 1939; Vicente Chermont de Miranda, *Glossário paraense ou coleção de vocábulos peculiares à Amazônia, e especialmente à ilha de Marajó*, Belém, 1906; Alfredo Augusto da Mata, *Contribuição ao estudo do vocabulário amazonense*, 1937; Paul Le Cointe, *A Amazônia brasileira, árvores e plantas úteis*, Belém, 1934; id., *O estado do Pará, a terra, a água e o ar*, São Paulo, 1945; Raimundo de Morais, *Meu dicionário das coisas amazônicas*, 1931; Armando Mendes, *Vocabulário amazonense*, 1942; e Manoel Querino, *Costumes africanos no Brasil*, 1938.

ACARAJÉ — Massa de feijão-fradinho. Feita em azeite de dendê. Põe-se o feijão de molho, para facilitar a retirada da casca, sendo a seguir ralado na pedra. Com a farinha de feijão temperada com cebola e sal prepara-se a seguir a massa, que vai sendo frita aos bocados num banho de azeite de dendê fervente. O produto final, tendo absorvido grande quantidade de azeite, toma a cor amarelada. O acarajé é comido com um molho de pimenta-malagueta, cebolas e camarões moídos e postos em suspensão em azeite de dendê em outro vaso de barro (Manoel Querino).

AIPIM ou AIPI (*Manihot dulce* ou *Manihot palmata*) — É a mandioca-mansa ou macaxeira, do Norte, cujas raízes são consumidas assadas ou cozidas.

ARUÁ — Gasterópodo do gênero *Ampulário*, comum nas lagoas do Norte, com feição de caracol, sifão respiratório e quatro antenas. Come-se cozido, no Nordeste. Do tupi *aruá*, que significa bem cozido.

ARUBÉ — Molho de consistência pastosa, preparado com pimenta-malagueta, massa de mandioca, alho, sal e outros ingredientes bem triturados. É muito usado na Amazônia para temperar o peixe, sendo, na opinião de Raimundo de Morais, mais saboroso do que a própria mostarda. Usa-se também o arubé engrossado com farinha de tanajuras torradas — arubé em massa.

AVIÚ — Espécie de camarão minúsculo com que os nativos das regiões do Tocantins preparam um tipo especial de sopa engrossada com farinha de tapioca (Nunes Pereira).

BARREIRO — Depressão de terrenos salobros ou salgados, na várzea ou na floresta, procurada pelos animais pela riqueza do solo em sal. Os caçadores procuram os barreiros, dada a riqueza em caça de suas vizinhanças. No sertão do Nordeste, chama-se também *barreiro* a um pequeno açude ou simples fosso, para conservar as águas pluviais.

BEIJU — Espécie de panqueca preparada com a farinha de mandioca assada. Há deles uma infinita variedade, sendo comumente usados no café e na ceia. O seu preparo é semelhante ao da *tortilla* de milho, sendo utilizado para condimentá-la vários ingredientes, como a castanha-de-caju e o coco ralado.

BUCHADA ou PANELADA — É o nome dado no Nordeste a um tipo de cozido das vísceras, dos miúdos entrouxados no bucho aberto e depois costurado. A buchada pode ser feita com o fato de carneiro, de cabrito ou de boi, sendo a mais famosa e reputada nos sertões nordestinos a de carneiro. As vísceras aferventadas são a seguir temperadas com alho, pimenta, cebola, sal e vinagre e depois ensacadas no bucho do animal. Preparada a iguaria, é em geral consumida com pirão e farinha de mandioca, feito com o próprio caldo.

CANJICA — Pudim de milho-verde com leite de coco, açúcar e canela. Muito usado nas duas áreas do Nordeste, principalmente na do sertão. Sobre o seu preparo, deixou-nos Manoel Querino a seguinte receita:

Previamente, ralam-se os cocos, ou seja, cinco para cada 25 espigas de milho. Debulhados, ou melhor, retirados os grãos da espiga, cortando-os com uma faca e recolhidos em urupema, depois de limpos, são ralados em máquina americana ou na pedra. Depositada a massa em vasilha grande com água, os resíduos que vêm à tona são apanhados à mão, e passa-se na urupema, ou melhor, na estopinha, a massa contida na vasilha, espremendo-a à mão.

Reservam-se as sobras, que são novamente raladas na pedra, passadas e espremidas na estopinha. O vaso ou panela que recebe a massa do milho espremida é conservado em repouso, por algum tempo, e, finalmente, escorre-se a água. Em seguida, à massa que ficou aderida ao fundo do vaso adicionam-se o sal e o leite de coco mais fraco; leva-se ao fogo e mexe-se incessantemente com uma colher grande, de madeira, até que a canjica comece a engrossar, ocasião em que se deita o açúcar para não embolar, e quando a canjica estiver em efervescência, tempera-se com manteiga fina, leite grosso de coco, água de flor de laranjeira e água de erva-doce e cravo fervidos à parte. Finalmente, deixa-se cozer bastante até tomar ponto grosso. Nessa ocasião, retira-se a canjica do fogo e é depositada em pratos grandes. Convém lembrar que a canjica, depois de levada ao fogo, nunca se deixa de revolver com a colher. Quando a canjica estiver fria é polvilhada com canela em pó, antes de ser servida.

CARÁ — Nome dado a um largo grupo de tubérculos comestíveis de várias espécies de *Dioscorea*. Há o cará-branco, o cará-roxo e o cará-mimoso. Em certos estados do Brasil chama-se também de cará ao inhame, tubérculos da *Dioscorea piperifolia*, W., e da *Dioscorea lixifoles*, Mat. Tanto o cará como o inhame são alimentos altamente energéticos por seu elevado teor em hidrocarbonados.

CARURU — Em seu preparo empregam-se quiabos, mostarda ou taioba, que devem ser cozidos com pouca água. Depois adicionam-se peixe assado, azeite de dendê e pimenta-malagueta. O cozimento é engrossado com farinha de mandioca.

CHARQUE — Carne de boi conservada com sal, chamada também carne-seca ou jabá. Com a secagem do produto ao vento e ao sol, reduz-se em mais de 50% o teor de água, concentrando a sua matéria seca. É o tipo de carne que se consome na zona açucareira e na Amazônia, importada das áreas do Sul. Naquela área é o produto conhecido sob a denominação de carne do Ceará, onde se iniciou esse tipo de industrialização da carne.

CHIBÉ — Bebida preparada pela adição à água da farinha de mandioca e rapadura. Na Bahia, chama-se jacuba e em Pernambuco, conguinha. O vocábulo "chibé" limita-se à área amazônica.

COCADA — Doce seco de coco ralado, preparado com açúcar, rapadura ou mel de engenho. Sobremesa típica das casas pobres das praias. É dos doces de rua mais disputados pela meninada das escolas.

CUSCUZ — Bolo de massa cozida no vapor d'água que penetra através de um depósito com crivos colocado sobre uma panela em fervura. Segundo as regiões, usa-se como matéria-prima do cuscuz o milho, a tapioca ou o arroz. O cozimento sempre idêntico, revelando a sua origem árabe.

ENVIRA (*Xilopia brasiliense*, Spr.) — Anonácea cujos frutos pequenos, muito aromáticos, substituem como tempero a pimenta-do-reino. Também a envira-branca (*Xilopia grandiflora*, St. Hil.), chamada pimenta-do-sertão, de sabor picante, serve para o mesmo fim.

ÉPOCAS DO VERDE — O sertanejo chama "épocas do verde" o período que se segue às chuvas e durante o qual a paisagem cinzenta da caatinga se recobre de um manto clorofilado. É a época da fartura. Do pasto verde. Do milho-verde. Do feijão-verde.

FARINHA-D'ÁGUA — Farinha da mandioca preparada pela maceração, durante vários dias, das raízes da planta, num depósito contendo água, ou num poço. As raízes assim maceradas amolecem, facilitando a retirada das cascas. É a mandioca-puba que, amassada e triturada, é a seguir espremida e torrada ao forno.

FRUTA-PÃO (*Artocarpus incisa*, L.) — Planta originária da Polinésia, cujos frutos constituem um alimento básico de várias ilhas do arquipélago, sendo consumidos principalmente sob a forma de pasta, obtida do fruto fermentado: *popoi*. A fruta-pão se aclimatou muito bem no Nordeste brasileiro, produzindo com relativa abundância.

GERGELIM (*Sesamum indicum*, D. C.) — Planta originária da Índia, cujas sementes encerram alto teor de óleo comestível e de ótima conservação: *Óleo de Sésamo*.

IGARAPÉ — Caminho de canoa, segundo a língua tupi. É um braço do rio que penetra no interior das terras ou se origina de veios nascentes em determinados pontos. É um ribeiro, um riacho — na denominação amazônica —, um curso em miniatura que apresenta todas as características dos grandes. Não entra e sai no mesmo rio, como o "paraná". A "boca" — foz — do igarapé é reservatório habitual de jacarés que ali aguardam e devoram os peixes miúdos, trazidos pelas enchentes dos rios. O caboclo teme a "boca" do igarapé e tem horror a nela pernoitar.

IPADU (*Erithroxylon-Coca*, *Lamk*) — Arbusto do qual é extraído o alcaloide, a cocaína. Com folhas de plantas secas ao sol, depois de torradas e reduzidas a pó, preparam os índios da Amazônia a farinha de ipadu. Misturando essa farinha com um pouco de amido de mandioca e com as cinzas dos brotos de imaúba, formam uma pasta que é usada nas longas viagens, para ser mascada. A pasta de ipadu anestesia a mucosa do estômago, fazendo passar a sensação de fome.

JAMBU (*Wulffia stenoglossa* [DC] Hub.) — Arbusto muito utilizado, depois de cozido, na culinária amazônica, especialmente nos pratos onde entra o tucupi. Tem sabor sui generis, é sialagogo e adstringente, motivo por que, segundo observação popular, "faz o beiço tremer".

MANGABA — Fruto da árvore gomífera *Hancorna speciosa*, verde-ferruginoso por fora e branco por dentro, do tamanho de uma ameixa fresca. Depois de caído da árvore conserva-se o fruto dentro d'água por algum tempo, para perder a resina e ficar em condições de ser comido. O sorvete de mangaba goza, merecidamente, do melhor conceito: é saboroso.

MANIÇOBA — Panelada preparada com as folhas da mandioca-mansa ou aipim, socadas ao pilão e cozidas com carne ou peixe. Por esse processo culinário enriquece-se a dieta amazônica dos princípios vitamínicos contidos nas folhas verdes da maniva. Os negros e mestiços do Nordeste açucareiro faziam uso idêntico dessas folhas.

MANIPUEIRA — Caldo de mandioca prensada, obtido numa das fases de preparação da farinha-d'água. É de alta toxidez.

MAROMBAS — Grandes armações de madeira construídas em forma de jirau sobre estacaria grossa, servindo para abrigar o gado durante as enchentes dos rios.

MIXIRA — Conserva de carne de peixe ou mais raramente de carne de gado, preparada em calor lento e brando, em azeite ou gordura animal. Em geral, a carne é embebida no seu próprio óleo, sendo em seguida preparada, mergulhada em banha liquefeita, a qual, depois de endurecida pelo resfriamento, forma uma espécie de envoltura, que a protege e a conserva por longo tempo. As mixiras mais usuais são as de peixe-boi, de tartaruga, de tucuné e de tambaqui.

MOQUÉM — Processo de assar ou grelhar carnes e peixes, colocados a alguma distância de um braseiro. Alimento sobre labareda, diz Alfredo da Mata. Segundo J. de Sampaio, o moquém, como designação indígena, significa o assador, grelha ou armação de varas, sobre o qual se mantêm, a alguma distância de um braseiro, as carnes a assar. Para Artur Neiva, moquém quer dizer, em língua tupi, assar mal.

PAÇOCA — Mistura de carne fresca ou seca, socada ao pilão com farinha de mandioca torrada. No sertão do Nordeste usa-se a carne de bode salgada, a carne de sol e o charque. Na Amazônia, prepara-se uma paçoca com a castanha-de-caju assada e pulverizada e, principalmente, com a castanha-do--pará (Raimundo de Morais). Segundo Alfredo Augusto da Mata, tempera--se a paçoca com pimenta, mas nunca com sal, porque, com o excesso de umidade atmosférica, o sal umedece a paçoca, inutilizando-a. Na cidade de Belém, vende-se paçoca de castanha-do-pará, preparada com a castanha socada ao pilão, farinha, açúcar e sal, em cartuchos. A palavra "paçoca" deriva, segundo Vicente Chermont Miranda, de *passoc* — em tupi, moer em pilão.

PAMONHA — Massa de milho-verde, leite de coco e açúcar, envolta em palha de milho e cozida com vagar. No sertão do Nordeste substitui-se muitas vezes o leite de coco pelo de vaca.

PANELADA — (Ver buchada.)

PARACARI — Planta que tem cheiro de hortelã e de erva-cidreira, usada como tempero na Amazônia.

PARANÁ — Curso d'água de pouco volume, cujo leito, ziguezagueante, é sempre coberto de espessa floresta hileiana, formando pequenas ou grandes ilhas não perenes.

PEIXE-BOI — Grande cetáceo da ordem dos sirênios, que vive nos lagos e rios amazônicos. É mamífero e herbívoro, de cor pardacenta, de cabeça achatada, disforme, tronco fusiforme, pode medir mais de cinco metros de comprimento. É precioso pela carne e pelo azeite que produz. A carne é gordurosa, indigesta, mas muito apreciada, sobretudo quando frita na própria gordura e misturada com farinha-d'água. O caboclo a considera altamente nociva às pessoas que têm feridas ou doenças venéreas e às mulheres grávidas e lactantes e às crianças. Existe na Amazônia um lago de peixe-boi, e quem por ele transita deve deixar qualquer lembrança para o cetáceo, sob pena de ter a canoa virada ou outra qualquer atrapalhação na viagem. Também refere uma lenda que quem possui a *xandaraua*, mãe do peixe-boi, não volta da pescaria sem trazer um desses mamíferos. Deve, porém, contentar-se com um exemplar somente, que não seja o primeiro que apareça, para não perder o alto privilégio que possui. Com a gordura do peixe-boi, que é uma banha branca, compacta, faz-se a mixira, cuja explicação vai noutra parte deste glossário.

PEQUIÁ — Conhecido também por pequi, é o fruto de uma das maiores árvores das terras altas da Amazônia, *Caryocar villosum*, cujo tronco atinge, por vezes, uma circunferência de cinco metros. O fruto é amarelo intenso, do tamanho de uma laranja comum, de polpa oleosa que recobre um caroço crivado de espinhos. O fruto isento de casca é cozido com água e sal e comido puro ou com farinha-d'água. Depois do açaí e da pupunha, é certamente o fruto oleoso mais apreciado na Amazônia. É abundante nas chapadas do Nordeste ocidental.

PIRACEMA — Cardume de peixes saltando contra a correnteza do rio. O fenômeno se manifesta de preferência na época das enchentes e dá a impressão de uma maior riqueza piscícola das águas, levando o vulgo a dar à palavra a significação de grande quantidade, mas em tupi significa peixe aos saltos (A. A. da Mata).

PIRACUÍ — Farinha de peixe preparada com o peixe moqueado e depois reduzido a pó. A técnica de preparação indígena consiste em moquear o peixe para uma primeira secagem, retirando-lhe depois as espinhas e cortando-o em pequenos pedaços, que são novamente submetidos ao moquém,

370

para completa torração. Depois de torrada, é a carne de peixe pulverizada e guardada ao abrigo da umidade, sendo o produto utilizado principalmente durante as grandes viagens. O piracuí tem um alto valor nutritivo. Produto alimentar rico, tanto em proteína como em sais minerais, principalmente em cálcio, fósforo e iodo.

PIRARUCU — Um dos maiores peixes da Amazônia, chegando alguns de seus exemplares a alcançar cem quilos e dois a três metros de comprimento. Tem escamas vermelhas, de onde lhe vem o nome, e prefere as águas baixas dos lagos. É aerófago e a borbulha que produz quando vem à tona d'água para respirar serve de pista para o pescador, que o arpoa de longe. A sua língua seca, grossa e áspera serve para ralar guaraná, madeira e tubérculos. As escamas são utilizadas como lixa. Fresco ou salgado, tem grande consumo. A cabeça moqueada é muito elogiada. Mas a parte mais apreciada é a porção ventral, denominada ventrecha. Os ovos são também muito procurados; o peixe choca os ovos nas guelras, e as ovas chegam a ter dois a três palmos de comprimento. Os filhotes, denominados bodecos, no Baixo Amazonas, são criados sob os opérculos quando pequenos. O pirarucu salgado é cortado em postas e mantas que ficam expostas ao sol por algum tempo. A salga do pirarucu nos lagos obedece a verdadeiro ritual e revela todo um complexo cultural do caboclo amazônico. O pirarucu é o bacalhau da Amazônia. A sua culinária contém dezenas de preparações, saborosíssimas todas.

PUPUNHA — É a palmeira Guilielma, de grande altura, alguns exemplares com mais de quinze metros de comprimento, crivados de espinhos. Os frutos, agrupados em cachos, são arredondados, de tamanho comparável a uma ameixa fresca, e contêm a polpa comestível bastante oleosa que recebe um pequeno caroço escuro. Muito apreciados depois de cozidos, os frutos são comidos puros, com farinha, açúcar ou melado. Comem-se, também, com manteiga, acompanhando o café. Existem várias espécies de pupunhas, diferenciáveis pela cor da casca e pelo tamanho.

QUIBEBE — Mistura de abóbora (jerimum) cozida e machucada com leite. Prato típico do Nordeste.

RAIZEIRO — Retirante que, chegando à penúria completa, se dedica a escavar no solo esturricado do sertão as raízes de algumas plantas silvestres que lhe possam servir de alimento, tais como as raízes de mucunã, da mandioca-brava, do umbuzeiro etc.

RAPADURA — Tijolos de açúcar mascavo endurecido e de variadas formas. Do ponto de vista nutritivo, a rapadura é bem superior ao açúcar refinado, por sua maior riqueza em princípios minerais, principalmente em ferro.

TACACÁ — Papa de tapioca, ou seja, do amido da mandioca diluído em água, à qual é adicionada certa dose de tucupi apimentado, jambu, alho e sal. Bebida muito apreciada e privativa da área amazônica.

TIPITI — Aparelho de compressão usado para espremer a massa de mandioca no preparo da farinha. Tem a forma de um longo cilindro e é fabricado com talas de vegetais da região, trançadas de maneira especial. É a prensa primitiva do indígena para extrair da massa de mandioca a manipueira tóxica. Segundo Vicente Chermont Miranda, há três maneiras diferentes de tecer o engradado do tipiti, conhecidas pelos nomes de cutirana, escama de tamuatá e miriti ou surucucu. Do tupi *tipi*, espremer, e *ti*, suco (A. A. da Mata).

TRACAJÁ — Quelônio muito comum nos rios da Amazônia, semelhante à tartaruga, porém de menor porte.

VATAPÁ — A mais famosa iguaria da cozinha baiana, com inúmeras variedades: vatapá de carne, de galinha e de peixe assado e salgado. O mais famoso é o vatapá de garoupa, preparado com este peixe, camarões secos, leite de coco, azeite de dendê, fubá de arroz, angu de maisena e pimenta-malagueta. Do vatapá de galinha, dá-nos Manoel Querino a seguinte receita:

> Morta a galinha, depenada, lavada com limão e água, é partida em pequenos pedaços que são depositados na panela e temperados com vinagre, alho, cebola e sal, tudo moído com o machado de madeira, em prato fundo. Põe-se a panela ao fogo e, quando o conteúdo estiver seco, adiciona-se pouca água, a fim de continuar o cozimento. Enquanto a galinha está a cozer, rala-se o coco, retira-se o leite grosso com muito pouca água e reserva-se. Novamente deita-se mais água no coco para se ter o leite mais delgado, que é bem misturado com o pó de arroz, principalmente, e, derramada essa mistura na panela, revolve-se ou mexe-se constantemente com uma colher grande de madeira. Ato contínuo, moem-se os camarões em porção, cebola, pimenta-malagueta em pequeno pilão ou por outro qualquer processo, junta-se diminuta quantidade de água, enquanto se dissolvem essas substâncias e despejam-se na panela, continuando a mexê-la com a colher. Quando a panela estiver a ferver deitam-se o azeite de cheiro e o leite grosso, que ficou de reserva. Tem-se pronto o vatapá de galinha, privativo das mesas elegantes.

VIRAÇÃO — Processo de apanhar as tartarugas nas praias amazônicas, consistindo em revirar o quelônio, deixando-o com as costas sobre a areia. Realiza-se a caça à tartaruga principalmente na fase em que estes animais saem das águas e sobem nos bancos de areia para desovar — é a época da viração.

Índice remissivo

I Congresso Brasileiro de Problemas Médico-Sociais (Bahia, 1942), 328n
I Congresso Médico Amazônico (1939), 85
I Seminário de Desnutrição e Endemias Rurais do Nordeste (Garanhuns, PE, 1958), 165

A

A, vitamina, 60, 87-8, 101, 157, 160, 208, 232-3, 271, 283, 320n, 323n
abacate, 124, 151, 271
abará (prato afro-baiano), 160, 271, 365
abelhas, 33, 184-5
abóbora, 189, 195, 200, 202, 211-2, 371
abolição da escravatura (1888), 142
Abramovay, Ricardo, 12
Abreu, Capistrano de, 185, 251, 334n, 342n
Abreu, Sílvio Fróis de, 331-2n
abstinência alcoólica, 151
acaçá (prato afro-baiano), 271, 365
açaí, 59, 60, 124, 365, 370
acarajé (prato afro-baiano), 160, 271, 366
acheb (vegetação saariana), 181-2

ácido ascórbico (vitamina C), 75, 88, 90-1, 136, 148, 160-1, 207, 210-2, 237, 271, 339n
ácido nicotínico (vitamina B3 na classificação atual), 146, 158-9, 235, 237, 257, 330n
ácidos aminados ver aminoácidos
Acre, 97, 240
açúcar, 79, 103, 105, 109-4, 116, 123, 125, 129, 131, 135, 138-9, 141, 146, 150, 152, 154, 167, 169-70, 174, 184, 186, 190, 203, 207, 271, 292, 307; calda (água suja das usinas de açúcar), 328-9n; cana-de-açúcar, 38, 105, 108-11, 125, 128, 166-7, 258, 266, 270, 286, 298; consumo excessivo de, 152; glicose, 249; indústria açucareira, 105, 111, 114; produção açucareira, 96, 105, 109-10, 131, 134, 136-7, 149, 163, 171, 187, 201, 314, 326n, 328n, 369; ver também engenhos
ádax do Saara (Antilope andax), 178
África, 30, 49, 82, 100, 109, 118, 121, 126, 132, 143, 151, 154, 159-60, 181, 190, 330-1n; Norte da, 120, 181, 190, 336n; oásis africanos, 190, 200, 334n; Oriental, 336n, 344n
agricultura, 35, 54, 58-9, 86-7, 93, 98, 100, 102, 109, 116, 120, 125,

373

127, 130, 152, 166, 168, 185, 189, 191, 198, 214, 265-6, 287-8, 294-5, 297-301, 303, 305, 307, 309-12, 324-5n, 334n, 346-7n; monocultura, 13, 29, 98, 108, 110, 115, 119, 122-3, 125, 127, 131, 138, 155, 166-7, 169-70, 258, 265, 312, 314, 331-2n; na Península Ibérica, 120; policultura, 111, 120, 122, 127-8, 189-90; "problema agrário brasileiro", 307

água: calda (água suja das usinas de açúcar) na poluição dos rios, 328n; fontes animais, 178; fontes vegetais, 177, 180; potável, 12

Aguillar Nietto, dr., 71

Aguillar, Rigoberto, 71

aipim, 122, 124, 152, 220, 336n, 366, 369; *ver também* madioca

Alagoas, 144-5, 155, 172

Alasca (EUA), 87

Albano, Ildefonso, 217, 226

alcoolismo crônico, 209

Alcorão, 151

Alemanha, 265

Alexandria (Egito), 151

algodão, produção de, 79-80, 111, 116-7, 128, 214, 292, 298, 307

alimentação/alimentos:
abastecimento alimentar, 54, 313; alimentação ibérica, 119-20; alimentação italiana, 282; alimentos marinhos, 145, 147; capacidade mundial de produção de, 21; carências alimentares, 22, 34, 37, 44, 46, 207, 209, 283; culinária baiana, 129, 147, 160-2, 206, 331n, 372; culinária indígena, 123, 125; culinária nordestina, 147, 366; dieta adequada, 62-3; dieta amazônica, 53, 59, 61, 70, 74; dieta dos esquimós, 75; educação alimentar, 313; higiene alimentar, 162, 295; insegurança alimentar, 11-2; monotonia alimentar, 54, 127, 134-5, 138, 159, 327n; padrões alimentares do Brasil, 297-8; parcimônia alimentar, 61-2; subalimentação, 38, 130, 171, 218; tipos de alimentação, 36, 317n; *ver também* fome

Alimentación de tiempo y lugar (Cassinelli), 327n

"Alimentos bárbaros dos sertões do Nordeste, Os" (Josué de Castro et al.), 222

Almeida, Guilherme de, 179

Almeida, José Américo de, 217, 229

Amado, Jorge, 169

Amazonas, estado do, 51, 57-8, 70, 87, 91, 178

Amazonas, rio, 49-50, 53-5, 66, 70, 85, 96-7, 102, 319n

Amazônia, 32, 34, 45-6, 47-8, 49-50, 52-63, 67, 72-4, 76, 82-3, 85-8, 91, 93-5, 97, 99-100, 104, 106, 137, 154, 169, 171, 203, 239-41, 255, 270, 280, 290, 293, 319n, 341n, 366-7, 370, 372; clima amazônico, 64, 102; conquista econômica da, 94; dieta amazônica, 53, 59, 61, 70, 74; fauna amazônica, 54, 88; floresta amazônica, 50, 68; hinterlândia amazônica, 92; legal, 319n

amendoim, 122, 130

América Central, 53, 81, 172

América do Norte, 81, 260
América do Sul, 81
América Espanhola, 30, 33, 96, 113
América Inglesa, 30, 43
América Latina, 32, 43, 91, 131-2, 318n
América Portuguesa, 325n
americanos nativos, fósseis de esqueletos de, 117
aminoácidos, 60-1, 66-7, 142, 146, 192-3, 222, 284, 321n; *ver também* proteínas
amok (instinto assassino motivado pela fome), 258, 259
Anacardium occidentale (cajueiro), 148, 176
anasarcas, 67, 222, 230, 239, 322n; *ver também* edemas
ancilóstomo (parasita), 195, 278
Andaluzia (Espanha), 120
Andes, 49
Andrade Júnior, dr., 142
anemia, 22, 47, 71-3, 83, 153-4, 195, 207, 235, 278
anorexia, 61, 82, 157
Antilhas, 79, 110, 112-3
Antonil, André João, 188
apatia, 154, 251, 260, 314
apetite, 13, 61-2, 82, 109, 150, 154, 182, 260, 321n, 331n
árabes, 190-1, 193, 203-4; na Península Ibérica, 120; no Norte da África, 120, 190, 336n
araçá (*Psidium araçá*), 182
Aracaju (SE), 163
Araújo, César de, 242
Ardant, Gabriel, 266
Área Central do Milho (Brasil), 270
Argentina, 91, 163, 269, 293
arginina (aminoácido), 321n
Arinos, Afonso, 255, 327n

arriboflavinose, 47, 71, 158, 210
arroz, 51, 53, 59, 67, 82, 86, 101-2, 148, 153, 270, 283, 307, 317n
Arruda Câmara, A. de, 283, 345n
Ártico, 49
aruás, ovos de, 244, 366
arubé (molho apimentado, de origem amazônica), 88, 366
Ásia, 44, 147
aspártico, ácido (aminoácido), 321n
associativismo, 98
Astúrias (Espanha), 99, 340n
Austrália, 49, 77, 293
aves, 76, 102, 184
avicultura, 51, 100
avitaminoses, 75-6, 82, 87, 129, 141, 152-3, 156-60, 206, 209, 247, 272, 323n, 329-30n
aviú (espécie de camarão), 54, 366
axayaati (mosca mexicana), ovos de, 244
azeite de dendê, 101, 147, 157, 160-2, 271, 329n, 365-7, 372
Azevedo, Thales de, 34, 138, 154

B

B, vitaminas do complexo, 82, 101, 136, 146, 152, 158, 161, 208, 221, 237, 257, 271, 283; ácido nicotínico (vitamina B3 na classificação atual), 146, 158-9, 235, 237, 257, 330n; B1, vitamina (tiamina), 82-3, 101, 152-3, 157, 206, 208-9, 222, 257; B2 (riboflavina), vitamina, 158, 210, 234-5
babugem (vegetação nordestina), 181, 182
Bagaceira, A (Almeida), 229, 240

375

Bahia, 106, 124, 129, 138, 154, 160, 167, 172, 179, 188, 200, 241-2, 328n, 331n, 367; cozinha baiana, 129, 147, 160-2, 206, 331n, 372; Recôncavo Baiano, 34, 138, 167

Bajé (RJ), 283

Bambueolo, zona de (África), 77

banana, 59-60, 77, 102, 152, 214, 271

Banco Nacional de Desenvolvimento, 293

banditismo, 255-6

Banner, J. C., 178

Barbados, 30, 110-3, 122, 131

Barcelona, 247, 322n

barreiros (depressão de terrenos salobros), 76, 366

Barreto, Castro, 195

Barros, João Alberto Lins de, 35

Barroso, Gustavo, 254, 342n

Bastide, Roger, 255, 294, 343n

batata, 67, 335n

batata-doce, 103, 124, 127, 152, 189, 198, 202-3, 208, 336n

Beatos e cangaceiros (Xavier de Oliveira), 343n

beatos nordestinos, 251, 253-4, 343n

beijus, 52-3, 124-5, 152, 219-20, 227, 366

Belém (PA), 51, 57, 63, 92, 102, 137, 369

Belterra (PA), 98-9, 324n

bem-estar social, 163, 295, 312, 315

bens de consumo, 287, 305

beribéri, 22, 67, 71, 82-7, 99, 152, 157, 206, 208-9, 231, 236-7, 239, 280

Berlim, 25

betacaroteno (pró-vitamina A), 60, 160, 208; *ver também* A, vitamina

betel, hábito de mascar (na Índia), 62

Bigwood, E., 126, 152

Blundi, Edmundo, 92

bócio, 22, 47, 208, 272-8

Bócio endêmico e doença de Chagas (Lobo), 277

bois, 55-7, 76, 186, 188, 201; *ver também* gado; pecuária

Bolívia, 91, 163, 269

Bonaparte, Napoleão, 113

Bondar, Gregorio, 332n

boqueiras (queiloses), 158, 210, 235

Bordeaux (França), 151

Borges, Pompeu Accioly, 311

Borges, Pompeu Acioly, 266

bororos, indígenas, 92

borracha, produção de, 50, 52, 83-7, 93, 97-8, 127, 239, 241, 258, 286

Brasil, terra de contrastes (Bastide), 294

Brasília, construção de, 278, 280, 316

Brazil, the Amazon and the Coast (Herbert Smith), 224, 229

Brazil: People and Institutions (Lynn Smith), 224, 226

brevilíneos, tipos (biotipo humano), 142, 205

Brígido, Virgílio, 246

bromeliáceas (plantas), 176-7, 210

buchada (prato nordestino), 196, 335n, 366

Buda, 260

búfalo africano, 56

Bulnes, Francisco, 204, 317n

buriti, 60, 101, 124-5

C

C, vitamina (ácido ascórbico), 75, 88, 90-1, 136, 148, 160-1, 207, 210-2, 237, 271, 283, 339n
caatinga, 175-6, 181, 189, 217, 339n
Cabo Verde, 109, 185
cabras, 183, 188, 253; leite de cabra, 210
caça, 50, 54, 57, 75, 85-6, 88, 118-9, 122, 127, 191, 250, 255, 286, 325n, 339n, 366, 372
cacau, 103, 125, 138, 167-70, 292, 307, 314, 331-2n
Cacau (Jorge Amado), 169
cactáceas (plantas), 175-8, 181, 210
cães, 247-8
café, 61, 117, 133, 135, 169, 184, 194, 198, 202, 204, 225, 260, 270, 286, 296, 301, 307, 336n; café com leite (valor nutricional), 133-4; produção cafeeira, 117
caium (bebida fermentada), 53, 125
caju, 124-5, 147-9; castanha de, 148
cálcio, 70, 72, 75, 91, 99, 136, 154-5, 207, 220, 222, 271, 283, 322n, 330n
Calcutá (Índia), 20
calda (água suja das usinas de açúcar), 328-9n
Califórnia (EUA), 187, 282, 288
calorias, 13, 63-4, 135, 138, 152, 203, 271, 298, 327n; metabolismo basal e gasto calórico, 203, 327n
Câmara Cascudo, Luiz da, 35, 192, 245
camarões, 54, 144, 148, 366, 372
cambuí (*Myrcia sphacrocarpa*), 182
camelos, 182

Caminha, Pero Vaz de, 107
Camões, Luís de, 89
campesinato brasileiro, 303
campos de concentração de retirantes, 231, 234, 341n; *ver também* retirantes; secas no Nordeste
Campos, F. A. Moura, 148
cana-de-açúcar, 38, 105, 108-11, 125, 128, 166-7, 258, 266, 270, 286, 298; *ver também* açúcar
câncer, 119
cangaceiros, 202, 250-1, 253-6, 259
canjica, 125, 148, 193, 215, 366-7
Canudos, campanha de (Bahia, 1896-7), 254, 260
Capibaribe, rio (PE), 144, 243
capim, vitamina C no, 210
capitalismo, 13, 316
capitanias hereditárias, 308, 325n
cará, 124, 152, 367
Caraíbas, mar das, 110, 112
caranguejos, 54, 144, 243
carboidratos *ver* hidrocarbonados
Cardim, Fernão, padre, 132, 179-80, 188
Cardoso, João Cristóvão, 223
carnaubeira, 183, 223
carne, 56-7, 61, 65, 72, 132, 139, 149, 163, 195-8, 200-1, 205, 207, 260, 282, 293, 369; alimentação carnívora, 75, 282; castanha-do-pará como "carne vegetal", 60; charque (carne-seca), 57, 86, 135, 138-9, 169, 196, 367; consumo per capita (no Brasil e no mundo), 293; de aves, 184; de porco, 141, 187, 195, 200, 270-1, 282; de tartaruga, 54, 59; fígado de boi, 233
Carneiro, Edson, 35, 128

Carneiro, J. Fernando, 144-5
Cartago (África), 151
Carthew, Mordem, 258
cartilagens (na dieta dos esquimós), 75
caruru (prato afro-baiano), 124, 160-2, 367
Carvalho, Daniel de, 51
Casa-grande & senzala (Freyre), 140
Casal, Gaspar de, 340*n*
cascavel, 246
caseína, 193
Cassinelli, Alberto, 327*n*
castanha de caju, 148
castanha-do-pará, 59-60, 102, 124, 369
castanheiras, 61
Castro, José Luiz de, 178
Ceará, 106, 172, 177, 188, 216, 229, 231-2, 238-9, 241, 340*n*, 367
cegueira, 87, 224-5, 233-4, 237; noturna, 87, 232
Ceilão, 147, 265
celulose, 219, 221
Centro do Brasil, 47, 165, 269, 275, 278, 281, 285, 314
Centro-Oeste do Brasil, 45-6, 47-8, 194, 270, 331*n*
cereais, 20, 82, 107, 136, 163, 200, 283, 288
Chagas, Carlos, 276-7
Chagas, doença de, 276-7
Champagne (França), 151
charque (carne-seca), 57, 86, 135, 138-9, 169, 196, 367
Chaves, J. M., 223
chibé (mingau de farinha de mandioca), 53, 367
Chico Science, 15
Chile, 269
chile (bebida mexicana), 161, 331*n*

China, 41, 53, 83, 88, 157, 245; *coolies* chineses, 41
"China Land of Famine" (Mallory), 30
chuvas, 58, 68, 95, 106-7, 118, 168, 173, 175, 181-3, 189, 210, 213, 215, 217, 243, 270; relação entre florestas e grau de precipitação pluviométrica, 118
Cícero, Padre, 239, 257
ciclotimismo, 251, 342*n*
Cidade de Manaus: Sua história e seus motins políticos, A (Miranda), 52
"cidades inchadas", 304
cisteína (aminoácido), 321*n*
civilização ocidental, 18-9, 26
Clima e terra do Brasil (Cardim), 179
cloreto de sódio (sal de cozinha), 70, 75-7
coca, folhas de, 321*n*
cocada, 148, 368
cocaína, 368
coco, 107, 147, 149, 329*n*; leite de, 329*n*, 366-7, 370, 372
Cocus mucronata (palmeira oricuri), 183
Cocus nucifera (coqueiro), 147
colites, 83
colmatagem de igapós, 103
Colombo, Cristóvão, 89
colonialismo, 289, 311
colonização, 52, 55, 78-9, 93-4, 96-7, 109, 112-3, 121, 126, 132-3, 159, 240, 260, 280, 287, 325*n*, 346-7*n*
Companhia das Índias Ocidentais, 101
Companhia Ford, 98
condimentos e especiarias, 50, 75, 122, 159-60

Conferência de Alimentação de Hot Springs (EUA, 1943), 21
Congo, 60, 330n
Congo Belga, 77, 101, 126, 152
Congo Francês, 77
conjuntivites, 87, 232
Conselheiro Lafaiete (MG), 275
Conselheiro, Antônio, 254, 260
Conservação do solo em cafezal (Marques), 117
Constituição Federal, 310-1
Contrastes e confrontos (Cunha), 332n
"Contribuição para o dicionário da flora do Nordeste brasileiro" (José Luiz de Castro), 178
coolies chineses, 41
Cooperativa de Tomé Açu (Pará), 51
Copernicia cerifera (carnaubeira), 183, 223
Córdoba (Espanha), 120
corn-belt norte-americano, 193, 270
córnea, congestões da, 158
Costa do Marfim, 103, 154
Costa, Antônio de Sousa, 133
cotovelos, placas hiperceratósicas dos, 157
Coutinho, Ruy, 140
Couto, Loreto, 186
couve, 187, 271
crescimento demográfico no Brasil, 164
Cretáceo, período, 106
cretinismo (por carências de iodo), 272, 274-7
crianças, 41, 53, 67, 70-1, 80, 87-8, 90, 143, 154, 158, 163, 171, 226, 230, 233-4, 237, 283
crises climáticas, 216
cristãos-novos, 191, 347n
cristianismo, 151, 347n

croatá (planta bromeliácea), 176, 220
croia (planta bromeliácea), 176
Cruls, Gastão, 324n
crustáceos, 54, 59, 146
Cruz, Bento da, 253
Cuba, 110, 112, 139, 193
Cultura de cacau na Bahia, A (Bondar), 332n
Cunha, Euclides da, 177-9, 182-3, 205, 216, 233, 240, 252, 254, 260, 332n
Curaçau, ilha de, 90
Curitiba (PR), 187
cuscuz, 193, 195, 271, 368
custo de vida, 301, 306

D

D, vitamina, 71, 91, 212-3, 322n
"Da lama ao caos" (canção), 15
Darby, William G., 235
De Carli, Gileno, 139, 326n
De los Rios, Manoel, 71
De Medicina Brasilensi (Pies), 156
Déffontaines, Pierre, 94, 151
dendê *ver* azeite de dendê
Dénis, Pierre, 320n, 332n
Departamento de Agricultura dos Estados Unidos, 116
Departamento Nacional de Obras Contra as Secas, 332n
depressão, 154, 251, 257-8
dermatites, 158, 237
Desagravos do Brasil (Couto), 186, 197
desastres naturais, 12
desemprego, 139, 266, 300, 304
desenvolvimento econômico, 262-3, 267, 289, 292-3, 295-7, 299-300, 302, 304, 306, 311, 315

desenvolvimento industrial, 295, 300, 303

desigualdades, 297

desmatamento, 51, 188, 326n

desmineralização pela sudação, 79

desnutrição, 237, 314

Dessoliers, Hippolyte, 118

diabete, 152, 204, 271

diarreias, 159, 220-1, 231, 234, 237; de fome, 67, 322n

Dicionário de botânica (Almeida Pinto), 224

Dinamarca, 91, 293-4

disenteria, 231, 239, 241-2, 341n

Documentário do Nordeste (Josué de Castro), 144, 243

doença de Chagas, 276-7

doenças degenerativas, 345n

doenças tropicais, 83, 173

Drenkpol, Padberg, 133

Duarte, José Rodriguez, 133

Duque, José Guimarães, 191, 200

Dutra, Firmo, 241

E

East, William Gordon, 21, 120, 322n, 324n

Ecologia, 23, 69, 105; desequilíbrio ecológico, 326n

economia planificada, 262-3, 280, 300, 303

Edad Media y la Empresa de América, La (Sanchez Albornoz), 96

edemas, 66-7, 83, 143, 230, 284, 322n

Elaeis guineensis (palmeira do dendê), 160; *ver também* azeite de dendê

Emmet, dr., 234

emocional, desequilíbrio (em decorrência da fome), 257-8, 260, 343-4n

endocrinopatias carenciais, 230

energia/necessidade energética *ver* calorias; metabolismo basal

Enfermidades por insuficiência alimentícia (Pedro-Pons), 247, 322n

engenhos, 35, 80-1, 114, 122-3, 143, 146, 152, 157-8, 169-70, 186, 208, 210, 271; *ver também* açúcar

"épocas do verde", 229, 368

erosão do solo, 108, 115-7, 173, 274, 326n

escorbuto, 22, 47, 71, 75, 87-90, 159, 161, 206, 210-1, 237

escravidão, 111-2, 129, 142

Escudero, Pedro, 164

Espanha, 67, 99, 120, 247, 322n

Espinosa, Alfredo Ramos, 62

Espírito Santo, 167

esquimó, 75

esquizotímico, tipo, 251

Estação Experimental de Yangambi (África), 100

Estados Unidos, 25, 30, 33, 43, 57, 79, 91, 116, 172, 274, 288, 293-4, 298, 339n

estatística, armadilhas da, 346n

estomatites, 158, 235

Estudos brasileiros de população (Castro Barreto), 195

Europa, 20, 30, 42-3, 86, 111, 120, 131, 145, 151, 195, 234, 248, 256

F

fadiga por desequilíbrio iônico, 77

Fagundes, Seabra, 311

fanatismo religioso, 255-6; *ver também* beatos nordestinos

farinha de mandioca, 49, 52-3, 59, 98, 121, 123-5, 130, 135, 138, 141, 153, 197, 240, 366-7, 369

farinha-d'água, 52, 86, 365, 368-70

febre tifoide, 231

feculentos, alimentos, 151, 206

feijão, 51, 59, 67, 86-7, 101, 127, 130-1, 135, 138, 141-2, 147, 149, 157, 160, 169, 189, 193, 198, 207, 211-2, 214, 218, 270; tutu de feijão mineiro, 270

feijão-fradinho, 365-6

feldspáticas, rochas, 168

fenilamina (aminoácido), 321n

Ferraz, Álvaro, 142, 205

Ferreira, José de Sousa, 51

ferro, 68, 70, 72-3, 77, 101, 136, 146, 153-5, 207, 222, 235, 252, 278, 283, 330n, 371

feudalismo agrário no Brasil, 265, 307-8, 346-7n

Fialho, Amadeu, 209, 219, 230, 234-5, 237, 341n

fígado de boi, 233

Figueiredo, Fidelino de, 122

Fink, George, 25

Floresta (PE), 189, 191

floresta amazônica, 50, 68

fome, *47-8*, 318n, 342n; aguda, 12-3, 59, 173; *amok* (instinto assassino motivado pela fome), 258-9; anasarcas de, 67, 222, 230, 239, 322n; áreas de, 28, 32, 44-7, *47-8*, 53, 87, 91, 171-3, 234, 247, 269; autofagia, 227; coletiva, 25, 41-2, 46, 228; combate à, 22, 223; conceito de, 24; conexões entre fome e adoração mística, 259-60;

crônica, 13, 44, 73, 134, 154; desnutrição, 237, 314; deterioração do estado mental pela, 257-8; diarreias de, 67, 322n; e capacidade mundial de produção de alimentos, 21; edemas de, 66, 230, 284; em Barcelona, 247, 322n; em Porto Rico, 71; emocional, desequilíbrio (em decorrência da fome), 257-8, 260, 343-4n; endêmica, 25, 30, 38, 46, 171; epidemias de, 38, 41, 67, 171, 314, 319n; específica, 72-3, 76, 91, 155, 207; fatores políticos e, 12; fomes periódicas, 231, 253, 255, 261; global, 22, 171; "hidrofobia da fome", 248, 258; hipoglicemia e, 249; inanição, 20, 25, 171, 187, 218, 228, 239, 246, 340n; mapas da fome no Brasil, *47-8*; mecanismo nervoso da, 249; mental, desequilíbrio (em decorrência da fome), 257-8, 260, 343-4n; milhões de vítimas da fome nas guerras mundiais, 19; monotonia alimentar, 54, 127, 134-5, 138, 159, 327n; na África, 30; na China, 41, 53, 245; na Espanha, 67, 247, 322n; na Europa do pós-guerra (Segunda Guerra Mundial), 30; na Europa medieval, 234, 256, 260; na Índia, 20, 41, 62, 82, 87; na Irlanda, 234; na primeira infância, 14; na Romênia, 25; na Rússia, 25, 234; nas Américas, 43, 71; no Brasil, 11, 28, 31-2, 44, 67, 286, 315; no México, 62; no Nordeste brasileiro, 37, 67, 263, 265-6, 341n; no Oriente, 30, 41, 62; nos Estados Unidos, 25, 30, 33, 172; osteopatias da, 230; quadro psíquico da fome extrema, 258; quantitativa, 121, 229; sensação de, 249; *starvation*, 25; subnutrição, 22, 28, 43-4, 47, 62, 91, 93, 213, 258, 269, 284-5, 312, 314; total, 25; zonas de, 30, 132; *ver também* alimentação/alimentos

Fome (Hamsun), 24, 228, 251

Fome (Teófilo), 228, 246

Fontaine, Maurice, 145

Ford, Henry, 99

Fordlândia (PA), 98, 324n

Fortaleza (CE), 164, 236, 238-9, 244

fósforo (mineral), 155, 322n, 371

França, 116, 264, 293, 308

frango *ver* galinhas

Freire, Antônio, 135

Freire, Paulo, 14

Freud, Sigmund, 19, 229

Freyre, Gilberto, 110, 116, 140-1, 174, 202, 217, 331n, 347n

Frost, W. H., 319n

fruta-pão, 107, 122, 368

frutas, 59-61, 99-100, 102, 107, 111, 119, 122, 124-5, 132, 135-6, 149-51, 163, 169, 182, 198-201, 206-8, 210-1, 271, 281-3, 288, 293, 338n; fruticultura, 198-200

G

Gabriela, cravo e canela (Jorge Amado), 169

gado, 55-7, 73, 111, 138, 173, 176, 185-8, 191, 193-7, 202, 210-1, 218, 227, 239, 246, 253, 270, 327n; *ver também* bois; pecuária

galinhas, 56-7, 75, 183, 197; vatapá de galinha, 372

Galvão, A., 154

Gama, Vasco da, 89

Gandavo, Pero de Magalhães, 119, 122

Garanhuns (PE), 165, 266

Garcia, Rodolfo, 179

gastroenterites, 83

"Gastrotécnica na alimentação brasileira" (Veloso), 192

Gauthier, E. F., 178, 181, 212

geofagia ou geomania (hábito ou mania de comer terra), 73, 154-5, 330n

Geoffroya spinosa (árvore umari), 180

geografia: clássica, 262; "geografia da desocupação" (*géographie du chômage*), 266; mapas da fome no Brasil, 47-8; princípio da geografia geral, 325n

Geopolítica da fome (Josué de Castro), 38, 270

Gerbault, Alain, 323n

Gilbert, E. W., 262

glicose, 249

globulina, taxas de (no sangue), 143

glóbulos vermelhos, 72

glossites, 158, 235

glutâmico, ácido (aminoácido), 321n

Goiás, 55-7, 270, 275, 278

Gonçalves, A. Carolino, 135

Gonzaga, Gavião, 232

gordura, 60, 135; de coco, 148; de porco, 270-1; gorduras animais, 87; óleos vegetais, 60, 101; regime pobre em gorduras, 156

Gradiva (Jensen), 229
gramíneas, 181, 186, 188, 210
gravatá (planta bromeliácea), 124, 219-20
Grécia, 265
Groenlândia, 49
Guanabara, estado da, 281
Guerra Civil Espanhola (1936-9), 67, 247, 322n
Guerra, Felipe, 217, 230
Guerra y Sanchez, Ramiro, 110, 119
Guianas, 49
Guiné, 126, 154

H

hábitos alimentares, 24, 29, 45-6, 70, 74, 121, 126, 136, 138, 151, 159, 165, 191, 197, 283
Haiti, 110-2, 131
Hamsun, Knut, 24, 228, 251
Hanson, Earl Parker, 99
Hardy, Georges, 55
Harlow, Vincent T., 111, 112
hematozoários, 73
hemeralopia, 47, 157, 206, 232-3
hemoglobina, 73, 153-4
hidrocarbonados, 135, 151, 153, 204, 206, 222
"hidrofobia da fome", 248, 258
hidropisia, 84, 143-4, 220, 230, 238
Higiene alimentar (Magalhães), 148
hinterlândia amazônica, 92
hipoglicemia, 249
hipotireoidismo, 275, 277
hipovitaminose, 88
histidina (aminoácido), 321n
História da América portuguesa, A (Rocha Pita), 327n

História da seca no Ceará (Teófilo), 224-6
Historical Geography of Europe (East), 120
Hitler, Adolf, 113
Holanda, 156, 264-5
Holanda, Sérgio Buarque de, 136, 286
holandeses no Brasil (séc. XVII), 101, 113, 123, 132-4, 136
homem social *versus* homem econômico, 26
honestidade dos sertanejos, 252-3
Hooton, prof., 117
horticultura, 51
Huxley, Julian, 26

I

Ibérica, Península, 120, 261
Idade Média, 234, 245, 256, 260
idiotia hipotireoidica, 275
igapós, colmatagem de, 103
igarapés, 58, 66, 84, 95, 241, 368
Ilin, M., 262
imigrantes, 42, 83, 100, 102, 281-2
imperialismo, 19, 38
impostos e desequilíbrio fiscal no Brasil, 347n
inanição, 20, 25, 171, 187, 218, 228, 239, 246, 340n
Índia, 20, 62, 82-3, 87, 147, 156, 174, 256, 265, 323n, 368
Índias Orientais Holandesas, 258
indígenas, 51-3, 59, 66, 72, 74-6, 78-80, 92, 101, 119, 121-7, 130, 146-8, 154, 160-1, 190, 197, 208, 257, 286, 342n
Indo-americanismo y el problema racial en las Américas, El (Lipschütz), 318n

383

Indochina, 53, 66, 103
industrialização do Brasil, 284,
 295-6, 299, 302, 305, 310
inflação, 286, 301, 306, 313
"Influência do índio em linguagem
 brasileira, A" (Senna), 124
Inglaterra, 90-1, 293-4; *doença dos
 ingleses* (raquitismo), 90
inhame, 152, 198, 367
insegurança alimentar, 11-2
insetos, 54-5, 76, 97, 126, 185
Inspetoria de Obras Contra as
 Secas, 172, 198, 332n
Instituto Agronômico de
 Campinas, 117
Instituto Agronômico do Norte, 56,
 100, 103
Instituto Brasileiro de Geografia e
 Estatística (IBGE), 139
Instituto de Nutrição da
 Universidade do Brasil, 34, 194
Instituto de Serviços Sociais do
 Brasil, 36, 92
Instituto Nacional de Imigração e
 Colonização, 94
insuficiência suprarrenal, 77
inundações, 57-8, 245, 265
iodo, 147, 208, 272-5, 277-8, 371
iônico, desequilíbrio, 77
ipadu (pasta de folhas de coca),
 321n, 368
Irlanda, fome na (1848), 234
irritabilidade nervosa, 158, 248-
 9, 257
Islã, 151, 261
Islândia, 91
Istrati, Panait, 24
Itália, 172
Itaparica (PE), 189, 191

J

jabá *ver* charque (carne-seca)
Jamaica, 112, 128-9, 131
James (navio), 248
James, Preston, 98, 107
Japão, 83; imigrantes japoneses no
 Brasil, 51, 102, 282
Jauru (MT), 75
Java, ilha de, 110
jejum, 260
Jensen, Wilhelm, 229
Jesus Cristo, 260
João III, d., 308
juazeiro (*Zizifus juazeiro*), 181
Jujuy (Argentina), 91, 163

K

Keyserling, Herman Alexander
 von, 245
Klatzmann, Joseph, 346n
Koster, Henry, 79
kous-kous (prato árabe), 193; *ver
 também* cuscuz
Kundt, general, 97
kwaskiorkor (desnutrição proteica),
 284, 301

L

Lage, Ary, 92
Lambert, Jacques, 289
laranja, 271
látex *ver* borracha, produção de
laticínios, 195, 345n; *ver também*
 leite; queijo
Latif, Miran, 187

latifúndios, 13, 29, 57, 96, 111, 114, 130, 168, 265-6, 290, 308, 325n

legumes, 59, 85, 87, 99, 102, 119, 283

leishmaniose tegumentar, 280

leite, 57, 61, 65, 70, 85, 87, 99, 132-3, 135, 139, 148, 163, 169, 193-6, 198, 201-2, 205, 207-8, 210, 270, 283, 293, 301, 336n, 345n; café com leite (valor nutricional), 133-4; consumo de leite em diversos países, 293; de cabra, 210; de coco, 329n, 366-7, 370, 372; de vaca, 210, 370; desnatado, 195

Lellis, Alceu de, 217

lenha, consumo de (na produção açucareira), 326n

Léry, Jean de, 248

liberalismo econômico, 300

Líbia, 336n

Liga das Nações, 317n

Lille, José de, 161

Lima, Cláudio Araújo, 34, 53, 61, 74, 85

Lima, Hermes, 311

Lima, Luiz Ignácio de Andrade, 143

Lima Júnior, Andrade, 205

Lippens, M. E., 127

Lippman, Edmund Oskar von, 111

Lipschütz, Alexander, 318n

lisina (aminoácido), 321n

literatura brasileira, drama das secas na, 216-7

Llamas, Roberto, 161

Lobo, Álvaro, 275-7

Lobo, Manoel da Gama, 156

Loefgren, Alberto, 118, 188

longilíneos, tipos (biotipo humano), 147, 205, 251

Lusk, Graham, 79

luz do Sol (na síntese de vitamina D), 91, 212-3

Luz, Hélio, 223

M

macambira (planta bromeliácea), 33, 176-7, 211, 219-20, 226-7, 250

macaxeira *ver* mandioca

Maceió (AL), 155, 163

Madeira, ilha da, 109

Madras, hospital oftalmológico de (Índia), 323-4n

Magalhães, Couto de, 66

Magalhães, Eduardo de, 148, 161

"mal da rosa", 235, 340n; *ver também* pelagra

Málaca, península de, 258

Mallory, Walter, 30

mamão, 199, 271

Man and Society in Calamity (Sorokin), 248

Manaus (AM), 52, 91, 97

mandacaru (cacto), 175-6, 201, 211, 218

mandioca, 82, 101, 122, 130, 132, 167, 189, 198, 222, 371-2; amarga (*Manihot utilissima*), 52, 101; doce, 101; farinha de, 49, 52-3, 59, 98, 121, 123-5, 130, 135, 138, 141, 153, 197, 240, 366-7, 369; macaxeira, 124, 212, 366

mangaba (*Ancornia speciosa*), 125, 182, 369

maniçoba, 219, 223, 227, 369

manjerioba (*Cacia occidentalis*), 219, 225

manteiga, 57, 61, 85, 87, 101, 194-5, 203, 205, 208, 293-4, 336n

Manuel, d. (rei de Portugal), 347n

Manzon, Jean, 241
"mão invisível" (princípio da
economia liberal), 300
Maomé, 260
mapas da fome no Brasil, *47-8*
Marajó, Ilha de (PA), 55-6, 99
Marañon, Gregorio, 17, 249, 342*n*
Marbut, C. F., 100
mariscos, 144, 155
marombas (jiraus para imobilização
do gado), 55-6, 369
Marques, Avelar, 117
Marrocos, 330*n*
Martius, Carl Friedrich von, 75,
180, 217, 251, 342*n*
massapê, solo de, 106, 113, 155, 174
materialismo histórico, 343*n*
Mathieson, Law, 112, 129
Mato Grosso, 55-6, 75, 92, 270, 275
Mattoso, Ítalo Viviani, 223
Mauritia flexuosa (palmácea), 60
maxixe (*Cucumis anguria*), 189, 200
mel de abelhas, 184
Mello, J. Barboza, 35
Mello, Mário Lacerda de, 137
Mello Franco, Afonso Arinos de,
255, 327*n*
Menezes, Djacir, 261
mental, desequilíbrio (em
decorrência da fome), 257-8,
260, 343-4*n*
Meruri, núcleo indígena de
(MT), 92
metabolismo basal, 63-4, 202, 203,
336-7*n*
metionina (aminoácido), 321*n*
mexicanos, indígenas, 53, 75
México, 53, 62, 66-7, 71, 75, 87, 161,
163, 193-4, 244, 331*n*
microbiologia, 274
migrações internas no Brasil, 299

milho, 51, 53, 59, 67, 87, 101, 103, 124-
5, 127, 130, 135, 141, 153, 157, 172,
176, 189, 192-4, 197-8, 203, 207-
9, 211-2, 214, 218, 270-1, 283, 298,
307, 317*n*, 330*n*, 368, 370; *corn-
belt* norte-americano, 193, 270
Minas Gerais, 186-7, 270-1, 275,
277, 298
Minas Gerais, As (Latif), 187
mineração, 186, 286
minerais, 44, 58, 65, 67-71, 73, 79,
81, 101, 107, 116-7, 136, 147-
8, 153-4, 161, 192-3, 199, 206-
7, 222, 329*n*, 371; cálcio, 70,
72, 75, 91, 99, 136, 154-5, 207,
220, 222, 271, 283, 322*n*, 330*n*;
carências/déficits de, 44, 47,
67, 70-1, 73, 153, 206, 329*n*;
desmineralização pela sudação,
79; ferro, 68, 70, 72-3, 77, 101,
136, 146, 153-5, 207, 222, 235,
252, 278, 283, 330*n*, 371; fósforo,
155, 322*n*, 371; iodo, 147, 208,
272-5, 277-8, 371; potássio, 77-
8, 168; sódio, 70, 74, 77-9, 81,
207; suplementos sintéticos de
vitaminas e minerais, 329-30*n*
Minneman, P. G., 139
Miranda, Bertino, 52
Miranda, Vicente Chermont,
369, 372
miséria, 12-3, 15, 25, 30, 51, 71, 114,
132, 139-40, 158-9, 163, 169-70,
172, 187, 201, 207, 217, 219, 229,
237, 244, 256, 259, 263-4, 285,
292, 308, 316, 318*n*; *ver também*
fome
Missenard, André, 323*n*
misticismo, jejum e, 260
mixira (conserva de peixe em
azeite de tartaruga), 66, 369

mocambos, 137-8, 158, 243
Moisés, 260
molhos apimentados na Amazônia, 88, 366
moluscos, 54, 145-6, 244
Monbeig, Pierre, 168-9
monocultura, 13, 29, 98, 108, 110, 115, 119, 122-3, 125, 127, 131, 138, 155, 166-7, 169-70, 258, 265, 312, 314, 331-2n
monotonia alimentar, 54, 127, 134-5, 138, 159, 327n
Monteiro, Agostinho, 346n
moquém (grelhados de carnes e peixes), 124, 369-70
Moraes, Mello, 224
Morais, Raimundo de, 55, 366
morcegos, 246
Morel, Edmar, 239
Morgulius, Sergius, 234
mortalidade infantil, 91-2, 163, 314
Mortara, Giorgio, 164
muçulmanos na Península Ibérica, 120
mucunã (leguminosa), 219, 221-3, 227
Mukerjee, Radha Kamal, 30
Myrdal, Gunnar, 288
Mytilus alagoensis (sururu, tipo de molusco), 144-6, 155

N

Nações Unidas, 21
Nassau, Maurício de, 156
Nasser, David, 241
Natal (RN), 163
Nazaré (PE), 338n
nazismo, 20, 41, 113

negros, 35, 52, 79-80, 101, 126, 129, 141-2, 150, 157, 161, 190, 271
neurastenia, 152, 257-8
Neverov, Alexandre, 25
nicotínico, ácido (vitamina B3 na classificação atual), 146, 158-9, 235, 237, 257, 330n
Nieuhof, Joan, 101, 123, 132-3, 134
Nilo, rio, 30
Nóbrega, Trajano Pires da, 189, 191
Nordeste do Brasil, 32, 35, 37-8, 45, 47-8, 49, 51, 58, 67, 79, 84, 96, 101, 105-23, 129-31, 134-7, 139, 144-6, 148-50, 154-5, 157, 159-60, 162-7, 170-5, 178, 180, 182, 185-8, 193-5, 197, 199-201, 203, 205, 207-8, 213, 216-7, 222-3, 234-5, 240, 242-3, 245, 249, 252, 255-6, 261, 263-7, 290-3, 297-8, 304, 314, 321n, 326n, 328n, 331-2n, 337n, 341n, 343-4n, 369; açucareiro, 96, 105, 109-10, 131, 134, 136-7, 149, 163, 171, 187, 201, 314, 326n, 328n, 369; *Cocus nucifera* (coqueiro) no, 147; cozinha nordestina, 147, 366; *Documentário do Nordeste* (Josué de Castro), 144, 243; endemias reinantes no, 165; fome no, 37, 67, 263-6, 341n; mortalidade infantil no, 163; secas no, 58, 67, 166, 171, 183-4, 191, 198, 209-25, 228-30, 232-4, 238-9, 243, 246, 249, 253, 255-6, 263-5, 314, 333n, 340-1n, 344n; sertão nordestino, 46, 131, 137, 171-2, 174, 176, 185, 187, 189, 193, 205, 208, 226, 232, 259-60, 270-1, 334n, 336n; Zona da Mata, 37, 45-6, 156, 160, 164, 183, 185-6, 188, 206, 209, 242

Norte do Brasil, 45, *47-8*, 130, 165, 281, 297, 304, 331*n*, 342*n*

Noruega, 91

Nova York, 92, 164

Nova Zelândia, 92, 273, 282, 293

"Novas pesquisas sobre a mucunã" (Josué de Castro et al.), 223

Núcleo Colonial do Instituto Nacional de Imigração e Colonização (Pará), 51

O

oásis africanos, 190, 200, 334*n*

obesidade, 204, 271

Oceania, 30, 107

"Océans et les mers, sources de vitamines, Les" (Fontaine), 145

Ocidente, 30

Ogué, zona de (África), 77

óleos vegetais, 60, 101; *ver também* azeite de dendê

olhos e doenças oculares, 47, 87, 156, 157, 158, 231-2, 234-5; *ver também* cegueira

Oliveira, Xavier de, 252-3, 343*n*

Organização nacional e o município, A (Xavier), 347*n*

oricuri, palmeira (*Cocus mucronata*), 183

Oriente, 30, 41-2, 44, 50, 54, 62, 83, 86, 103, 107, 109, 131, 159, 258

Ortega y Gasset, José, 250

ossos, 70, 75, 147

osteomalácia, 22

ouro, mineração de, 187

ovos, 54, 57, 59, 61, 65, 72, 75, 102, 124, 135, 139, 163, 197, 244, 247, 294; de aruá, 244; de *axayaati* (mosca mexicana), 244

P

paçoca, 124, 125, 197, 369

padres salesianos, 99

países subdesenvolvidos, 264, 288, 291, 297, 312

Paixão, Moacyr, 307

Palmares, quilombo dos, 35, 127-8, 327*n*

palmeiras, 61, 77, 183

paludismo, 73, 153, 239, 242, 278

pamonha, 125, 148, 152, 208, 370

panelada *ver* buchada

Pará, 55, 57, 68, 80, 125, 324*n*, 365

Parahim, Orlando, 180, 191, 193-4, 196-7, 201, 203, 207, 210-1, 223, 237, 334*n*, 339*n*

Paraíba, 164, 172, 192, 235, 241

Paraná, 275, 281

paranás (cursos d'água de pouço volume), 84, 368, 370

Pardal, Ramón, 80-1

paresias e paralisias, 83

pastores, povos, 204

patriarcalismo, 170, 347*n*

pau-de-mocó (*Tipoana especiosa*), 223-6, 340*n*

pauins (povo africano), 77

Pechnik, Emília, 34, 146, 222-3

Peckolt, Theodoro, 52

Pecos (antigos americanos nativos), esqueletos de, 117

pecuária, 55-7, 100, 185-6, 189, 207, 288

Pedra bonita (Lins do Rego), 343-4*n*

Pedro-Pons, Agustín, 247, 322*n*

Pei-Kang-Chang, 300

peixes, 54, 57, 59, 66-7, 75, 80, 87-9, 93, 124, 144-8, 161, 163, 183,

244, 329n, 333n, 366, 370, 372; métodos indígenas de conservação de pescados, 66; peixe-boi, 54, 66, 370

Peixoto, Afrânio, 178, 227

pelagra, 22, 47, 71, 158, 172, 206, 209, 235-7, 257, 330n, 340n

pele, doenças da, 157

Península Ibérica, 120, 261

pequi, 125, 208, 370

Pereira, Clodomiro, 217

Pereira, Joaquim José, padre, 246

Pereira, Nunes, 53, 75, 192

Pernambuco, 34, 110-1, 115, 131, 150, 164-5, 172, 186, 188-9, 191-2, 197, 200, 242, 326n, 329n, 338n, 367

pesca, 50, 54-5, 66, 86, 100, 127, 146-7, 191, 243

Pettlang, Young J., 83

Philip, André, 291

Piatier, André, 264

Piauí, 172

Pies (Piso), Wilhelm, 156

pimenta, 51, 59, 62, 74-5, 88, 102, 124, 147, 160-2, 271, 366-9, 372

Pinho, Wanderley de Araújo, 331n

Pinto, Almeida, 224

Pinto, Costa, 297

piracuí (farinha de peixe ralado), 54, 66, 370-1

pirarucu (peixe amazônico), 124, 365, 371

Pita, Rocha, 327n

Planalto Central, 278, 280

planificação econômica, 262-3, 280, 300, 303

policarências, 237

policultura, 111, 120, 122, 127-8, 189-90

polinésios, povos, 81

polinevrites, 157, 240

Pombal, marquês de, 52

Pompeu, Tomás, 217

Pompeu Sobrinho, 342n

Pontal da Barra (AL), 155

porco, carne de, 141, 187, 195, 200, 270-1, 282

pororoca, 95

Porto Alegre (RS), 137

Porto Rico, 30, 71, 110, 131, 266, 298

Portugal, 50, 120, 122, 130, 185, 261, 308, 347n

Porvenir de las naciones hispano-americanas ante las conquistas de Europa y Estados Unidos, El (Bulnes), 317n

potássio, 77-8, 168

Prado, Paulo, 187

Prado Júnior, Caio, 114

pragas de morcegos e cascavéis, 246-7

Price, A. Grenfell, 113, 119

Price, Weston, 117

Primeira Guerra Mundial, 19, 170, 306

princípio da geografia geral, 325n

privatismo e colonização, 96

"problema agrário brasileiro", 307

proletariado, 284, 301

prolina (aminoácido), 321n

proteínas, 55, 60, 65-7, 102, 135, 141-8, 161, 192-8, 205, 221-2, 283, 294, 321n, 371; carências proteicas, 47, 65-7, 141-4, 172, 221, 230, 247, 283-4, 301, 321n; completas, 65-6, 205; equilíbrio proteico alimentar, 206; fontes de, 65-6, 294

protozoários, 126

psicoses reacionais, 253

psitacídeos (aves), 184

pulque (bebida mexicana), 161, 331n
pupunha (tipo de palmeira), 124,
    370-1

Q

queijo, 57, 61, 65, 70, 99, 194-5, 202,
    205, 207, 214-5, 220, 293-4
queiloses (boqueiras), 158, 210, 235
queimadas nas florestas, 51, 59,
    114, 168
Queiroz, Rachel de, 217, 229
quelônios do Amazonas, 54, 372;
    ver também tartaruga
queratomalácia, 47, 156, 157, 233
Querino, Manoel, 161, 366, 372
quibá (fruto), 200, 211, 338n
quilombos, 35, 127, 130
Quinze, O (Queiroz), 229, 253
Quirino, Manoel, 123, 192

R

raios ultravioleta da luz solar
    (efeitos antissépticos), 212-3
raizeiros (retirantes que se
    alimentam de raízes), 226, 371
Raízes do Brasil (Buarque de
    Holanda), 286
Ramirez, Elyseu, 161
Rangel, Ignacio Mourão, 266
rapadura, 53, 184, 198, 202, 207, 227,
    271, 371
rapina, animais de, 183, 249,
    252, 342n
raquitismo, 22, 47, 70-2, 80, 90, 143,
    155, 212-3, 234, 237
Raquitismo en Venezuela, El
    (Aguillar Nietto), 71

ratos, 130-1, 194, 274
Recife (PE), 123, 133-4, 136-7, 143-4,
    164, 243, 304, 327n, 337-8n
Réclus, Élisée, 20
Recôncavo Baiano, 34, 138, 167
recursos naturais, 23, 45, 91, 161,
    219, 265, 307
Rede Penssan (Rede Brasileira
    de Pesquisas em Soberania
    e Segurança Alimentar e
    Nutricional), 11
reforma agrária, 13, 265-6, 309-11
Refoulement du Sahara, Le
    (Dessoliers), 118
Rego, José Lins do, 343-4n
"Relatório sobre a seca de 1932"
    (Amadeu Fialho), 219
religião, fatores econômicos na,
    343n
Renascença, 122
República dos Palmares (Carneiro),
    128
requeijão, 194
retirantes, 202, 210, 219, 221, 225-8,
    230-1, 234-5, 238-9, 242-3, 253
Revolução Russa (1917), 19
riboflavina (vitamina B2), 158, 210,
    234-5
Rio Branco (PE), 338n
Rio de Janeiro, 195, 275, 281, 283,
    337-8n
Rio Grande do Norte, 172, 241, 246
Rio Grande do Sul, 281-3
rios negros e os rios brancos (na
    Amazônia), 58
Rios, J. Arthur, 266
Rios, Manoel de los, 71
Ritter, Karl, 23, 325n
Roberts, Lydia, 71
Rocca, Juan, 161
rochas feldspáticas, 168

Rodrigues, José Honório, 36, 133-4
Rodrigues, Nina, 192
Rohlfs (explorador), 213
Rolland, Romain, 7
Roma, 96
Romênia, 25, 172
Roquette-Pinto, Edgard, 247
Russas (CE), 340n
Russell, Bertrand, 25-6
Rússia, 25, 113, 234, 256

S

Saara, deserto do, 30, 178, 184,
191-1, 195, 212
Saint-Hilaire, Auguste de, 177
Saint-Pierre, Bernardin de, 177
sais minerais *ver* minerais
sal de cozinha (cloreto de sódio),
70, 75-7
salesianos, padres, 99
Salgueiro (PE), 191, 193-4, 196-7,
329n
Salta (Argentina), 91, 163
salubridade das regiões áridas e
semiáridas, 212-3
Salvador (BA), 66, 137-8, 164, 328n
Sampaio, Arruda, 275-7
Sanchez Albornoz, Claudio,
96, 260
Santa Catarina, 281, 283
Santarém (PA), 68, 98
Santos, Milton, 11, 13, 37
São Francisco, rio, 183, 186, 189,
192
São Paulo, 137, 266, 275, 279-83,
298, 304
Sarasate, Paulo, 241
Sartre, Jean-Paul, 12
saúde pública, 20, 165

secas no Nordeste, 58, 67, 166, 171,
183-4, 191, 198, 209-25, 228-30,
232-4, 238-9, 243, 246, 249, 253,
255-6, 263-5, 314, 333n, 340-
1n, 344n
Segunda Guerra Mundial, 19, 26,
30, 41, 98, 295
semiárido, clima, 32, 37, 173, 175,
202, 215
Seminário para o Desenvolvimento
do Nordeste (Garanhuns, PE,
1959), 266
sem-terra, massa dos, 307-9, 311
Senna, Nélson de, 124
Sergipe, 149, 172
serina, taxas de (no sangue), 143
seringueiras (árvores), 84-5, 93; *ver*
também borracha, produção de
seringueiros, alimentação dos, 86
serpentes, 185, 246
sertão nordestino, 46, 131, 137, 171-
2, 174, 176, 185, 187, 189, 193,
205, 208, 226, 232, 259-60, 270-
1, 334n, 336n
Sertões, Os (Cunha), 177, 179, 233
Serviço Nacional de Pesquisas
Agronômicas, 103
Serviço Técnico de Alimentação
Nacional, 34
Shepard, Ward, 116, 326n
Silva, Carlos Medeiros da, 311
sistema nervoso, 83, 157, 276
Smilie, Wilson G., 319n
Smith, Adam, 300
Smith, Herbert, 224, 228-9, 236
Smith, Lynn, 35, 224-6
Smithsonian Institution
(Washington, D.C.), 247
Sociologia Regional (Mukerjee), 30
sódio, 70, 74, 77-9, 81, 207; cloreto
de, 70, 74, 79, 207

Sol, luz do (na síntese de vitamina D), 91, 212-3
solo: adubação, 59, 116, 266; empobrecimento do, 116-8; erosão, 108, 115-7, 173, 274, 326n
Sorokin, P., 27, 248, 253
Sousa, Antônio José de, 133
Sousa, Francisco dos Santos, 133
Sousa, João de, 128
Spengler, Osvald, 342n
Spinoza, Baruch de, 18
Spix, Johann Baptist, 217
Spondias tuberosa (umbuzeiro), 177, 180-2, 219, 223
Staden, Hans, 77
Stallybrass, C. O., 319n
starvation, 25
Steggaerda, Morris, 66
Steinbeck, John, 25
subcapitalização, 166, 265
subdesenvolvimento, 13, 265, 267, 292, 302, 315-6
subemprego, 166, 301-2
subnutrição, 22, 28, 43-4, 47, 62, 91, 93, 213, 258, 269, 284-5, 312, 314
sudação, desmineralização pela, 79
Sudene (Superintendência do Desenvolvimento do Nordeste), 267
Sul do Brasil, 45-7, 47-8, 103, 165, 186, 194, 267, 269, 281-5, 292-3, 296-7, 304, 314, 331n, 342n, 367
Sundstroem, E. S., 77
Superintendência do Plano de Valorização Econômica da Amazônia, 94, 319n
sururu, 144-6, 155
Suter, 187

T

tabus alimentares, 150-1
tacacá (molho de tapioca), 88, 124, 371
Tacaratu, serra de (PE), 189
tainha, 55
Talberg, G. A., 79
tâmaras, 149, 195, 199
Tapajós, rio, 68, 99
tartarugas, 54, 59, 66, 93, 372
Taunay, Afonso de E., 133
Taveira, Mário, 223
Taylor, Thomas Griffith, 23
Teixeira, Anísio, 14
temperado, clima, 121, 182, 327n
Temple, Richard, 20
Teófilo, Rodolfo, 209, 217, 221-6, 228, 232, 236-7, 239, 244, 246
Terras do sem fim (Jorge Amado), 169
tiamina (vitamina B1), 82-3, 101, 152-3, 157, 206, 208-9, 222, 257
tifo, 242
Tipoana especiosa (pau-de-mocó), 223-6, 340n
tireoide, 147, 272, 274-6; bócio, 208, 272-8; hipotireoidismo, 275, 277; tireoidite parasitária, 275, 278
tirosina (aminoácido), 321n
tísica *ver* tuberculose
Tocantins, rio, 319n, 366
Tomé-Açu (PA), 102
Torres, Vasconcellos, 138
tortillas mexicanas, 53
totemismo, 343n
tracajá (quelônio), 59, 67, 124, 372
tracoma, 231, 232
transporte, meios de, 37, 194, 313
Transvaal africano, 247

Tratado da terra do Brasil (Gandavo), 122
Travancore, província de (Índia), 82
Travels in Brazil (Koster), 80
trigo, 20, 82, 121, 132, 193, 282, 283, 307, 317n, 335n
Trindade, José Augusto, 198
Trinidad, 30, 112
Tripanosoma cruzi (protozoário), 276
tripanossomíase, 276-8
triptofano (aminoácido), 321n, 330n
Trolli, G., 126, 152
tropical, clima, 32, 65, 77-8, 107, 113, 336-7n
tuberculose, 36, 92-3, 133, 141, 163-4, 206, 242, 283, 314, 323n
Tunísia, 330n
tutu de feijão mineiro, 270

U

Uchoa, Emílio, 71
Últimas aventuras (Figueiredo), 122
umari, árvore (*Geoffroya spinosa*), 180
umbuzeiro (*Spondias tuberosa*), 177, 180-2, 219, 223
urbanização do Brasil, 137, 288
urucuização (proteção da pele indígena com corante de sementes de urucu), 80

V

varíola, 236, 238-9
Vasconcelos Sobrinho, 115
vatapá (prato afro-baiano), 148, 160-2, 372

Veinte años de caza mayor (Yebes), 250
Velhas, rio das, 187
Veloso, C. de Seabra, 163, 192, 283
Venezuela, 71-2, 90
verduras, 59, 61, 99, 101-2, 107, 119, 132, 135, 163, 200-1, 206-7, 244, 281-3, 288, 293
verminoses, 73, 97, 126, 153-4, 163, 239, 278
vestuário, 42, 72, 79-81, 113, 120, 215, 240, 323n
Viagem à Terra do Brasil (Léry), 249
Viana, Baeta, 276-7
Viana, Oliveira, 96
Viana, Sampaio, 331n
Vidal de La Blache, Paul, 23-4, 325n
Vieira, Antônio, padre, 132
Vieira, Luiz Augusto, 215
Vilela, Eurico, 276
Vinhas da Ira (Steinbeck), 25
viração (caça a tartarugas nas praias amazônica), 54, 372
Vital, João Carlos, 36
vitaminas, 61, 115, 145, 148, 153, 193, 195, 199, 207, 239, 272, 321n, 328n, 330n; ácido nicotínico (vitamina B3 na classificação atual), 146, 158-9, 235, 237, 257, 330n; avitaminoses, 47, 75-6, 82, 87, 129, 141, 152-3, 156-60, 206, 209, 247, 272, 323n, 329-30n; betacaroteno (pró-vitamina A), 60, 160; complexo B, 82, 101, 136, 146, 152, 158, 161, 208, 221, 237, 257, 271, 283; hipovitaminoses, 88; lipossolúveis, 135-6, 206; luz do Sol (na síntese de vitamina D), 91, 212-3; suplementos sintéticos de vitaminas e minerais, 329-30n; vitamina

A, 60, 87-8, 101, 157, 160, 208, 232-3, 271, 283, 320n, 323n; vitamina B1 (tiamina), 82-3, 101, 152-3, 157, 206, 208-9, 222, 257; vitamina B2 (riboflavina), 158, 210, 234-5; vitamina C (ácido ascórbico), 75, 88, 90-1, 136, 148, 160-1, 207, 210-2, 237, 271, 283, 339n; vitamina D, 71, 91, 212-3, 322n

W

Wallace, Alfred Russel, 80
Waterberg, região de (Transvaal africano), 247
Weber, Max, 343n
"White Settlers in the Trópico" (Price), 113
Wright, R. E., 323n

X

Xavier, Rafael, 347n
xerófita, vegetação, 49, 176, 185; *ver também* bromeliáceas; cactáceas
xeroftalmia, 22, 47, 71, 87, 156-7
xiquexique (cacto), 176, 183, 219-20, 227
xistos, 106, 177

Y

Yangambi, Estação Experimental de (África), 100
Yebes, Conde de, 250
Youmans, J. B., 272

Z

Zavattari, Edoardo, 184
Zizifus juazeiro (árvore do juazeiro), 181
Zona da Mata, 37, 45-6, 156, 160, 164, 183, 185-6, 188, 206, 209, 242
Zweig, Stefan, 258

© herdeiros de Josué de Castro, 1946, 2022
apresentação © Milton Santos
prefácio a esta edição © Silvio Almeida, 2022
Todos os direitos desta edição reservados à Todavia.

Grafia atualizada segundo o Acordo Ortográfico da Língua
Portuguesa de 1990, que entrou em vigor no Brasil em 2009.

capa
Cristina Gu
obra da capa
Pedro Neves
reprodução da obra
Luiza Poeiras
mapas
Marcelo Pliger
composição
Jussara Fino
preparação
Julia Passos
índice remissivo
Luciano Marchiori
revisão
Ana Maria Barbosa
Huendel Viana

3ª reimpressão, 2025

Dados Internacionais de Catalogação na Publicação (CIP)

Castro, Josué de (1908-1973)
Geografia da fome : O dilema brasileiro : pão ou aço /
Josué de Castro ; apresentação Milton Santos ; prefácio
a esta edição Silvio Almeida. — 1. ed. — São Paulo :
Todavia, 2022.

ISBN 978-65-5692-332-1

1. Geografia brasileira. 2. Fome. 3. Situação econômica.
I. Santos, Milton. II. Almeida, Silvio. III. Título.

CDD 330.91

Índice para catálogo sistemático:
1. Globalização : Geografia econômica 330.91

Bruna Heller — Bibliotecária — CRB 10/2348

todavia
Rua Luís Anhaia, 44
05433.020 São Paulo SP
T. 55 11. 3094 0500
www.todavialivros.com.br

fonte
Register*
papel
Pólen natural 80 g/m²
impressão
Geográfica